KB265730

鹿門 任聖周의 삶과 哲學

A Study on Nokmun Im Seong-ju's Life and

his Philosophy

by

Son Heung-chul

연세국학총서 43

鹿門 任聖周의 삶과 哲學

초판 1쇄 인쇄   2004. 5. 25.
초판 1쇄 발행   2004. 5. 28.

지은이   손홍철
펴낸이   김경희
펴낸곳   (주)지식산업사
         서울시 종로구 통의동 35-18
         전화 (02)734-1978(대) 팩스 (02)720-7900
         인터넷 한글문패   지식산업사
                 영문문패   www.jisik.co.kr
         전자우편   jsp@jisik.co.kr
                 jisikco@chollian.net
         등록번호   1-363
         등록날짜   1969. 5. 8.

책값   27,000원

ⓒ 손홍철, 2004
ISBN 89-423-6021-1 93150

이 책을 읽고 지은이에게 문의하고자 하는 이는
지식산업사 전자우편으로 연락 바랍니다.

연세국학총서 **43**

鹿門 任聖周의 삶과 哲學

孫 興 徹

지식산업사

머 리 말

철학적 사유의 목적은 보편타당하고 객관적 진리추구와 가치체계의 정립에 있다고 할 수 있다. 그러나 철학적 진리가 현실의 진리와 일치할 수 있는가? 과연 철학적 진리가 과학적·수학적 명제처럼 객관적이고 보편적으로 明證性을 유지할 수 있는가? 민족적 도덕윤리 또는 문화적 정체성(Identity)이 국가와 민족을 뛰어넘어 보편적 원리가 될 수 있는가? 이러한 의문들이 제기되는 이유는, 문화적 패권주의나 현실에 안주하는 상황논리가 전통철학이나 전통문화를 연구하는 데서도 나타나기 때문이다.

현재 세계 각국은 자기 나라나 민족의 미래를 이끌고 나갈 정신적·문화적 정체성을 만들기 위하여 심지어 패권주의적 발상도 서슴없이 진행하고 있다. 예를 들면, 현재 미국은 군사력과 대중문화를 중심으로 세계 패권을 추구하고, 중국은 고구려사를 중국사의 일부로 끌어들임으로써 한국의 역사적 뿌리를 송두리째 흔들어 中華文化로 편입시키려는 음모를 진행하고 있고, 일본도 새삼 말할 것도 없이 과거사에 대한 끊임없는 왜곡과 침략전쟁을 미화하기에 열중하고 있다. 그러나 현재 한국의 지성계에는 세계 조류와 주변국의 역사인식과 사상·문화적 폭거에 대응할 준비가 부족하며, 기술문명을 이끌고 그 미래의 방향을 제시할 정신문화의 부재현상이 곳곳에서 나타나고 있다.

정신문화와 물질문명은 한 국가의 국력을 가늠하는 척도이다. 그런데 이 두 축이 서로 보완적으로 발전하지 않으면 우리가 바라는 복지국가나 정의로운 사회를 이룰 수 없다. 이러한 관점에서 볼 때 우리의 현실은 자못 희망적이지 않다. 우리는 학문에서도 순수과학에 대한 투자와 연구를 점점 줄이고, 외국의 것을 베끼거나 응용학문만을 중시하고, 당장의 이익과 결과에만 매달린다. 한편 국가의 발전이 마치 물질적 욕망을 충족하는 것에 달려 있다고 생각하며, 정신문화와 물질문명이 어떻게 조화해야 하는가에 대한 사려가 충분하지 못하다.

이 시점에서 한국사회가 우리의 전통문화와 사상에 대하여 어떤 태도를 가지고 있는가를 반성하지 않을 수 없다. 한국의 지식인들이 자신들도 모르는 사이에 과거 사상과 문화를 전근대적이고 봉건적이라고 비하시키거나, 무비판적으로 서구논리를 중심으로 한국을 서구학문이나 문화의 식민지로 만드는 데 한몫하지는 않았는지? 외래종교나 외래문화의 수용에 앞장서면서 전통의 가치를 무시하거나, 외국의 것은 좋은 점만 보고 한국의 것은 나쁜 점만을 지나치게 부각시키지는 않았는지? 서양의 논리로 동양을 이해하는 오리엔탈리즘

(Orientalism)에 빠져 있지는 않았는지? 한국의 전통철학과 문화 심지어 한글까지도 중국의 일부분이거나 또는 그 아류라고 생각하지는 않은지? 한국의 문화와 철학을 연구하면서 學派的·地域的·二分法的 논리로 접근하지는 않았는지? 이러한 태도들은 한국의 문화와 전통사상을 이해하는 데 가장 큰 걸림돌이 된다.

그렇다면 이러한 의문에 구체적으로 대응할 수 있는 우리의 문화적·사상적 전통은 있는가? 과거 우리 민족의 정신적 정체성의 형성에 절대적 구실을 해 온 유학 또는 성리학은 21세기 오늘날에도 과연 실용적·실증적 학문이 될 수 있는가? 이러한 의문을 해결하기 위해서는 조선성리학에 대한 객관적이고도 종합적인 분석이 이루어져야 한다. 이것을 다만 학파적·지역적·이분법적으로 연구한다면, 우리는 우리 스스로를 비하시키는 동시에 주변 열강의 문화패권주의에 먹혀들고 말 것이다.

그렇지 않다면, 철학적 사유는 그 논리적 보편타당성과 객관적 진리와 가치체계를 중심으로 평가되어야 한다. 그리고 철학적 진리가 현실의 진리로 실현될 수 있어야 하며, 과학적·수학적 명제같이 객관적이고 보편적으로 明證性을 유지할 수 있어야 한다. 특히 특정 국가나 민족의 도덕윤리 또는 문화적 정체성을 뛰어넘어 보편적 원리가 될 수 있어야 한다.

조선은 세계역사에서 그 유래를 거의 찾을 수 없을 만큼 성리학이라는 철학적 이념을 바탕으로, 정치·경제·사회·문화·군사 등의 거의 모든 방면에서 한 국가의 제도를 완벽하게 구성하였고, 비록 우여곡절이 있기는 하였지만 5백여 년이라는 긴 세월 동안 유지되었다. 그런데 만약 조성성리학을 문화적 패권주의의 관점으로 이해하거나 평가한다면 21세기 오늘에서는 아무런 의미가 없을 수도 있다.

또 이 문화적 패권주의에서는 세계의 어떤 철학도 그 보편성이나 객관성을 유지할 수 없을 뿐만 아니라, 철학으로서의 할 일도 끝나는 것이다.

따라서 조선성리학에 대한 연구와 그 功過에 대한 평가는 다양하게 이루어져야 하지만, 조선 후기의 정치적인 이유로 결국 실패했다고 해서 그것이 갖는 형이상학적 이론의 보편성이나 그것이 지향하는 도덕·윤리적 理想, 세계철학사의 지평에서도 손색없는 사유 내용의 보편성과 역사성을 지나쳐 버려서는 안 된다. 그리고 조선성리학의 연구도 유학의 이상과 이념을 현대사회에 맞도록 개량하고 그것을 세계화의 지평으로 확대 발전시키는 방향으로 나아가야 한다. 그것이 유학의 학문정신인 溫故知新이다. 온고지신은 옛 것을 익히는 데 주력하자는 復古主義가 결코 아니라, 우리의 뿌리인 과거를 잊지 말고 거기서 교훈을 배우고 나아가 새로운 것을 창조하자는 진취적 정신을 말한다.

조선성리학은 사회의 다양한 현실에서 존재하는 여러 갈등과 알력을 해결하는 조화와 통일의 철학이다. 조선은 성리학을 중심이념으로 나라의 체제나 제도를 확립하였고, 건국 당시 많은 사회적 갈등을 조화·통일시켰다. 특히 程·朱 理學에서 해결하지 못한 많은 형이상학적 문제들을 깊이 연구함으로써 성리학을 한층 더 깊이 있고 완성된 체계로 발전시켰다. 그것은 조선성리학사에서 일어났던 수많은 논쟁을 통하여 이루어졌다.

그러나 그 동안 조선성리학의 이러한 특성을 살려내거나 성리학적 가치와 논리로 오늘의 문제를 해명하고 미래의 방향을 제시하는 연구의 성과는 만족스럽다고 할 수 없다. 그 원인을 정리하면, 조선성리학을 지나치게 退溪와 栗谷을 중심으로 한 학파적 관점의 연구경향, 主理·主氣의 이분법적 도식으로 규정하려는 태도, 성리학의 영역을 형이상학적 영역으로 범위를 좁혀서 연구하는 태도, 성리학 연구방법론의 전문성·엄밀성·논리성·객관성의 미흡함, 오늘의 현실적 문제로 환원시키거나 문제의 발전적 이해의 모자람 때문이라고 할 수 있다.

이러한 경향은 조선성리학사에서 가장 대표적 논쟁인 湖洛論爭의 연구에서도 잘 나타난다. 호락논쟁의 중심문제는 근본적으로 至善의 도덕적 근원을 가지고 선하게 태어난 인간이 그 본래의 善性을 어떻게 현실에서 구체적으로 실현할 것인가? 그리고 이미 악에 물들었다면 어떻게 본래의 선을 회복할 것인가? 그리고 어떻게 인간이 스스로의 품위를 유지하고 인간의 존엄성을 지켜낼 것인가의 문제이기도 하다. 그리고 호락논쟁은 당시 각 당파의 朋黨的 처지에 따라 유지하게 된 정치·경제적 이념이기도 했으며, 明나라에 대한 信義와 淸나라에 대한 현실긍정과 부정의 논리적 근거이기도 했다. 동시에 문화민족으로서 우리 민족이 가진 스스로에 대한 자신감이기도 하다.

그러나 이러한 호락논쟁을 이해하려고 할 때 앞에서 말한 것처럼 학파적 관점이나 主理·主氣의 이분법적 도식으로는 호락논쟁이 가지는 근본적 의미를 이해할 수 없다. 鹿門 任聖周(1711~1788)는 일찍이 250여 년 전에 이러한 논리적 한계를 직시하고, 성리학의 중심이론인 理氣論을 '理와 氣는 동등한 實〔本質〕이다'는 理氣同實論으로 재정립하였으며, 이를 밑바탕으로 호락논쟁의 주요 쟁점문제를 해명하고 성리학이 주장하는 도덕적 선에 대한 적극적 실천근거를 마련하였다.

필자는 이러한 녹문의 철학을 연구하면서 理一分殊論을 중심으로 풀어서 설명하였다. 왜냐하면 이일분수론은 湖洛論爭의 중요 쟁점 논리이기도 하며, 동시에 녹문철학을 이해하는 관건이기 때문이다.

이 이일분수론은 처음 程頤가 창시한 이래 朱熹는 이것을 理同氣異로 이해하였고, 율곡 李珥(1536~1584)는 현상의 다양성과 통일성을 해명하는 데 초점을 맞추어 理通氣局으로 정리하였다. 호락논쟁은 南塘 韓元震(1682~1751)과 巍巖 李柬(1677~1727)이 율곡의 이통기국에 대한 이해를 중심으로 人物性同異와 未發心體有善惡, 나아가 明德과 知覺의 문제까지 설명하는 과정에서 비롯된 것이다. 결국 이일분수론은 성리학의 宇宙論과 人性論의 중심논리며, 세계의 통일성과 특수성의 본질을 밝히고 그들의 상호관계를 해명하는 논리이며, 또한 自然論과 價値論을 관통시키는 논리이며, 나아가 유학과 성리학에서 인간의 윤리적 근본가치인 '仁'을 발현하는 방법론이다.

녹문은 이러한 이일분수론을 理와 氣 어느 한쪽에 치우치지 않은 理氣同實論을 중심으로 새롭게 정리하고 조선성리학사의 최대 난제인 호락논쟁의 문제를 종합·정리하였다. 그러므로 녹문의 철학을 학파적 관점에서나 주리·주기의 이분법으로 나누어 주기론의 틀에 묶어서 이해하게 되면 녹문철학이 가진 생명력은 사라지고 만다.

우리가 21세기 오늘의 문제에만 열중하고 과거 인류의 문제를 오늘에는 무의미하다고 여기는 것은, 진정한 역사의식과 미래에 대한 통찰력이 없다는 것을 의미한다. 우리의 역사를 망각하면 과거를 잃어버리고 뿌리가 없는 민족이 될 것이며, 철학이 없으면 나아갈 미래의 희망이나 방향을 예측할 수 없게 된다. 왜냐하면 과거로부터 사상·문화·역사의 단절이 희망적인 미래로 발전할 것을 기대할 수 없기 때문이다. 그렇다고 원리주의를 고집하여 순수학문에만 집중하는 것도 좋은 태도는 아니다. 필자는 결코 사상적·문화적 국수주의를 말하려는 것은 아니다. 다만 무엇보다 먼저 우리의 과거를 비판적으로 보기 전에 객관적이고 사실적으로 이해하자는 것이다.

필자는 이 책이 연세대학교 國學研究院에서 시행한 國學叢書의 발간사업으로 출판됨을 큰 영광으로 여긴다. 全寅初 원장님의 연세국학 진흥의 노고에 감사드리며, 金度亨 부원장님의 배려에도 감사드린다. 이 책이 나오게 되기까지 큰 가르침을 주신 柳仁熙 선생님께도 감사드린다. 원고의 수정을 적극 도와 준 강희복 박사에게 고마움을 표하며, 인문과학의 좁은 시장성에도 기꺼이 출판을 맡아 주신 지식산업사 김경희 사장님께도 감사드린다.

2004년 봄

海量齋에서

孫 興 徹 謹識

차 례

緒　説

　朝鮮性理學은 程·朱 理學의 학통을 이어받아 조선의 국가체제 정립과 사회의 도덕 윤리적 정체성을 대표하는 학문이었다. 그것은 성리학이 修己治人을 중심으로 개인의 지성과 도덕성을 최대한 계발함으로써 인류사회를 위하여 이바지하는 것을 목적으로 삼는 것과도 긴밀한 관계가 있다.

　이 글은 理一分殊의 논리를 중심으로 鹿門 任聖周(1711~1788)의 철학을 규명하되, 理氣同實과 心性一致를 중심으로 정립된 녹문의 理一分殊論은 湖洛論爭의 문제들을 종합·극복하고 아울러 도덕적 원리의 탐구와 그것을 구체적으로 실현하려는 종합적 논리임을 밝히는 데 있다.

　지금까지 녹문철학에 대한 연구는 주로 主理·主氣의 범주를 중심으로 주기의 연장선에서 이해하였다. 이러한 연구 태도는 녹문철학의 특징을 드러내는 데는 일정 부분 이바지한 점이 있지만, 녹문철학을 객관적으로 이해하고 그것을 조선성리학사에서 문제의 발전사로 이해하지 못한 것도 사실이다. 그러므로 이 책에서는 녹문의 理一分殊論을 程・朱 이후 이일분수에 대한 발전사적 관점에서 연구하고자 한다.

살펴보면 程朱性理學의 理氣論을 설명하는 종합적 명제가 理一分殊다. 그것은 성리학의 宇宙論과 人性論의 중심논리이고, 세계의 統一性과 特殊性의 본질을 밝히고 그들의 상호관계를 해명하는 논리이며, 또한 自然論과 價値論을 관통시키는 논리이며, 나아가 인간의 윤리적 근본인 '仁'을 실현하는 방법론이다.

그런데 이일분수에 대하여 栗谷은 理通氣局으로 재정립하였고, 그 뒤 湖洛論者들은 이통기국을 이일분수와 결부시켜 理一과 分殊를 분리하여 이일은 理・統一性으로, 분수는 氣・特殊性으로 이해하였다. 그러나 녹문은 이러한 이해방식을 비판하고, 이일분수란 理를 중심으로 말한 것이므로 理의 一과 분수로 이해해야 한다고 보고, 氣를 중심으로 보면 氣一分殊도 가능하다고 보았다. 또한 一과 분수의 관계에서 一而萬, 萬而一은 理만의 관계가 아니라, 氣도 역시 그러함을 주장한다.

그러나 湖洛論爭의 쟁점문제를 자신의 철학적 출발이자 해결목표로 삼았던 녹문은, '理氣는 원래 분리되어 존재할 수 없다(理氣元不相離)'와 '理와 氣는 동등한 實(本質)이다(理氣同實)'는 명제를 대전제로 삼아 理氣論을 정립하였다. 그는 理를 形而上者로, 氣를 形而下者로 이해하는 관점과 달리 形而上・下의 구분을 理氣混融無間之妙인 道를 기준으로 삼는다. 따라서 녹문은 이기의 관계를 설명하면서 '不相離'는 分殊로, '不相雜'은 一原으로 나누어 보지 않고 일원에서나 분수에서 동시에 두 명제의 관점으로 이기를 이해해야 한다고 주장한다.

이러한 기본 전제 아래, 녹문은 현실 세계를 관통하는 統一性이 理의 一로만 이루어지는 것이 아니라 氣의 一에 따라서 동시에 이루어지며, 分殊도 氣의 분수만 아니라 理의 분수도 있다고 주장하였다. 이렇게 보면 녹문의 理氣論을 결코 唯氣論이나 主氣論으로 규정할 수 없다는 것은 논리적 귀결이다.

그리고 녹문의 心性論은 理氣同實을 전제한 理一分殊로부터 성립된다. 즉 理善氣惡의 관점에서 볼 때 惡의 근원이 氣에 있다면, 氣로써 이루어진 인간은 끝내 그 惡의 가능성을 벗어날 수 없으며 또한 근본적으로 性善이라고 할 수 없다. 그러므로 理善을 실현할 氣善이 전제되어야만 성선도 가능하다는 것이다. 그것은 녹문이 性은 '氣質이 갖춘 理'라고 규정하고 理만으로 性의 개념을 규정하는 것은 공허하다고 한 데서도 잘 드러난다. 이에 따라 녹문은 氣質之性이나 本然之性이라는 이름은 하나의 사물에 있는 性에 대한 관점의 차이일 뿐, 실제로는 기질지성이 곧 본연지성이라고 보고 아울러 性의 同異는 기질지성으로 논해야 하므로 人物性相異라고 주장한다.

녹문은 儒學의 理想인 聖人이 되기 위해 중요한 것은 善의 근원인 理를 인식하는 것에 못지않게 理가 어떻게 氣에 따라서 드러나고 실현되는가를 해명하는 것이라고 보았다. 이에 녹문은 心性一致를 주장함으로써 지각과 행위의 주체로서의 心과 도덕적 本性으로서의 性을 일치시킴으로써 성인이 될 수 있는 가능근거를 설명하였다. 아울러 聖凡一致를 주장함으로써 모든 사람이 虛靈知覺과 明德을 갖추고 있으므로 누구나 노력하면 성인이 될 수 있다는 보편성을 설명하였다. 이때 理善을 온전하게 갖추고 있는 氣의 본질이 곧 '가장 맑고, 깨끗하고, 순수한 氣의 本體(湛一淸虛之氣)'며, 또한 湛一淸虛之氣는 '없는 곳이 없으므로(無所不在)' 善의 실현이 보편적으로 가능하게 되며 이것이 곧 未發心體本

善이다.

한편 마음의 이해와 공부방법론은 인간이 지닌 정신작용의 총본산이자 행위의 주체인 마음(心)에 대한 구체적인 분석이 그 내용이다. 그리고 이 마음의 이해와 공부방법론의 중심이론이 人心・道心論이다. 녹문은 인심・도심론에 대해서도 여전히 '理氣同實', '心性一致', '聖凡一致' 등의 논리적 대전제를 중심으로 펼쳐 나간다. 이에 따라 그는 서로 범주가 다른 人心・道心, 四端・七情, 理・氣, 善・惡 등의 개념을 서로 조합하여 짝을 지우려는 것은 논리적 모순이라고 주장한다. 이로써 그는 이전의 조선성리학의 논쟁의 원인을 파악함과 동시에 새로운 시각으로 마음의 이해와 수양공부를 설명할 수 있었다. 그리고 그는 마음을 이해하고 수양하는 공부방법을 개인적 수양과 사회적 실천을 아우르는 종합적 체계를 완성하였다. 이러한 녹문의 철학은 당시 크게 대두된 實學이 지나치게 실천을 중시함으로써 오히려 실천의 이론적 근거가 미약하게 되는 논리적 한계를 극복할 수 있었다.

한편 녹문은 理氣同實과 心性一致를 전제로 한 理一分殊로부터 현상의 惡이 발생하는 원인을 설명함에 理善, 氣有善惡의 도식을 부정하고 惡의 원인을 氣가 아닌 氣質의 渣滓(찌꺼기)에 두고, 이 찌꺼기의 극복을 위한 修養의 문제를 설명하였다. 녹문의 이러한 修養論은 原理로서의 理와 실현자로서의 氣를 분리하면, 실현되지 않는 원리(理)와 원리에 따르지 않는 실현자(氣)가 생기는 논리적 모순에서 벗어나고자 하였다.

필자는 이러한 녹문철학의 의미를 다음과 같이 규정하고 그 사실여부를 연구하고자 한다.

첫째, 理氣同實과 心性一致를 제시함으로써 理氣論에 대한 새로운 지평을 열었다는 점이다. '이기동실'은 理 중심의 관념적 사고에 더하여 氣라는 구체적 사물과 구체적 실천의 문제를 동시에 중시함으로써 이기론에 대한 균형적 사고를 확립하였다는 것을 뜻한다.

둘째, 理氣同實을 전제로 理一分殊와 동시에 氣一分殊도 가능함을 제시함으로써 종래 관념적으로 이해되던 性의 개념을 보편적 實在概念으로 이해하게 되었다고 할 수 있다.

셋째, 조선성리학에서 보편과 특수의 문제 즉 구체적으로 湖洛論爭의 문제를 종결한 것이라고 할 수 있다.

넷째, 결론적으로 조선성리학사에서 理一分殊에 대한 理氣論的 論議를 완성하였다고 할 수 있다. 즉 理氣同實을 전제로 '이일분수'와 함께 氣一分殊를 제시함으로써 이일분수만으로 설명되던 理와 氣의 不一致에서 벗어나고 原理와 그 원리의 實現의 근거와 가능성을 확립하였다고 할 수 있다.

※ 중심개념

理一分殊, 理同氣異, 理通氣局, 理氣同實, 氣一分殊, 能, 鬼神, 一原, 分殊, 明德, 鬼神, 心性一致, 湛一淸虛之氣, 四端, 七情, 人心, 道心, 存天理遏人欲, 敬, 理發, 氣發, 聖凡一致, 本然之性, 氣質之性, 湛一, 渣滓, 變化氣質.

Ⅰ 序 論

1. 研究 목적

鹿門 任聖周〔1711(숙종 37)~1788(정조 12)〕가 살았던 18세기는 사회의 여러 분야에서 많은 변화가 일어났던 시기다. 정치적으로는 당쟁의 격화로 말미암아 士禍가 되풀이되다가 결국 '思悼世子의 죽음'(壬午禍變)을 불러일으켰고, 밖으로는 천주교와 西學이 전래되었으며, 안으로는 磻溪 柳馨遠(1622~1673)과 星湖 李瀷(1681~1763) 등의 實學도 사상의 새로운 흐름을 이루었다. 그리고 조선의 건국이념이기도 한 성리학은 湖洛論爭을 거치면서 질적으로는 성리학에 대한 논의를 심화시키고, 양적으로는 다양한 탐구방법과 함께 그 밑바탕을 넓혔다.

이러한 시대상황에서 학문적으로 성장한 녹문은 자신의 철학적 문제형성의 출발점이었던 호락논쟁을 종합·정리하고, 그 논쟁을 해결하기 위하여 성리학의 중심이론인 理氣論과 心性論을 재정립하고자 하였다.

이에 저자는 녹문의 理一分殊論을 조선성리학의 問題發展史라는 관점에서 연구·검토하려고 한다. 그리고 이를 통하여 '理와 氣는 동등한 實[本質]이다(理氣同實)'[1]와 '心과 性은 一致한다(心性一致)'는 두 개의 전제에서 정립된 녹문의 이기론과 심성론은 조선성리학에서 理一分殊에 대한 이해의 수준을 높여 주었으며, 동시에 호락논쟁의 심성론을 종합·극복하고, 도덕적 원리의 확립과 그것의 적극적인 실현 가능성에 대한 논리적 整合性을 提高한 철학임을 밝히고자 한다.

녹문은 처음 修學할 때 洛論의 권위자인 陶庵 李縡(1680~1746)를 스승으로 삼으면서 낙론의 관점을 따랐다. 그러나 36~37세를 앞뒤로 하여 관점을 바꾸어 理를 중심으로 人物性同異의 문제와 未發心體有善惡의 문제를 이해하는 것을 반성하고, '理와 氣는 동등한 實[本質]이다(理氣同實)'와 '心과 性은 一致한다(心性一致)'는 두 명제를 전제로 성리학의 중요 명제인 이일분수와 심성론을 새롭게 이해하고 독자적인 철학체계를 정립하였다.

구체적으로 살펴보면 栗谷 李珥(1536~1584)는 伊川 程頤(1033~1107)의 理一分殊와 朱子의 理同氣異를 현상의 다양성과 통일성을 해명하는 데 초점을 맞추어 理通氣局으로 정리하였다. 호락논쟁은 南塘 韓元震(1682~1751)과 巍巖 李柬(1677~1727)이 율곡의 이통기국에 대한 이해를 중심으로 人物性同異와 未發心體有善惡, 나아가 明德과 知覺의 문제까지 설명하는 과정에서 비롯된 것이다. 즉 性의 개념에 대하여 외암을 중심으로 한 낙론은 性의 근원인 理一·理同·理通에서 규정해야 한다고 하여 本然之性과 氣質之性을 상대시켜 본연지성을 중심으로 人物性俱同을 주장하였고, 心의 體는 天命으로 갖추어진 五常의 본연지성이므로 未發心體는 本善이라고 주장하며, 그 이론적 근거로서《中

---

1) '理氣同實'을 여기서는 '理와 氣는 동등한 實[本質]이다'로 풀어 쓴다. 이 이기동실의 의미에 대해서는 III장의 2절에서 자세히 설명할 것이다.

庸》의 〈天命之謂性章〉에 대한 주자의 註를 제시하였다. 반면에 南塘을 중심으로 한 호론은 性이 실제로 드러나는 기질지성을 중심으로 分殊·氣異·氣局에서 보아야 한다고 하여 人物性相異를 주장하고, 心도 未發의 體는 氣稟의 淸濁·粹駁에 따라서 善惡이 공존한다고 보아 未發心體의 有善惡을 주장하며, 그 이론적 근거로서 《孟子》의 〈生之謂性章〉에 대한 주자의 주를 제시하였다. 이것은 달리 말하면 一原과 分殊의 문제를 理一分殊를 중심으로 더 적극적으로 해명한 것이라 할 수 있다. 그러나 녹문은 이러한 호락논쟁에 대하여 두 가지 면에서 비판한다.

첫째, 湖洛論者들은 理同氣異와 理通氣局을 理同과 氣異, 理通과 氣局으로 분리하여 理同과 理通은 一原(普遍)으로, 氣異와 氣局은 分殊(特殊)로 분배〔分屬〕하였기 때문에 氣一과 理分殊를 간과하였다고 비판하였다. 녹문은 그 원인이 기본적으로 理를 實로 보지 않고 形而上의 관념적 개념으로 여겼기 때문이라고 보았다. 이에 먼저 녹문은 '理와 氣는 동등한 實〔本質〕이다(理氣同實)'는 대명제를 설정하고 이를 중심으로 理氣論을 다시 정립하였다. 이로부터 녹문은 율곡의 이통기국이란 理氣之妙에서 드러나는 하나의 형태일 뿐이며, 언제나 理는 通이며 氣는 局이라는 내용은 아니라고 보았다. 그리고 이통은 理로, 기국은 氣로 분속시킬 수 없다고 보았다. 왜냐하면 理氣는 동등한 實〔本質〕이므로 이통이 가능하면 氣通도 가능해야 한다. 즉 녹문의 理氣同實의 전제 아래 성립된 이기론에서 보면 이통기국만 아니라 '理通氣通', '理局氣通', '理局氣局' 등도 가능하다는 말이다. 또한 녹문은 '理와 氣는 동등한 實〔本質〕'이라는 전제에서 理一分殊가 가능하다면, 氣一分殊도 불가할 것이 없다고 하면서 理와 氣를 분리하여 보편을 理一·理同·理通으로 설명하고, 개별(특수)은 分殊·氣異·氣局으로 설명하는 것은, 理氣의 '體用一源 顯微無間', '不可分開', '元不相離'라는 원칙과 어긋난다고 주장하였다. 따라서 그는 이일분수를 理의 一과 理의 분수(理分殊)라고 보고, 이와 같은 관점에서 氣도 一原에서는 氣一이며 분수에서는 氣分殊가 되어 氣一分殊라 해도 무방하다고 보았다. 다시 말하면 녹문은 성리학의 주요 문제들을 설명하는 논리인 理一分殊 대신에 기일분수를 대체한 것이 아니라, 이일분수는 理를 중심으로 일원과 분수를 설명하는 것이며, 氣를 중심으로 보면 기일분수도 역시 가능하다고 보았다. 그러나 녹문의 이기론에서 기일분수가 특징적인 용어지만 녹문은 이 말을 한 번 사용하였을 뿐이며, 성리학의 주요문제들에 대해서는 이일분수를 중심으로 풀어서 설명한다.

둘째, 녹문은 湖洛論者들이 性의 개념을 단지 理를 중심으로 이해하였다고 비판한다. 녹문은 人物性同異의 문제에 관하여 처음에는 人物性同論을 찬성하다가, 36~37세를 앞뒤로 《맹자》의 〈生之謂性章〉에 대한 주자의 註를 읽은 뒤 10여 년 동안 심사숙고한 끝에 人物性相異論으로 수정하고, 아울러 未發心體純善의 관점을 정립한다. 곧 理氣同實과 心性一致의 전제 아래 정립된 理一分殊에 대한 새로운 이해를 바탕으로 자신의 性論을 확립하면서 두 가지 전제를 제시하였다. 먼저 性의 개념을 정의할 때 '氣 없는 性'은 있을 수 없으므로 '구체적인 사람과 사물의 氣가 갖추고 있는 理'가 곧 性이라고 보았다. 따라서 녹문은 性 개념을 理로써만 이해하는 洛論을 비판하였다. 다음으로 녹문은 하나의 사물에는 하나의 性만 있는 것이므로 氣質之性이나 本然之性은 그 하나의 性에 대한 관점의 차이에서 다르게 부를 뿐이라고 보고, 사실은 기질지성이 곧 본연지성이라고 주장하였다. 이것이 人物性同異論에 대한 녹문의 중심견해라고 할 수 있다.

한편 理氣同實과 心性一致를 전제로 한 理一分殊에 대한 녹문의 논의는 형이상학적 문제에만 그치지 않고, 구체적인 실천의 문제까지 整

合的 논리 체계를 유지함으로써 실천의 가능근거를 분명하게 드러낸다. 예를 들면, 氣質의 渣滓[찌꺼기]와 氣之湛一의 문제가 그것이다. 그는 氣의 湛一淸虛[2]와 사재로 구체적으로 드러나는 여러 현상을 설명할 뿐만 아니라, 어떻게 사재를 변화시켜 담일로 회복할 수 있는가(復其氣之本體)에 대한 구체적인 방법을 제시한다. 그러므로 녹문이 理一分殊를 통하여 해명하려고 했던 문제가 氣를 통한 理의 실현에 있음을 감안한다면, 그가 變化氣質을 통하여 밝히려고 하는 담일의 회복은 이일분수의 修養論的 방법이라고 할 수 있을 것이다. 왜냐하면 녹문이 보기에 만약 氣가 理의 純善을 완전하게 실현할 수 없다면, 氣로 이루어진 인간의 性善을 확보하지 못할 뿐 아니라, 최종 목적인 聖人도 될 수 없기 때문이다. 또한 理善氣惡의 관점에서 보면 현상의 惡이 생기는 원인은 설명이 가능하겠지만, 근본적으로 有善惡인 氣를 가진 인간이 理의 純善을 완전하게 실현하는 것은 논리적으로 불가능하다는 것이다.

 이상 녹문이 비판하고 대안으로 제시한 내용에 따라 이 책의 주제를 정리하면, 첫째, 主理·主氣의 이분법적 도식에 따라 녹문의 철학을 唯氣論, 主氣論, 氣論, 氣學 등으로 규정한 이제까지의 연구들과는 시각을 달리하여 먼저 녹문철학을 객관적으로 있는 그대로 검토하고자 한다. 왜냐하면 《鹿門集》에는 '唯氣'라는 표현이 없을 뿐만 아니라, 녹문 생존 당시에 常窩(또는 豊墅) 李敏輔(1720~1799) 등이 이미 主氣라고

---

2) 湛一의 의미를 살펴보면, 張載는 '湛一은 氣의 根本이다(湛一, 氣之本)(《正蒙》誠明篇 第六.《張載集》. 北京: 中華書局, 1978, 22쪽)'고 하였고, 여기서의 湛一에 대하여 喩博文은 '맑고 깨끗하고 순수함(淸淨和純粹)(《正蒙注譯》, 蘭州大學出版社, 1990, 82쪽)'이라고 주석하였다.
  '湛一淸虛之氣'라는 말은 곧 '理一'과 상대하는 '氣一'로서 '가장 맑고, 깨끗하고, 순수한 氣의 本體'를 의미한다. 湛一淸虛의 의미에 대해서는 III 鹿門의 理氣同實論과 그 성립 과정, 2. 후기의 理氣論: 理氣同實, 3) 生意와 氣에서 자세히 설명할 것이다.

비판한 것에 대하여, 녹문은 결코 主氣의 관점이 아님을 주장한다. 그러므로 필자는 '理와 氣는 동등한 實[本質]이다(理氣同實)'는 전제 아래 정립된 녹문의 이기론을 기존의 主理派와 主氣派의 연장선에서 파악하는 방식보다는 문제발전사의 관점에서 파악하고자 한다.

둘째, 녹문이 湖·洛 양론에 대한 비판의 근거로 제시한 理氣同實과 心性一致의 철학체계에 대한 이론적 정합성을 살펴볼 것이다. 그의 이러한 주장은 조선성리학사에서 理一分殊에 대한 논쟁을 종합·정리한 것이라고 할 수 있다.

녹문은 理一分殊와 함께 氣一分殊도 불가할 것이 없다고 주장하였는데, 이것은 녹문의 독창적 견해라고 할 수 있다. 그런데 문제는 기일분수를 녹문철학의 중심용어로 삼기에는 몇 가지 어려운 점이 있다. 그 이유의 하나는 기일분수라는 표현을 필자가 《녹문집》을 검토한 결과로는 "이일분수는 理를 위주로 말한 것으로 分字는 마땅히 理에 속한다. 만약 氣를 위주로 말하면 기일분수도 불가함이 없다"[3]고 하는 한 구절밖에는 분명한 표현을 찾지 못하였다. 이 구절의 의미는 녹문이 이일분수를 결코 부정하는 것이 아니라 이일분수와 짝하여 氣를 중심으로 보면 기일분수 또한 무

---

3) 《鹿門集》 19:4a, 鹿廬雜識, 己卯~庚辰(1759~1760년, 녹문 48~49세).
　　理一分殊者, 主理而言, 分字亦當屬理, 若主氣而言, 則曰氣一分殊 亦無不可矣.
　　《녹문집》은 1977년 景文社 影印本이 있으며, 그 뒤 1999년 12월 民族文化推進會에서 《韓國文集叢刊》 228호로 傍點本이 출간되었다. 두 책의 내용과 순서는 변함이 없으나 방점본에서는 각 권마다 목차가 추가되었다. 따라서 같은 내용이 실린 쪽이 다르다. 이 책은 본래 경문사 영인본을 중심으로 쪽 수와 인용문을 표시하였으나, 다시 방점본을 참고하여 수정·보완하였다.
　　따라서 방점본을 底本으로 하여, 《녹문집》의 卷 數 : 卷의 쪽 수(오른 쪽을 a, 왼 쪽을 b) 내용의 제목을 순서대로 구분하여 인용한다. 그리고 당시 녹문의 나이를 필요에 따라 附記할 것이다. 그것은 녹문의 철학 가운데 心性一致나 未發心體本善의 관점은 전기와 후기가 일관되나, 理氣論과 人物性同異論에 관해서는 36~37세를 앞뒤로 관점의 차이가 있으므로 이에 대한 先理解를 돕기 위해서다.

방하다는 주장이다. 두 번째 이유는 녹문이 결코 氣만을 근원적 實在 또는 實體로 주장하지 않는다는 점이다. 곧 '理와 氣는 동등한 實[本質]이다(理氣同實)'와 또는 '理와 氣는 一致한다(心性一致)'는 것을 전제로 보면 결코 氣만이 근원적 실재가 될 수 없는 것이다. 세 번째 이유는 호락논쟁은 이일분수에 대한 이해의 차이가 기본적 문제였으며, 녹문은 호락논쟁의 발단을 一原과 分殊를 설명하면서 일원을 理에, 분수를 氣에 각각 分屬시켜 논의하려는 경향에서 비롯되었다고 보았으므로, 이일분수는 기일분수와 함께 이해해야 올바로 이해할 수 있다고 보았다. 그러므로 《녹문집》에는 이기동실을 대전제로 삼아 이일분수를 설명하지만, 호락논쟁의 주요 문제에 대하여 기일분수로 설명하지 않는다. 이러한 점들을 고려하면 결국 이일분수에 대한 정확한 이해가 녹문의 先決問題라고 할 수 있다.

셋째, 이러한 理氣論의 재정립에 따라 녹문이 도덕윤리의 善과 구체적 실현의 문제를 어떻게 설명하는가를 검토할 것이다. 녹문은 理를 '관념적 虛'가 아닌 實의 개념으로 이해함으로써, 원리에 대한 규명이 氣를 통하여 가능하고(就氣上言之), 동시에 氣를 理와 동등한 實[本質]이라는 전제에서 이해함으로써 理의 완전한 실현근거를 확립하고자 하였다. 이로써 녹문은 原理로서의 理와 실현자로서의 氣를 분리하면, 실현되지 않는 원리[理]와 원리에 따르지 않는 실현자[氣]가 생기는 논리적 모순에서 벗어나고자 하였다. 이 책에서는 '理와 氣는 동등한 實[本質]이다'의 차원에서 理一分殊와 氣一分殊를 동시에 가능하다는 녹문의 주장은 이제까지 주로 형이상학적으로만 이해되던 性의 개념을 실재 개념으로 이해하고 이를 통해 인간의 보편적 性善과 그 실현가능성을 이론적으로 밝히려는 데 그 목적이 있음을 밝히고자 한다. 이것이 녹문의 '때 묻지 않은 순수한 善을 회복하는(復其初)' 修養論이라고 할 수 있다. 끝으로 녹문철학의 철학사적 의의와 한계, 그리고 녹문철학 연구의 남은 과제 등을 검토하고자 한다.

2. 기존 研究의 분석

한 사람의 철학을 연구하면서 그의 전체적 성격을 간단하게 규정하고자 하는 것은 이해와 설명을 좀더 쉽게 하고자 하려는 뜻이다. 그러나 그 규정을 지나치게 二分法的이거나 일률적인 圖式, 또는 같은 명칭을 援用하는 것은, 자칫 그 철학자의 철학을 자세하게 이해하는 데 방해가 될 뿐 아니라 잘못된 선입견을 심어줄 수 있다.

이 글에서는 녹문철학에 대한 기존의 연구와 평가에 대하여 녹문과 함께 많은 토론을 하였던 渼湖 金元行(1702~1772)의 제자인 老洲 吳熙常(1763~1833)과 梅山 洪直弼(1766~1852) 등의 견해[4]와 조선성리학에 대한 근대의 '신학문'적 접근에 따른 철학사적 연구와 최근의 녹문철학에 대한 종합적 연구들로 나누어 살펴보고자 한다.

---

4) 常窩 李敏輔와 渼湖 金元行의 토론 내용은 Ⅲ장에서 자세히 다룰 것이다.

첫째, 노주 오희상은 녹문과 羅整庵(1465~1547)을 비교하여 오히려 나정암의 오류가 적다고 보아 다음과 같이 말하였다.

> 整庵과 鹿門은 다 같이 理氣는 一物이라는 견해를 가졌다. 그러나 정암은 理一을 중요하게 보았고, 녹문은 分殊를 중요하게 보았다. 이 일을 중요하게 보면, 자연히 理를 爲主로 하고, 분수를 중요하게 보면 결국 氣를 위주로 한다. 이로써 得失을 비교하여 논하면 정암이 아마 瑕疵가 적지 않겠는가?[5]

그러나 오희상의 이러한 평가는 옳은 비판이라고 할 수 없다. 왜냐하면 녹문이 나정암과 같이 理氣一物說을 주장했다는 근거가 없기 때문이다. 녹문이 주장한 理氣同實은 엄연히 理氣一物과는 의미가 다르다. 그리고 녹문이 分殊를 중시했다는 말도 사실이 아니다. 녹문은 '理와 氣는 동등한 實〔本質〕'이라는 전제 아래 理一分殊가 가능하면 그와 같이 氣一分殊도 불가할 것이 없다고 보고 理一을 理로, 分殊는 氣로 分屬하는 것을 반대하였을 뿐이다. 따라서 분수를 중시하여 氣를 위주로 한다는 말도 적절한 평가라고 할 수 없다. 오희상은 또 다음과 같이 말한다.

> 그가 初年에 金渼湖에게 보낸 편지에는 能字를 잘 말하여 玲瓏함을 다하여, 깊숙한 곳〔底蘊〕을 다 드러내었다고 하여도 괜찮다. 다만 理 와 거의 구별이 없으니 이것이 지나친 곳이다. 그가 견해를 바꾼 뒤에

---

5) 《老洲集》 卷25, 〈雜識〉. 5a.
  整庵鹿門均是爲理氣一物之論. 然整庵於理一看得重, 鹿門於分殊看得重. 看理一重 則自然理爲主, 看分殊重 則畢竟氣爲主. 以此較論得失, 整庵殆其少疵矣乎?
  羅欽順의 호는 '정암'인데 한자로는 整菴과 整庵을 번갈아 쓴다. 菴과 庵은 비슷한 뜻이지만 일반적으로 號에는 庵(암자 암)을 쓴다. 《鹿門集》에도 整庵 이라고 표현되어 있다. 그러므로 여기서 나정암에 대하여 인용하는 것은 모두 '整庵'으로 바꾸어 쓰기로 한다.

理를 설명한 것은 초년의 能字의 그림자에 지나지 않을 뿐이다. 분명히 이것은 氣를 理로 본 견해며 진실로 보는 곳마다 병폐가 있다고 하겠다.[6]

곧 오희상은 녹문이 초기에 氣의 能에 대하여 자세히 설명한 것은 좋으나 人物性同論에서 相異論으로 관점을 바꾼 뒤 곧 〈鹿廬雜識〉에서 설명한 理는 초기의 能과 같은 것이며 이것은 곧 氣를 理로 여긴 것이라고 비판한다. 그러나 녹문은 "이른바 能이란 무엇인가? 氣의 靈이며 理의 妙라고 할 뿐이다"[7]고 하여 결코 能을 理라고 설명하지는 않는다. 그리고 위에서 '견해를 바꾼 뒤'의 理에 대한 설명은 '理와 氣는 동등한 實〔本質〕이다(理氣同實)'는 것을 전제한 녹문의 이기론을 의미한다. 여기서 녹문이 설명한 理의 의미를 오희상은 전기의 能과 같다고 보고 氣를 理로 여긴 것이라고 비판하였다. 그러나 녹문이 이기론의 대전제로 삼은 '理와 氣는 동등한 實〔本質〕이다'는 명제는 氣가 곧 理라는 의미로 볼 수 없다. 이 문제는 녹문의 理氣論에서 자세히 다룰 것이다.

한편 洪直弼도 "녹문은 氣에서는 본 것이 있지만 理에서는 본 것이 없으므로 자기도 모르게 氣를 理로 인식하였으니 애석하다"[8]고 하여 오희상과 같은 관점에서 비판한다. 곧 홍직필은 녹문이 氣에 관해서는 잘 이해하였지만, 理를 잘 이해하지 못하였으므로 氣를 理로 오해하였다고 본 것이다. 그러나 녹문의 理氣同實은 결코 理氣一物의 의미와는 다르

---

6) 《老洲集》卷25, 〈雜識〉. 7b.
　　其初年與金渼湖書, 善說能字, 極其玲瓏, 雖謂之竭盡底蘊可也. 但幾與理無別, 是其過當處. 及其改見之後, 其所以說理者, 不過初年所說能字之影而已. 分明是認氣爲理之見, 眞所謂見到處却有病也.
7) 《鹿門集》2:4b, 與渼湖金公, 戊午秋(녹문 27세).
　　然則所謂能者, 果何物也. 不過曰, 氣之靈而理之妙也.
8) 《梅山集》卷6, 9a, 答老洲吳丈, 辛巳.
　　盖此翁有見於氣, 無見於理. 故自不覺認氣爲理, 惜哉!

며 氣卽理의 의미도 결코 아니다.

이상에서 녹문에 대한 오희상과 홍직필의 관점은 대개 녹문이 氣를 지나치게 강조하였다거나, 또는 氣를 理로 여겼다는 것이다. 그러나 이러한 관점들은 다음 두 가지 원인에서 비롯되는 것이라고 생각된다. 하나는 오희상과 홍직필은 渼湖(또는 雲樓) 金元行(1702~1772)[9]의 門人으로 洛論의 관점을 지지하였고, 녹문에 대한 비판은 결국 학파의 師承 관계에 따른 관점이라고 할 수 있다. 다른 하나는 녹문의 理氣論을 단편적으로 보았거나 녹문철학에 대한 종합적 이해가 부족한 데서 말미암는다고 생각된다. 이것을 필자는 〈Ⅲ 鹿門의 理氣同實論과 그 성립 과정〉에서 자세히 논증할 것이다.

둘째, 조선성리학에 대한 근대의 새로운 학문적 접근에 따른 철학사적 연구를 살펴보자. 그 동안 鹿門 任聖周의 철학에 대한 평가는 대체로 主氣哲學, 唯氣論, 氣學의 세 갈래로 나누어져 있는데, 이러한 평가들은 녹문의 이기론에 그 근거를 두고 있다. 이러한 연구 태도는 대부분 대상 학자가 어느 학파에 속하는가, 또는 主氣·主理라는 도식적 관점으로만 구분하려는 것이다. 녹문철학에 대한 이해도 이 틀을 벗어나지 않는다. 곧 조선성리학을 주리·주기의 이분법적 도식으로 규정하려는 것도 그러한 예이며, 특히 녹문철학에 대한 철학사적 연구 관점도 이러한 경향을 크게 벗어나지 않는다.

이러한 관점은 대부분 일본인 다카하시 도루(高橋亨, 1878~1967)가 〈李朝儒學史に於ける主理派主氣派の發展〉에서 조선성리학을 主理·

---

9) 字 伯春, 諡號는 文敬, 본관 安東. 金昌協의 손자. 김원행은 녹문과 같이 陶庵 李縡의 문인으로, 湖洛論爭에 관한 관점은 李柬의 洛論을 지지하여 韓元震의 湖論을 반대하였다. 그리고 오희상과 홍직필은 김원행의 門人으로 洛論의 관점을 굳게 지켰다. 著書:《渼湖集》. 이들의 학맥에 대해서는 崔完基,《韓國性理學의 脈》(느티나무, 1989), 176쪽 〈表 3〉 栗谷學派의 脈과 이 책 〔표 3〕 참조.

主氣의 관점에 따라 구분한 것과 맥을 같이한다. 이러한 관점은 玄相
允・裵宗鎬・金洛必 등의 唯氣論, 劉明鍾의 主氣論, 鄭仁在의 조선시
대 독창적 氣學이라는 견해로 구분할 수 있다.

다카하시는 이 논문에서 다음과 같이 조선성리학을 主理派와 主氣派
의 대립적 발달과정으로 구분한다.

> 조선 유학의 2대 학파는 主理派와 主氣派이고, 두 유파가 유출된
> 근원은 곧 退溪와 고봉 두 사람의 四七論이다. 이로부터 한 파는 동남
> 으로 흘러가 嶺南學派가 되어 주리로 발달하고, 한 파는 서남으로 흘
> 러서 畿湖學派가 되어 主氣로 발달하였다.[10]

그리고 그는 이어서 主氣論의 세 가지 유형을 張載~徐敬德, 程顥~
李珥, 羅欽順~任聖周로 구분하였다. 그 동안 조선성리학에 관한 연구
에서 대부분 다카하시의 견해처럼 퇴계는 主理派로, 율곡은 主氣派로
구분해 왔다. 그리고 녹문을 율곡학파의 맥락에서 主氣說의 정점으로
여긴다.

唯氣論의 관점을 살펴보면, 玄相允은 鹿門 任聖周를 조선성리학의 6
大家의 한 사람이라고 평가[11]하고 그 특징을 唯氣論이라고 규정하였다.

鹿門哲學을 높이 평가[12]하고 철학적 분석에 힘쓴 裵宗鎬는 《韓國儒
學史》와 《韓國儒學의 哲學的 展開》中, 下 등에서, 녹문의 氣一分殊의
논리를 자세히 설명함으로써 녹문철학의 특징을 잘 해명하였다. 그리고
그는 녹문의 철학을 호락논쟁의 연장선에서 파악함으로써, 그에 따라

---

10) 高橋亨, 〈李朝儒學史に於ける主理派主氣派의 發展〉, 《朝鮮支那文化의 硏究》,
   京城帝國大學, 法文學會 第二部 論撰 第一輯, 1919, 3쪽.
11) 玄相允, 《朝鮮儒學史》(서울: 玄音社, 1986), 66쪽 참조.
12) 裵宗鎬 선생은 《鹿門集》解題에서 "녹문의 唯氣論은 그 후 理一分殊說을 확립
   한 奇蘆沙의 唯理論과 더불어 韓國性理學의 雙金子塔이라 하겠다"고 하였다.

호락논쟁의 쟁점을 氣一分殊를 통하여 종합·평가하였다고 보았다. 아울러 "鹿門의 哲學을 통틀어 보면, 그는 心을 「氣之神而理之妙」라 定義하면서도 氣之神 즉 氣爲主로 봄으로써 理之妙를 等閑히 하고 있다. 따라서 鹿門의 理氣說을 後世 唯氣論(The Theory of the Supremacy Ch'i over Li)이라 부르는 것이다"[13]고 정리하였다.

그러나 유기론이라고 하면 朱子性理學의 理와 氣 가운데 氣만을 유일한 實體 또는 實在로 보는 것을 의미하므로, 이 글에서는 녹문의 理氣의 개념과 상호관계를 설명한 III장에서 그 타당성을 검토하고자 한다.

그리고 劉明鍾도 伊川→朱子→退溪의 흐름을 主理的으로, 明道→羅整庵→栗谷의 흐름을 主氣的으로 이해하고, 녹문의 철학을 主氣哲學[14]이라고 규정하고, 明代의 整庵 羅欽順(1465~1547)과의 관계에 대한 연구를 통하여 녹문철학의 연원을 다음과 같이 정리하였다.

整庵의 영향을 많이 받은 鹿門은 理의 實在化를 반대하는 반면에 氣의 實在化를 인정하여 氣亦天이요 氣無對라 하였다. 그러나 理를 自然處 즉 氣의 內在的인 必然法則이라 함과 心性一物의 주장은 整庵과 동일하나 性卽氣를 주장하고, 渣滓의 氣를 인정하였다. 渣滓의 氣를 인정함으로써 正氣 즉 湛一淸虛한 氣의 超越化, 絕對化를 주장했다. 이러한 점에서 整庵의 氣哲學과는 구별되며 동시에 橫渠, 王浚川, 花

---

13) 裵宗鎬, 《韓國儒學史》(서울: 연세대학교출판부, 1973), 261쪽.
14) 劉明鍾, 《朝鮮後期 性理學》(서울: 以文出版社, 1988), 177~186쪽 참조.
　　한편 그는 《韓國學報》(第五期 抽印本, 中華民國 74년 12월 刊. 29쪽 참조)의 〈氣哲學的二種類型〉에서 '超越觀的氣哲學與人欲否定'과 '內在觀的氣哲學與人欲肯定'이라는 두 유형으로 설명하면서 人欲을 否定하는 氣哲學者들 가운데 녹문을 예로 들고 있다. 이 밖에 유명종은 〈任鹿門의 唯氣說과 羅整庵의 氣哲學〉(《哲學硏究》 17, 1973), 〈吳老州의 理氣說 - 羅整庵의 影響과 任鹿門에 대한 批判〉(《哲學硏究》 19, 1974), 〈羅整庵 氣哲學의 影響 - 16·17세기 朝鮮學界의 受容과 批判〉(《哲學硏究》 20, 1975) 등을 통하여 녹문과 나정암의 영향관계를 자세히 설명하였다.

潭 등의 氣哲學과 가까워졌다.

整庵이 情欲을 肯定함에 비추어 鹿門은 情欲을 肯定하지 않았다. 湛一淸虛한 氣의 實在化로 말미암은 진실한 존재가 아닌(假有) 渣滓의 氣는 진실한 존재(眞有)인 '가장 맑고, 깨끗하고, 순수한 氣의 本體(湛一淸虛之氣)'에 의해 主宰되고 지배된다.[15]

위에서 지적한 것처럼 녹문의 철학적 연원을 따지면 녹문이 나정암의 영향을 받은 것은 사실이나, 나정암의 理氣一物說과 녹문의 理氣同實論 사이의 同異를 좀더 자세히 설명하지 못한 점이 아쉽다. 그리고 '가장 맑고, 깨끗하고, 순수한 氣의 本體(湛一淸虛之氣)'의 超越化나 絶對化라는 평가는 재검토되어야 한다고 생각된다. 왜냐하면 '理氣를 논함에 반드시 理氣同實과 心性一致를 宗旨로 해야 한다'고 한 同實의 의미는 一物과는 다르기 때문이다. 이 글의 Ⅲ장에서는 明代의 理氣一物說로 이름 붙인 羅欽順(1465~1547, 호 整庵)과 녹문 임성주의 이기동실을 나정암의 이른바 이기일물설과 대비하여 설명함으로써 그 同異를 살펴볼 것이다.

한편 중국의 明末淸初의 氣學과 비교하여 녹문철학의 독창성을 강조한 鄭仁在 교수는 녹문의 철학을 한국의 기학이라고 평가하면서 네 가지로 그 이유를 설명한다.[16] 그는 宋代 이후의 儒學을 理學(宋), 心學

---

15) 《哲學硏究》 第17輯, 1973. 12, 81쪽.
16) 鄭仁在, 《韓國思想》 17집(韓國思想硏究會, 1980), 185쪽.
　　첫째, …… 理學에서처럼 天命을 上帝 또는 理의 命令이라 보지 않고 天을 元氣로, 命을 시키지 않았는데 저절로 그러한 것(莫之然而然)으로 해석하였다는 사실로 알 수 있다. 둘째, 鹿門의 氣學은 存在와 流行(生成)을 體用 無間의 關係로 파악하여 현상의 배후에 實體가 있다고 믿는 實體論的인 思考를 否認하였다. …… 셋째, 鹿門의 氣學은 氣의 能이 造化를 만들어 내고 人間과 萬物을 生한다고 보았다. 그리고 이것을 生意의 表現이라고 본 점에서 機械的 唯物論과는 거리가 먼 것이다. 오히려 生命的 唯氣論에 近似한 것이라야 옳을 것이다. 넷째, 이 宇宙의 氣의 能이 人間에게 있는 것을 氣質의 "良能"

(明), 氣學(淸)으로 구분하고, 녹문의 철학은 청대의 기학과는 달리 독창적 학문이라고 주장한다.[17]

이러한 관점은 녹문이 당시 조선성리학계에서 다른 성리학자들보다 氣를 상대적으로 강조하였다는 점에서 일면 타당성이 있다고 생각된다. 그러나 녹문의 철학을 氣學이라는 용어로 규정하였다면, 녹문의 기학과 중국의 기학은 同質性 또는 적어도 類似性에 관한 자세한 설명이 필요하다고 생각된다.

金洛必은 《鹿門 任聖周의 氣哲學》에서 녹문의 철학을 전기와 후기로 처음으로 구분하여 다루었다. 이러한 관점은 녹문의 철학을 있는 그대로 파악하려는 진지한 자세라고 할 수 있다. 특히 녹문의 전기 철학에서 良能 개념을 매우 잘 정리하였다. 그러나 전·후기를 구별하는 기준이 분명하게 정리되지 않았다. 중요 내용은, 人物性同異論에 대한 녹문의 전·후기 관점이 同論에서 相異論으로 바뀐 것과 理氣論에서 主氣로부터 理氣同實의 관점으로 재정립된 것이다. 따라서 녹문의 후기 철학을 氣哲學이나 氣一元論으로 규정하는 것은 녹문의 철학을 主理·主氣의 이분법적 연구 관점에서 벗어나지 못했다고 할 수 있다. 왜냐하면 녹문은 우주론에서 근원적 一氣만을 인정한 것이 아니라 근원적 一理도

이라 하고 이것을 心이라 하였다. 여기서 天人合一의 精神은 그대로 계승되어 있음을 볼 수 있고 또 聖人이나 凡人 할 것 없이 누구나 다 "良能"을 갖추고 있다는 점에서 孟子的 性善論과 一脈相通하여, 이는 陽明學에서 "良知"만을 강조한 것과 좋은 대조를 이루어 心學에 다른 해석을 可能케 하였다.

17) "韓國의 理學과 心學은 中國의 朱子學과 陽明學과의 相互 直接的인 연관과 그 영향에서 受容·變形된 것이라 하겠으나, 氣學만은 中國의 張王學과는 別途로 발전되었다고 생각하여 本論稿를 펼쳐 나간다. 물론 問題의 관심과 범위가 비록 中國의 것과 비슷한 一面도 적지 않겠지만, 그것은 어디까지나 韓國 特有의 問題 속에서 獨創的으로 自生되었다는 점을 강조하기 위하여 ……."
鄭仁在, 《韓國思想》 17집(韓國思想研究會, 1980), 162쪽.

함께 인정하고 있기 때문이다.

즉 위 책의 28쪽에서 "필자의 견해는 性을 氣質에 포함된 理라고 규정하고 氣質은 천차만별로 다를 수 있는 견해를 인정하는 이상 湖論의 견해가 논리적 일관성을 유지한다는 입장이다. 그러나 녹문의 논리에는 氣를 湛一과 渣滓로 구별하고 전자를 未發狀態로 규정하는 견해가 준비되어 있다. 이 견해는 인간의 성품이 善하다는 신념을 정당화한 것으로 간주할 수 있다. 그러나 氣를 이원적으로 구별하는 결과를 가져오는 것은 피할 수 없었다. 어쨌든 녹문은 性善을 확보하기 위해서 또는 윤리의 大本을 찾기 위해서 남당의 견해를 비판한다. 이것이 그의 특징인 동시에 한계였다"고 하였다. 이 내용은 녹문의 人物性相異論을 설명하는 이기론의 특징에 관한 것이다. 그런데 필자가 보기에 이러한 관점은 녹문철학의 근본적 목적을 간과한 데서 비롯된 것이라고 생각된다. 왜냐하면 녹문의 철학은 性善의 理氣論的 근거를 마련함과 동시에 궁극적으로는 성선의 실현에 있었다. 따라서 녹문은 理의 純善을 실현할 氣에도 그 순선이 확보되어야 논리적으로 정합성이 있다고 보았다. 이러한 점에서 보면 녹문은 '湛一淸虛之氣 多有不在'라는 율곡의 견해를 비판하고 순선인 湛一淸虛之氣는 '無所不在'라고 주장하였다. 이것은 '理通'만 가능한 것이 아니라 '氣通'도 가능하다는 이기론에 근거한 것이지 氣를 湛一과 渣滓로 이원화한 것이 아니다.

김낙필 선생의 이 책은 처음으로 녹문의 철학에 대한 비교적 종합적인 시각에서 이루어진 연구라고 할 수 있지만, 좀더 자세하고 풍부한 철학적인 논증이 필요하다고 생각된다.

셋째, 녹문철학에 대한 종합적인 연구는 최근에 시도되었다. 그 가운데 金炫의 〈鹿門 任聖周의 哲學思想〉(1992년, 고려대학교 박사논문)은 비교적 풍부한 자료를 바탕으로 한 종합적인 연구라 할 수 있다. 그는 녹문철학에 대한 기존의 연구 방법과 관점을 정리하고 비판한 뒤, 主理的 성격이 강하였던 洛論계열에서 녹문의 氣一元論이 나오게 된 이유, 녹문이 人物性同論에서 相異論으로 관점을 바꾼 이유와 湖·洛 양론과의 同異문제, 녹문철학의 이론적인 면과 실천적 면의 관계, 그리고 한국철학사에서 녹문철학의 위치를 중심문제를 연구 과제로 삼았다.[18] 그의 이러한 문제제기는 앞으로 녹문철학에 대한 연구 과제를 잘 요약해 주었으며, 녹문철학을 새롭게 이해하려는 시도라고 생각된다.

그러나 서론에서 밝힌 四端七情論辨, 人物性同異論辨, 녹문의 문제의식 등을 본론에서 좀더 자세하고 논리적으로 설명하지 못한 점이 아쉽다.

그리고 조선성리학계에 비교적 큰 파장을 일으킨 整庵 羅欽順(1465~1547)과 녹문철학의 관계에 대해서는 더 자세한 고찰이 필요하다고 생각된다.[19] 녹문은 나정암의 견해에 대하여 여러 가지 관점에서 비판하고 있다. 그 내용을 요약하면 녹문은 정암이 理氣를 不可分開의 관점에서 본 것에 대해서는 적극 찬성하지만 그 밖의 것은 대부분 정암의 견해에 대하여 비판적이다. 특히 정암의 理氣一物說에 대해서도 녹문은 정암의 견해가 잘못이라고 비판하였다. 녹문은 '理와 氣는 동등한 實〔本質〕이다(理氣同實)'에서 理氣를 하나의 사물로 본 것이 아니라, 理와 氣라는 동등한 두 실체가 不相離의 관계로 존재한다는 의미로 파악하였음에 견주어, 나정암은 一物의 의미를 더 강조하였다고 할 수 있다. 나정암의 철학에 대한 녹문의 관점은 이 책의 〈Ⅲ 鹿門의 理氣同實

---

18) 金炫, 〈鹿門 任聖周의 哲學思想〉(1992, 고려대학교 박사논문), 8~9쪽 참고.
19) 이 점에 대해서는 홍정근, 〈湖洛論爭에 關한 任聖周의 批判的 止揚 研究〉(2002, 성균관대학교 박사논문)의 'Ⅴ章 任聖周와 羅欽順의 理氣論과 人物性論의 對比的 考察'에서도 정암의 철학에 대한 녹문의 비판을 중심으로 서술하고 있으며, 계승발전의 관계로 설명하지 않는다.

論과 그 성립 과정〉의 '2. 후기의 理氣論: 理氣同實'에서 자세하게 설명할 것이다.

김현의 이 글에서는 그 동안 잘 알려지지 않은 景逸 高攀龍(1562~1626)과 녹문의 관계를 소개하였다.

그러나 이 김현의 글에서는 녹문철학의 전체를 관통하고 있는 '理와 氣는 동등한 實[本質]이다'는 것을 전제한 理氣論과 특히 理一分殊를 이해하는 관점과 氣一分殊에 대한 문제들에 대한 구체적이고 체계적인 논증이 자세하지 못한 점이 아쉽다. 그리고 녹문의 철학적 특성을 生意哲學이라고 하여 이 점을 강조하였다. 그런데 이것을 녹문의 철학이 현실에서의 구체적 실현에 그 목적이 있다는 것과 논리적 정합성으로 연결하여 설명하지는 않았다. 氣의 生意와 理의 生理는 서로 짝이 되고 同時同所로 존재하는 생명과 변화의 원리이다.

그리고 결론에서 녹문철학에 대한 좀더 적극적으로 긍정적인 면을 부각시키지 못한 점이 있다. 과거의 철학은 현대의 관점에서 보면 분명 일정한 한계가 있게 마련이다. 그러나 그 한계 때문에 시대적 공감대를 가질 수 없다고 하는 것은 지나친 논리다. 녹문은 마음을 이해하고 수양하는 공부방법을 개인적 수양과 사회적 실천을 아우르는 종합적 체계를 완성하였다. 이러한 녹문의 철학이 당시 크게 대두된 實學이 지나치게 실천을 중시함으로써 오히려 실천의 이론적 근거가 미약하게 되는 논리적 한계를 극복할 수 있도록 하였다는 점을 간과해서는 안 될 것이다.

그리고 金炯瓚은 〈理氣論의 一元論化 研究〉(1996년, 고려대학교 박사논문)에서 理氣論의 성립과정을 자세히 설명하고, 이 과정에서 二元論으로 정립된 이기론이 一元化되는 방향으로 설정하여 任聖周와 奇正鎭을 중심으로 논증하였다. 즉 임성주는 氣를 중심으로 일원화하였고, 기정진은 理를 중심으로 일원화하였다는 것이 중심내용이다. 필자가 보기에 기정진의 경우 이러한 관점은 타당하지만, 임성주에 대한 견해는 좀더 숙고가 필요하다고 생각된다. 예를 들면, 김형찬은 "임성주는 氣에 대한 理의 차별성이 강조되던 당시의 조선성리학계의 분위기 속에서 理氣不相離의 원칙에 주목하여 理氣同實을 주장하였고, 理를 氣의 술어화함으로써 氣一元論化한 것이다"[20]고 하였다. 이 말은 녹문이 우주의 본체를 氣에 두고 기일원론을 정립하였다는 말이다. 그리고 '理를 氣의 술어화하였다'는 말은 理를 氣에 종속되는 것으로 보았다는 의미이다. 그러나 이러한 견해에 대한 《鹿門集》에서의 근거가 부족하다. 녹문이 주장한 이기론의 기본전제인 '理와 氣는 동등한 實[本質]이다(理氣同實)'는 명제는 결코 理를 氣의 술어로 보는 것이 아니다. 理와 氣는 不可分開, 不離不雜으로 언제나 同時同所에 존재할 뿐 서로 종속적 관계가 아니라는 말이다. 만약 理가 氣의 술어라면, 이것은 녹문이 주장한 '理氣同實'의 대전제와 모순일 뿐만 아니라, 理를 氣의 속성으로 파악하였다는 기존의 녹문에 대한 비판과 다르지 않다고 생각된다. 그리고 녹문이 정말 理를 氣의 속성으로 보고 理氣論을 펼쳤는가에 대한 자세한 논증이 부족하다고 생각된다.

녹문철학에 대한 연구는 최근 '韓國東洋哲學會 第31次 夏季 學術會議 및 修鍊會'[21]에서 '鹿門 任聖周 唯氣哲學과 그 학술사적 의의'라는 제목으로 진행된 학술회가 이루어질 정도로 활발해지고 있다. 이 학술회의에서 녹문철학에 대하여 다양한 문제와 관점으로 종합적인 발표가 있었지만 위에서 소개한 범위를 특별하게 벗어난 것은 아니었다. 다만 鄭炳連은 녹문의 생애와 학문적 연관관계를 《녹문집》의 내용 분류 등을 기

---

20) 金炯瓚, 〈理氣論의 一元論化 연구 – 鹿門 任聖周와 蘆沙 奇正鎭을 중심으로 – 〉(1996, 고려대학교 박사논문), 102쪽.
21) 1998년 8월 19~20일. 대구 계명대학교.

존의 연구보다는 훨씬 자세하게 분석·정리하였다. 그러나 그가 녹문의 철학을 唯氣論으로 규정한 것은 여전히 좀더 자세한 논증이 필요하다고 생각된다.

한편, 남한의 이러한 연구경향과 달리 북한의 《조선철학사》 Ⅱ에서는 다음과 같이 평가하였다.

> 그는 주회의 객관적 관념론, 왕양명의 주관적 관념론 및 불교의 주관적 관념론을 반대하였으며 유물론적 요소를 포함하고 있는 주기론도 총체적으로 객관적 관념론의 범위를 벗어나지 못한 것으로 하여 반대하였다. 그는 이이의 주기론에서 그의 유물론적 요소는 치하하면서도 그가 철학의 기본문제 해결에서 이의 선차성, 이의 보편성과 기의 제한성을 주장한 데 대하여 비판하였다. 그것은 이이가 서경덕을 반대하여 내놓은 이통기국의 부당성을 논증하고 서경덕을 옹호한 데서 명백히 표현되었다.[22]

이것은 녹문을 마르크스·레닌주의의 영향 아래 형성된 주체사상의 관점에 맞추어 녹문을 조선성리학자 가운데 뛰어난 유물론자로 평가한 것이다. 그러나 유물론과 유심론의 이분법에 따라 녹문의 철학을 평가하기에는 무리가 있다. 녹문의 철학적 문제는 정통 성리학자의 그것과 다름이 없다. 유심론과 유물론의 관점으로 평가하는 것은 이미 이데올로기적 관점이지 순수한 철학적 평가가 아니다. 따라서 북한의 이와 같은 관점은 비판받아야 하고, 그것을 옹호하는 태도도 반성해야 한다.

정리하면 이미 녹문에 대한 연구는 다양한 시각에서 적지 않게 이루

---

22) 정성철, 《조선철학사》 Ⅱ, 과학백과사전 출판사 편(서울: 이성과 현실, 1988), 284쪽.

어졌으나, 위의 분석을 통해서 알 수 있듯이 주로 主理·主氣의 이분법을 중심으로 主氣的 계열의 학자, 더 나아가 唯氣論 또는 氣學者로 이해하고 있다. 녹문철학에 대한 이러한 연구들은 조선성리학에서 녹문의 특성을 부분적으로 규명하고 아울러 녹문철학에 대한 다양한 접근방식이 가능함을 보여 주었다.

그러나 무엇보다 필요한 것은 녹문철학에 대한 객관적이고 종합적인 연구를 통하여 철학사에서 녹문의 위치를 제대로 자리 매김을 하는 것이다. 왜냐하면 율곡의 철학을 간단히 主氣派라고 할 수 없듯이[23] 녹문의 理氣論도 그의 '理와 氣는 동등한 實[本質]이다'는 명제의 의미를 살려서 이해해야 한다. 곧 理氣同實의 전제 아래 재정립된 녹문의 이기론은 결코 理를 氣의 屬性으로 이해한 것은 아니며 더구나 우주의 유일한 實體를 氣로 여긴 것은 아니다. 왜냐하면 主理나 主氣라는 말은 일차적으로 同實과는 맞지 않는 말이기 때문이다. 그러므로 남은 문제는 녹문의 철학에서 이 이기동실과 心性一致를 전제로 성리학의 주요 문제들을 설명한 이론들이 내용적 논리적으로 整合性을 유지하고 있는가를 객관

---

23) 柳仁熙 교수는 〈南北韓 栗谷哲學의 認識과 反省〉(《철학과 현실》, 1991, 겨울)에서 "율곡의 성리학설을 굳이 이름 붙이자면 주기론이 아니라 주리론이기 때문이다. 비록 비판하기 위한 말일지라도 북한의 학자들이 율곡을 주기론자라고 말하면서도 이기론을 종합하려고 하였으며 그 증거를 氣局에 대해서 理通을 말한 것을 든 것은 우리 학계의 주장보다도 훨씬 사실에 충실한 지적이다"고 하여 율곡을 主氣論者로 이해하는 것을 반대하였다.
    主理·主氣의 이분법적 연구방식에서 벗어나야 한다는 주장은 이제 보편적 인식에 이르렀다고 할 수 있다. 그 예로 崔英辰은 〈朝鮮朝 儒學思想史의 分類方式과 그 문제점〉(한국사상사학회 춘계발표, 1994)에서 주리·주기에 대한 엄밀한 개념정의의 중요성을 강조하고 조선성리학자들에 대한 주리·주기의 이분법적 이해가 조선성리학의 본질을 왜곡하는 것이라고 비판하였으며, 또한 조선성리학에 대한 새로운 분류방식의 필요성을 주장하였다. 조남호도 〈조선에서 주기 철학은 가능한가〉[《논쟁으로 보는 한국철학》(서울: 예문서원, 1995), 129~146쪽 참조)]에서 다카하시와 같은 도식을 비판하면서 "퇴계학파와 율곡학파를 '고유명사'로 정의해야 한다"고 주장한다.

적으로 확인해야 하는 것이다.

　그러므로 녹문철학을 먼저 정확하게 이해하려면 原典에 충실한 연구가 이루어져야 하며, 일관된 도식을 전제로 이해해서는 안 된다는 것은 아무리 강조해도 지나치지 않는다. 왜냐하면 주리·주기라는 이분법적 구도 자체가 하나의 허구이며, 이러한 구도로 조선성리학자들과 그들의 철학을 이해하면, 조선성리학사에 내재해 있는 문제의 발전적 흐름을 간과하기 쉽기 때문이다.

3. 研究 내용과 방법

필자는 위 기존 研究의 분석에 나타난 것과 같이 조선성리학을 主理·主氣의 이분법적 관점으로 이해하는 방법을 벗어나고, 조선성리학사라는 마당에서 진행된 問題發展史라는 관점에서 녹문철학의 전반에 대하여 연구·검토하려고 한다.

따라서 이 글에서는 다음 몇 가지 문제를 집중적으로 살펴볼 것이다. 첫째, 녹문의 理氣論에 대한 객관적이고 구체적인 연구·검토를 통하여 '理와 氣는 동등한 實〔本質〕이다'는 전제 아래 정립된 이기론이 일부 오해의 소지가 전혀 없는 것은 아니지만 主氣·唯理·氣學으로 이해될 수 없으며, 동시에 이기론에 대한 새로운 지평을 제시한 것임을 밝힐 것이다.

둘째, 성리학의 주요명제의 하나인 理一分殊의 문제가 어떻게 형성·발전되어 왔는지를 검토하고, 녹문이 '理와 氣는 동등한 實〔本質〕

이다'는 이기론에서 이해하는 理一分殊論은 조선성리학사의 문제발전 사에서 한 걸음 전진한 것임을 밝히고자 한다.

셋째, 理氣同實을 전제로 재정립된 녹문의 理一分殊論은 조선성리학에서 펼쳐진 湖洛論爭의 문제 곧 人物性同異와 未發心體有善惡에 대한 논쟁을 끝내기 위한 이론이며, 동시에 善의 실현에 대하여 의지를 적극적으로 밝힌 것이며, 또한 논리적 근거를 한 차원 높인 이론임을 밝히고자 한다.

넷째, 이를 위해 '녹문이 前期에 가졌던 문제가 무엇이며, 그것을 어떻게 설명하였으며, 나아가 왜 관점의 변화가 생겼는가? 그리고 변화된 관점에 따라 자신의 철학을 어떻게 펼치고 있는가'를 중심으로 연구하고자 한다. 왜냐하면 녹문은 처음 洛論과 같이 人物性同論을 따를 때 理氣에 대한 확립된 견해가 없었고, 또한 理一分殊에 대해서는 자세한 언급이 없다가 그가 48~49세 때 쓴 〈鹿廬雜識〉에서 비로소 理氣論을 정립하고 아울러 이일분수에 대해서 자신의 관점을 정립하기 때문이다.

구체적으로 살펴보면, 녹문은 전기에서는 理氣渾融之妙를 중심으로 理氣論을 설명하고, 후기에 '理氣同實'과 '心性一致'의 두 명제를 전제로 理一分殊를 새롭게 이해하여, '이일분수는 理를 위주로 본 것이며, 氣를 위주로 보면 氣一分殊도 불가할 것이 없다'고 주장하여 호락논쟁의 쟁점을 종합·정리하고자 하였다. 그러므로 이 책에서는 녹문의 철학을 전·후기로 구분하여 처음 녹문이 洛論의 관점에서 호락논쟁의 문제를 이해하다가, 후기에 자신의 처지에 따라 새롭게 정립하는 과정에서 나타나는 내용과 관점변화의 문제를 구체적으로 검토하고자 한다.

그리고 녹문이 理一分殊의 문제를 이해하면서 '理와 氣는 동등한 實[本質]이다'는 것을 전제로 氣一分殊도 무방하다고 한 내용에 대한 그 이론적 整合性을 검토하여 결국 기일분수는 이일분수를 부정하는 논리가 아니라 오히려 이일분수를 더 잘 이해하기 위한 것이며, 나아가 적극적으로 善을 실현하기 위한 논리임을 밝히고자 한다. 나아가 녹문의 이일분수는 心性의 해명과 아울러 그 修養의 문제까지 통일된 체계로 이해하고 있음을 살펴볼 것이다.

또한 전개방법에서 東洋哲學의 전반적인 문제들을 이해하고 소개해 왔던 방식인 本體論, 人性論, 知識論, 修養論 등을 '理와 氣는 동등한 實〔本質〕이다'는 전제 아래 정립된 理—分殊論과 心性—致를 중심으로 서로 연관된 체계에서 이들 문제에 대한 녹문의 철학을 재구성하여 논의를 진행하고자 한다.

이를 위하여 먼저 II장에서는 녹문의 생애와 저작을 살펴보고, 녹문이 활동한 시대의 학문적 상황과 철학적 문제형성의 배경을 정리하고자 한다. 그리고 녹문 당시의 시대상황과 녹문철학의 형성과 전개, 그리고 변환에 이르는 과정에서 이루어진 저작과 師承 관계 등을 살펴보고자 한다.

III장에서는 녹문의 理氣論을 검토할 것이다. 녹문은 이기론을 펼치면서 전기에는 理氣不相離 또는 理氣混融無間之妙를 중심으로 이해하며, 후기에는 理氣同實과 不可分開를 理氣論의 대전제로 삼아 理와 氣의 개념을 규정하였다. 그러므로 이 장에서는 먼저 녹문의 전기의 관점으로 良能과 鬼神에 대한 설명에서 드러나는 녹문의 이기론을 살펴보고자 한다. 즉 녹문은 양능과 귀신을 理氣不相離 또는 渾融無間之妙로 이해한다. 이것은 율곡의 理氣之妙와 일맥상통하며, 후기의 '理와 氣는 동등한 實〔本質〕이다(理氣同實)'는 관점과도 연결되고 있음을 밝히고자 한다.

한편 녹문은 程·朱와 栗谷의 理氣論을 바탕으로 자신의 이기론을 정립하면서 明代 羅整庵의 이기론에서 明道의 道器—體를 높이 평가한

부분에 대해서는 적극 찬동하지만 '一'의 의미를 제대로 이해하지 못하였다고 비판한다. 그러므로 필자는 녹문의 이기론과 나정암의 理氣一物說과의 관계를 자세하게 살펴보고자 한다. 왜냐하면 나정암과의 비교를 통하여 녹문의 理氣同實의 이기론을 더 명확하게 드러낼 수 있으며, 또한 녹문의 이기론이 나정암의 연장선에 있다는 일부의 평가를 비판적으로 설명할 수 있기 때문이다.

그리고 이러한 논의를 바탕으로 녹문이 설명한 自然으로서의 理와 生意로서의 氣 개념을 검토하고, 이를 통하여 그는 法則, 原則, 原理로서의 理와 그 실현자로서의 氣를 일치시킴으로써, 理의 純善을 실현하는 氣에 내재적 능동성을 부여하기 위한 것임을 밝히고자 한다. 그리고 녹문은 理의 主宰性뿐만 아니라 氣의 주재성도 인정하는 것도 위와 같은 맥락임을 밝히고자 한다.

Ⅳ장에서는 湖洛論爭의 발단이 된 율곡의 理通氣局說의 성립과정과 그에 대한 호·락 양론의 당사자인 巍巖 李柬과 南塘 韓元震의 이해를 살펴보고, 다시 理氣同實과 心性一致를 전제로 하여 녹문이 어떻게 이들을 비판하고 있는가를 종합적으로 검토하고자 한다.

이를 위하여 먼저 程伊川의 理一分殊와 朱子의 理同氣異를 먼저 요약 정리하여 이들 이론은 만물의 통일성과 다양성을 설명하는 논리이자 인간이 보편적으로 지향할 도덕적 가치를 설명하는 논리임을 밝히고자 한다. 그리고 율곡의 理通氣局은 사물의 統一性과 多樣性에 대하여 그 근원과 現象的으로 서로 다른 원인을 해명한 이일분수와 이동기이의 논리를 더욱 구체적이고 자세하게 발전시킨 것임을 밝히고자 한다. 율곡의 이통기국에 대하여 巍巖은 理를 중심으로 이해한 반면에, 南塘은 氣局을 性을 중심으로 이해함으로 둘의 주장이 달라졌다. 그러므로 여기서는 율곡의 이통기국에 대한 둘의 이해를 비교·검토할 것이다.

이것은 녹문의 '理氣同實'을 전제한 理一分殊와 氣一分殊의 논리에 대한 淵源과 녹문의 특징을 이해하기에 쉽기 때문이다. 곧 湖洛論爭의 문제는 녹문철학의 출발점이라고 할 수 있다. 따라서 녹문은 호락논쟁의 문제를 해결하기 위하여 理氣論을 재정립하지 않을 수 없었으며, 그 결과 그는 호락논쟁은 이일분수와 理通氣局에 대한 이해가 부족한 데서 비롯되었다고 보았다. 여기서 그는 이기동실의 논리에 바탕하여 기일분수와 氣通의 명제를 제시하였고, 또한 녹문은 율곡의 이통기국에 대해서도 같은 논리로 비판하면서 氣通理局도 가능하다고 주장한다. 이 때문에 그는 主氣論者라는 지적을 받았다.

그러나 결코 녹문이 理一分殊를 부정하고 氣一分殊만을 주장한 것이 아니다. 녹문은 순수한 논리적 관계로 '理와 氣는 동등한 實〔本質〕이다'는 전제 아래 이일분수가 가능하다면 기일분수도 불가할 것이 없다고 보았다. 그러므로 녹문은 湖·洛 양론은 이일분수만을 중심으로 理一은 理에, 分殊는 氣로 分屬시킴으로써 불필요한 논쟁을 불러일으켰다고 비판한다. 따라서 녹문이 '理와 氣는 동등한 實〔本質〕이다'는 전제 아래 제기한 기일분수는 이일분수로서 성리학의 문제를 해명할 때 반드시 함께 고려해야 비로소 정확하고 현실적이라는 주장에 대한 논리적 整合性을 검토할 것이다.

V장에서는 녹문이 위의 理氣同實을 전제한 理一分殊와 氣一分殊로부터 어떻게 호락논쟁의 쟁점을 설명하는가를 살펴보고자 한다.

녹문은 36~37세 이전에는 性을 性卽理라는 理 중심으로 이해하고 氣質之性과 本然之性을 구별한다. 그리고 본연지성을 중심으로 人物性同論과 未發心體本善을 주장하였다. 그러나 녹문은 이미 이때 호락논쟁의 관건을 본연지성과 기질지성에 대한 개념규정에 있다고 보아 湖·洛 양론이 다 문제가 있다고 생각하였다.

　그러나 36~37세 무렵 《孟子》의 〈生之謂性章〉에 대한 朱子註를 다시 읽고 관점을 바꾼다. 여기서 녹문은 理氣同實과 心性一致의 전제 아래 理一分殊에 관한 새로운 이해를 밑바탕으로 性은 구체적 사물이 현실적으로 갖추고 있는 氣質과 形氣를 중심으로 파악해야 하고, 모든 사람과 사물은 오직 하나의 性만 가질 뿐이며 하나의 사물에 있는 性이 本然之性과 氣質之性의 두 層次가 있을 수 없다고 주장한다. 따라서 기질지성이나 본연지성이라는 이름은 하나의 사물에 있는 性에 대한 관점의 차이일 뿐이므로 기질지성이 곧 본연지성이라는 것이다. 그러므로 사람과 사물 사이의 性에 대한 同異를 논할 때는 마땅히 현상의 參差不齊한 사실도 인정해야 하고, 그 참치부제한 기질지성으로 同異를 논해야 하므로 당연히 人物性相異論으로 전환한다. 그리고 氣의 一原은 湛一로 明德의 本體를 규정하고 전기와 마찬가지로 未發心體本善을 주장한다.

　또한 녹문은 心性一致의 전제에서 性善은 氣善으로 완성된다는 점을 강조한다. 녹문은 '理와 氣는 동등한 實[本質]이다'는 전제 아래 主理·主氣의 이분법적 도식에 따르지 않고, 성선을 실천하는 주체로서의 마음[心]의 문제로 해결하고자 하였다. 그것은 녹문이 理의 純善이 왜 현상으로 온전하게 드러나지 않으며, 어떻게 온전하게 드러나게 할 수 있는가에 대한 이론적 해명에 주력하였기 때문이다. 이 장에서는 성선의 근거를 理와 氣의 合一에 두고 성선의 실현에서 주체가 되는 마음[心]의 도덕적 능동성을 강조하는 녹문의 논리를 분석·검토하고자 한다.

　Ⅵ장에서는 마음의 이해와 공부방법론에 대한 녹문의 철학을 살펴볼 것이다. Ⅴ장에서 살펴본 心性論은 性善의 근거에 대한 형이상학적 해명이 그 중심문제라면, Ⅵ장에서는 인간이 지닌 정신작용의 총본산이자 행위의 주체인 마음[心]에 대한 구체적인 분석이 그 중심문제다. 그리고 이 마음의 이해에서 뼈대를 이루는 이론이 人心·道心論이다. 인

심·도심의 문제는 인간의 마음의 구조를 분석하고 거기에 따라 수양공부의 방향과 방법을 설명하는 데서 생긴 형이상학적 논쟁이다. 이 책에서는 이정과 주희, 퇴계와 기고봉, 그리고 퇴계와 율곡의 사단·칠정과 인심·도심에 관한 철학적 문제를 종합적으로 정리하고, 녹문의 인심·도심론을 살펴볼 것이다.

이를 통하여 다음 몇 가지 문제를 중시할 것이다. 첫째, 녹문의 철학은 '理氣同實', '心性一致', '聖凡一致' 등의 논리적 대전제를 중심으로 펼쳐지며, 이것은 인심·도심론과 공부방법론에서도 그대로 유지된다는 것이다. 둘째, 인심·도심론에 나타난 녹문의 理氣論的 특성에 관한 것이다. 녹문은 도심과 천리의 개념은 純善으로 분명히 근원적으로 보면 理에 그 근원이 있다고 하였다. 물론 이것을 현실적으로 실현하는 순선의 氣가 없으면 무의미한 것이기는 해도, 도심과 天理의 근원을 理에 둔 것은 종래 녹문의 철학을 主氣에 묶어 두려는 관점을 반성하게 해주는 대목이다. 셋째, 녹문이 펼치는 이론적 구체성이다. 녹문은 어제나 실천가능성을 중시하였다. 녹문은 마음의 구조에 관한 이해도 완전한 실천가능성을 전제한 이론적 정합성을 중시하였다. 넷째, 녹문은 그 학맥으로 보면 율곡학파에 속하지만 그는 결코 학파적 관점에 매달리지 않는다. 녹문은 어떤 학파적 관점에 머물며 무비판적으로 자기계열의 학자들의 견해나 주장을 그대로 따르거나 권위에 순종하는 학문태도를 과감히 버리고 오직 진실과 철학적 원리에 충실하였다. 이것은 녹문 당시나 현재를 포함한 녹문 이후의 학자들이 녹문의 철학을 특정계열이나 특정이론에 한정하여 비판하거나 이해하는 현상에 대한 반성이 있어야 함을 반증한다. 다섯째, 마음의 수양공부의 핵심인 敬의 해석에 대한 녹문의 견해가 갖는 참신성이다. 敬의 의미는 主一無之(主一無適)으로 풀이되지만, 主一과 동시에 無之(無適)가 필요한 이유에 대한 녹문의 설명이 그것이다. 경의 수양은 개인적인 면과 사회적인 면이 있는데 개인적 수양은 사회적 擴充을 염두에 둔 것이어야 한다는 것이다.

Ⅶ장에서는 녹문의 수양론을 검토할 것이다. 녹문은 理氣同實과 心性一致에 바탕을 두고, 理一分殊의 논리로부터 현상의 惡이 생기는 원인을 설명하면서, 理善 氣有善惡의 도식을 부정하고 惡의 원인을 氣가 아닌 氣質의 渣滓에 두고, 이 사재의 극복을 위한 수양론을 주장하였다. 이 장에서는 녹문이 제시하는 변화기질에서 말하는 '復其初'는 復其氣之本體임을 밝히고자 한다. 녹문은 또 心性을 氣의 湛一과 사재로 구체적으로 드러나는 여러 현상을 설명할 뿐만 아니라, 어떻게 사재를 변화시켜 담일로 회복할 수 있는가(復其氣之本體)에 대한 구체적인 방법을 제시한다.

저자는 녹문이 理一分殊를 통하여 해명하려고 했던 문제가 氣를 통한 理의 실현임을 전제로 그가 變化氣質을 통하여 밝히려고 하는 湛一의 회복은 이일분수의 실현이며 곧 修養論的 방법임을 밝히고자 한다.

끝으로 이상의 내용을 종합·정리하여 이제는 녹문철학에 대한 새로운 이해와 평가가 필요하다는 당위성을 논증할 것이다. 그리고 녹문의 철학이 조선성리학사에서 어떤 위치와 意義를 갖는가를 검토하여, 동시에 녹문철학이 남긴 과제를 정리하고자 한다.

Ⅱ 鹿門의 學問 활동과 問題 認識

1. 生涯와 著作

鹿門 任聖周는 1711년(숙종 37년, 辛卯) 7월 17일 卯時에 忠淸道 淸風(현 충청북도 제천군)의 老隱洞에서 태어났다. 그의 字는 仲思며, 號는 鹿門, 諡號는 文敬이었다. 녹문은 晩年에 公州의 鹿門洞에 살았기에 鹿門 先生이라 불렸다. 녹문의 家系는 본관이 豊川으로 시조인 溫은 본래 중국의 紹興府(지금의 福建省) 慈溪縣 사람으로 고려 때 銀紫光祿大夫로서 동쪽으로 건너왔다.[1] 녹문은 그로부터 22세손으로 함흥판관을 지낸 老隱 任適(1685~1728)의 5남 2녀 가운데 둘째 아들로 태어났다.

그는 겨우 말을 배우자마자 곧 글자를 배워 세 살 때 벽에 쓰기를, "任獅同은 배 안에 五百字가 있다"[2]고 할 정도로 기억력과 총명함이 남

---

1) 《鹿門集》 附錄, 行狀：1a.
   我任系出豊川, 本中國紹興府慈溪縣人, 高麗時有諱溫, 以銀紫光綠大夫始東來.
2) 《鹿門集》 附錄, 行狀：2a.
   任某(少字獅同)腹中書五百字.

달랐다. 녹문은 1725(乙巳)년 14세 때 부친이 咸興判官으로 부임하자 함께 가서 1727(丁未)년에 서울로 돌아왔다. 이 해는 녹문이 16세가 되는 해로 그의 학문인생에서 중요한 의미를 지닌다. 그는 "열여섯 살 때 栗谷의 글을 보고 깨달음이 있었고 하늘과 사람이 하나로 합치하는 妙理를 알았으며 큰 뜻을 세웠다"[3]고 하여 天人合一을 지향하는 性理學의 이념으로 자신의 인생관을 정립하고, 성리학의 최고 이념인 聖學과 聖人을 향한 求道의 길을 추구한다. 그는 이미 15세 때 〈自序〉를 쓰면서 다음과 같이 말한다.

> 그러므로 사람으로서 마땅히 그 理致를 밝히기를 추구하고, 그 道를 다하기를 추구함으로써 聖人에 이르고자 기대함을 어찌 그만둘 수 있겠는가? 揚子江과 漢水의 강물에 씻어 가을 햇볕(실제로는 여름 햇볕)에 말린 것처럼 맑고 깨끗한 것처럼 성인의 덕은 밝은데, 나는 이처럼 오염되었다. 구름을 보는 것처럼 그리워하고 태양처럼 우러러보는 것처럼 성인의 道는 높은데, 나는 저와 같이 비천하다.[4]

---

3) 《鹿門集》附錄 行狀:2b.
　年十六時, 因看栗翁語有省, 知天人合一之妙, 而大志立.
4) 《鹿門集》20:40b, 〈自序〉, 丙午(1726, 녹문 15세).
　然則爲人者之所以求明其理, 求盡其道, 以期至於聖人者, 烏可已乎? 濯江曝陽, 聖人之德之昭也, 而我則若是其汚也, 望雲就日, 聖人之道之高也, 而我則如彼其卑也.
　여기서 '濯江曝陽'은 《孟子》〈滕文公上〉의 '曾子는 말하기를 불가하다. (공자의 덕은) 江漢(揚子江과 漢水)의 물에 씻어서 가을볕에 말린 것같이 맑고 깨끗하여 여기에 더 보탤 것이 없다(曾子曰: 不可. 江漢以濯之, 秋陽以暴之, 皜皜乎不可尙已)'는 말에 근거한 것으로 공자의 덕을 칭송하여 증자 자신은 거기에 미칠 수 없음을 말한 것이다. 그리고 望雲就日은 공자를 해와 달에 비유한(《論語》〈子張〉의 '叔孫武叔毁仲尼. 子貢曰: 無以爲也, 仲尼不可毁也. 他人之賢者, 丘陵也, 猶可踰也, 仲尼, 日月也, 無得而踰焉. 人雖欲自絶, 其何傷於日月乎? 多見其不知量也!') 데서 유래한다. 望雲就日은 부모나 성인을 그리워하는 마음[望雲]과 태양을 우러러보는 것을 뜻한다.

녹문의 이와 같은 마음은 聖人을 지향하는 성리학의 기본이념에 충실하고 학문관을 확립하려는 확고한 마음가짐을 말해 주는 것이다. 그는 당시 유행하던 實學이나 西學보다는 정통 성리학의 문제를 천착함으로써 '明其理'의 格物窮理와 '盡其道'의 修己에 치중하고, 진부한 명분에 얽매이거나 이론에 치중하는 것이 아니라 당면한 현실 문제를 성리학을 통하여 해결하고자 하였다.

이에 그는 주위에서 스승을 찾다가 陶庵(또는 寒泉) 李縡(1680~1746)5)에게 편지를 올려, "丁未年 十二月 二十日 西河人 任聖周는 삼가 沐浴齋戒하고 陶庵 선생님께 再拜의 禮로써 글을 올립니다. 所生은 선생님을 앙모하여 뵙기를 원한 지가 오래 되었습니다. 어려서부터 제가 여러 사람들에게 듣건대 현재 문장이 고매하고 道德이 높아 一世의 으뜸으로 崇仰받는 분은 오직 선생님 한 분뿐이라고 합니다"6)고 하였다. 이어 녹문은 爲己의 학문을 지향하면서 다음과 같이 말한다.

조금 더 성장하여서 거칠게나마 옛사람[古人]은 爲己의 학문을 하

---

5) 本貫은 牛峰, 字는 熙卿, 進士 晩昌의 아들이다. 그의 心性論은 李柬의 학설을 지지하고 韓元震 등의 湖論을 비판하여, 당시 洛論의 대표적 학자로 일컬어졌다. 金昌協의 문인으로 趙光祖·李珥를 私淑했으며, 조선 후기 성리학계의 대가로서《栗谷全書》를 刪定했다. 書畫에도 능했다. 녹문은 스스로 陶庵에게 편지를 올려 스승의 예를 다하였으며, 녹문의 학문형성에 절대적 영향을 끼쳤다. 녹문이 도암에게 학문을 질정하고 토론한 내용이 녹문의〈寒泉語錄〉이며 주로 대학과 학문의 태도에 관한 내용이다. 도암은 死後 龍仁의 寒泉書院에 祭享, 諡號는 文定. 著書:《陶庵集》. 編書:《朱子語類抄節》,《近思尋源》,《五先生微言》,《檢身錄》,《三官紀拾遺》,《尊攘錄》,《四禮便覽》,《宙衡》,《書杜輪誦》. 參考文獻:《肅宗·景宗·英祖實錄》,《老洲集》,《韓國儒學史》.

6)《鹿門集》1:1a,〈上陶庵先生〉, 丁未(1727, 녹문 16세).
   丁未十二月二十日, 西河任聖周, 謹齋沐栽書諸納, 再拜之禮于陶庵老先生座下. 小生之慕先生, 而願見也久矣. 幼也竊聞諸人, 皆以爲當今文章高, 而道德尊爲一世所宗仰者, 惟有先生一人而已.

였음을 알고 난 뒤, 科擧에서 이름을 떨치는 데 뜻을 두지 않았습니다. 또한 스스로 마음속으로 말하기를, '선생님께서 세상에서 이름을 날리는 까닭은 그 德 때문이며, 文章은 다만 그 榮華가 겉으로 드러난 것일 뿐이다. 그러므로 사람이 공부를 할 때는 역시 근본을 알아야 한다'고 하고, 비로소 전날의 생각이 옳지 않음을 깨달았습니다.[7]

이로부터 녹문은 도암에게 修學하며 학문연구에 전념하였고, 이후 녹문은 평생 도암을 스승이자 정신적 지주로 생각하였다. 녹문이 도암 이재와 1730에서 1734까지 약 5년 동안 함께 질문하고 토론한 내용을 정리한 것이 〈寒泉語錄〉이며, 주요 내용은 학문의 자세와 四書三經에 대한 부분적 토론과 그리고 《心經》의 七情에 관한 견해 등이 수록되어 있다.

《鹿門集》〈行狀〉에서 동생 任靖周가 녹문의 저작에 대하여 자세히 서술하고 있는데 정리하면, 1734(甲寅)년에는 《中庸》을 가지고 華陽山으로 들어가 보름 동안 靜坐 독서하여 그 내용을 요약하여 기록한 것이 《疑義》이며, 1736(丙辰)년 겨울에는 宋明欽(1705~1768, 字는 晦可, 李縡의 문인), 宋文欽(1710~1752, 字 士行, 號 閒靜堂, 李縡의 문인) 형제와 宋能相(1710~1758, 字 士能, 號 雲坪·東海子, 韓元震의 문인), 金元行(1702~1772), 金亮行(1715~1779, 字 子靜, 號 止菴·驪湖, 諡號는 文簡) 등과 함께 懷德의 玉溜閣에서 《大學》을 講讀하였는데 그 내용을 정리한 것이 《玉溜講錄》이며, 그 뒤에도 녹문은 이들과 많은 편지를 주고받으면서 학문을 토론하였으며, 특히 《대학》에 대해서는 자신이 스스로 주석을 붙임과 동시에 무려 세 차례나 다시 고쳐 쓸 정도로 큰 관심을 가지고 연구하여 자신의 학문적 지침으로 삼는다.

---

7) 《鹿門集》1:1a~b,〈上陶庵先生〉, 丁未(1727, 녹문 16세).
    及稍長粗聞古人爲己之學, 而志不在於科名, 則又竊自語於心曰 先生之所以名於世者, 以其德也, 文章特其榮華之發於外者耳. 然則人之所以學之也, 亦當知所本矣. 始覺前日之思非.

그리고 녹문의 저작활동은 주로 經典에 대한 註釋을 중심으로 이루어졌는데, 그의 주요 저작과 내용 그리고 《鹿門集》에서 所在를 정리하면 〔표 1〕8)과 같다.

그 뒤 녹문은 1737(丁巳)년에 驪江으로 이사하여 1743(癸亥)년 서울 근교로 이사할 때까지 주경야독하며 김원행, 閔遇洙(1694~1756, 字 士元, 號는 蟾村・貞菴, 諡號는 文元) 등과 학문을 토론하며 함께 인격도야에 힘썼다.

이 밖에 녹문은 17세 때인 1728(戊申)년에 《心經》을, 그 이듬해에는 《小學》에 대하여 註釋하였다. 그 뒤 1729(己酉)년에 《論語》, 1735(乙卯)년에 《中庸》, 1741(辛酉)~1742(壬戌)년에 《儀禮》, 1742~1743(癸亥)년에 《周易》, 1765(乙酉)~1766(丙戌)년에 《尙書》, 1781(辛丑)년에 《大學》을 차례로 읽고 주석하였다. 그리고 經筵官으로 일할 때의 내용을 모은 《書筵講義》를 1751(辛未)년에 저술하였으며, 그의 성리학적 관점을 대표하는 〈鹿廬雜識〉를 1759(己卯)~1760(庚辰)년에 저술하였다. 이때 녹문의 나이는 48~49세로 그가 人物性同論에서 相異論으로 관점을 바꾼 뒤 10년이 더 지난 때로 理氣論과 人性論에 대한 이론적 체계를 종합적으로 정리한 저술이다.

---

8) 이 표는 韓國東洋哲學會 第31次 夏季 學術會議(1998년 8월 19일 대구 계명대학교)의 발표문 《鹿門 任聖周 唯氣哲學과 그 학술사적 의의》에서 정병련의 〈녹문 임성주의 생애와 그 학술경향〉 38쪽 도표를 수정, 보완, 정리하여 작성한 것이다.

〔표 1〕 鹿門의 주요 사상과 저작

주요 내용	《鹿門集》의 쪽 수, 卷 數, 당시 녹문의 나이 순서
經學 思想	《心經》(228쪽, 권12, 17세). 《小學》(239쪽, 권12, 17~18세). 《論語》(249쪽, 권13, 18세). 《中庸》(258쪽, 권13, 25세). 《儀禮》(275쪽, 권14, 30~31세). 《周易》(286쪽, 권14, 31~32세). 《尙書》(294쪽, 권15, 54~55세). 《大學》(316쪽, 권16, 70세). 《寒泉語錄》(332쪽, 권17, 19~23세). 《玉溜講錄》(336쪽, 권17, 25세).
理氣 · 心性論	《鹿廬雜識》(369쪽, 권19, 48~49세). 《散錄》(383쪽, 권19, 17~73세). 《與渼湖金公》(16쪽, 권2, 24~26세). 《答金幼道》(53쪽, 권3, 50~52세). 《次渼湖神氣吟三篇再疊因足成心性雜詠三十六首》(527쪽, 권26, 58세). 《答李伯訥》(82~93쪽, 권5, 74~75세). 《玉溜講錄》(336쪽, 권17, 25세).
人物性同異論	《鹿廬雜識》(369쪽, 권19, 48~49세). 《人物性圖竝說》(393쪽, 권20, 40세). 《與渼湖金公》(16쪽, 권2, 24~26세). 《答金幼道》(53쪽, 권3, 50~52세). 《次渼湖神氣吟三篇再疊因足成心性雜詠三十六首》(527쪽, 권26, 58세). 《答李伯訥》(82~93쪽, 권5, 74~75세).
講 論	《書筵講義》(349쪽, 권18, 40세).
人心 · 道心	《答宋時偕》(61쪽, 권4, 18~19세).
禮論과 禮節	《答金伯高》(100, 106~108, 111, 115, 118쪽, 권6, 37~54세). 《南塘元震禮說辨》(389쪽, 권20, 70세). 《居家儀節》(391쪽, 권20, 24세). 《答李伯訥》(94쪽, 권5, 75세).
氣 · 氣質 · 渣滓	《與渼湖金公元行》(16쪽, 권2, 24~26세). 《答李伯訥》(66~69, 71, 82~93, 102쪽, 권4~5, 75세). 《金幼道一原分殊說籤》(406쪽, 권20, 75세).
附 錄	〈行狀〉. 동생 任靖周가 씀. 家系, 生涯 등 주요 행적.

《鹿門集》에는 그 밖의 많은 詩와 散文·箴·論說·跋 등이 있는데, 그 가운데 〈韓南塘禮說辨〉과 朱子의 〈感興詩〉에 감명을 받은 뒤 그것을 재정리한 〈感興詩集覽跋〉은 그의 학문적 관점을 대변하는 대표적 문장이라고 할 수 있다.

녹문은 평생 동안 朱子書 공부에 가장 힘썼으며 일찍이 朱子感興詩 二十篇을 학자들의 학업과 수양의 要訣이라 여겼고, 그 책에 대한 여러 사람의 註解가 산만하여 참뜻을 잃은 것이 많다고 하여, 이를 절충하여 그 사이에 자기의 뜻을 붙여 이를 〈感興詩集覽〉이라 불렀다.

또 《小學》의 本註는 何氏의 集成으로 나타나 있으나, 읽는 사람들이 살피지 못하여 그것이 주자가 쓴 것임을 모르고 있었는데, 녹문은 閒靜 宋公(宋文欽)과 더불어 이를 考證點檢하여 그것을 別本으로 바로잡아 세상에 유포시켰다. 그리고 주자의 《周易本義》는 呂氏本을 따라 古經의 十二編을 옛 것으로 되돌려 놓은 것인데, 《永樂大全》에는 王弼本과 합쳐서 傳義를 하나로 묶었기에, 後學들이 주자의 참뜻을 모르는 것을 안타깝게 여겨, 주자의 여러 학설을 고증하여 그것을 근거로 다시 이를 바로잡았다.

또 尤庵 宋時烈의 《朱書箚疑》는 그 草稿가 아직 손질되지 아니한 것이었는데, 權遂庵 등이 미처 수정하여 완성하지 못한 것을, 녹문은 손수 《宋子大全》에서 本箚를 베껴 미비한 것은 보충하고 미진한 것은 바로잡아, 10여 년의 功을 들인 끝에 이 일을 마치고 제목을 '箚疑補'라 하였다.[9]

---

9) 현존하는 녹문의 문집인 《鹿門集》은 그의 동생인 任靖周〔1727(영조 3)~ 1796(정조 20). 字 稺恭. 號 雲湖. 諡號 文敬〕가 녹문의 死後 6년 뒤인 1794 년에 간행하였으며, 裵宗鎬 선생이 해제를 썼고, 景文社에서 影印하였다.

한편 녹문의 관직 활동은 크게 世子의 侍講과 지방관리의 두 활동으로 구분된다. 녹문의 벼슬생활은 그다지 화려하지 않고 대부분 지방관으로 지냈으나, 두 번이나 세자의 輔導를 맡았다. 그는 처음 1750(庚午)년에 思悼世子(뒤에 정조가 莊獻世子로 고침)의 翊衛司洗馬(正9品)가 되었고, 1752(壬申)년에 蔭補로 侍直(正8品)으로 부임하였으며, 당시 侍講官들이 그의 학문을 존중하여, 그를 세자의 스승으로 삼았다. 1754(甲戌)년 가을에 任實縣監(從6品)으로 부임하여 政事를 돌봄에 '자신을 바르게 하고, 사물의 이치를 바르게 아는 것(正己格物)'을 중심으로 하였으며, 補民廳을 설치하여 難民구호에 힘쓰고, 君子堂을 설치하여 학문을 장려하고 풍속을 교화하였으며 학풍을 진작시켰다.

그는 둘째(1756)와 셋째(1757) 형님들이 잇따라 죽자 1758(戊寅)년에 公州의 鹿門洞으로 돌아와 학문에만 힘썼다. 그 뒤 1762(壬午)년에 사도세자가 죽고 영조의 世孫이 세자로 책봉됨에 따라 녹문은 다시 東宮을 보위하는 직책을 제수받았다. 당시 朝野의 여론을 보면, "대부분의 대신들이 번갈아 가며 조정에 薦擧하면서 '經學, 禮學과 學行이 當世에는 견줄 사람이 없으니 청컨대 이 사람에게 책임을 위임하십시오!'라고 하니, 임금[영조]이 이를 재가하고 公(任聖周)을 불러 본 뒤 山野의 氣像이 있다고 칭찬하고 진심으로 세자를 바르게 輔導(匡輔)하라"[10]고 하여 그 책임을 맡았다. 그러나 1년 만에 병으로 사직하였다. 그 뒤 1767(丁亥)년 太倉主簿, 1769(己丑)년 衛率(世子輔導官, 從6品), 1770(庚寅)년 司饔院主簿, 1771(辛卯)년 楊根郡守, 1773(癸巳)년 全州判官, 榮州郡守(從4品)를 제수받았으나 모두 몇 달 만에 그만두었다.

---

10) 《鹿門集》附錄 行狀:7b.
　　壬午 當今正位東宮, 擇可任補導者首. 諸公衛率, 旣大臣交口薦于朝, 以爲經禮學行, 當世無比, 請委任責成. 上可之召見公, 獎以有山野氣像, 且令盡心匡輔公承.

1774년 鹿門洞으로 돌아와 聖學에 몰두하다가 1782(壬寅)년 봄에 온 집안이 原州의 山湖로 이사한 다음, 5년 뒤 다시 녹문동으로 돌아와 1788(戊申)년 3월 6일에 77세로 세상을 떠났다. 그의 死後 헌종 11년(1845)에 좌의정 權敦仁의 上奏에 따라 都憲(필자 주: 大司憲)에 추증되고 좨주(祭酒, 필자 주: 조선시대 祭享의 術을 맡아보던 성균관의 한 벼슬)를 겸하게 하여 그 덕을 본받게 하였다.[11]

녹문이 세상을 떠나자 常窩(또는 豊墅) 李敏輔[12]는 동생인 任靖周에게 편지를 보내기를, "德懿道學은 우리나라에 수백 년 동안 여러 현인이 물론 있었지만 그 理致를 봄이 精微한 사람의 경우는 오직 先仲氏(任鹿門)뿐이다"[13]고 하였다.

녹문은 원칙에 충실하면서도 자애로운 면을 간직하고 있었다. 그는 "하늘이 사람을 나게 한 까닭과 사람이 사람이 되는 까닭은 단지 仁이라고 할 뿐이다. 仁을 구하는 길은 물론 하나의 실마리〔端緒〕만 있는 것은 아니지만 그 요체는 책을 읽고 이치를 밝혀서 몸소 실천하는 데 있을 따름이다"[14]고 하고, 또 "아전과 노예 또한 나의 어린 자식이다. 가르친 다음에 죄를 주는 것이 옳다"[15]고 하였다. 원칙은 실천을 위주로 하여야만 의미가 있으며, 인간애가 곧 仁이라는 의식을 보여 주는

---

11)《朝鮮王朝實錄》, 憲宗大王行狀, 憲宗 11년, 참고.
12) 李敏輔(1720~1799)는 녹문과 理氣·心性·禮論 등 다방면에 걸쳐 가장 활발하게 학문을 논한 사람 가운데 한 사람이다. 黨爭에서는 老論에 속했으며, 東西分黨 이후 당쟁을 노론의 처지에서 논한《忠逆辯》이란 저서가 있다. 謚號는 貞孝. 著書:《常窩集》.
13)《鹿門集》附錄 行狀:25a.
　　德懿道學, 我國數百年, 固有諸賢, 而若其見理精微, 則惟先仲氏而已.
14)《鹿門集》行狀:6a~b.
　　天之所以生人, 人之所以爲人, 不過曰仁而已. 求仁之道, 固非一端, 而其要又在讀書明理, 而躬行踐其實而已.
15)《鹿門集》行狀:5b.
　　吏隷亦吾赤子也, 教而後罪之可也.

것이다. 곧 자기원칙에만 충실하여 남의 허물 잡기에 골몰하는 것을 반성하고 스스로 힘써 仁을 실천하고, 나아가 다른 사람의 허물을 바로잡기 위해서는 먼저 그 허물을 알도록 깨우치는 것이 중요함을 그는 강조하였다.

2. 時代 상황과 問題 認識

임진왜란과 병자호란의 위기를 넘긴 조선 후기 사회는 성리학의 사
유체계에 심각한 반성과 아울러 그것을 보완·대체·극복할 수 있는 새
로운 사유체계를 찾고 있었다고 할 수 있다. 즉 서양문물의 전래와 더
불어 주자학의 사유체계가 변동하는 구체적인 모습은 세계관·인식
론·학문관·역사관 등 다양한 영역에서 확인할 수 있다. 한편 이러한
변화와 더불어 성리학 그 본연의 문제해결에 천착하여 이론의 정합성을
확보하고 그 현실적 실천을 강조하는 학풍도 함께 일어났다.[16]

16) 당시의 당파와 학파별 이념, 정책의 차이와 알력을 설명한 자료는 아래와 같다.
　　金容燮, 〈朱子의 土地論과 朝鮮後期 儒者〉, 《延世論叢》 21, 1985.
　　金駿錫, 〈朝鮮後期 國家再造論의 擡頭와 그 展開〉, 1990, 연세대학교 박사학
　　　　　위논문.
　　吳永敎, 〈朝鮮後期 鄉村支配政策의 轉換 -17세기 國家再造와 관련하여-〉,
　　　　　1992, 연세대학교 박사학위논문.
　　白承哲, 〈朝鮮後期 商業論과 商業政策〉, 1995, 연세대학교 박사학위논문 등.

한편 녹문이 활동했던 시기는 영조(재위 1724~1776)와 정조(재위 1776~1800) 때였다. 이 시기의 정치는 老論과 小論이 격렬한 당쟁을 벌이는 가운데 결국 思悼世子의 죽음(1762, 壬午禍變)을 불러왔으며, 영조는 당파싸움을 해소하고자 蕩平策을 실시하기도 하였으나 효과를 보지 못하였다.

녹문은 당시 조정의 중요 力點施策인 탕평에 대하여 다음과 같이 설명하였다.

> 朋黨은 예로부터 면할 수 없다. 대개 이미 음양이 있으면 邪와 正이 없을 수 없다. 이미 邪와 正이 있으므로 붕당이 없을 수 없다. 이것이 필연의 추세다. 다만 세속에서는 (붕당이라는) 두 글자를 편견을 가지고 매우 좋지 않게 논하고 있다. 이 두 글자를 버리고자 하지만, 단지 邪와 正만을 논하기만 하면 된다. 주자는 말하기를, '붕당을 싫어해서 그것을 버리고자 하면 가끔 나라를 잃는 경우가 있다'고 하였다. 그러므로 (붕당을) 버린다는 것은 정말 어려운데, 또 하필이면 버리는 것을 일삼으려고 하는가? 다만 邪와 正을 가리는 데 말과 행동〔擧措〕이 분명하기만 하면 스스로 진정한 탕평을 볼 수 있을 것이다.[17]

朋黨이라는 것은 녹문이 보기에 없을 수 없는 것인데, 굳이 붕당을 완전히 없애려고 해서는 안 되며, 무리하게 붕당을 없애려고 하다가는 나라가 망하기도 한다는 것이다. 그러므로 녹문이 보기에 중요한 것은 邪와 正을 분명하게 가리기만 하면 붕당의 문제는 자연히 해결된다는 것이다. 이 邪와 正의 구별은 곧 破邪顯正을 의미하는 것이다. 녹문은

---

17) 《鹿門集》 雜著 17:4a
   曰朋黨 自古不能免. 盖旣有陰陽則不能無邪正, 旣有邪正則不能無朋黨, 此必然之勢也. 但世俗偏論二字甚不好, 去此二字而只以邪正論之可也. 朱子曰 '惡朋黨而欲去之者, 往往亡人之國.' 然則去固難矣. 亦何必去爲哉? 但卞其邪正 擧措惟明 則自可見眞蕩平矣.

붕당 그 자체가 문제가 아니라 개인이나 집단의 행동과 말의 정의로움이 중요하다고 본 것이다.

녹문이 살았던 18세기 전후 조선사회의 정치·사회적 사건과 주요 학자 등 인물들의 연표를 정리하면 〔표 2〕와 같다.

〔표 2〕에서 나타나듯이 당시의 학문 풍토는 實學의 학풍이 이미 성숙하여, 다양한 사색이 자유롭고 활발하게 펼쳐지고 있었다.

녹문이 살았던 시기의 정치 사회적 주요 특징을 정리하면 禮論을 중심으로 한 당쟁의 격화, 호락논쟁의 전개, 실학의 형성이다. 이러한 시대 상황은 녹문의 생애에도 꽤 많은 영향을 미쳤으며, 특히 호락논쟁은 그의 철학적 문제형성에 직접적인 영향을 미쳤다.

녹문의 학문적 배경과 성숙과정을 알아보기 위하여 먼저 그의 師承 관계를 살펴보면 〔표 3〕과 같다.

〔표 3〕에서 드러나듯이 녹문은 율곡 계열의 洛學派에 속하며 조선 중기 이후의 당파로 보면 노론 계열에 속한다. 곧 金長生(1548~1631, 호 沙溪)은 조선시대 禮學의 선구자며, 宋時烈은 老論의 거두이며 禮訟을 이끈 인물로서 禮論의 핵심을 차지하며, 權尙夏의 門下인 李柬(1677~1727, 호 巍巖)과 韓元震(1682~1751, 호 南塘) 사이에는 湖洛論爭이 벌어졌다. 바로 호락논쟁과 예학논쟁의 맥이 그대로 녹문의 학문적 배경이 된다.

그러나 녹문은 조선 후기 당쟁이 심화되고 조선성리학이 학파 사이 또는 관점의 차이에 따라 치열한 논쟁이 벌어지던 시대상황에서 당파와 학맥을 뛰어넘어 '자신의 인격적 수양을 위한 학문(爲己之學)'의 목표를 정립하고 학문연구에 매진하며, 어려운 시대를 살아가는 올곧은 선비로서의 자세를 보여 주었다.

〔표 2〕 녹문의 생애와 시대 환경

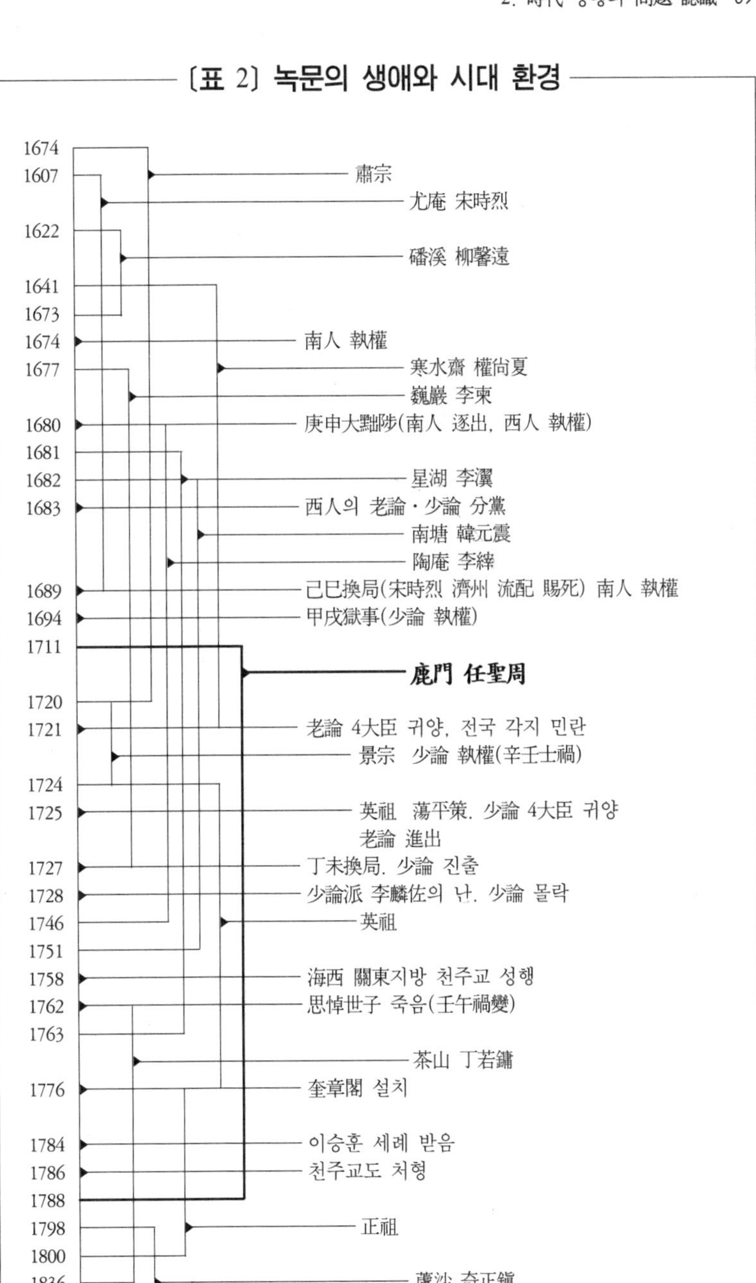

〔표 3〕 녹문의 師承 관계[18]

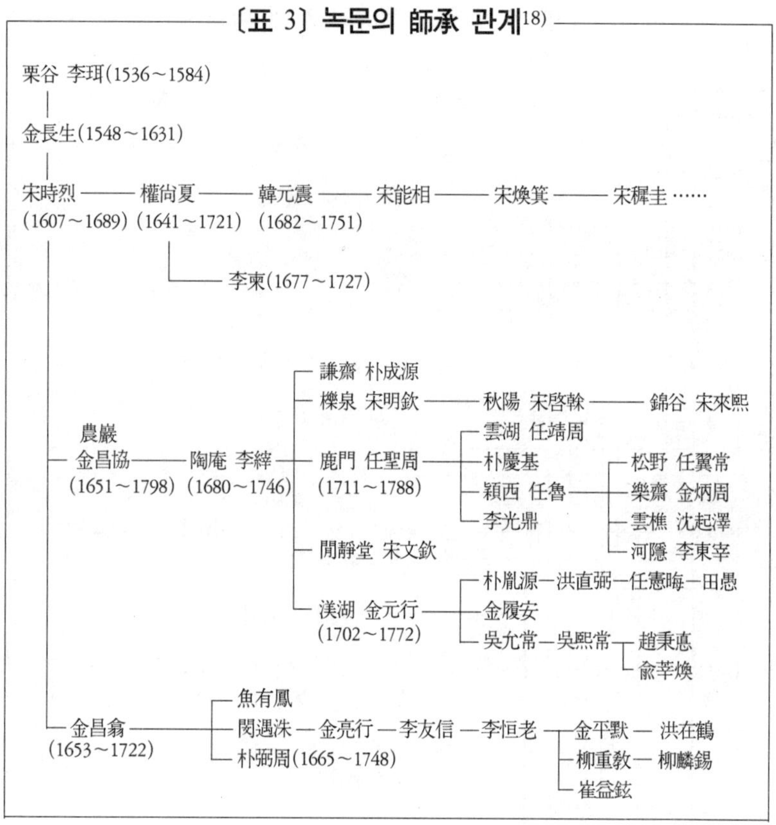

이런 상황에서 녹문은 처음 科擧를 지향하던 당시의 풍조를 따르다
가, 16세 때 학문에 뜻을 새롭게 하면서 과거보다는 聖人의 학문에 일
생을 바치기를 결심하지만, 주위의 청을 뿌리칠 수 없어 22세 때(1733)
司馬試(進士試)에 응시 〈對鬼神問〉으로 급제하였다. 당시 考官인 趙明

18) 이 표는 崔完基, 《韓國性理學의 脈》(서울: 느티나무, 1989), 204쪽, 〔표 4〕
〈洛論性理學의 脈〉과 韓國東洋哲學會 第31次 夏季學術會議(1998년 8월 19~
20일, 대구 계명대학교)의 발표문, 《鹿門 任聖周 唯氣哲學과 그 학술사적 의
의》, 32쪽, 〈도식 6: 녹문을 중심으로 하는 사승관계〉를 중심으로 보완·정
리하였다.

履는 "큰 선비가 아니면 할 수 없는 말이다"[19]고 칭찬하였다. 그러나 녹문은 오로지 과거만을 위한 공부를 반대하여 말하기를, "후세에 사람을 등용하는 데는 오로지 과거로써만 말미암으니, 비록 伊尹과 傅說 같은 재능이 있어도 과거가 아니면 그 뜻을 행할 수 없다"[20]고 하였다. 이에 녹문은 大科에는 응시하지 않고 학문에 전념한다.

이에 녹문은 두 가지 학문의 목표를 정한다. 첫째, 天下의 일이다. 이것을 〈行狀〉에는, "예를 들면, 三代의 옳고 그름의 기준〔經界〕, 인재 등용〔貢擧〕, 예법과 음악〔禮樂〕, 형사와 행정〔刑政〕에서 漢·唐·宋 그리고 우리나라의 制度文物에 이르기까지 모두를 이해하고 融會貫通하여 그 得失을 가려내지 아니한 것이 없었다"[21]고 기록하고 있다. 그의 이와 같은 학문적 관심으로 보면 당시 유행하던 實學의 학풍과 무관한 것 같지는 않다. 그러나 그가 田制나 租稅制度 등에 대하여 새로운 주장을 하거나 기존의 제도에 대하여 비판하는 내용을 필자는 아직 《鹿門集》에서 찾아보지 못했다. 그리고 녹문은 磻溪 柳馨遠, 星湖 李瀷 등과 많은 시간적 공유가 있음에도 유형원에 대한 아주 짧은 언급을 제외하면, 일반 실학자들과 같은 새로운 사조에 대한 문제를 다루지 않았다. 그러나 이익이나 정약용이 經學의 새로운 해석에 열중하였듯이 그도 경

---

19) 《鹿門集》 附錄 行狀:4a.
   非大儒, 不能也
20) 《鹿門集》 附錄 行狀:4a.
   後世用人專由科目, 雖有伊傅之才, 非此無以行其志. 伊傅는 殷나라의 어진 재상인 伊尹과 傅說을 지칭한다. 이윤은 이름이 摯이며, 湯王을 도와 夏의 桀을 쳐서 천하를 평정하였다. 탕이 죽은 뒤 그의 손자인 太甲이 無道하였으므로 이를 桐宮에 내친 뒤 3년 만에 그의 뉘우침을 보고 다시 帝位에 복귀시켰다. 부열은 殷 高宗 때의 재상이다.
21) 《鹿門集》 附錄 行狀:4a.
   如三代之經界貢擧禮樂刑政, 以至漢唐宋我 國之制度文爲, 無不理會融貫, 辨其得失. 여기서 制度文爲의 文爲는 아마도 文物의 오기라 생각된다.

학의 연구를 중시하였다.

둘째, 聖人이 되는 학문〔聖學〕의 추구다. 그는 16세 때 栗谷의 著書를 읽고 감명을 받아 〈自序〉에서 다음과 같이 말했다.

> 이에 六經에서 구하여 그 근본을 탐구하고, 四書에서 고찰하여 그 要指를 넓히고, 百家의 여러 서적을 참고하여 그 同異를 訂定하여 그 귀결되는 것을 통하게 하니, 是非의 분별과 義理의 변론이 가슴에 환하게 되고, 修己治人의 중요 도리와 聖人을 갈구하고 하늘을 갈구하는 지극한 功 또한 그 방책을 살펴볼 수가 있어서 숨길 수 없었다.22)

곧 《녹문집》에 드러난 문제의식과 철학적 관심은 四書三經과 宋·明 시대의 程朱學과 우리나라의 성리학에 집중되어 있다. 그러나 주목할 것은 科擧를 위한 文章과 章句에만 치중하는 풍조를 비판하고 經典에 관한 공부에 힘쓰고자 하였다. 이에 따라 녹문은 사서삼경을 비롯한 경학연구와 주석에 열중하였다.

이것은 녹문의 철학이 道學을 추구하면서 정통 성리학의 사유로서도 당시의 문제를 해결하고 도덕성의 회복을 실현할 수 있다고 생각한 것이라고 평가할 수 있다. 왜냐하면 그가 몇 차례의 牧民官을 지낼 때의 爲民活動을 통해서 실천해 보였기 때문이다.

다음으로 禮論과 관련하여 보면 녹문은 당파적인 관점에서 당쟁에 참여하지 않았다. 그는 少論의 중심인물인 朴世采23)의 皇極蕩平說을

---

22) 《鹿門集》 20:39b, 自序, 丙午(1726, 녹문 15세).
   於是求諸六經, 以探其本, 考諸四書, 以遠其指. 參之以百家諸書, 以訂其同異,
   以通其歸趣焉, 則是非之分, 義利之辨, 了然於胸中, 而修己治人之要道, 希聖
   希天之極功, 亦可得而考之方冊, 而不可掩矣.
23) 朴世采(1631~1695), 字 和叔 號 南溪. 西人으로 宋時烈과 함께 孝宗이 별세
   한 뒤 恣懿大妃의 服喪問題가 일어나자 朞年(만 1년)으로 정하게 했다. 그러
   나 1683년 서인이 老論과 少論으로 분열한 이후 소론의 영수가 되어 송시열

비판[24]하였고, 또한 노론의 거두인 송시열과 한원진의 예론을 비판[25]하였다. 그러나 그가 함께 학문을 토론하고 교류한 학자들 가운데 宋明欽(1705~1768, 호 櫟泉), 宋文欽(1710~1752, 호 閒靜堂) 형제는 송시열과 함께 노론의 중심인물이었던 宋浚吉(1606~1672, 字 明甫, 호 東春堂. 李珥와 金長生의 문하생)의 후손이며 녹문과 이종사촌 사이였으나 洛論을 지지하였다.

이처럼 녹문은 이 시기에 벌어진 禮論을 비판하되 철저히 경전의 고증을 바탕으로 하였다. 그의 이러한 학문태도에 대하여 〈行狀〉에서는 "公(임성주)은 朱子가 《禮記》와 《春秋》를 명백하게 訓釋하지 않은 것을 천고의 恨으로 여겨 만년에도 의미를 밝혀〔著說〕 朱子가 다 마치지 못한 사업을 미루어 보충하고자 하였다"[26]고 기록하고 있다. 당시 사회는 禮論에 대하여 매우 날카로운 대립이 일어나고 있었고, 《녹문집》을 보면 그는 禮論에 관한 많은 논쟁을 진행하였다. 이 소용돌이 속에 68세 때인 1779년 正言 李亮載가 그를 탄핵할 것을 상소하였으나, 정조는 근거가 없다고 하여 받아들이지 않아 당쟁의 화를 입지 않았다.[27] 녹문이 당쟁의 화를 피할 수 있었던 것은 바로 그의 철저한 학문정신을 바탕으로 한 이론 전개 때문이었다. 만약 정치적 술수나 목적을 위하여 문장을 견강부회하였다면 그렇지 못했을 것이다.

한편 녹문의 철학적 문제 형성에 직접적인 영향을 준 것은 湖洛論爭이다. 곧 그의 철학은 호락논쟁에서 시작하여 호락논쟁으로 끝났다고

과 대립하였다.

24) 《鹿門集》 卷1, 與蟾村閔丈遇洙 第3~4書, 9~10쪽 참고.

25) 《鹿門集》 卷20, 雜著, 韓南塘元震禮說辨, 辛丑(1781년, 녹문 70세).

26) 《鹿門集》 附錄 行狀:16a.
　　公以朱子之於禮春秋, 未及有明訓爲千古恨, 晚年思欲著說以追補晦翁未了之業.

27) 《朝鮮王朝實錄》, 正祖 4년 1월 25일條 참조.

해도 지나친 말이 아니다. 그가 평생 스승으로 모신 陶庵 李縡도 洛論의 권위자였고, 그가 평소 교류한 대부분의 인물들이 호락논쟁과 관련 있는 인물들이었으며, 또한 그들과 많은 편지를 주고받으며 논쟁을 벌였다. 따라서 그는 호락논쟁의 해결을 일차적 학문의 목표로 삼는다. 그리하여 그는 종래의 그 논쟁의 쟁점과 관점을 엄밀하게 검토하고 연구 한 뒤 理氣論에서 율곡의 견해를 전체적으로는 긍정하지만, 가장 중심이론인 理通氣局은 理를 중시하여 결국 理와 氣를 두 가지로 나눈 것이라고 비판하였으며, 人物性同異論에서도 일반적으로 洛學派가 人物性同論의 관점을 취하나 그는 人物性相異論을 주장하며, 새롭게 자신의 학문을 정립한다. 녹문의 이러한 학문적 성숙 과정은 經學과 깊은 관련이 있다. 그는 50세 때인 1761년에 호락논쟁의 문제에 대하여 다음과 같이 말한다.

> 이른바 心性의 說에 대하여, 대개 스스로 어려서부터 韓南塘과 李巍巖 두 公의 往復 편지를 보았으며, 李公(외암)의 說에 契合함이 있어 주장과 수용이 절반〔殆半〕쯤 생겼다(역자 주: 人物性同論의 관점). 10여 년 전 우연히《孟子》의 〈生之謂性章〉에서 明道가 性說을 理氣의 大源에서 논한 것을 읽고, 자못 이에 暗默的으로 이해함이 있는 것 같아 비로소 李公의 心에 대한 견해가 곧 진실로 의심할 수 없으나, 性에 대해서 헤아려 생각한 것은 오히려 합당한 것이 많지만, 도리어 心說과 모순됨이 있음을 알았다.[28]

이 글을 쓸 때가 그의 나이 50세이므로, 여기서 10여 년 전은 곧 36~

---

28)《鹿門集》3:36b, 答金幼道, 辛巳(1761, 녹문 50세).
　　至於所謂心性之說, 盖自早歲得見韓李二公往復書, 而於李說有契焉, 主張受用殆半生矣. 十數年前, 偶讀孟子生之謂性章, 明道論性說, 於理氣大原, 若有默會焉者, 始覺李公之見於心, 則固無可疑, 而於性 則尙多有合商量者, 反與心說矛盾.

37세 때를 의미한다. 여기서 녹문이 巍巖의 心에 대한 견해를 의심할 수 없다는 것은 未發心體本善의 관점을 말하며, 性說은 외암이 人物性俱同을 주장한 것에 대하여, 처음 이 同論을 따르다가 나중에 녹문이 湖論의 관점인 人物性相異를 주장하게 된 것을 말한다. 그리고 외암의 性論이 그의 心說과 모순이라는 것은 性을 本然之性과 氣質之性으로 구분하여 본연지성만을 중심으로 인물성구동이라고 한 것을 비판한 것이다.

이처럼 녹문은 처음 李緈의 영향을 받아 人物性同論을 주장하였던 초기의 관점을 버리고 독자적인 연구를 진행한 뒤 人物性相異論으로 전환한다. 녹문철학의 전반을 두고 보면 이 시기에 형성된 문제는 세 가지로 정리할 수 있다.

첫째, 호락논쟁의 쟁점을 해결하기 위해서 '理와 氣는 동등한 實[本質]이다'는 전제 아래 理氣論을 정립하였다. 그는 26~27세 때 정립한 '良能' 개념을 확장하여 理氣同實의 전제에서 이기론을 새롭게 정립한다. 녹문의 이기론은 그가 스승인 李緈에게서 토론을 통하여 수업하던 27세를 앞뒤로 한 때에 그 바탕이 마련되었다고 할 수 있다. 곧 그는 양능과 神 개념을 氣로써 설명한다. 이것은 理의 절대성을 주장한 退溪學派와 달리 氣의 作用性을 중시한 栗谷學派의 특징이라고 할 수 있다. 따라서 비록 그의 철학 가운데 人物性同異論에서 초기 同論을 따르다가 뒤에 異論으로 관점을 재정리한 점에서는 다르다고 할 수 있지만, 그가 뒷날 언제나 의심을 가지고 숙고하였다고 하였듯이 人物性同論을 확고하게 주장한 것은 아니다. 또한 氣論의 관점에서 보면 초기와 후기의 차이가 두드러진 것은 아니다. 이후 녹문은 다시 生意라는 개념으로 理의 主宰性과 아울러 氣의 능동성과 主宰性을 부각시켰는데, 근원적 一氣를 生命과 도덕·윤리적 善의 근거로 삼았다. 이때 理는 氣의 自然處 즉 氣의 法則性을 뜻하게 된다. 녹문은 이를 바탕으로 宇宙論과 人性論을 정립하였으며, 특히 호락논쟁의 기본이었던 율곡의 理通氣局에 대하여 氣通理局도 가능하다고 주장하며, 通과 局을 理와 氣로 分屬하는 경향을 비판하였다. 이에 그는 張載(1020~1077)의 氣사상, 程顥(1032~1085)의 道器一體觀, 羅欽順의 理氣論을 선별적으로 수용하였다. 이에 대한 자세한 내용은 본론에서 다룰 것이다.

둘째, 性의 본질은 무엇인가이다. 당시 호락논쟁에서는 本然之性(洛論)과 氣質之性(湖論)에 관한 의견을 달리하였다. 녹문은 37~38세 때부터 人物性同論에 의심을 품게 되었다. 이때 그는 《맹자》의 〈生之謂性章〉에 나타난 性의 개념을 새로운 관점으로 파악한다. 性은 본래 하나이므로 기질지성이 곧 본연지성이라고 보고 기질지성의 해명에 노력하며, 나아가 人物性相異論을 정립한다. 즉 理의 보편성만을 本性이라고 하고 현실의 구체적인 사물의 性을 기질지성이라고 하면 본연지성과 기질지성은 서로 분리되며, 현실의 구체적인 사물과 분리된 본연지성은 공허한 虛像에 지나지 않는다고 보았다.

셋째, 어떻게 性善을 온전하게 실현할 수 있는가? 종래 理通氣局은 理와 氣를 通과 局으로 나눔으로써 理의 純善이 현실의 구체적인 사람과 사물에서 제대로 드러나지 않는 것은 氣의 局限性으로 이해하였다. 이에 녹문은 理의 순선은 氣가 아니면 드러날 수 없다고 보고 氣도 通性이 있음을 주장한다. 곧 聖人을 지향하는 성리학의 관점에서 볼 때 理의 순선을 실현하는 실천자인 氣에 내재적 근거가 없다면 性善도 虛構라는 것이다.

Ⅲ 鹿門의 理氣同實論과 그 성립 과정

녹문은 초기 洛論의 人物性同論을 따를 때 理氣에 대한 확립된 견해가 없었고, 또한 理一分殊에 대해서는 자세한 언급이 없었다. 그러나 그가 36~37세를 앞뒤로 하여 인물성동론에서 相異論으로 전환한 뒤, 10년이 더 지난 48~49세 때 쓴 〈鹿廬雜識〉에서 비로소 理氣論을 정립하고 아울러 이일분수에 대해서 자신의 관점을 정립하였다. 그러나 사실 엄밀하게 살펴보면, 녹문은 초기 湖洛論爭에 대하여 스승인 陶庵 李縡의 견해를 따라 인물성동론을 지지하고는 있었지만 그 문제점은 분명하게 이해하고 있었다. 다만 호락논쟁의 문제를 해결하기 위한 기초이론인 이기론이 제대로 정립되지 않았기 때문에 暗中摸索하는 고민을 나타내기도 하였다. 그는 후기의 '리와 기는 동등한 實〔本質〕이다(理氣同實)'는 이기론을 정립하게 되는 실마리는 이미 전기에 마련되어 있었다. 그것이 '리와 기는 하나로 합쳐〔渾融〕 서로 사이가 없는 묘용이 있다(理氣渾融無間之妙)'는 명제다. 이 명제가 후기의 이기론을 정립하는 바탕이 된다고 할 수 있다.

그러므로 이 책에서는 녹문의 철학을 전·후기로 구분하여 처음 녹문이 洛論의 관점에서 호락논쟁의 문제를 이해하다가, 후기에 자신의 관점에 따라 새롭게 정립하는 과정에서 나타나는 구체적인 내용과 관점 변화의 구체적인 문제를 검토하고자 한다.

1. 前期의 理氣論: 理氣渾融無間之妙

　　《鹿門集》을 살펴보면 24세에 《中庸》을 註釋할 때 理氣論이 부분적으로 나타나지만, 이때의 이기론은 理와 氣의 개념을 정리하고 그에 따라 理와 氣의 상호관계를 설명하는 체계적인 이기론은 아니다. 이때의 理와 氣에 대한 녹문의 관점은 《중용》 16章의 鬼神에 관한 주석과, 27세 때(1738년, 戊午) 金元行과의 서신토론에서 제기한 良能을 이기론으로 해명하는 곳에서 부분적으로 드러난다.

　　전기의 양능과 귀신에 관한 이기론적 설명은 후기의 '리와 기는 동등한 實〔本質〕이다(理氣同實)'는 명제와 밀접한 관계가 있다. 그는 理氣同實의 이기론에서는 '理氣不可分開'와 '元不相離'를 기본으로 하고 있는데, 양능과 귀신에 관해서도 理氣渾融無間之妙를 중심으로 펼치고 있기 때문이다.

1) 良能: 氣之靈 · 理之妙

먼저 맹자의 良能과 그에 대한 《朱子集註》의 설명에 대하여 살펴보자. 맹자는 "사람이 배우지 않고도 능한 것이 양능이며, 사려하지 않고도 아는 것은 良知다"[1]라고 하였다. 이에 대하여 주자의 集註는 "良은 本然의 善이다. 程子는 '良知와 양능은 모두 말미암는 바가 없이 天으로부터 나와 사람에게 매이지 않는다'고 하였고, 西山眞은 '善은 性에서 나오므로 本然의 能은 배움을 기다리지 않고도 능하며, 본연의 知는 배움을 기다리지 않고도 아는 것이다'고 하였다"[2]라고 해석하였다. 곧 주자는 맹자의 양능과 양지에서 '良'의 의미를 본연의 善으로 보았다. 따라서 위의 인용문을 종합하면 양능은 '天賦的 좋은 기능'으로 이 기능에는 또한 사물을 이해하는 기능과 도덕적 기능 두 가지 의미가 포함되어 있다. 녹문의 견해도 이와 다르지 않다.

먼저 녹문은 能을 氣之靈, 理之妙로 설명한다.

> 그렇다면 能이라는 것은 과연 무엇인가? 그것을 理라고 하면 理는 無爲인데 能은 有爲다. 그것을 氣라고 하면 氣는 흔적이 있는데 能은 흔적이 없다. 만약 理도 아니고 氣도 아니라고 한다면 理氣의 밖에 따로 어떤 사물이 있은 적은 없다. 그렇다면 이른바 能이라는 것은 과연 무엇인가? 氣의 靈이며 理의 妙라고 하는 것에 지나지 않는다(細註: 理의 妙는 理가 妙用할 수 있는 까닭〔所以〕을 말하는 것이다. 주자도 역시 말하기를, '理에 비교하면 미묘하나마 흔적이 있고, 氣에 비교하면 自然이며 또한 영묘하다'고 하였으니 神을 氣와 구별하였음을 알 수 있다).[3]

---

1) 《孟子》〈盡心上〉13.
   孟子曰 人之所不學而能者, 其良能也, 所不慮而知者, 其良知也.
2) 良者, 本然之善也. 程子曰 良知 · 良能 皆無所由, 乃出於天, 不繫於人. 西山眞氏曰 善出於性, 故有本然之能, 不待學而能, 本然之知, 不待學而知也.

위에서 녹문은 能을 有爲이면서 흔적이 없는 것으로 보았다. 곧 能은 氣의 有爲와 理의 無迹이라는 특성을 함께 지니고 있지만, 理와 氣 밖에 따로 어떤 것을 가리키는 것이 아니다. 그러므로 녹문은 能을 '氣之靈 理之妙'라 하고, 이지묘는 '理가 능히 妙用하는 까닭〔所以〕'이라고 설명한다. 즉 理氣가 합쳐 사물이 만들어지고 천지가 운행할 때 理와 氣 각각의 기능이 곧 妙用과 靈이라는 말이다. 그러나 녹문은 能을 理와 氣의 통일적 방식으로 이해하려고 하였지만 理와 가깝다고 설명한다.

> 대개 靈이라 하고, 妙라고 하는 것은 마치 氣分을 아직 떠난 적이 없는 듯하지만, 사실 이른바 靈과 妙라는 것은 처음부터 볼 수 있는 모양과 그림자가 있지 않으며, 들을 수 있는 소리나 냄새가 없으며, 스스로 그러하며(細註:《朱子語類》에서 '良能은 스스로 그러한 것이다'고 하였다) (理氣의) 양쪽에 있어 예측할 수 없다(細註: 橫渠는 神을 논하며 양쪽에 있으므로 예측할 수 없다고 하였다). 氣에서는 隱微함과 드러남의 다름이 있고, 理에서는 通과 局의 다름이 없다. 그러므로 先儒들의 논의에 많이 理와 합하여 말하였다.4)

즉 녹문은 靈과 妙가 氣를 벗어나 따로 있는 것은 아니지만, 氣처럼 그 흔적이 없으며, 그 작용은 다만 自然일 뿐이며, 《朱子語類》의 良能도 바로 이러한 개념이라고 이해하였다. 또한 양능은 神과 같은 개념으

---

3) 《鹿門集》 2:4b, 答渼湖金公, 乙卯(1735, 녹문 24세).
  然則能者, 果何物也? 謂之理耶 則理無爲而能有爲也. 謂之氣耶 則氣有迹而能無迹也. 謂之非理非氣耶, 則理氣之外, 未別有物也. 然則所謂能者, 果何物也? 不過曰氣之靈而理之妙也(理之妙, 言理之所以能妙用者也. 朱子亦曰 比理微有迹, 比氣自然又靈, 可見別神於氣也).

4) 《鹿門集》 2:5a~b, 答渼湖金公, 戊午(1738, 녹문 27세).
  盖曰靈曰妙, 似若未離乎氣分, 而其實所謂靈與妙者, 初非有形影可見, 聲臭可聞, 自然恁地(語類良能 是自然恁地), 而兩在不測(橫渠論神云 兩在故不測). 於氣 則有微顯之殊, 而於理 則無通局之異. 故先儒之論多與理合而言之.

로 理氣의 두 개념으로 이해되는 것으로 예측할 수 없음이 그것이며 곧 張橫渠의 견해도 마찬가지라는 말이다. 이에 따라 녹문은 양능이 氣에서는 隱微함과 顯然함의 차이가 있으나, 理에서는 通과 局의 차이가 없으므로 理에 가깝다고 주장한다. 이 양능의 개념은 27세 때의 견해로 뒷날 理氣同實, 理氣元不相離의 이기관을 확립하는 전제가 되는 媒概念이라고 할 수 있다.

이러한 녹문의 견해는 다음의 설명에서도 잘 드러난다.

이른바 能이라는 것이 마침내 곧 텅 비고 아득하여 아무런 조짐이 없는(沖漠無朕) 理와 仁·義·禮·智의 性과 더불어 아무런 간격이 없는 것(泯然無間)으로 귀착한다.[5]

여기서 沖漠無朕의 理는 곧 사물의 生成原理를 뜻하며, 仁·義·禮·智의 性은 곧 도덕윤리의 가치를 뜻한다. 녹문은 能을 '沖漠無朕의 理와 인·의·예·지의 性과 더불어 빈틈없이 합해진 개념'으로 이해하였다.

이에 녹문은 우주만물은 모두 이 能의 작용에 따라 드러난다고 설명한다.

저 能으로 말하면 애초에 어떤 것이 있었던 것인가? 다만 만물을 妙用하는 것이며, 形氣의 작용이면서 능히 그러한〔能然〕 것일 뿐이다. …… 사람은 현명함과 어리석음이 있고, 사물은 나는 것과 자맥질하는〔潛〕 것이 있고, 동물과 식물이 수만 가지 形色이 있는 것에 이르기까지 그러한 것은 단지 하나의 能일 뿐이다.[6]

---

5) 《鹿門集》 2:4b, 答渼湖金公, 戊午(1738, 녹문 27세).
　　所謂能者, 畢竟歸宿, 便與沖漠無朕之理, 仁義禮智之性, 泯然無間矣.
6) 《鹿門集》 2:7a~b, 答渼湖金公, 戊午(1738, 녹문 27세).

곧 녹문은 能을 萬物을 妙用함에 形氣의 작용이 스스로 능히 그러하
도록 하는 것으로 설명한다. 그리고 그는 이 能에 따라서 만물이 비록
각양각색으로 다르고 각각의 방식으로 작용하지만, 그러한 能은 단지
하나의 能이라고 이해한다. 즉 녹문의 주장은 모든 사물은 能에 따라서
각각의 모습과 기능으로 표현된다는 말이다.

그러므로 能은 氣와 함께 있지만 氣를 따라 차등은 없다.

能은 氣의 靈이지만, 氣를 따라 等分이 있지 않는 것은 무엇 때문
인가? 대개 일찍이 그것을 논의하였는데, 氣는 사물을 생성하는 材인
데, 材는 모양이 있다. 能은 사물을 생성하는 기틀〔機〕이니(細註: 機
字에는 정밀함과 조잡함〔精粗〕이 있다. 여기서의 機字는 마땅히 지극
히 정밀함이라고 보아야 한다), 機는 흔적이 없다.[7]

能이 氣의 靈이지만 현실의 각양각색의 사물처럼 등분이 없는 것은
能이 '사물생성의 기틀〔機〕'[8]이기 때문이다. 다시 말하면 현상의 사물
은 氣로 이루어지며 그 形象이 다르지만, 能은 사물생성의 기틀 그 자
체를 가리키는 것으로 흔적 곧 形象이 없다. 그러므로 能에는 差等이
없다는 말이다.

그렇다면 能은 사물의 생성 및 그 작용과 어떤 관계가 있을까? 녹문

若夫能, 則初何嘗有物? 只是妙萬物, 形氣之作用, 而能然之而已. …… 以至人
物賢愚飛潛, 動植形色有萬而能, 則只一箇能而已.

7) 《鹿門集》 2:7a, 答金渼湖, 戊午(1738, 녹문 27세).
   能者 氣之靈也, 而不隨氣而有等分者, 何也? 盖嘗論之, 氣者生物之材也. 材則
   有形. 能者 生物之機也(機字有精粗, 此機字當以極精處看). 機則無跡.

8) 機(틀 기)의 의미를 살펴보면, 《說文解字》에는 "機는 發을 主宰하는 것을 일
   러 機라고 한다(機, 主發謂之機)"고 하였고, 《禮記》와 《大學》의 "其機如此"에
   대한 鄭玄의 注에서는 "機는 發動이 말미암는 바다(機, 發動所由也)"라고 하
   였다. 이로써 보면 機는 "發動 또는 發生의 기틀"의 뜻이라 할 수 있다.

은 그것을 生生之機라고 설명한다. 이러한 能의 개념은 뒷날 녹문이 生意로서의 理氣의 종합적 개념을 정립하는 바탕이 된다. 이것은 녹문의 다음과 같은 주장에서 잘 드러난다.

> 무릇 天地의 큰 덕을 生이라 하며, 能이라는 것은 곧 造化하고 生生하는 '사물생성의 기틀〔機〕'이다. 그러므로 陰陽의 두 氣와 五行이 어지러이 交錯하고, 날고 펼치고 뛰어오르고 뒤집히더라도, 生生의 機는 항상 그 가운데 포함되어 있고, 혹 치우치고 혹 바르며 혹 맑고 혹 탁하여 形氣는 萬變으로 무궁하여도, 이른바 生生하는 氣의 기틀〔機〕은 아직 한 올의 틈이 있은 적이 없으며 한순간도 정지함이 없었다.[9]

"天地之大德曰生"은 《周易》〈繫辭下〉에 있는 구절로서 朱子는 "天地는 사물을 生하는 것을 心으로 삼는다(天地以生物爲心)"고 해석하였다. 이 말을 근거로 녹문은 能을 造化生生함에서 '사물생성의 기틀〔機〕'이라고 이해한다. 곧 만물의 생성과 변화 운동의 가장 근원적 원인이 能이며, 이 能의 작용은 한순간도 정지함이 없으므로 세상의 영속성이 유지된다는 말이다. 이러한 能의 총체적 집합이 良能으로 녹문은 다음과 같이 설명한다.

> 그 지극히 큰 것을 말하면 天地의 생성이 곧 良能의 전체요, 그 지극히 작은 것으로 말하면 티끌 하나의 動靜도 역시 양능의 전체다. 形氣로써 말하면 하나의 티끌이 천지와 서로 짝하지 못하는 것은 왜 그런가? 양능으로써 말하면 하나의 티끌에서의 동정도 곧 천지에서 생

---

9) 《鹿門集》 2:7b~8a, 答金渼湖, 戊午(1738, 녹문 27세).
　夫天地之大德曰生, 而能者卽造化生生之機也. 故二氣五行, 紛綸交錯, 飛揚騰倒, 而生生之機, 常涵乎其中. 或偏或正或淸或濁, 形氣之萬變無窮, 而所謂生生之氣機 未嘗有一毫之間, 亦未有一息之停也.

성하는 것이니 둘이 아니다. 단지 형기에는 大小가 있으므로 한 티끌의 동정에는 다만 약간의 조화만이 있고, 천지의 생성에는 수없이 많은 造化가 있을 뿐이다.[10]

곧 천지의 生成과 같이 지극히 큰 것과 티끌과 같이 지극히 작은 것도 모두 良能의 작용이 아님이 없다는 것이다. 다시 말하면 천지의 생성이나 티끌의 動靜은 조화의 多少가 다르지만 결국 같은 양능이라는 것이 녹문의 주장이다.

녹문의 이러한 能의 개념으로 보면 그가 후기에서 '理와 氣는 동등한 實[本質]이다'는 理氣論을 정립하는 실마리가 이미 그의 초기의 良能 개념에서 비롯된 것이다.

그러나 이러한 실마리는 良能의 개념에서보다는 鬼神 곧 神 개념에 대한 녹문의 설명에서 理氣混融無間之妙의 시각이 더 잘 드러난다.

2) 鬼神: 理氣混融無間之妙

녹문은 24세 때인 1735년에 《中庸》〈16章〉의 鬼神에 관한 해명을 중요한 학문적 과제로 삼아 48~49세 때 완성한 〈鹿廬雜識〉에서 鬼神觀을 정립한다. 여기서는 녹문의 귀신관에 대한 理氣論的 해명에 초점을 맞추어 정리하고 그 의미를 검토하고자 한다.

《중용》〈16章〉의 "공자가 말하기를 '鬼神의 德됨'은 지극하지 않는

---

10) 《鹿門集》 2:11a, 答金渼湖, 戊午(1738, 녹문 27세).
　　語其至大, 則天地之生成, 乃良能之全體也. 語其至小, 則一塵之動靜, 亦良能之全體也. 以形氣而言之, 一塵之於天地, 其不相佯何如也? 以良能而言之, 動靜於一塵者, 卽生成於天地者, 非有二也. 但形氣有大小, 故一塵之動靜, 只有些子, 天地之生成, 有許多造化耳.

가(子曰 鬼神之爲德 其盛矣乎)?"라는 구절에 대하여 《集註》는 다음과
같이 설명한다.

> 程子는 '鬼神은 天地의 功用이며, 造化의 자취이다'고 하였고, 張子
> 는 '귀신은 陰과 陽 두 氣의 良能이다'고 하였다. 내가 생각건대 二氣
> 로써 말하면 鬼는 陰의 靈이요, 神은 陽의 靈이며, 一氣로써 말하면
> 이르고〔至〕 펴짐〔伸〕은 神이 되고, 돌아가고 回歸함은 鬼가 되니, 그
> 실제는 하나의 사물일 뿐이다. '德됨'이란 '타고난 본성〔性情〕'11)과 功
> 效를 말하는 것과 같다.12)

天地의 功用이라는 말에서 공용은 功效 곧 功績을 의미하며, '造化의
자취〔迹〕'에서의 자취에도 공적의 의미가 포함되어 있다. 이로써 보면
伊川이 말한 鬼神의 의미는 天地萬物의 生成變化를 의미하는 것이라고
요약할 수 있다. 그리고 張橫渠가 말한 陰陽 二氣의 良能은 음양의 조화
에 따라 생겨나는 모든 기능을 의미한다. 주자는 이로써 귀신의 鬼는 陰
의 靈으로, 神은 陽의 靈으로 나누어 설명하고, 그 하나의 氣〔一氣〕13)의
측면에서 보면 陽은 이르고 펴지는 것으로 神이 되고, 陰은 돌아가고 回
歸하는 것으로 鬼가 된다. 그러나 이것은 다만 명목상 나누어 본 것이지
실제로 陰과 陽이 나누어져 따로 작용하는 것은 아니라는 말이다. 그리

---

11) 여기서 '타고난 본성'이라는 의미의 '性情'은 '마음이 성과 정을 통섭한다(心
　　統性情)'고 할 때의 性情과는 의미가 약간 다르다. 타고난 본성의 의미는 인
　　간을 포함한 개체사물의 종합적인 특성을 말한 것이며, '心統性情'의 性과 情
　　은 인간의 타고난 본성을 좀더 세밀하게 구분하여 설명한 것이다.
12) 《中庸》〈16章〉. '子曰 鬼神之爲德 其盛矣乎'에 대한 朱子註.
　　程子曰 '鬼神天地之功用, 而造化之迹也' 張子曰 '鬼神者, 二氣之良能也'. 愚謂
　　以二氣言, 則鬼者陰之靈也, 神者陽之靈也. 以一氣言, 則至而伸者爲神, 反而
　　歸者爲鬼, 其實一物而已. 爲德猶言性情功效.
13) 여기서 一氣는 위 인용문의 문맥으로 보면 一原의 一氣가 아니라 陰과 陽
　　二氣 가운데 하나의 氣를 의미하는 것이라고 할 수 있다.

고 귀신의 德은 '타고난 본성'과 功效라고 하는 것은 곧 귀신이 사람에게
서는 '타고난 본성〔性情〕'이 되며 만물에서는 공효가 된다는 말이다.[14)]

녹문도 《중용》 〈16장〉의 鬼神을 중심문제로 삼았다. 그는 먼저 귀신
을 形而上과 形而下의 관점에서 어떻게 규정할 것인가를 중심문제로 삼
았다. 다시 말하면 귀신이 理나 氣 어느 쪽에 속하는가에 관심을 두었다.

> 鬼神은 (陰陽) 二氣의 神靈함이다. 비록 보고 듣지는 못하나 진실
> 로 形而下를 떠난 적이 없다. 그러나 章句에서 보고 듣지 못하는 것을
> 隱微함〔隱〕에 귀속시킨 것은 왜인가? 이것은 내가 여러 해 동안 의문
> 을 가졌지만 아직 통하지 못하였다.[15)]

녹문은 《중용》 〈16장〉에서 朱子가 '볼 수 없고 들을 수 없는 것이 隱
微하여 드러나지 아니함〔隱〕이다'고 하여 鬼神을 理의 개념으로 설명한
것에 의문을 가졌다. 왜냐하면 녹문은 종래 귀신을 陰陽 二氣의 靈으로
서 형이하라고 이해하였는데, 주자는 이를 隱微함이라고 하여 감각의
대상이 아니라 理와 같은 형이상으로 설명한 것을 이해할 수 없었기 때
문이다. 녹문의 이러한 의문은 그가 당시 湖洛論爭의 人性論에 집중하
여 아직 本體論에서의 理氣觀을 제대로 정립하지 못하였음을 의미하는
것이다.

---

14) 柳仁熙 교수는 《朱子哲學과 中國哲學》(서울: 汎學社, 1980), 261쪽에서 《性
理大典》 卷28을 중심으로 鬼神을 鬼와 神으로 나누어 그 의미를 잘 정리하
고 설명하였다. 이 글에서는 이러한 귀신의 의미에 대한 녹문의 理氣論的
해명에 초점을 맞추어 논의를 펼치고자 하므로, 귀신의 의미에 대해서는 더
이상 자세히 설명하지 않는다.
15) 《鹿門集》 13:36a, 雜著, 中庸, 乙卯(1735, 녹문 24세).
　　鬼神是二氣之靈處. 雖其不可見聞, 固未離乎形而下者, 而章句以不見不聞, 屬乎
　　隱者何也. 此乃愚之積年蓄疑, 而未能通者也. 녹문의 《中庸》에 관한 註解는
　　그의 철학형성의 과정에서 매우 중요한 의미를 지닌다. 즉 이때 그는 人物性
　　同論을 유지하던 때였으며, 이 中庸註解에서 그 한 부분을 드러내고 있다.

한편 녹문은 《중용》〈16장〉의 이 귀신의 의미를 중심으로 자신의 논지를 펴고 있으며, 위 세 견해를 종합하여 설명하고 있다.

> 대개 鬼神은 二氣의 良能이며 陰陽의 神靈함이다. 그러므로 그 경계의 구분을 논하면 진실로 形而下에 속한다. 그러나 이른바 良能이라 하고 神靈함이라 하는 것은 그 實은 있으나 볼 수 있는 形象이나 소리, 냄새를 알 수 있는 것은 아니고 단지 자연히 이와 같을 뿐이다. 바로 朱子가 말한 바 天地와 통하는 것이다(細註: 주자는 '精氣는 사물에 나아가 말한 것이고, 혼백은 인간에 나아가 말한 것이며, 귀신은 인간을 떠나서 말한 것이다. 屈伸과 往來라거나 陰陽의 合散이라고 하지 않고 귀신이라고 했으니, 귀신은 대개 천지와 통하며 그러므로 만물의 體가 되고 사물의 終始가 되는 것이니 버릴 수가 없다'고 하였다). 그러므로 비록 理라고 하여도 역시 無妨하다(細註: 《周易》의 '神이라는 것은 萬物을 神妙하게 한다는 말이다'는 구절에 대한 註에서 주자는 所以然으로 말하였고, 《通書》의 註에서는 바로 神을 태극으로 여겼으며, 程子도 역시 이와 같은 말을 많이 하였다).[16]

요약하면 귀신이 二氣의 良能이라고 본 것은 위 張橫渠와 같으며, 陰陽의 神靈함에서 靈의 의미는 같지만 주자와 같이 鬼는 陰의 靈, 神은 陽의 靈으로 나누어 설명한 방식과는 다르다. 이것은 녹문이 '理氣元不相離'를 전제로 理氣論을 펼치는 것처럼, 陰陽 二氣도 元不相離를 전제로 함을 간접적으로 나타낸 것이라고 할 수 있다. 그런데 위의 인용문

---

16) 《鹿門集》13:36b, 雜著, 中庸, 乙卯(1735, 녹문 24세).
  盖鬼神者, 二氣之良能, 陰陽之靈處也. 故論其界分, 固當屬乎形而下者矣. 然所謂良能也靈處也, 有實非有形象可見聲臭可聞, 只是自然如此, 正朱子所謂與天地通者也(朱子曰 精氣就物而言, 魂魄就人而言, 鬼神離乎人而言, 不曰屈伸往來陰陽合散, 而曰鬼神, 則鬼神 盖與天地通. 所以爲萬物之體, 而物之終始不能遺也). 故雖謂之理, 亦自無妨(易 神也者, 妙萬物而爲言. 註朱子以所以然者言之, 而通書註, 則直以神爲太極, 程子亦多與此說).

을 살펴보면, 녹문은 처음 귀신은 음양의 神靈함이므로 形而下者로 보았다. 그러나 주자는 귀신이 천지와 통하고 만물의 體가 되며, 만물의 終始가 된다고 설명하였고, 《周易》에서는 神을 所以然으로 설명하고 《通書》의 註에서도 神을 太極으로 설명하였다. 녹문은 이것을 근거로 귀신은 氣의 양능이며 신령함이므로 마땅히 형이하자에 속하지만, 양능과 신령함은 實은 있으나 형상이나 소리, 냄새가 없으므로 理라고 해도 무방하다고 보았다.

여기서 녹문은 귀신은 氣로써만 설명되는 것이 아니라 理로도 설명할 수 있다는 것을 구체적으로 다음과 같이 설명한다.

《章句》에는 이미 德을 '타고난 본성〔性情〕'의 功效로 삼았고, 《或問》에는 侯氏[17]가 鬼神과 덕을 形而上과 形而下로 나누어 말했던 것을 배척했으니, 귀신과 덕을 오로지 형이상에 속하게 하였음이 분명하다. 이미 귀신은 形體와 소리가 없다고 했고, 또 보려 해도 보이지 않고, 듣고자 해도 들리지 않는 것이 隱이라고 했으니, 그것은 귀신을 所以然의 理로 여겼음이 또한 분명하다(細註: 이것은 단지 隱의 관점에서만 말했기 때문에 그렇게 말한 것이다. 사실 귀신은 費와 隱을 다 통한다).[18] 다만 전에 독서할 때는 단지 귀신이 氣인 줄만 알았기 때문에 여기와 같이 명백한 요지의 구절에 대하여 오히려 의심을 하였으니 우습다.[19]

---

17) 侯仲良, 《宋元學案》 卷13 참고.

18) 費而隱: 聖人의 道는 그 效用이 광대하여 두루 미치나 그 자체는 隱微하여 드러나지 아니함. 《中庸》〈12章〉. 君子之道 費而隱.

19) 《鹿門集》 13:37b, 雜著, 中庸, 乙卯(1735, 녹문 24세).
章句既以德爲性情功效, 而或問斥侯氏分鬼神與德, 爲形而上下之說, 則其以鬼神與德, 專屬乎形而上者也, 明矣. 既曰鬼神無形與聲, 而又以視不見聽不聞爲隱, 則其以鬼神爲所以然之理也, 又決矣(此只就隱處言之, 故云耳. 其實鬼神通乎費隱也). 但前日讀時, 只知鬼神之爲氣. 故於此等明白旨訣, 猶不能無疑礙, 其可笑也已.

곧 녹문은 《중용》〈16장〉의 "鬼神之爲德"에서 '爲德'을 朱熹가 '타고 난 본성[性情]'의 功效로 삼아 形而上으로 설명한 데서 비로소 귀신은 形而上者로도 이해할 수 있고 또한 理로도 이해할 수 있음을 알았다고 하였다. 《中庸或問》에서 주자는 侯氏가 '鬼神은 形而下者로 誠이 아니며, 귀신의 德이 誠이다'[20]고 한 말을 비판하고 귀신을 형이상으로 설명하였다. 녹문은 이에 동의하고 이어서 귀신은 형체와 소리가 없어 감각의 대상이 아니기 때문에 理와 같은 성격이므로 귀신이 곧 所以然의 理라고 이해한다. 여기서 중요한 것은 녹문이 '전에 독서할 때는 단지 귀신이 氣인 줄만 알았다'는 말이다. 즉 녹문은 처음 귀신을 형이하자인 氣로만 이해하였으나, 더 깊이 연구한 결과 귀신도 역시 형이상자인 理의 관점으로도 이해할 수 있음을 인정하였다.

이에 비로소 녹문은 귀신을 理氣混融之妙로 이해하여 氣를 주로 하여 보면 형이하자며, 理를 주로 하여 보면 형이상자라고 할 수 있다고 보아 다음과 같이 설명한다.

> 무릇 天地 사이에 理와 氣일 뿐이다. 理가 아니면 곧 氣이며, 氣가 아니면 곧 理이니, 아직 혹 理이기도 하고 혹 氣이기도 하여 두 가지 위치를 점유하고 있는 것은 없다. 그러나 오직 鬼神은 氣라 해도 좋고, 理라 해도 좋다. 대개 그것은 지극히 精微·神妙하여 애초에 고정된 體나 고정된 이름이 없고 다만 가리키는 바가 어떠한가에 있을 뿐이다. 이것이 곧 이른바 混融無間의 妙라는 것이다. 그러므로 氣를 주로 해서 말하면 陰과 魄은 鬼가 되고 陽과 魂으로 神이 되며, 鬼와 神은 모두 형이하자다. 理를 주로 하여 말하면 仁과 禮는 神이 되고, 義와 智는 鬼가 되며(細註: 이 말은 반박할 수 있을 것 같지만 세밀하게 살펴보면 아무 의심이 없다. 단지 주자가 이른바 仁은 木의 神이며 義

---

20) 《四書或問》323쪽, 《中庸或問》(서울: 保景文化社), 46a~b.
　　侯氏曰 鬼神形而下者, 非誠也, 鬼神之德, 則誠也.

는 金의 神이라고 한 것을 보면 알 수 있다), 대개 鬼와 神은 형이상
자다.[21]

　　여기서 녹문의 초기 理氣觀을 엿볼 수 있다. 곧 그는 天地 사이의 어
떤 사물도 理가 아니면 氣라고 보았다. 그러나 그의 초기 이기관에서는
理氣에 대한 기본적 개념설명이 분명하지 않다. 즉 이기론의 확립에 필
요한 本末, 先後, 主宰 등의 설명이 없다. 그것은 녹문이 "무릇 천지에
가득 찬 것은 모두 陰陽·五行의 氣며, 모두 元·亨·利·貞의 理다"[22]
고 한 말에서도 잘 드러난다. 즉 어떤 사물도 理 아니면 氣지만 鬼神만
은 理와 氣 두 위치에서 파악할 수 있는 유일한 것이라고 설명한다.
　　위 인용문을 정리하면 다음과 같다.

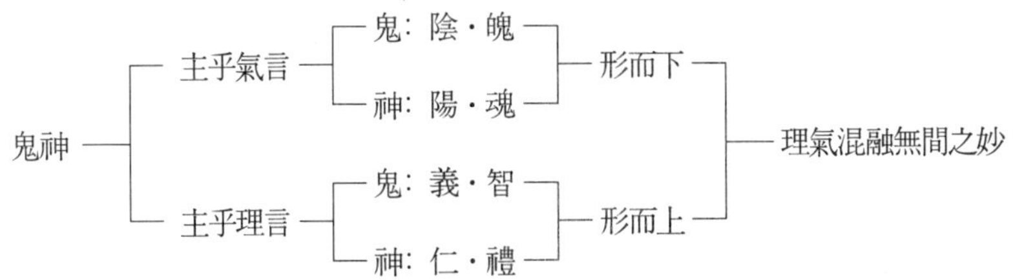

　　곧 녹문은 귀신이 지극히 精微하고 神妙하여 고정된 體나 이름이 없
이 가리키는 것이 무엇인가에 따라 理와 같을 수도 있고, 氣와 같을 수

---

21) 《鹿門集》 13:38a~b, 中庸, 乙卯(1735, 녹문 24세).
　　夫天地之間, 理與氣而已. 非理則便是氣, 非氣則便是理, 未有或理或氣兩占地
　　步之物. 而獨鬼神謂之氣也, 亦可, 謂之理也 亦可. 盖其至精·至微·至神·至
　　妙, 初無定體, 亦無定名, 惟在所指之如何爾. 此定所謂混融無間之妙者也. 是
　　故主乎氣而言, 則陰魄爲鬼, 陽魂爲神, 而鬼與神, 皆形而下者也. 主乎理而言,
　　則仁禮爲神, 義智爲鬼. (此言雖若可駁, 然細玩之, 則可以無疑. 只朱子所謂仁
　　爲木神, 義爲金神者, 可見矣) 而神與鬼, 盖形而上者也.
22) 《鹿門集》 13:19a, 中庸, 乙卯(1735년, 녹문 24세).
　　夫滿天地, 都是陰陽五行之氣也, 都是元亨利貞之理也.

도 있다고 보아, 이것을 混融無間之妙라고 한다.

녹문의 이와 같은 鬼神觀은 당시 그와 함께 토론하며 많은 논쟁을 벌였던 櫟泉 宋明欽[23]과의 논쟁에서 잘 나타난다.

> 晦兄(宋明欽)은 또 말하기를, '仲思(任鹿門의 字)는 《周易》의 〈繫辭傳〉과 《通書》에서는 神을 理라고 본 것이 많다'고 하였는데 나도 역시 일찍이 이와 같이 보고자 하였으나 최근에 세 가지 문제가 있음을 깨달았다. 무릇 《章句》는 이미 '타고난 본성〔性情〕'으로써 德을 해석하였는데, 이제 먼저 鬼神을 굳이 理라고 이해하면, 이른바 귀신의 德은 理의 性이라고 하는 것과 같으니 첫 번째 막힘〔礙〕이다. 《章句》는 이미 不見과 不聞을 隱이라고 하였는데, 이제 功用의 自然處를 불견과 불문이라고 하면 이것은 理의 用을 隱微하여 드러나지 아니함〔隱〕으로 여긴 것이니 두 번째 막힘이다. 귀신은 본래 천지의 妙用인데 이제 오로지 理라고 하면 이것은 理에 作用이 있어 氣를 기다리지 않아도 氣가 도리어 理를 타고 행하는 것이니 세 번째 막힘이다'고 하였다.[24]

송명흠의 문제제기를 풀어서 설명하면, 첫째, 《장구》에서는 '타고난 본성〔性情〕'으로써 德을 해석하였는데, 녹문은 鬼神을 理로 해석하였다. 이렇다면 귀신의 德은 理의 性이라고 하는 것이 된다. 곧 德과 性이 같아진다. 둘째, 《장구》에서는 不見·不聞을 隱이라고 하였는데, 녹문

---

23) 宋明欽(1705~1768): 字는 晦可, 本貫은 恩津, 浚吉의 후손, 堯佐의 아들이며 李縡의 문인이다. 諡號는 文元. 저서: 《櫟泉集》, 《櫟泉疏末條陳文獻》, 《英祖實錄》, 《櫟泉年譜》.

24) 《鹿門集》 13:45b, 中庸.
晦兄又曰 仲思謂易辭及通書, 多以神爲理. 余亦嘗欲如此看, 近覺有三礙. 夫章句旣以性情訓德, 今先就鬼神, 硬解作理, 則所謂鬼神之德, 猶曰理之性也, 一礙也. 章句旣以不見·不聞爲隱, 今以功用之自然處, 謂之不見·不聞, 是以理之用爲隱也, 二礙也. 鬼神者, 本天地之妙用, 而今專謂之理, 則是理有作用, 不待於氣, 而氣反乘理以行也, 三礙也 云云.

이 (귀신의) 功用의 自然處를 불견·불문이라고 한 것은 곧 理 그 자체
가 아니라 理의 用을 隱으로 여긴 것이다. 셋째, 귀신을 理로 보면 理에
用이 있고, 또 理가 氣를 타는 것이 아니라 반대로 氣가 理를 탄다는 말
이 된다. 이 세 가지가 녹문에 대한 송명흠의 비판이다. 이에 대해 녹문
은 다음과 같이 반론한다.

　　이것 또한 그렇지 않은 것이 있다. 鬼神의 덕이 中庸의 德이나 性
　의 德과 같다고 하는 것은 고금의 語法에 이와 같은 것이 매우 많다.
　'타고난 본성〔性情〕'은 오히려 마음과 형상의 몸통〔體段〕을 말할 따름
　이다(細註: 不見과 不聞이 귀신의 덕이 된다는 것은 치우치지 않고,
　기울지 않음〔不偏·不倚〕이 性의 德이 된다는 것과 같다). 이제 귀신
　의 덕을 理의 性을 말하는 것과 같은 것이라고 하면, 중용의 덕은 역
　시 理의 덕이 된다고 하는 것이니 말이 되지 않는다. 費와 隱, 體와
　用은 애초에 두 가지 사물이 있는 것이 아니며, 단지 하나의 觀點〔地
　頭〕에서 橫側으로 보았을 뿐이다. 이제 또한 이른바 功用의 自然處로
　말하면 자연의 理는 屈伸에 있어 體가 되지 않는 바가 없는 것이니 用
　이며 費이다. 이 자연의 理는 사실 형체와 소리가 있지 않는 것이니
　體이며 隱이다. 어찌 오로지 理의 用으로만 여기겠는가? 理에 작용이
　있다는 부분에 이르러서는 말에 자세함이 없어 확실하게 대답하지 못
　한다. 다만 良能과 신령함〔靈處〕, 理氣混融한 것에 대하여 자세히 보
　면 스스로 허다한 의문이 없어질 것이다.[25]

---

25)《鹿門集》13：45b～46a, 中庸.
　　此亦有不然者矣. 鬼神之德, 猶中庸之德, 性之德, 古今語法, 如此者甚多. 性
　情 猶言情狀體段耳(不見·不聞爲鬼神之德, 猶不偏不倚, 爲性之德). 今以鬼神
　之德爲猶言理之性, 則中庸之德, 亦爲理之德, 而不成說話矣. 費與隱, 體與用,
　初非有兩箇物事, 只就一箇地頭, 橫側看而已. 今且以所謂功用, 自然處言之.
　自然之理, 在屈在伸, 無所不體者, 用也, 費也. 此自然之理, 實非有形聲者,
　體也, 隱也. 豈可專以爲理之用乎? 至於理有作用一段, 語有未詳不能硬對. 惟
　於良能靈處, 理氣混融上, 明著眼目, 自無許多疑礙耳.

정리하면, 첫째 비판에 대하여 녹문은 일찍이 귀신의 德을 中庸의 덕이나 性의 덕이라고 한 것은 예로부터 많으며, '타고난 본성〔性情〕'은 情狀의 體段을 말할 뿐이므로 귀신의 德을 理의 性이라고 한 것이 아니라고 반박한다. 즉 귀신의 德은 不偏·不倚를 의미하는 것이지 理의 性을 말하는 것이 아니라는 말이다. 두 번째 문제에 대하여 녹문은 費와 隱, 體와 用은 두 가지가 있는 것이 아니라 관점에 따라 달리 말한 것일 뿐임을 전제한다. 이로부터 그는 功用의 自然處로부터 보면 理는 屈伸의 體가 되므로 그것이 理의 用이며 두루 미침〔費〕이며, 理가 형체와 소리가 없는 것이 理의 體이며 隱微하여 드러나지 아니함〔隱〕이라고 설명한다. 그리고 세 번째, 문제에 대하여 녹문은 말뜻을 잘 이해하지 못한다고 하였지만 사실은 곧 理氣混融之妙를 이해하지 못하면 귀신을 이해할 수 없다고 보았다. 여기서 다시 녹문은 이기혼융지묘로서의 귀신을 다음과 같이 설명한다.

良能이나 신령함〔靈處〕이라고 하는 것은 곧 鬼神의 바른 뜻이다. 비록 理로써 말했다고는 하지만 어찌 양능이나 신령함 외에 따로 무슨 귀신이 있겠는가? 그러므로 단지 하나의 관점〔地頭〕일 뿐이다. 그 능히 屈伸하는 것에서 말하면 氣에 속할 수 있고, 그 자연스럽게 이와 같은 것에서(細註: 자연스럽게 이와 같다는 것 역시 朱子의 말이다) 말하면 理에 속할 수 있다. 그 나눔은 대개 毫髮로써도 불가능하고 모두 양능이나 신령함의 밖에서 나오는 것은 아니다(細註: 이것이 곧 理氣가 渾融하여 無間한 妙이다). 따라서 이 章을 해석하면서 이 말을 버리면 屈伸의 妙를 드러낼 것이 없다.[26]

---

26) 《鹿門集》 13:37a, 雜著 中庸, 乙卯(1735, 녹문 24세).
　　曰良能靈處, 乃鬼神之正義也. 雖曰以理言之, 豈於良能靈處之外, 有別般鬼神乎? 故只一箇地頭耳. 自其能屈能伸處言之, 則可屬乎氣, 自其自然恁之處(自然恁地 亦朱子說)言之, 則可屬乎理. 其分 盖不能以毫髮, 而皆不出乎良能靈處之

녹문은 良能과 神靈함이 귀신의 바른 뜻이지만, 관점에 따라 달리 말할 수 있다고 보았다. 즉 運動變化〔屈伸〕한다는 면에서 보면 氣이지만, 그 不可見聞과 '스스로 그러함〔自然〕'의 관점으로 보면 理에 속한다고 할 수 있다. 따라서 녹문은 귀신은 관점에 따라 理로도 이해할 수 있고, 氣로도 이해할 수 있다고 보는 것이다. 그리고 위의 인용문에서 무엇보다 중요한 내용은 '이것이 곧 理氣가 渾融하여 無間한 妙이다(此正理氣混融無間之妙)'는 말이다. 곧 理氣가 程伊川의 표현처럼 '드러남과 은미함이 구별이 없이(顯微無間)'27) 작용하는 妙가 곧 귀신이라는 말이다.

녹문의 이러한 良能에 대한 理氣論的 설명은 栗谷의 理氣之妙와 일맥상통한다. 일찍이 율곡은 이기지묘를 다음과 같이 설명한 바 있다.

理와 氣는 渾然하여 사이가 없으며〔無間〕 원래 서로 떨어지지 않으므로 이 둘을 가리켜 두 가지 사물이라고 할 수 없다. 그러므로 程明道는 말하기를 '器亦道, 道亦器'라고 하였다. 비록 서로 떨어지지 않고 하나의 사물 가운데 있기는 하지만, 실제로는 서로 뒤섞이지는 않으니〔不相雜〕, 이것을 가리켜 一物이라고도 할 수 없다. 그러므로 朱子는 '理는 스스로 理며, 氣는 스스로 氣이다. 서로 뒤섞여지지〔挾雜〕 아니한다'고 하였다. 두 말을 합하여 잘 생각하면〔玩索〕 理氣之妙를 거의 알 것이다.28)

곧 율곡은 程明道의 '器亦道, 道亦器'를 빌려 理氣의 元不相離를 전제하면서도 이기를 二物로 보지 않고, 朱子의 '理自理, 氣自氣'를 빌려 不

外也(此正理氣混融無間之妙). 是以釋此章者, 舍此語, 則無以著屈伸之妙.
27) 《伊川易傳》序.
28) 《栗谷全書》卷20, 聖學輯要二.
　　理氣渾然無間, 元不相離, 不可指爲二物, 故程子曰 '器亦道 道亦器'. 雖不相離
　　而渾然之中, 實不相雜, 不可指爲一物. 故朱子曰理自理, 氣自氣 不相挾雜. 合
　　二說而玩索, 則理氣之妙, 庶乎見之矣.

相雜이라고 하면서도 一物로 볼 수 없다고 하여 이것을 理氣之妙라고 설명한다. 곧 율곡은 이기지묘를 理氣元不相離, 不相雜으로써 설명하고, 녹문은 不相離를 강조하여 설명하되 理氣의 體用一致를 중심으로 설명한다.

한편 녹문은 위와 같이 鬼神과 良能의 개념을 제시한 지 약 22년이 지난 49세 무렵, 그의 성리학이 재정립된 이후 쓴 〈鹿廬雜識〉에서 神에 대하여 '理와 氣는 동등한 實[本質]이다'는 理氣論을 재정립 한 뒤 이를 바탕으로 성립된 理一分殊論으로도 설명한다.

> 神 아닌 것이 없다. 하늘에 있으면 神이라 하고, 땅에 있으면 示라 하며, 廟에 있으면 鬼라 하고, 사람과 사물에 있으면 '心'이라 한다. 곳곳마다 있어서, 두루 충만하고 넘쳐 洋洋하며 고금에 걸쳐 끝없이 流行하는 것이 모두 이것[神]이다. …… 이것이 곧 '사물의 本體가 되어 사물이 빠뜨릴 수 없는 것이다'[29]는 것의 증거가 된다. 대개 그것을 합하여 말하면, 오직 하나의 神이며, 나누어서 말하면 萬物에는 각기 그의 神이 있는 것이니 이른바 理一分殊 역시 알 수 있다.[30]

요약하면 '이것이 理一分殊다'는 말은 만물의 형성과 그 작용에는 모

---

29) 張載, 《正蒙》乾稱十七. 《張載集》(北京: 中華書局, 1978), 63쪽.
   氣의 性은 본래 虛하고 神하니, 神과 性은 바로 氣가 본래 가진 것이니, 이것이 귀신이 사물의 본체가 됨에 남김이 없다(氣之性本虛而神, 則神與性乃氣所固有, 此鬼神所以體物而不遺也). 《中庸》〈16장〉: 鬼神之爲德 …… 體物而不可遺에 대하여 朱熹는 體物을 사물의 본체가 되어 사물이 능히 빠뜨릴 수 없는 것이다(爲物之體而物之所不能遺也)라고 註釋하였다. 《原本備旨中庸集註》(서울: 明文堂, 1987), 49쪽.

30) 《鹿門集》19:11b, 鹿廬雜識, 己卯~庚辰(1759~1760, 녹문 48~49세).
   莫非神也. 在天曰神, 在地曰示, 在廟曰鬼, 在人物 曰心, 在在處處, 充周洋溢. 亘古亘今, 流行不窮者, 皆是物也. …… 此卽所謂體物不可遺之驗也. 盖合而言之, 只是一箇神也, 分而言之, 萬物各有其神也, 所謂理一分殊, 此亦可見.

두 언제나 神이 관통하고 있다는 말이다. 이일분수에 대하여 Ⅳ장에서 자세히 논의하겠지만, 녹문이 이일분수를 이해하는 기본 전제는 바로 理氣同實과 理氣不可分開이다. 따라서 귀신의 위와 같은 작용이 이일분수라는 말은 곧 理氣가 구체적 사물이 되어 작용하는 근거와 원리에 대한 이해의 개념이 곧 神이라는 말이다. 곧 良能은 氣의 靈, 理之妙로서 현상적으로 보면 形而下지만 그 妙用으로서 보면 形而上이다. 그러나 귀신은 이기의 양능이면서 형이상에 속한다.

이상의 논의를 정리하면 이러한 良能이나 鬼神의 개념은 '理氣同實'과 '理氣元不相離'의 이기관을 정립하는 전제가 되는 개념이지, 결코 理나 氣와 같은 차원의 實體를 의미하는 개념으로 이해할 수 없다고 생각된다. 즉 녹문이 귀신을 이기와 같은 차원의 또 다른 궁극적 실재로 규정하였다고 볼 수는 없다. 왜냐하면 앞의 양능의 개념과 마찬가지로 귀신의 개념도 이기가 現像化할 때의 작용과 그 법칙을 설명하기 위한 媒概念으로 설정한 것이므로, 사물과 그 운동변화를 설명하는 본체론에서의 근원적 실체로 볼 수 없기 때문이다. 또한 이기와 같은 차원의 또 다른 궁극적 실재를 인정하면 그것은 三元論 또는 多元論으로 오해될 소지가 있다. 필자는 녹문의 귀신 개념을 앞의 양능과 같이 현상의 사물과 운동변화를 설명하는 것으로 본체론에서의 이기 개념과는 구별된다고 생각한다.

왜냐하면 良能에 대해서도 氣之靈, 理之妙로 설명하며, 또한 귀신에 대해서도 二氣의 양능으로 이해한다. 나아가 이 모두를 理氣混融無間之妙의 구체적 발현으로 설명하는 것은 이미 녹문이 理氣元不相離를 중심으로 양능과 귀신을 설명하고 있으며, 이것은 이기가 언제나 서로 짝하여 현상으로 드러나는 작용과 기능을 양능과 귀신으로 설명하는 것이기 때문이다.

여기서 일반적으로 理를 形而上, 氣를 形而下로 이해하는 관점과는 달리 녹문은 良能과 鬼神을 理氣混融無間之妙로 이해하면서, 양능은 作用으로는 형이하, 妙用으로는 형이상으로 이해하고, 귀신은 氣의 관점으로 보면 형이하지만 理의 관점으로 보면 형이상으로 이해한다.

또한 이미 초기에 '理와 氣는 동등한 實〔本質〕이다'는 大前提의 실마리가 마련되었다는 말이다. 理氣混融無間之妙는 비록 元不相離를 강조하는 것이지만 여기에 理先氣後나 理本氣末, 理貴氣賤의 의미를 내포하는 것은 아니다. 종래 理氣論에는 적어도 이선기후, 이본기말은 일반적으로 인정되었지만, 녹문의 경우에는 이러한 이기의 관계를 초기부터 상정하지 않는다는 점에서 후기 '理와 氣는 동등한 實〔本質〕이다'는 전제의 실마리를 유추할 수 있다는 말이다. 다시 말하면 鬼神에 관한 설명의 논리인 이기혼융무간지묘가 녹문의 초기 理氣觀이라고 할 수 있으며, 뒷날 녹문은 이를 理氣同實의 이기론으로 정립하였다.

2. 後期의 理氣論: 理氣同實

녹문은 전기에 理氣渾淪無間之妙를 통하여 良能과 鬼神의 의미를 설명하였다. 이러한 전기의 이기론은 理氣元不相離의 관점을 중시한 것이라고 볼 수 있다. 그러나 후기에는 不相離의 관점뿐만 아니라 不相雜의 관점도 중시하여 '理와 氣는 동등한 實〔本質〕이다(理氣同實)'는 명제를 중심으로 이기론을 재정립하였다. 이 절에서는 이기론을 구성하는 데 필수적인 理氣의 개념과 그 관계에 관한 녹문의 설명을 다음 세 가지 문제를 중심으로 펼치고자 한다.

첫째, 녹문은 理의 개념을 理氣同實의 전제 아래 파악하여 개념적 理와 구체적 사물에서의 理를 일치시켜 이해하고 있음을 알아보고자 한다. 이를 통하여 녹문이 결코 理를 氣의 屬性으로 설명하는 것이 아님을 밝히고자 한다. 둘째, 녹문 理氣論의 대전제인 '理와 氣는 동등한 實〔本質〕이다'는 말의 의미와 논리적 정합성에 관한 것이다. 녹문의 이기론은 일반적으로 整庵 羅欽順(1465~1547)의 '理氣一物說'에 영향을 받았다고 평가한다.[31] 필자는 理氣同實論을 살펴보되 羅整庵의 이기론에 대한 녹문의 긍정과 비판을 중심으로 정리하고자 한다. 이를 통하여 녹문의 理氣同實을 전제한 이기론은 나정암의 '理氣一物'과는 다른 내용임을 밝히고자 한다. 셋째, 녹문은 氣의 의미에 대하여 역시 이기동실의 전제 아래 파악하되, 氣를 우주 안의 유일한 근원적 實在로 이해하는 것은 아니다. 단지 원리로서의 理든 구체적 사물에서의 理든 氣는 그것과 짝할 수 있는 실재로 파악한다. 이러한 연구를 통하여 녹문의 理氣論을 결코 主氣나 唯氣로 규정할 수 없으며, 이기동실의 이기론은 이미 초기 良能과 鬼神을 설명하는 '理氣混融無間之妙'와 같은 연장선에 있음을 논증하고자 한다.

1) 鹿門의 理氣同實論

녹문의 '理와 氣는 동등한 實[本質]이다(理氣同實)'의 理氣論은 不相離, 不相雜, 形而上・下의 구분 등에 대한 설명이 기존의 논리와 다른 이해의 바탕에서 설명된다. 즉 朱子 이후 이기론은 '決是二物'과 '不可分開', '불상리'와 '불상잡', 理는 형이상자며, 형이하자는 氣라는 구분과, 理氣는 본래 先後는 없지만 그 所從來를 추리하면 先有理 곧 '理先氣後'라는 구도로 이해되어 왔다. 여기서 理氣不相離는 不可分開로, 理氣不

---

31) 劉明鍾의 〈任鹿門의 唯氣說과 羅整庵(菴)의 氣哲學〉(《哲學研究》17, 1973)과 〈吳老州의 理氣說 - 羅整庵의 影響과 任鹿門에 대한 批判〉(《哲學研究》19, 1974)에서 任鹿門은 나정암의 理氣一物說의 영향을 받았다고 보았고, 또한 金炫도 〈鹿門 任聖周의 哲學思想〉(1992, 고려대학교 박사논문), 102쪽에서 위 논문을 인용하여 그렇게 주장한다.

相雜은 決是二物로, 형이상자는 原理와 도덕적 善의 근거로, 형이하자는 구체적 사물과 현실적 善惡이 교차하는 것으로 이선기후는 根源〔一原〕에서의 선후로 설명된다.

그러나 녹문은 理와 氣의 관계에 대하여 '決是二物', '不可分開', '不相離', '不相雜', '理本氣末' '理先氣後' 등은 설명의 편의상 경우에 따라 말한 것으로 보고 '理와 氣는 동등한 實〔本質〕이다(理氣同實)'는 전제로 자신의 理氣論을 정립하였다. 녹문은 이기론을 정립하면서 먼저 程·朱의 이기론에서 이미 이기의 의미가 다 밝혀졌으나 설명할 때의 문맥에 따라 다르게 설명하였기 때문에 혼란이 생겼다고 보아 다음과 같이 말한다.

> 理氣說은 程·朱로부터 발명되어 매우 환히 밝혀져서 더 未盡함이 없게 되었다. 그러나 다만 그들의 말이 혹 그때그때 질문에 맞추느라 다르게 가리키기도 하고, 또 혹 묻는 뜻에 맞추어 대답하였다.[32]

곧 녹문은 程·朱가 다른 사람들의 질문에 따라 여러 가지 관점으로 설명한 것을 가지고 마치 理와 氣를 나누어 보았다고 보기 때문에 혼란이 생겼다고 생각한다. 녹문은 그 주요한 원인이 朱子가 理氣를 "이른바 理와 氣 이것은 결단코 두 가지 사물이다. 그러나 事物에서 보면 두 가지 사물이 渾淪하여 分開할 수 없이 각각 한 곳에 있다. 그러나 두 가지 사물이 각각 하나의 사물이 되는 것을 방해하지 않는다. 만약 理에서 보면 비록 아직 사물이 없더라도 이미 사물의 理가 있다"[33]고 설명

---

32) 《鹿門集》 19:2b, 鹿廬雜識.
　　理氣之說, 自經程朱發明, 太煞顯煥, 更無餘蘊. 但其爲說, 或對證異指, 或隨意放言.
33) 《朱子大全》 中, 卷46, 答劉叔文(서울: 保景文化社, 1984), 78쪽.
　　所謂理與氣, 此決是二物. 但在物上看, 則二物渾淪, 不可分開, 各在一處, 然不害二物之各爲一物也. 若在理上看, 則雖未有物, 而已有物之理.

한 데서 말미암는다고 보았다. 여기서 '決是二物'이란 理와 氣는 개념적으로 분명히 구별되며 또한 그 기능도 다르다는 의미로 理氣의 不相雜을 강조하는 말이다. '不可分開'는 理와 氣가 구체적인 사물에서는 결코 따로 떨어져 독립된 實在로 존재하지 않는다는 말로서 이기의 불상리를 강조하는 명제다. 따라서 決是二物의 관점에서 보면 주자의 이기론은 理氣二元論이다. 이에 따라 녹문은 당시 湖·洛 양론의 당사자들은 주자의 결시이물에 집착한다고 보아 다음과 같이 비판한다.

> 요즘 사람들은 이 뜻을 알지 못하고 단지 주자의 '決是二物'이라는 말만 믿어 이따금 진실로 理와 氣를 두 개의 사물로 생각한다.[34]

여기서 요즘 사람들이란 곧 湖洛論者들이다. 즉 決是二物이란 단지 개념적인 구별에 지나지 않는 것인데 호락론자들은 마치 두 개의 독립된 實體가 있다고 생각한 것은 오류라는 것이다.[35] 여기서 녹문은 개념적 규정보다는 존재론적 규명을 중시하였다. 왜냐하면 녹문은 개념적 규정은 이미 분명히 다르므로, 실제 구체적 사물에서 어떻게 존재하고 있는가를 해명하는 것이 더 중요하다고 생각하기 때문이다. 그것은 이미 앞에서 良能과 鬼神의 개념을 통하여 알아본 것처럼, 녹문의 문제는 理와 氣라는 두 개념으로써 통일적으로 이해하고 그 관계를 규명하려는 데 있었다. 이러한 사유의 발전이 후기의 理氣同實을 전제한 理氣論이다.

---

34) 《鹿門集》 19:3b, 鹿廬雜識.
　　今人不識此意 只信朱子決是二物之語, 往往眞以理氣爲有兩箇物事.
35) 裵宗鎬는 《韓國儒學史》(서울: 연세대학교출판부, 1973) 20쪽에서, "이른바 '決是二物'은 理氣를 槪念的으로 구별하여 定義한 것이요, 이른바 '不可分開'는 現象的 實在物에 있어서는 理氣가 同時同所라는 것이다. 이렇게 보면 하나는 개념적 規定이요, 또 하나는 실재적 규정이다. 그러나 韓國性理學에 이르러 이 槪念과 實在를 混同함으로써 主理 主氣의 許多한 論爭이 벌어졌던 것이다"고 하여 개념적 규정과 실재적 규정(곧 존재론적 규정)으로 구분하여 설명하였다.

理氣同實이라는 용어는 녹문이 처음 사용한 것은 아니다. 이미 巍巖이 南塘의 未發心體有善惡을 비판하면서 '실제의 일〔實事＝事實〕'에서 이기동실을 주장하였으나, 一原上에서도 적용되는 것이 아니라 제한적 이기관계로 설명하였다. 그리고 외암은 不相離는 현실의 구체적 사물에서, 不相雜은 一原上에서 이기관계로 설명한다.36)

그러나 녹문은 理氣同實의 논리로 理는 形而上이며 氣는 形而下라는 구분과 理先氣後를 부정하고, 善의 근거를 理, 惡의 발생원인을 氣로써 설명하는 방식에서 벗어나고자 하였다. 이러한 녹문의 관점에 대한 타당성은 決是二物〔不相雜〕과 不可分開〔不相離〕를 一原과 分殊〔實事〕로 구분하여 보는 관점과 일원과 분수에서 모두 不離·不雜의 관계로 보는 녹문의 관점을 검토하면 그 해결의 실마리를 찾을 수 있을 것이다. 다시 말하면 녹문은 현상의 구체적 사물과 본원에서 동시에 불리·부잡이라고 주장한다. 그러므로 實事에서뿐만 아니라 일원에서도 이기동실이

---

36) 巍巖의 理氣同實은 녹문과 내용이 다르다. 즉 외암은 "오직 理는 無形이므로 그 體段이 至極하게 通하며, 無爲이므로 그 本然도 변함이 없다〔自若〕. 至極하게 通하는 體와 '변함이 없음'의 妙는 또한 氣가 局限시킬 수 있는 것이 아니다. 그러므로 事物의 根源과 性의 갈래〔性道〕의 온전함을 끝까지 연구함에 반드시 이로써 말하면, 하나의 티끌 같은 미미한 것이나 天地와 같이 큰 것도 이것과 일관되게 꿰뚫어 있지 않음이 없다. 그러나 이것은 理일 뿐이며, 어찌 실제의 일〔實事＝事實〕이겠는가? 이른바 實事라는 것은 반드시 理氣同實 心性一致를 기다린 연후에 비로소 실사라고 할 수 있다. 왜냐하면 이미 堯舜의 性이 있다면 또한 반드시 요순의 心이 있어야만 바야흐로 요순이라고 부를 수 있으니 이것이 실사다(《巍巖遺稿》卷12, 22a~b, 雜著 未發有善惡辨; 惟理無形, 故其體段也至通, 理無爲, 故其本然也自若. 至通之體, 自若之妙, 則亦非氣之所能局也. 故究極於事物之原, 性道之全者, 必以是言之, 而一塵之微, 天地之大, 無不貫穿於是矣. 然是理而已, 豈實事哉? 所謂實事, 則必待夫理氣同實心性一致, 然後方可謂實事. 何者? 蓋旣有堯舜之性, 又必有堯舜之心, 然後方喚做堯舜, 此實事也)"고 하였다. 여기서 외암은 이기동실의 의미를 理가 구체적인 사실이나 사물에서 드러난 것〔實事〕에서 설명한다. 그러나 녹문은 이기동실을 一原의 차원에서 설명한다. 이것은 이하 녹문의 설명에서 잘 드러난다.

어야 한다는 녹문의 주장이 논리적 整合性이 있다.

이에 따라 녹문은 湖洛論爭을 불러일으킨 원인 가운데 하나로 '決是二物'을 중시하여 理와 氣를 별개의 것으로 이해하였기 때문이라고 보고, 먼저 '理와 氣는 동등한 實[本質]이다'는 명제와 '心과 性은 一致한다' 또는 '理와 氣는 一致한다'와 '心과 性은 다 함께 實이다'는 명제를 중심으로 理氣觀을 재정립하였다.

> 理氣를 논함에 반드시 '理와 氣는 동등한 實[本質]임(理氣同實)'과 '心과 性은 일치한다(心性一致)'는 것을 宗旨로 삼아야 한다.[37]

먼저 同實의 의미에 대하여 살펴보자. 《鹿門集》에는 동실의 의미에 대한 직접적이고 분명한 설명은 없지만 理氣同實을 전제로 많은 설명을 하고 있다. 여기서는 먼저 동실의 사전적 뜻을 살펴보고 녹문철학의 체계에서의 의미를 설명하고자 한다.

同의 사전적 뜻은 다양하지만 그 가운데 '한 가지, 서로 같음', '서로 같게 하다, 하나로 합하다, 함께하다', '같게, 함께, 다 같이' 등이다. 그리고 實의 사전적 뜻은 '속·내용·바탕·본질·참' 등이다. 이러한 뜻을 바탕으로 보면 同은 '서로 같은'의 뜻이 가장 적합하며, 實은 기본적으로 '虛가 아닌', '참·본질'의 뜻과 가장 가깝다.[38]

---

37) 《鹿門集》 5:6a, 答李伯訥, 乙巳(1785, 녹문 74세).
　　論理氣, 則必以理氣同實·心性一致爲宗旨.

38) 實在의 철학적 의미는 두 가지 의미를 포함하고 있는데 하나는 변증법적 유물론에서 인간의 의식으로부터 독립하여 객관적으로 존재하는 물질세계를 뜻하며, 다른 하나는 관념론에서 사물의 관념적인 본질의 존재를 뜻한다. 實體는 일반적으로 사실적으로 존재하는 물체, 또는 외형적인 모습에 상대되는 구체적인 실상을 뜻한다. 그러나 철학에서 사물을 이해함에 "영원불변하면서 사물의 근원이 되는 것(Substance)"을 뜻한다. 그러므로 理氣同實에서 實의 의미는 실체나 실재의 개념이 전혀 없는 것은 아니지만 그것은 元不相離의

그러나 實을 구체적인 사물의 뒷면에 있는 독립적인 實體의 개념으로 이해하면 理氣二元論이 되므로 녹문의 一元論의 관점과 모순된다. 이로써 보면 實의 의미를 실체로 볼 수 없다는 것은 다음과 같은 녹문의 실체에 대한 개념사용을 보면 잘 알 수 있다.

1. 무릇 心氣의 本色은 實體며, (心氣의) 虛明[39]한 氣象은 影象이다.[40]
2. 맑고 깨끗하고 순수한〔湛一〕 氣가 流行하여 陰陽이 되니 생겨나고 자라고 거두고 갈무리함이 운행하여 그치지 않는 것 이것이 곧 道의 實體다.[41]
3. 仁·義·禮·智는 性의 實體다. 無妄至善은 이 실체의 아름다움을 그로써 드러낸 것이다.[42]

위의 인용문에서 사용되는 實體의 개념은 理氣를 설명하는 개념이 아니다. 그리고 影象〔虛像, 그림자=影像〕의 반대개념 즉 實像 또는 구체적 내용을 의미한다. 따라서 녹문은 '心氣의 本色'은 虛像이 아니라 실상이며, '맑고 깨끗하고 순수한〔湛一〕 氣가 流行하여 陰陽이 되니 생겨나고 자라고 거두고 갈무리함이 운행하여 그치지 않는 것(湛一流行爲陰陽, 生長收藏, 運而不息)'이 道의 실상이며, 仁·義·禮·智가 性

원칙에서 말하는 것이라고 이해해야 한다.

39) 虛明에서 虛는 '마음이 고요하여 흔들림이 없음〔寂然不動〕'을 뜻하며, 明은 지각의 본체가 밝음을 뜻한다. 즉 허명은 '마음이 고요하여 흔들림이 없으며 지각의 본체가 밝음'을 뜻한다.

40) 《鹿門集》 5:25a, 鏡鐵精粗, 丙午(1786, 녹문 75세).
　　夫心氣本色, 實體也, 虛明氣象, 影象也.

41) 《鹿門集》 6:8b, 答金伯高, 癸未(1763, 녹문 52세).
　　湛一流行爲陰陽, 生長收藏, 運而不息, 此正道之實體.

42) 《鹿門集》 20:13a~b, 書金幼道五常說, 辛巳(1761, 녹문 50세).
　　仁義禮智者, 性之實體也. 無妄至善者, 所以狀此實體之美也.

의 실상이라고 설명한다. 이와 같이 실체에 대한 녹문의 이해는 朱熹가 "그 實體가 자기 몸에 갖추어져 떠날 수 없다"[43]고 하고, 또 "이른바 실체는 事物상에 나아가서 알 수 없는 것은 아니다"[44]고 한 것과 차이가 없다. 즉 주자는 실체의 의미를 구체적 사물에 갖추어져 있고 또한 구체적 사물을 통하여 파악할 수 있는 것이라고 보았다. 녹문의 실체에 대한 이해는 주자의 이러한 견해와 다르지 않다는 것을 알 수 있다.

이렇게 보면 同實은 '동등한 實[本質]이다'로 해석할 수 있다. 이것은 또 理氣一致의 개념에서 더 분명히 드러난다.

> 理一로써 보면 心도 같고 性도 같으며, 分殊로 보면 心도 다르고 性도 다르다. 이것이 바로 이른바 心과 性은 동등한 實[本質]이며, 理와 氣가 一致한다는 것이다.[45]

위의 인용문에서 나타나듯이 녹문은 同實과 一致를 같은 의미로 사용하고 있음을 알 수 있다. '일치'의 사전적 의미는 '어긋남이 없이 한결같이 서로 맞음', '같은 취지', '하나로 됨' 등이다. 성리학의 철학적 의미

---

43) 《中庸》第一章 朱子註.
　　其實體備於己而不可離.
44) 《朱子語類》15:31, 〔宋〕黎靖德 編, 王星賢 點校(北京: 中華書局, 1994), 全8冊.
　　人多把這道理作一箇懸空底物. 大學不說窮理, 只說箇格物, 便是要人就事物上理會, 如此方見得實體. 所謂實體, 非就事物上見不得. 且如作舟以行水, 作車以行陸. 今試以衆人之力共推一舟於陸, 必不能行, 方見得舟果不能以行陸也, 此之謂實體. 德明(주자 44세 이후).
　　《주자어류》는 黎靖德 編, 王星賢 點校(北京: 中華書局, 1994)本(全8冊)을 底本으로 하여 인용한다. 그리고 《주자어류》a:b 의 형식으로 표기하며, 이때 a는 권 수를, b는 그 권의 조목 수를 의미한다.
45) 《鹿門集》6:12b, 答金伯高, 癸未(1763, 녹문 52세).
　　以理一, 則心亦同, 性亦同, 以分殊, 則心亦異, 性亦異. 此正所謂心性同實·理氣一致者.

에서 일치의 의미가 가장 잘 나타나는 말이 《周易》〈繫辭下〉의 "천하
(천하의 理致)가 돌아감은 같으나 길은 다르며, 이치는 하나이나 생각
은 백 가지다(天下同歸而殊塗, 一致而百慮)"는 말에서 잘 드러난다. 여
기서 일치의 의미에 대하여 注는 '그것이 이르는 것이 한 곳(其致不二)'
이라고 하였다. 이로 보면 일치의 의미는 위 사전적 의미에 맞추어 '어
긋남이 없이 한결같이 서로 맞음'의 뜻으로 이해할 수 있다.

　녹문이 "萬理는 萬象이며, 五常은 五行이며, 健順은 兩儀며, 太極은
元氣다. 모두 氣에 나아가서 이름을 지은 것이다"[46]고 말한 구절에서
잘 드러난다. 즉 현상의 사물뿐만 아니라 一原 또는 本體에서도 同實의
관계로 존재한다는 것이다.

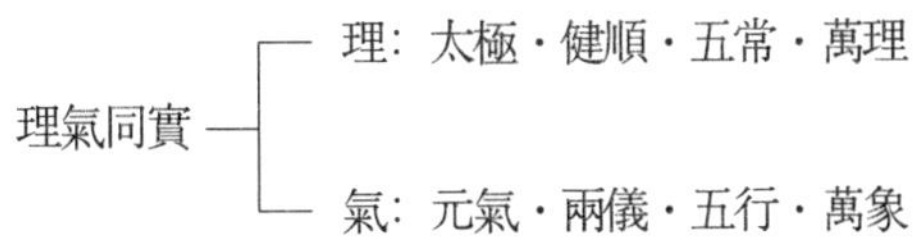

　위의 표에서 나타나듯이, 理가 太極으로부터 萬理로 갈라짐에 따라
氣도 元氣로부터 萬象에 이르기까지 서로 상응하는 理와 氣가 맞아떨어
진다는 말이다. 즉 理氣同實의 논리적 의미는 理와 氣는 一原에서나 分
殊에서 서로 同延槪念[47]이 되어, 理와 氣가 내포하고 있는 각각의 개념
은 다르지만 가리키는 外延이 서로 같다는 것을 의미한다. 다시 말하면
일원과 분수 사이의 다양한 類槪念들에서 각각 그에 상응하는 同位의
개념으로 不相離 · 不相雜의 관계로 待對하여 있다는 말이다.

---

46) 《鹿門集》 19:3b, 鹿廬雜識.
　　萬理萬象也, 五常五行也, 健順兩儀也, 太極元氣也. 皆卽氣而名之者也.
47) 두 개의 개념이 그 내포에서 다를지라도 지정하는 外延이 꼭 같은 것.

《鹿門集》에는 이와 같은 예가 많다. 이것을 정리하면 다음과 같다.

1. 하늘이 사물을 나게 함에 하나의 근본으로 하여금 한다. 一本은 理만 一이 아니라 氣도 또한 一이다.[48]

2. 통합〔通〕과 막힘〔局〕이라는 두 글자는 반드시 理와 氣로 分屬할 필요는 없다. 대개 一原處로부터 말하면 理만 一이 아니라 氣도 역시 一이다. 一은 通이다. 萬殊處로부터 말하면 氣만 萬이 아니라 理도 역시 萬이다. 萬은 局이다.[49]

3. 陰陽·五行·萬物을 각각 나누어 말하면 萬殊라고도 하고 小德이라고도 한다. 器도 道이며, 道 또한 器이다.[50]

4. 무릇 氣의 밖에 理가 없으며, 性 밖에 事物은 없다. 氣를 主로 하여 말하면 萬者는 진실로 氣이니, 一者만 홀로 氣가 아니겠는가? 理를 主로 하여 말하면, 일자는 진실로 理이니 만자라고 홀로 理가 아니겠는가? 아! 理氣를 갈라 둘로 된 것이 오래다.[51]

5. 理로부터 말하면 理는 본래 純하므로 氣는 스스로 純하다. 氣로부터 말하면 氣의 純이 곧 理의 純이다. 理가 不純하면 氣는 진실로 스스로 純함이 없다.[52]

---

48) 《鹿門集》 5:4a, 答李伯訥.
　　天之生物使之一本, 一本者, 不但理之一, 氣亦一也.

49) 《鹿門集》 19:7b, 鹿廬雜識.
　　通局二字, 不必屬分理氣. 盖自其一原處言之, 則不但理之一, 氣亦一也. 一則通矣. 自其萬殊處言之, 則不但氣之萬, 理亦萬也. 萬則局矣.

50) 《鹿門集》 19:17a, 鹿廬雜識.
　　分陰陽五行萬物而各言之, 則曰萬殊 曰小德. 氣也如此, 理也亦如此. 器亦道 道亦器也.

51) 《鹿門集》 19:25b, 鹿廬雜識.
　　夫氣外無理, 性外無物. 主氣而言, 則萬者 固氣也, 一者 獨非氣乎? 主理以言, 則一者 固理也. 萬者獨非理乎? 噫! 理氣之判而爲二也, 久矣.

52) 《鹿門集》 26:13a, 次渼湖神氣吟 三篇再疊因足成心性雜詠三十六首(己丑 1769, 녹문 57세).
　　自理而言, 則理本純, 故氣自純. 從氣而言, 則氣之純, 卽理之純. 理之不純, 則氣固無自以純矣.

위의 예들은 녹문의 理氣論과 인성론을 설명하는 중요 내용들이다. 이들에 대한 내용분석은 이후 구체적인 항목들에서 자세히 살펴보기로 하고, 이 장에서는 理氣同實의 의미로서만 검토하고자 한다. 곧 녹문은 一本·萬殊, 一·萬, 通·局, 一者·萬者, 純·不純을 一本·一·通·一者·純 → 理, 萬殊·萬·局·萬者·不純 → 氣의 구도로 나누어 구분하여 볼 수 없으며, 모두 理와 氣에 동시에 적용된다는 말이다.

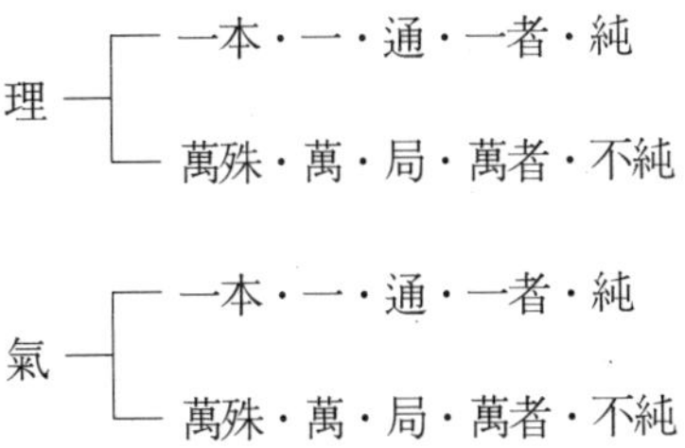

이렇게 보면 '理와 氣는 동등한 實〔本質〕이다'는 말은 理氣一物과는 먼저 개념적으로도 분명히 다르다. 그럼에도 간혹 녹문의 理氣同實의 理氣論을 明代 羅整庵의 理氣一物說의 영향을 받았다고 하거나 또는 같은 맥락으로 파악하는 사람들이 있다. 이제 녹문의 理氣同實論의 의미를 좀더 분명히 살펴보기 위하여 나정암의 이기일물설[53]을 비교 검토

____

53) 일반적으로 羅整庵의 理氣論을 理氣一物說이라고 평가한다. 그러나 필자는 아직 《困知記》에서 나정암이 '理氣는 一物이다'고 선언적으로 규정한 말을 찾아볼 수 없었지만 "理氣는 融合되어〔渾然〕 더 이상 꿰맨 틈이 없다. 비록 둘로 나누려고 해도 스스로 둘로 되는 것을 용납하지 않으니 바로 學者는 形而下者의 가운데로 나아가 形而上者의 妙를 깨닫게 하고자 한 것이니, 둘로 하는 것은 옳지 않다(《困知記》 155쪽, 附錄 答林次崖僉憲(壬寅冬): 理氣渾然, 更無縫縫, 雖欲二之, 自不容於二之, 正欲學者就形而下者之中, 悟形而上者之妙, 二之則不是也)"고 하였고, 또 나정암은 "理는 단지 氣의 理다(《困知記》 續卷 上, 38장: 理只是氣之理)"고 하였다. 이것을 미루어 보면 理氣一物의 뜻으로 이해할 수 있다고 생각된다.

해 보자.

먼저 나정암은 明道의 설명에 근거하여 이기일물설의 취지를 다음과 같이 설명한다.

　　明道는 일찍이 '形而上은 道이며, 形而下는 器다, 모름지기 이와 같이 말해야 한다. 器 역시 道이며, 道 역시 器다'[54]고 하였다. 또 말하기를 '陰과 陽도 역시 형이하자다. 그러므로 (《周易》〈繫辭上〉에서 一陰一陽之謂道의) 道라는 오직 이 말이 형이상과 형이하를 가장 분명하게 나누었으니, 원래 단지 (一陰一陽) 이것만이 道이다. 핵심은 (공부하는) 사람이 (마음속으로) 묵묵히 그것을 인식하는 데 있다'[55]고 하였다.

　　가만히 그 뜻을 살펴보면, 대개 上天의 일은 소리도 없고 냄새도 없으므로 형이상과 형이하로 나누어 말하지 않으면, 이 理가 스스로 밝혀질 수 없어서, 空虛함에 빠지지 않으면 곧 形器에 膠着된다. 그러므로 '모름지기 이와 같이 말해야 한다'고 하였다. 이름은 비록 道와 器의 구별이 있으나 사실은 두 가지 것이 아니다. 그러므로 '器 역시 道이며, 道 역시 器다'고 하였다. '원래는 단지 (一陰一陽之謂道의) 이 道일 뿐이다'는 한마디에 이르면 理氣는 하나가 되어 구별이 없어[渾然] 더 이상 꿰맨 틈이 없으니, 비록 둘로 나누려고 해도 스스로 둘로 되는 것을 용납하지 않게 된다. 바로 學者는 형이하자의 가운데로 나아가 형이상자의 妙를 깨닫게 하고자 한 것이니, 둘로 하는 것은 옳지 않다.[56]

---

54) 《二程全書》〈遺書〉卷1:6a〈端伯傳師說〉(九州大學中國哲學硏究所　編,　中文出版社, 1979).

55) 《二程全書》,〈遺書〉12:2b,　師訓　劉絢質夫錄(九州大學中國哲學硏究所　編,　中文出版社, 1979).

56) 《困知記》156쪽, 附錄, 答林次崖僉憲(壬寅冬).
明道嘗曰 '形而上爲道, 形而下爲器, 須着如此說. 器亦道, 道亦器'. 又曰 '陰陽亦形而下者也, 而曰道者 惟此語截得上下最分明, 原來只此是道. 要在人默而識之也' 竊詳其意, 蓋以上天之載無聲無臭, 不說箇形而上下, 則此理無自而

즉 나정암은 明道가 〈繫辭上〉의 '一陰一陽之謂道'의 道를 기준으로 形而上과 形而下를 나누고, 理氣를 각각 형이상과 형이하로 나눈 것이 아니라고 한 견해는 탁월하다고 보았다. 이와 함께 나정암은 명도의 '器亦道 道亦器'의 '道器一體論'을 높이 평가하고 그것을 자신의 理氣論의 논거로 삼았다. 다시 말하면 理와 氣를 어떤 방법으로든 나누어 보게 되면 二元論이 되거나 적어도 上·下의 개념이 생기므로 결국 理와 氣는 둘이 된다는 말이다. 이에 따라 나정암은 형이상과 형이하를 구분하는 기준을 一陰一陽之謂道의 道라고 보고, 이 道를 근거로 보면 理와 氣는 결코 둘이라고 할 수 없고 하나라고 해야 한다고 하였다. 나정암은 또 '一陰一陽之謂道라고 할 때의 道'가 오직 본래의 도라는 명도의 말을 '理와 氣가 하나로 되어 구별이 없는 것〔渾然〕'으로 이해하였다. 이것이 그의 '理氣一物說'의 근거가 된다.

그런데 문제는 明道가 '形而上爲道, 形而下爲器'라고 하여 형이상은 道로, 형이하는 器로 설명하고, 또 '器亦道 道亦器'라고 하여 道와 器를 一而二, 二而一의 관계로 이해하였다. 이와는 달리 주자는 "대개 太極은 理이며 形而上者며, 陰陽은 氣이며 形而下者다"[57]고 하여 형이상자는 理, 형이하자는 氣로 나누어 설명하였다. 정리하면 명도가 '一陰一陽之謂道'의 道를 중심으로 형이상과 형이하를 구분한 것은 氣를 중심으로 구별한 것이다. 왜냐하면 陰陽은 氣이기 때문이다. 그런데 주자의 견해에 따르면 형이상과 형이하는 리와 기로 고정되어 버린다.

明, 非溺於空虛, 卽膠於形器, 故曰'須着如此說'. 名雖有道器之別, 然實非二物, 故曰 '器亦道, 道亦器'也. 至於'原來只此是道'一語, 則理氣渾然, 更無罅縫, 雖欲二之, 自不容於二之, 正欲學者就形而下者之中, 悟形而上者之妙, 二之則不是也.
(여기서 인용하는 《困知記》는 中華書局 刊, 1990년 판임)

57) 《朱子語類》 5:20, 黎靖德 編(臺灣: 中華書局, 1983).
蓋太極是理, 形而上者. 陰陽是氣, 形而下者.

주자의 이러한 견해는 녹문의 '理氣同實'의 대전제와 일치하지 않는다. 이 점에서 녹문은 나정암의 理氣論을 한편으로 긍정하고 한편으로 비판하며 자신의 이기론을 펼친다. 形而上·下의 구분에 대한 녹문의 견해도 나정암과 차이가 없다. 곧 녹문이 주장한 '理와 氣는 동등한 實〔本質〕이다(理氣同實)'의 전제에서 보면 형이상·하를 理와 氣로 나누어 볼 수 없다. 왜냐하면 형이상과 형이하를 理와 氣로 나누어진다면 이것도 이기동실의 원칙과 맞지 않는다.

> 羅整庵이 《周易》의 '一陰一陽之謂道'란 말을 논하면서 明道 선생의 '원래 단지 (一陰一陽之謂道라고 할 때의) 이 道일 뿐이다'란 한마디를 몹시 좋아했고, 程伊川의 '所以'라는 두 글자를 未盡한 것이라 여겼는데, 혹 너무 지나치게 나아가기는 하였지만 그가 본 것은 참으로 훌륭하다.[58]

이것은 나정암의 이기론에 대한 녹문의 기본 관점이다. 즉 녹문은 나정암이 程明道의 '器亦道 道亦器'의 관점을 중시하나, 程伊川이 '所以一陰一陽之道也'라고 하여 所以를 理로 본 것은 理와 氣를 두 가지로 구분한 것이므로 미흡하다고 비판한다. 이 점이 나정암과 녹문의 가장 구체적 차이라고 할 수 있다. 즉 정암은 형이상과 형이하를 一陰一陽之謂道의 道를 중심으로 구별하는 반면에, 녹문은 理氣混融無間之妙로서의 道를 그 구별의 기준으로 삼는다. 여기서 녹문은 나정암이 명도의 주장을 옳게 보았으나, 伊川에 대해서는 잘못 보았다고 평가한다.

이제 그 논증을 위하여 나정암이 지적한 이천의 말을 살펴보면 다음

---

58) 《鹿門集》 19:3b, 鹿廬雜識.
  羅整庵論一陰一陽之謂道, 甚愛明道先生'元來只此是道'一語, 而以伊川所以二字 爲未盡. 推之雖或太過, 其見處誠卓然矣.

과 같다.

> '一陰一陽을 道라고 한다'는 말에서의 道는 陰陽이 아니다. 一陰一陽
> 하는 所以가 道다. 마치 한 번 닫히고 한 번 열리는 것을 變이라고 하
> 는 것과 같다.[59]

이천은 《周易》〈繫辭上〉의 '一陰一陽之謂道'에서 道는 陰陽 그 자체
가 아니라 한 번 陰하고 한 번 陽하는 '所以(원인, 이유)'를 道라고 하였
다. 이 구절에 대하여 나정암은 이천이 理氣를 두 가지 사물로 구분한
것이라고 보았다.

> 이른바 伊川이 조금 미흡함이 있다는 것은 劉元承이 기록한 말에
> '陰陽하는 所以가 道라고 하였고, 또 열리고 닫히는〔闔闢〕 所以를 道
> 라고 한다'고 하였다. 소이라는 두 글자를 곰곰이 살펴보면 진실로 形
> 而上者를 가리킨다. 그러나 아직 (리와 기를) 두 가지 사물로 보는 嫌
> 疑를 면할 수 없다. 程明道의 '원래 단지 이 道일 뿐이다'는 말로써 보
> 면 스스로 渾然의 妙를 알 수 있으니 모름지기 더 이상 '소이'라는 글
> 자를 붙일 수 없을 것 같다.[60]

위의 인용문에서 나타나듯이 나정암은 伊川이 말한 '所以'는 형이상
자를 가리킨다고 보았다. 이때의 소이는 理를 가리키고 따라서 理가 형
이상자가 된다는 말이다. 그러므로 나정암은 理가 형이상자가 되면 자

---

59) 《二程全書》, 卷4, 10a(九州大學中國哲學硏究所 編, 中文出版社, 1979).
　　一陰一陽之謂道, 道非陰陽也. 所以一陰一陽道也. 如一闔一闢謂之變.
60) 《困知記》, 卷 上, 11章.
　　所謂叔子小有未合者, 劉元承記其語有云, '所以陰陽者道' 又云, '所以闔闢者
　　道.' 竊詳所以二字, 固指言形而上者, 然未免微有二物之嫌. 以伯子'元來只此是
　　道'之語觀之, 自見渾然之妙, 似不須更着'所以'字也.

연히 형이하자는 氣가 되므로 결국 理와 氣는 서로 떨어져, 두 가지 사물이 된다는 논리로 파악한 것이다. 그리고 나정암은 정명도가 ‘器亦道, 道亦器’라고 하여 理氣의 渾然한 妙 그 자체를 道라고 하고, 그 위에 다시 ‘所以’라는 다른 層次를 인정하지 않았다고 보았다.

그러나 녹문은 나정암이 명도는 바로 이해하였으나 이천에 대해서는 잘못 이해하였다고 비판한다. 즉 녹문이 제기한 문제는 바로 이 ‘所以’의 의미에 대한 나정암의 해석이 옳지 않다는 것이다.

녹문은 이천이 말한 所以의 의미를 다음과 같이 설명한다.

> 程伊川의 易說에서 ‘一陰一陽之謂道’를 해석하기를 ‘道란 한 번 陰하고 한 번 陽하는 것이다. 動靜은 실마리〔端緒〕가 없고 음양은 시작이 없으니 道를 아는 사람이 아니면 누가 능히 그것을 알겠는가?’라고 하였으므로, ‘所以’라는 글자를 갖추어 설명하지 않아도 그 뜻이 이미 분명하며, 明道의 설과 합치된다. 語錄 가운데 ‘소이’라는 글자는 다만 氣 위에 나아가서 그 理를 가리켜 말하고, 그 뜻은 (氣와 理를) 분별하는 데 있었기에 부득이 이 두 글자를 붙였을 뿐이니, 읽는 사람은 暗默的으로 이해해야 옳다. 羅整庵은 정이천과 朱子를 논할 때마다 늘 ‘一에 定見이 없다’고 하였는데, 이는 그가 아직 널리 考證하지 못하고 또한 말의 句節에 막혀 암묵적으로 그 뜻을 인식할 수 없는 데서 비롯되었다.[61]

녹문은 이천이 《易傳》에서 《周易》〈繫辭傳〉의 ‘一陰一陽之謂道’를

---

61) 《鹿門集》 19:11a, 鹿廬雜識.
 伊川易說, 釋一陰一陽之謂道曰 ‘道者 一陰一陽也. 動靜無端, 陰陽無始, 非知道者 孰能識之’(《伊川易傳》繫辭上), 不待著所以字, 其義已明與伯子說合. 語錄中所以字, 特就氣上指言其理, 意在分別, 故不得已著此二字, 讀者默而識之, 可也. 整庵每議伊川及朱子, 以爲未定于一, 由其未及博考, 而又滯於言句, 不能默識其意而然也.

풀이하면서 ‘道者一陰一陽也’라고 한 것을 명도의 ‘器亦道 道亦器’와 같은 뜻이라고 보았다. 그리고 그는 《遺書》의 語錄에서 ‘所以一陰一陽道也’라고 한 것은 陰陽이라는 氣에 나아가 理를 가리킨 말이라고 이해하였다. 따라서 이천의 ‘所以’라는 말은 理와 氣의 개념을 구별하는 말이며, 理와 氣를 분리하기 위하여 제시한 개념이 아니라는 것이 녹문의 이해다. 그러므로 나정암이 이천의 이 구절을 가리켜 理氣를 二物로 파악한 것이라고 한 것은 이천을 제대로 이해하지 못하였다는 것이 녹문의 결론이다.

이에 따라 녹문은 정이천도 一原에서 理氣元不相離로 말하였다고 하여 다음과 같이 말한다.

> 程子(程伊川)의 ‘性이 곧 氣며 氣가 곧 性이다’[62]는 말은 程明道의 ‘器가 곧 道며 道가 곧 器’라는 말과 같으며, 그로써 理와 氣가 서로 分離되지 않는 妙理를 밝혔을 뿐이다.[63]

즉 녹문은 정명도의 ‘理氣元不相離’를 자신의 理氣觀을 정립하는 바탕으로 삼아 道器一體論은 道와 器가 하나라는 뜻이 아니라 元不相離의 의미로 파악하였다. 따라서 理와 氣도 원불상리의 의미로 하나라는 말이지 理와 氣가 서로 구별이 없는 하나의 뜻이 아니라고 본 것이다. 왜냐하면 理와 氣가 구별이 없이 하나라면 굳이 ‘理와 氣는 동등한 實〔本質〕이다(理氣同實)’를 말할 필요가 없기 때문이다.

---

62) 《二程全書》,〈遺書〉卷1, 13b(九州大學中國哲學硏究所 編, 中文出版社, 1979).
性卽氣 氣卽性. 녹문은 二程을 구분할 때 伊川은 程子로, 明道는 程伯子라고 호칭한다. 예를 들면, “與程伯子‘元來只此是遊’一語 恰府(《鹿門集》 373쪽, 19:10b)”와 같다.
63) 《鹿門集》 19:38a, 散錄.
程子‘性卽氣 氣卽性’ 如云‘器亦道 道亦氣’ 所以明理氣不相離之妙耳.

따라서 녹문은 나정암이 一의 의미를 제대로 이해하지 못하였기 때
문에 程·朱의 이기론을 제대로 이해하지 못하였다고 보았다.

> 그(羅整庵)가 주자의 여러 학설에 관해서도 아직 널리 考證하고 깊
> 이 玩味하여 會通貫融하지 못하고, 성급하게 의문을 자아내고 말에 집
> 착하여 뜻을 헤아리지 못한다. 그러므로 그가 이른바 (주자는) '一에
> 定見이 세워지지 아니하였다'고 한 것은, 주자가 아직 그렇지 못한 것
> 이 아니고, 사실은 나정암이 아직 一을 會通하지 못한 것이다.[64]

여기서 一에 定見을 확립한다는 것은 理氣를 하나의 통일적 관점에
서 이해한다는 말이다. 이것은 理와 氣의 개념과 상호관계를 종합적으
로 설명한 것을 말한다. 이것은 理氣論에서의 핵심내용으로, 논리적으
로 정합성을 확립하지 못하면 전체가 제대로 되지 못함을 의미한다. 따
라서 나정암이 이천과 주자가 一에 정견이 없다고 한 것은 바로 정·주
의 이기론이 제대로 정립되지 못하고, 자신이 비로소 그것을 제대로 정
립하였다는 뜻이다. 이에 대한 녹문은 정·주가 '一'에 대한 정견을 확
립하지 못한 것이 아니라, 사실은 나정암 자신이 '一'을 제대로 이해하
지 못하였다고 비판한다.

녹문은 이를 논증하기 위하여 나정암의 두 말을 인용하여 그 두 말이
서로 모순임을 근거로 제시하여 다음과 같이 설명한다.

> 또 그가 《周易》을 논한 글에서 '卦마다, 爻마다 하나의 象[65]이 있

---

64) 《鹿門集》19:9b, 鹿廬雜識.
　　其於朱子諸說, 亦未能博考, 潛玩會通融貫, 而徑自生疑, 執言而迷旨. 然則其
　　所謂未定于一者, 非朱子之未一也, 實整庵未能會通爲一也.
65) 宇宙萬物은 각자 독자적인 모양[象]이 있다. 卦에는 卦象(大象), 爻에는 爻
　　象(小象)이 있다. 이 象 속에 無限한 義·德·致·體用·吉凶이 含有되어

으며, 象은 각각 하나의 理를 갖추고 있다. 그 象은 한결같지 않으므로 理도 역시 그렇다. 追究하여 논하면, 象이 한결같지 아니한 것은 진실로 한결같지 아니하나, 理의 한결같지 않음은 대개 어디를 가나 한결같지 아니함이 없다. 그러므로 이르는 곳은 같으나 가는 길이 다르며, 생각은 一致하나 백 가지로 다르다고 하였다'[66]고 하였다. 이것은 도리어 대단히 분명하지 못하며, 앞에서 말한 것과 모순이다. 모름지기 理는 어디를 가나 한결같지 않음이 없다는 것을 안다면, 곧 象도 어디를 가나 한결같지 않음이 없다는 것을 알아야 한다. …… 天地 사이에 작건 크건 정밀하건 조잡하건, 그것이 흩어지고 달라지고 변화하고 往來하고 消長하는 것은 모두 一氣가 屈伸하는 자연일 따름이다. 이것이 곧 이른바 '이르는 곳은 같으나 가는 길이 다르며(同歸而殊塗), 생각은 일치하나 백 가지로 다르다(一致而百慮)'는 것이니, 〈繫辭〉를 자세히 玩賞하면 스스로 볼 수 있을 것이니, 다시 말할 필요는 없다.[67]

곧 나정암은 楊方震이 '一을 논함에 理가 一이면 氣도 역시 一이며, 萬을 논하면 氣만 萬이 아니라 理도 역시 萬이다'는 말을 마땅히 그러하므로 '역시[亦]'라는 말은 필요없다고 보았다. 이에 대하여 녹문은 나정암이 분명히 잘 보았다고 찬성한다. 그러나 녹문은 나정암이 《周易》을 논하여 '象은 진실로 한결같지 않으나, 理는 한결같지 않음이 없다'고 한 것은 대단히 잘못된 생각이라고 보았다. 왜냐하면 녹문은 '理가 一이

있고 이것으로 占斷한다.
66) 《困知記》卷 上, 29쪽, 16장.
67) 《鹿門集》19:9b~10a, 鹿廬雜識.
　　至其論易, 則有曰 '逐卦逐爻, 各是一象, 象各具一理. 其爲象也不一, 而理亦然矣. 究而論之, 象之不一, 誠不一也, 理之不一, 蓋無往而非一也. 故曰同歸而殊塗, 一致而百慮'. 却大段未瑩, 與前說矛盾, 須知理之無往而非一者, 卽象之無往而非一也. …… 天地之間, 若大・若小・若精・若粗, 其散殊變化往來消長, 摠只是一氣屈伸之自然耳. 此正所謂同歸而殊塗, 一致而百慮者, 取繫辭詳玩自可見, 更無說話.

아님이 없는 것'은 곧 '象이 一이 아님이 없음'에 따른다〔卽〕고 보기 때문이다. 다시 말하면 양방진의 말에 대하여 一은 理만 一이 아니라 氣도 一이며, 萬은 氣만 萬이 아니라 理도 萬이라고 하였으면, 象과 理도 그렇게 말해야 옳다는 것이 녹문의 주장이다. 곧 녹문은 理氣의 '不相離'와 '不相雜'이 一原과 分殊〔實事〕로 구분될 수 없다고 보았다.

> 不離와 不雜을 둘로 나눌 수 없다. 各具〔分殊, 萬殊, 實事〕에서도 진실로 불리·부잡이며, 統體〔一原, 本源〕에서도 역시 불리·부잡이다.68)
> 불리·부잡은 또한 同과 異로 나누어 구분할 수 없다. 一原에서도 역시 불리·부잡이 있으며, 分殊에서도 역시 불리·부잡이 있다.69)

위 두 인용문을 정리하면, 不離·不雜을 따로 떼어서 구별할 수 없다는 말은, 各具 즉 分殊에서는 不相離며, 統體 곧 一原에서는 不相雜으로 이해되는 것이 아니라, 각구에서나 통체에서나 불리와 부잡의 두 가지를 동시에 이해해야 한다는 말이다. 그러므로 불리·부잡을 同異를 나누는 기준으로 삼을 수도 없다는 것이다.

왜냐하면 만약 理氣의 관계가 一原에서는 不相雜으로 규정되고, 分殊에서는 不相離로 규정된다면 理 없는 氣가 있을 수 있고, 氣 없는 理도 있을 수 있게 되어, 결국 理와 氣는 별개의 두 가지가 된다는 것이 녹문의 판단이다. 이것이 바로 '一而萬, 萬而一'의 理氣混融無間之妙이며 理氣同實의 의미다.

나정암에 대한 녹문의 반론을 중심으로 둘의 관점을 비교하면, 나정

---

68) 《鹿門集》 5:9a, 答李伯訥, 乙巳(1785, 녹문 74세).
　　不離不雜, 不可分而二之. 各具處, 固不離不雜, 統體處, 亦不離不雜.
69) 《鹿門集》 19:a, 鹿廬雜識.
　　不離不雜, 亦不可分屬同異, 一原處, 亦有不離不雜, 分殊處, 亦有不離不雜.

암은 一而萬, 萬而一의 관점을 대전제로 하고 있지만 이것을 논리적으로 일관되게 이해하지 못하였다는 것이며, 또한 程伊川이 말한 '所以一陰一陽道也'에서 '所以'는 形而上의 개념이 아니라, 一陰一陽의 氣에서 理의 의미를 구분하여 설명하는 개념임을 알지 못했다는 것이다. 녹문의 이러한 비판은 그의 '理와 氣는 동등한 實[本質]이다(理氣同實)'에 비추어 보면 나정암의 理氣一物說에 바탕한 설명보다는 整合的이라고 할 수 있다.

곧 녹문의 '理와 氣는 동등한 實[本質]이다(理氣同實)'는 명제는 理氣를 하나의 사물로 본 것이 아니라, 理와 氣라는 두 동등한 실체가 不相離의 관계로 존재한다는 의미로 파악하였음에 견주어, 나정암은 一物의 의미를 더 강조하였다고 할 수 있다. 그것은 나정암이 "理는 단지 氣의 理다(理只是氣之理)"(《困知記》續卷 上, 38장)고 한 것과, 녹문이 理를 自然處로 설명한 것에서도 잘 비교된다.

이상 '理와 氣는 동등한 實[本質]이다(理氣同實)'는 전제 아래 성립된 녹문의 이기론에 대한 연구결과를 정리하면, 첫째, 理와 氣는 동등한 實[本質]로서 一時一處(곧 同時同所)에 함께 존재하며, 理나 氣 가운데 어느 하나도 초월적으로 존재하거나, 독립된 실체로 존재할 수 없다는 것을 의미한다. 둘째, 이기동실의 의미는 理와 氣가 개념과 기능 그리고 상호관계에서 從屬的이거나 主宰的이거나 支配的인 관계가 아니라는 것이다. 또한 理와 氣는 先後·上下·主宰 등의 관계에서 조금도 구별이 없는 동등한 차원의 개념이다. 곧 녹문은 心과 性은 언제나 心同과 性同, 心異와 性異로 짝이 되며, '性同心異', '性異心同'으로 볼 수 없다고 보았다. 왜냐하면 理와 氣는 一致하기 때문에 理一에서 보면 理一과 氣一이, 分殊에서 보면 理萬(分殊)과 氣萬이 짝이 되기 때문이다. 셋째, 녹문의 이러한 견해는 결국 理만 本體가 아니라 氣도 본체로서 理氣는 언제나 본원에서나 사물에서나 함께 파악해야 하며, 理나 氣만을 따로 떼어서 이해할 수 없다는 것을 강조한 것이라고 할 수 있다.

이러한 녹문의 理氣論을 필자는 녹문의 표현을 빌려 "理氣同實論"으로 부르고자 한다. 왜냐하면 녹문의 '理와 氣는 동등한 實〔本質〕이다(理氣同實)'는 언뜻 보면 理氣一元論처럼 볼 수 있으나, 엄밀하게 말하면 일원론은 우주 안의 유일한 實在를 하나라고 보는 것이다. 그러므로 녹문의 이기론을 일원론이라고 보면 理氣는 一物이라는 논리와 상통한다. 그러나 '同實'은 '일물'과 분명히 다르다. 이 일물은 事物에서 理氣를 하나로 파악하는 것이다. 물론 본원에서도 이기는 하나라는 것이 녹문의 관점이다. 그것은 곧 不離不雜이 一原과 分殊를 나누어 일원은 不相雜으로 理氣의 관계가 규정되고, 분수는 不相離의 관계로 규정되는 것이 아니라, 일원과 분수에서 모두 不離不雜의 관계로 규정된다는 녹문의 주장에서 잘 나타난다.

이렇게 보면 녹문의 이기동실론은 程伊川, 程明道, 朱子의 이기론을 바탕으로 성립되었으며, 또한 그 가운데 '不可分開', '元不相離'를 중심으로 정립된 것이다. 그는 湖洛論爭의 근거가 되는 율곡의 理通氣局說은 이기를 通과 局으로 각각 分屬하였기 때문에 호락논쟁을 불러왔다고 생각한다. 즉 율곡도 결국 決是二物의 오류에서 완전히 벗어나지 못했다고 본 것이다.

2) 自然과 理

理는 性理學에서 가장 중심적인 개념이자 범주다. 그러나 理는 宋代

성리학에서 처음 제기된 개념은 아니며, 다양한 의미를 지닌 채 차츰 철학적 개념으로 정립되어 程朱性理學에서는 존재세계와 윤리가치의 근원을 설명하는 중심개념이 되었다.[70]

朱子는 理의 개념을 質料로서의 氣와 구분하여 '當然之則'과 '所以然之故'의 두 가지 의미로 이해하였다. 이에 대하여 柳仁熙는 "當然之則은 이른바 當然法則 즉 하지 않을 수 없는 價値世界의 法則을 말하고 所以然之故는 이른바 必然法則 즉 반드시 그렇게 되는 不變의 法則인 存在世界의 原理를 말한다"[71]고 설명하였다. 이러한 理 개념은 조선성리학에서도 이어져 존재세계의 법칙과 윤리적 가치의 근원으로 이해되었다.

그러나 녹문의 경우 理의 이러한 특성을 인정하지만, 그것은 어디까지나 '理와 氣는 동등한 實〔本質〕이다(理氣同實)'의 전제 아래 氣에 대한 超越性은 배제된다.

녹문은 먼저 理 개념의 연원을 살펴 다음과 같이 말한다.

> 《詩傳》,《書傳》,《周易》,《論語》,《孟子》,《中庸》,《大學》 가운데서 天을 말하고 帝를 말하고 道·德·心·性·神·仁·義 등을 말한 문자는 거의 헤아릴 수 없이 많으나, 理라는 글자는 거의 일컬어진 것이 없으니, 理字가 經에 나타난 것은 겨우 〈說卦〉에 있는 '사물의 理致를 窮究하여 性을 다한다(窮理盡性)', '性命의 理를 따른다(順性命之理)'와 〈繫辭傳〉의 '천하의 理(天下之理)'라는 것과, 맹자의 '理와 義가 나의 마음을 즐겁게 한다(理義之悅我心)'[72]는 것에 그친다. 洛學과 閩

---

70) 이 理의 연원과 개념에 대하여, 葛榮晋은 크게 세 가지로 분류하였다. 첫째, '義, 禮'의 의미며, 둘째, 사물의 형식과 特性으로서의 理며, 셋째, '秩序, 條理, 規律'로서의 理다. 이 가운데 그는 첫째 의미의 理가 宋·明 理學에 가장 큰 영향을 주었다고 평가한다. 그리고 주자의 理를 有와 無의 統一, 實體槪念과 屬性槪念의 통일로 정리하였다. 《中國哲學範疇史》(中國: 黑龍江人民出版社, 1987), 80, 81, 85쪽 참고.

71) 柳仁熙, 《朱子哲學과 中國哲學》(서울: 汎學社, 1980), 173쪽.

學[73])에서 '理'라는 문자가 비로소 크게 부각되어 天·帝·道·德 등과
같은 글자를 理字로 덮지 않은 것이 없어, 이 글자가 아니면 거의 말
할 것이 없었으며, 이 학문을 하는 사람 역시 '理學'이라고 불렀으니,
문자가 나타나고 숨는 것도 또한 그 때가 있어서 그렇게 된 것일진
저![74])

녹문은 四書三經을 검토하여 天과 帝·道·德·心·性·神·仁·義
와 같은 개념이 중심이고 理 개념은 오히려 드물다고 考證하였다. 그런
데 洛學과 閩學 즉 程朱學에 이르러서 비로소 天과 帝·道·德·心·
性·神·仁·義와 같은 개념들을 모두 理를 중심으로 설명하였으므로
이 때문에 理學이라고 하였다는 것이다. 그리고 이것은 학문적 추세라
고 녹문은 생각한다.

녹문은 이 理의 의미를 다음과 같이 설명한다.

일찍이 理字의 뜻은 모름지기 '自然'이란 두 글자면 족하다고 생각
했다. '當然'과 '所以然'은 그 歸結을 요약하면 모두 자연이다. 무릇 자

---

72) 《孟子》, 〈告子上〉.
　　理義에 대하여 程子는 '사물에서는 理이며 사물을 처리하는 것이 義다. 體用
　　을 말하는 것이다(程子曰 在物爲理 處物爲義 體用之謂也)'고 하였다.
73) 성리학은 네 학파의 이론을 중심으로 형성되었다. 학파염계(濂溪: 현재의 湖
　　南省 道縣)의 周敦頤, 洛陽(현재의 河南省 洛陽縣)의 程顥·程頤, 關中(현재
　　의 陝西省 渭河 유역)의 張載, 閩中(지금의 福建省 閩侯縣)의 朱熹. 그리고
　　이 네 학파 가운데 二程의 洛學과 주희의 閩學이 성리학 형성의 중심이론이
　　되었다.
74) 《鹿門集》 19:1b, 鹿廬雜識.
　　詩·書·易·語·孟·庸·學中, 說天 說帝 說道·德·心·性·神·仁·義等
　　字, 殆不可勝數, 而至於理字 絶無稱言, 理字之見於經, 僅說卦窮理盡性, 順性
　　命之理, 繫辭天下之理, 孟子理義之悅我心, 如斯而止耳. 自洛閩以來, 理字始
　　大顯, 如天·帝·道·德等字 無不以理字蔽之, 非此字 則幾無以言, 而人之爲
　　此學者, 亦以理學稱之, 文字之顯晦, 亦有時而然歟!

식이 孝道하고, 아비는 慈愛롭고, 임금은 어질고, 신하가 恭敬하는 것, 이것이 이른바 '당연'이며, 이는 모두 天命과 人心의 자연에서 나와 그만두려고 해도 그만둘 수 없는 것이다. 이것이 곧 이른바 그렇게 될 수밖에 없는 원인(所以然之故)이다. 진실로 그렇지 않다면 무엇 때문에 자식은 반드시 마땅히 효도하고, 아비는 반드시 마땅히 자애롭고, 임금은 반드시 마땅히 仁하며, 신하는 반드시 마땅히 공경해야 할 것인가? 오직 저절로 그렇게 되어서 그만두려고 해도 그만둘 수 없는데(自然而不容已)서 그 당연하여 바꿀 수 없는 것(當然而不可易)을 볼 수 있다.[75]

일반적으로 性理學에서 當然이라 함은 도덕적 當爲(Sollen)를 의미하며, 이것은 자연적 법칙으로서의 必然(Müssen)에서 도출된다. 즉 도덕적 가치의 근거를 存在論的 必然性에 둔다. 한편 所以然은 '그렇게 되도록 하는 原因(所以然之故)'으로, 달리 말하면 그렇게 되도록 하는 힘을 의미하며, 이것을 흔히 理의 主宰性이라 설명한다.

이 당연과 소이연의 관계에 대하여 柳仁熙는 "그러므로 그가(주자) 窮盡하고자 하는 理는 當然之則의 근거로서의 所以然之故라고 해서 크게 틀리지 않는다"[76]고 하여 소이연지고를 理의 근원적 개념으로 설명하였다.

그런데 녹문은 이 당연과 소이연을 묶어 자연이라고 설명한다. 곧 사물의 생성변화, 특히 인간이 인간의 도리를 다하는 것 그 자체가 자연이라는 것이다. 사람은 이 자연으로부터 말미암아 각각 그 위치에 따라

---

75) 《鹿門集》19:2b, 鹿廬雜識.
　　嘗思理字之義, 須自然二字, 乃盡. 如當然·所以然, 要其歸皆自然也. 盖子孝·父慈·君仁·臣敬, 是所謂當然, 而此皆出於天命, 人心之自然而不容已者. 是卽所謂所以然之故也. 苟非然者, 何以見其子而必當孝, 父而必當慈, 君而必當仁, 臣而必當敬乎? 唯其自然而不容已, 乃見其當然不可易.
76) 柳仁熙,《朱子哲學과 中國哲學》(서울: 汎學社, 1980), 173쪽.

반드시 효도하고, 반드시 자애롭고, 어질고, 공경해야 한다. 이것을 朱子가 말한 理 개념의 격하라고 생각할 수는 없다고 생각된다. 왜냐하면 그것은 氣를 초월한 理의 당연·소이연이 아니라, 氣와 함께 하는 理의 구실을 말하는 것이기 때문이다.

녹문의 이러한 설명에 대하여 당시 녹문과 많은 토론과 논쟁을 하였던 金伯高는 다음과 같이 녹문에게 질문한다.

> 理가 단지 氣의 自然處라면 예를 들어 《中庸章句》에서 '氣로써 形을 이루면 理 또한 부여된다'고 한 것은 氣로써 形을 이루면 自然處에 또한 부여되는 것을 말하는 것인가? 《大學或問》에서 '陰陽五行은 반드시 이 理가 있은 뒤에 이 氣가 있다'고 하였는데 이것 역시 자연처가 있은 이후에 이 氣가 있는 것인가? 무릇 이른바 자연처는 단지 氣의 자연이라면 氣와 자연처를 갈라서 待對하여 말하는 것이 옳은가?[77]

김백고의 질문은 다음 세 가지로 요약할 수 있다. 첫째, 理가 곧 氣의 自然處라면 《中庸章句》의 '氣以成形, 理亦賦焉'에서 理는 氣에 부여되는 것인가, 아니면 자연처에 부여되는 것인가? 만약 氣에 부여되었다고 하면 氣를 理로 여긴 것이 된다는 말이다. 둘째, 《대학혹문》에서 理가 있은 뒤에 氣가 있다고 하였다. 理가 자연처라면 이 자연처가 있은 뒤에 氣가 있다는 말인가? 이것은 본원에서의 理氣의 先後에 관한 문제로, 만약 자연처가 있은 뒤에 氣가 있다면 《대학혹문》의 말처럼 理先氣後다. 그런데 만약 氣가 자연처보다 앞서 있다면 이것은 氣先理後가 된

---

77) 《鹿門集》6:6b, 答金伯高에서 김백고의 질문.
　　理只是氣之自然處, 則凡如中庸章句 '說氣以成形, 理亦賦焉', 是謂氣以成形, 而自然處亦賦耶? 大學或問說, '陰陽五行者, 必有是理而後有是氣' 是亦謂有是自然處, 而後有是氣耶? 夫所謂自然處, 只是氣之自然, 則析了氣與自然處, 對待爲說, 其可乎?

다는 말이다. 셋째, 자연처가 단지 氣의 자연이라고 하면서 왜 서로 갈라서 氣와 자연처를 待對하여 말하는가? 곧 理를 자연으로 설명하는 녹문의 견해에 대하여 자연은 氣의 의미로 보아야 함을 주장한 것이라고 할 수 있다.

이에 대하여 녹문은 자연이 理의 主宰處로 설명한다.

> 스스로 그렇게〔自然〕이 氣가 있고, 또 자연히 나누어져 음양이 되고, 五行이 되며 또한 자연히 사람과 사물이 생겨나니 자연은 곧 理의 主宰處다. 하물며 나의 글 밑 부분에 또 當然이라는 글자가 있지 않는가? 이제 이 理를 형용하면서 自然·當然을 버리면 무슨 말로 분명히 하겠는가? 이른바 먼저 이 理가 있다는 理는 무슨 理이며, 理 역시 부여된다는 것은 또한 무슨 理인가?78)

여기서 보면 녹문이 말하는 自然은 生成變化가 그 자체의 원인에 따라서 스스로 그러함을 의미한다. 그리고 자연이 곧 理의 主宰處라는 말은 理가 따로 떨어져 氣가 그렇게 되도록 주재하는 것이 아니라는 말이며, 결코 논리적으로나 시간적으로 理가 先在하는 것이 아니라는 말이다. 그러므로 '자연이 理의 주재처다'에서 주재는 理가 氣를 주재한다는 의미가 아니다. 理의 所在處라고 해야 정확할 것이다. 왜냐하면 자연이란 바로 氣의 활동에서 나타나는 理를 말하는 것이기 때문이다. 그러므로 녹문은 '先有此理'나 '理亦賦焉'의 理는 氣와 떨어져 따로 존재하는 理라고 보지 않는다.

한편 녹문은 자연과 당연에서 '스스로〔自〕'와 '그러함〔然〕'을 구분하

---

78)《鹿門集》6:6b, 答金伯高, 癸未(1763, 녹문 52세).
　　自然有是氣, 又自然分爲陰陽爲五行, 又自然生人生物, 自然卽理之主宰處. 況
　　鄙說下段, 又有當然字乎? 今欲形容此理, 捨自然當然, 用何語乃爲明的? 所謂
　　先有理, 是何理? 理亦賦焉, 亦是何理?

여 다음과 같이 설명한다.

> 그러나 그 이른바 自然·當然이라 하는 것도 따로 어떤 境界가 있는
> 것이 아니며 다만 氣에 나아가 말하였을 뿐이다. '然'字는 바로 氣를 가
> 리키는 말이며 '自'나 '當'이라는 글자는 虛說에 지나지 않으니 그 意思
> 를 形容하였을 따름이다. 진실로 조금이라도 능히 이 의사를 알 수 있
> 다면 혹 氣를 지적하여 理라고 하더라도 역시 불가한 것은 아니다.[79]

정리하면, 녹문은 自然이나 當然이 理氣 말고 따로 어떤 경계가 있는
것이 아니라고 설명한다. 곧 자연이나 당연이라는 것은 따로 어떤 차원
이 있는 것이 아니라 氣에 나아가서 말한 것이다. 다시 말하면 자연과
당연에서 '스스로[自]'와 '마땅함[當]'이라는 말은 형용사로서 虛說에 지
나지 않으며 '그러함[然]'이 實辭라는 말이다. 그리고 然은 곧 氣를 가
리켜 말한 것이지 理를 가리킨 것이 아니라는 말이다. 따라서 이러한
의미로 보면 氣를 理라고 해도 무방하다는 것이 녹문의 주장이다.

그러나 녹문의 이러한 설명은 많은 논란을 불러일으켰다. 그 대표적
경우가 다음과 같은 老洲 吳熙常(1763~1833)의 비판이다.

> 그가 초년에 金渼湖에게 보낸 편지에서 能字를 잘 설명하여 극히
> 玲瓏하여 비록 남김없이 다 드러내었다고 해도 옳다. 그러나 理와 거
> 의 구별이 없으니 이것이 지나친 곳이다. 그가 견해를 바꾼 뒤에 理를
> 말한 것은 초년에 말한 能字의 그림자에 지나지 않을 뿐이다. 분명히
> 氣를 理로 본 것이다.[80]

---

79) 《鹿門集》 19 : 3a~b, 鹿廬雜識.
  然而其所謂自然·當然者, 亦非別有地界, 只是就氣上言之. 然字正指氣, 而自
  字·當字, 不過虛說, 而形容其意思而已. 苟能識得此意思, 則雖或指氣爲理,
  亦未爲不可也.
80) 《老洲集》 卷25, 7b, 雜識.

여기서 오희상의 비판은 두 가지로, 하나는 녹문이 초년에 能의 개념을 매우 잘 설명하였지만 그것은 理와 거의 구별이 없으므로 지나친 것이며, 다른 하나는 만년에 설명한 理는 초년의 能字의 그림자에 지나지 않는 것으로 분명히 氣를 理로 이해하였다는 것이다. 오희상의 이러한 비판은 분명히 위의 자연과 당연에 대한 녹문의 설명에 바탕한 것이라고 할 수 있다. 곧 녹문의 설명에도 분명히 氣를 더 먼저인 것으로 중시한 면은 부정할 수 없다고 생각된다. 그러나 일반적으로 이 구절을 통하여 녹문이 理를 氣의 屬性으로 보았다고 단언할 수는 없다고 생각된다. 즉 오희상의 이러한 평가는 이미 앞에서도 밝힌 바 있지만, 녹문이 말한 能과 理에 대하여 제대로 이해하지 못한 면이 있다. 녹문은 결코 理를 氣之自然이라고 표현하지 않았다. 단지 氣에서 理를 이해하려고 하였고 그것은 氣를 떠나 초월적으로 존재하는 理를 인정하지 않았을 뿐이다. 이것은 다음의 설명에서 잘 드러난다.

> 朱子가 天을 理로 해석한 것은 바로 '一陰一陽을 道라고 여긴 것'과 같으며, 곧 그것을 통해 '器도 道이며 道도 器'라는 妙理를 밝혀낸 것인데, 어리석은 사람은 이를 모르고 오히려 蒼蒼한 것은 天이 아니고, 창창한 것의 한 層 위에 따로 所以然의 理가 있는 것을 天이라 하니, 이것보다 더 虛妄한 것이 없다. 원래 天이란 다만 창창할 뿐이며, 창창한 것이 곧 理며, 陰陽은 단지 이 음양이며, 음양이 곧 道다.[81]

其初年與金渼湖書, 善說能字, 極其玲瓏, 雖謂之竭盡底蘊可也. 但幾與理無別, 是其過當處. 及其改見之後, 其所以說理者, 不過初年所說能字之影而已. 分明是認氣爲理之見.

81)《鹿門集》19:2a, 鹿廬雜識.
朱子訓天以理, 正如以一陰一陽爲道, 正所以發明 '器亦道 道亦器'之妙, 而昧者不知, 反謂蒼蒼者非天, 而蒼蒼上面, 別有所以然之理爲天, 虛莫甚焉. 原來天只是蒼蒼者, 而蒼蒼者便是理, 陰陽只是陰陽, 而陰陽便是道.

즉 녹문은 朱子가 理로써 天을 해석한 것은 一陰一陽하는 것 자체가 道라고 한 것과 같으며, 明道의 道器一體를 잘 설명한 것이며 이것은 所以然의 理가 결코 天이나 陰陽을 벗어나 있는 것이 아니라고 보았다. 즉 蒼蒼함 그 자체가 天이며, 天 그 자체가 理라는 말이다. 왜냐하면 天은 形體가 있는 것이며, 理는 결코 天 위에 따로 존재하는 것이 아니라는 말이다.

결론적으로 녹문의 理氣論이 主氣도 主理도 될 수 없는 이유가 다음 설명에 잘 나타난다.

> 理로부터 말하면 理는 본래 純하므로 氣도 스스로 순하다(細註: 그 未然의 근원을 따져 말하면 이 生生하고 純一한 理가 있은 다음에 비로소 이 生生하고 순일한 氣가 있다). 氣를 따라서 말하면 氣의 純은 곧 理의 순이다(細註: 그 已然의 뒤로부터 말하면 이 氣의 생생하고 순일함에 따라서〔卽〕이 理의 생생하고 순일함이 행해진다. 그것이 그렇게 하는 것은 氣며 그렇게 되는 所以가 理다. 明道가 말한 바 '器亦道, 道亦器'도 원래 바로 이 道일 뿐이다).[82]

녹문의 이 말은 〈鹿廬雜識〉를 쓴 지 약 25년이 지난 74세 때의 글이다. 이렇게 보면 녹문도 결국 理先氣後를 인정하는 것처럼 보인다. 즉 細註에서 未然의 근원을 따져 말하면 生生하고 純一한 理가 먼저 있고 난 뒤 생생하고 순일한 氣가 있다고 한 말이 그것이다. 그러나 단지 理를 중심으로 이해할 때 그렇다는 말이다. 왜냐하면 '氣로부터 말하면 氣

---

82) 《鹿門集》 5:5b, 答李伯訥, 乙巳(1785, 녹문 74세).
　　自理而言, 則理本純, 故氣自純(極其未然之原而言之 則有此生生純一之理然後 方有此生生純一之氣矣). 從氣而言, 則氣之純, 卽理之純(自其已然之後而言之, 則卽是氣之生生純一, 而是理之生生純一者行焉, 其然者, 氣也. 所以然者, 理也. 明道所謂'器亦道 道亦器, 元來只此是道'者 是也).

의 純이 곧 理의 純'이므로 氣의 純을 전제하지 않는 理만의 純은 있을
수 없기 때문이다. 따라서 녹문은 만약 氣의 純이 없이 理만 홀로 純하
다면 그 理는 空虛한 것이라고 말한다. 그리고 녹문은 理의 생생·순일
은 氣의 생생·순일이 아니면 결코 드러날 수 없다고 생각하며, 동시에
明道의 '道器一體'가 바로 이 뜻이라고 보았다.

이상의 내용을 정리하면, 녹문은 理의 純善, 所以然, 主宰性을 그대
로 인정하고 있으나, 다만 소이연을 自然으로, 主宰性도 자연에서의 主
宰로 이해한다. 왜냐하면 理가 일방적으로 氣를 주재한다고 하게 되면
'理와 氣는 동등한 實〔本質〕이다(理氣同實)'가 될 수 없기 때문이다. 그
러나 녹문은 氣를 有善惡, 理의 주재를 받는 質料로 이해하지는 않는
다. 氣도 湛一氣는 純善이며 리의 주재를 받지 않으며 자연으로 활동한
다. 왜냐하면 이기동실이기 때문이다.

그리고 녹문은 理에 대한 독특한 이해방식을 가지고 있다. 그것이 곧
'氣를 통하여 理를 이해한다'[83]는 것이다.

사실 존재론에서 볼 때, '理氣元不相離'가 녹문의 理氣論을 펼치는 중
요한 원칙이다. 살펴보면 녹문은 여러 차례 '氣를 떠난 理가 존재할 수
없다'는 것을 강조하였다. 그리고 그는 理를 이해하는 인식론적 방법으
로 '(理는) 氣에 나아가서 말한 것(就氣上言之)'이며, '氣에 즉하여 理를
가리킨다(卽氣而指理)'고 하였다. 이와 같은 주장은 '理와 氣는 동등한
實〔本質〕이다(理氣同實)'의 전제와도 整合性을 갖는다.

그런데 녹문의 '就氣上言之'나 '卽氣而指理'는 두 가지 면으로 이해할
수 있다. 첫째, 위의 인용문에 드러난 내용으로 보면 理의 純이 氣의 純

---

83) 洪正根은 '氣上言之의 방법론'이라고 규정하였다(〈鹿門과 蘆沙의 理一分殊說
   에 대한 이해〉, 《東洋哲學硏究》 第18輯, 1998. 6).

에 따라 드러나고 파악되기는 하지만, 그렇다고 氣의 純에 따라서 理의 純이 보증되는 것이 아니라 理는 그 자체가 스스로 純하다는 말이다. 즉 理의 純을 氣의 純으로 드러나는 데서 이해할 수 있지만 理의 純을 氣의 純에서 확보된다고 할 수 없기 때문이다. 그리고 理의 純함이 '氣上'에서 보증되는 것이라면 이것은 명백히 '氣先' 또는 '氣本'을 의미하며, 또한 '理와 氣는 동등한 實[本質]이다(理氣同實)'와 다르다. 그러므로 이것을 인식론과 존재론의 의미로 제한해서 써야 한다는 말이다. 그것은 "理로부터 말하면 理는 본래 純하므로 氣는 스스로 純하다. 氣로부터 말하면 氣의 純은 理의 純에 따른다[卽]. 理가 不純하면 氣는 진실로 스스로 純함이 없다"[84]는 녹문의 설명으로 보면 더 분명하다. 즉 氣로부터 말해도 氣의 純은 理의 純에 따른다[卽]는 말이 그것이다. 둘째, 녹문이 "萬理는 萬象이며, 五常은 五行이며, 健順은 兩儀며, 太極은 元氣다. 모두 氣에 나아가서 이름 붙인 것이다"[85]고 한 말에서 보면, 만리·오상·건순·태극 등은 모두 理를 지칭하는 말이다. 그런데 '모두 氣에 나아가서 이름 붙인 것이다'는 말을 '氣와 元不相離로 존재하는 것에서 이름 붙인 것'이 아니라 '氣의 특성을 가리켜 이름 붙인 것'으로 이해하면 理는 氣의 屬性으로 전락하고 만다.

그러므로 '氣上言之'의 의미는 理에 대한 인식론적 방법의 하나이고, '理氣不相離'의 원칙에서 理를 이해하는 인식론의 방법이며, 이것을 이기론에서 보편적 방법론으로 규정하는 것은 지나친 확대해석이다. 왜냐하면 방법론이란 적어도 하나의 이론이나 철학체계에서는 그것이 존재

---

84) 《鹿門集》 26:13a, 次渼湖神氣吟三篇再疊因足成心性雜詠三十六首, 己丑(1769년, 녹문 57세).
自理而言, 則理本純, 故氣自純. 從氣而言, 則氣之純, 卽理之純. 理之不純, 則氣固無自以純矣.
85) 《鹿門集》 19:3b, 鹿廬雜識.
萬理 萬象也, 五常 五行也, 健順 兩儀也, 太極 元氣也. 皆卽氣而名之者也.

론이든 가치론이든 인식론이든 일관적이고도 보편적 틀을 의미하는 것
이기 때문이다. 녹문은 氣를 인식하는데 '就理上言之', '卽理而指氣'라고
쓰지는 않는다. 그리고 녹문의 전반적 이기론에서 언제나 '就氣上言之'
를 원칙으로 삼는 것은 아니다. 왜냐하면 '就氣上言之'를 제1의 원칙으
로 삼게 되면, 자칫 氣의 先次性을 의미하는 것일 수도 있기 때문이다.

3) 生意와 氣

철학사에서 보면 氣의 개념은 시대와 학풍에 따라 다양한 범주로 변
화 발전되었다. 즉 先秦시대의 陰陽二氣, 五行, 一氣, 精氣 등은 氣의
존재 양태를 중심으로 설명하였고, 漢·唐과 魏晋·南北朝시대에는 有
와 無, 운동 변화의 근원을 氣를 중심으로 이해하려고 하였으며, 宋·
明 이후는 존재의 근원과 생성변화의 원리에 대한 탐구가 주류를 이룸
에 따라 氣는 程朱性理學에서 質料와 운동변화의 素材로 이해되고, 만
물이 생성변화하는 원인과 氣化를 主宰하는 理에 대한 연구가 중시되
었다.86) 이에 따라 氣에 대하여 상대적으로 理가 중심개념이 되었다.
  곧 정주성리학에서 도덕윤리 곧 인성론의 문제를 理氣論으로 설명할
때, 性善이나 도덕적 善의 근거를 理에서 찾음으로써 氣는 惡의 원인으
로 이해하였고, 이것은 정통 성리학에서는 하나의 定型이 되었다. 그리

---

86) 李志林, 《氣論與傳統思惟方式》(上海: 海隅文庫, 1990), 序2, 7쪽 참조. 여기
   서 저자는 氣論의 발전 과정을, (1)先秦時期: '察類(氣의 形態分類에 대한
   고찰)'가 중심이 되며, '陰陽二氣'說, '六氣五行'설 '一氣' '精氣'설. (2)漢唐時
   期: '求故(氣化의 動力源泉에 대한 探求)가 중심이며, '하지 않음', '혹 그렇
   게 하게 함'의 논쟁을 비롯하여 '有無(動靜)'의 氣化理論. (3)宋에서 明·淸
   까지: '明理(氣化의 規律性에 대한 해명)'가 중심. '氣化의 道', '理一分殊',
   '兩一分合', '動靜互涵'과 '至理', '物理', '分理' 등으로 구분하였다.

고 조선성리학에서는 성리학의 人性論 문제에 치중함으로써 理의 해명과 실현이 중심이 되었다.

그러나 호락논쟁의 쟁점을 종합·정리하려고 한 녹문은 '理와 氣는 동등한 實〔本質〕이다(理氣同實)'는 명제를 전제로 性善의 보편성과 실현 가능성을 설명하려고 하였다. 즉 그는 만약 氣에 理의 純善을 완전하게 실현할 수 있는 보편적 근거가 없다면, 氣로 이루어진 현상의 인간은 영원히 可能態로서만 존재하게 된다고 보았다.

이에 따라 녹문은 理의 主宰 대상도 아니며, 理와 氣를 二分化하는 방식에서 벗어나 새로이 氣 개념을 정립하였다. 그리하여 구체적인 사실세계로서의 氣에 그 능동성과 實在性을 부여함으로써 理氣同實의 명제를 이론적으로 완성한다.

녹문은 자신이 48~49세 때 理氣論을 재정립한 뒤에 쓴 〈鹿廬雜識〉의 첫머리에서 다음과 같이 설명한다.

> 그렇게 되게 하는 것이 없어도 그렇게 되고, 스스로 하나의 무한히 크고 무한히 갖추어진〔虛圓盛大〕物事가 있으니, 끝없이 浩然하고 內外도, 分限도, 가장자리도, 시작과 끝도 없다. 그러면서도 전체가 밝고 融和하며, 모든 것이 '生意'여서, 쉬지 않고 流行하며, 事物을 생겨나게 하는 것을 예측할 수 없다. 그 體를 天, 元氣, 浩氣, 太虛라고 부르며, 그 生意를 德, 元, '天地의 마음〔天地之心〕'이라 부르고, 그 유행하여 쉬지 않는 것을 道, 乾이라 부르며, 그 추측할 수 없음을 神이라 하며, '그렇게 되게 한 것이 없는데도 그렇게 됨'을 命, 帝, 太極이라 부른다. 그것을 요약하면 모두 虛圓盛大한 物事에 나아가 (그 내용을) 分別하여 이름을 지었을 뿐 그 實은 오직 하나다(細註: 그렇게 되게 한 것이 없이 그렇게 된 것은 곧 이른바 自然이다).[87]

---

87) 《鹿門集》 19:1a, 鹿廬雜識.
　　莫之然而然, 自有一箇虛圓盛大底物事, 块然浩然, 無內外·無分段·無邊際·

이 말은 녹문의 理氣論의 總論이라 할 수 있으며, '虛圓盛大底物事'란 궁극의 實在를 의미한다. 이 궁극의 실재가 곧 天地와 그 근원, 생성변화 등의 주체가 된다. 그런데 중요한 것은 '허원성대저물사'가 氣인가 理인가, 아니면 理氣의 합인가? 이를 알아보기 위하여 먼저 위 인용문의 내용을 요약 정리하면 아래의 표와 같이 허원성대저물사를 다섯 가지 관점으로 정리할 수 있다.

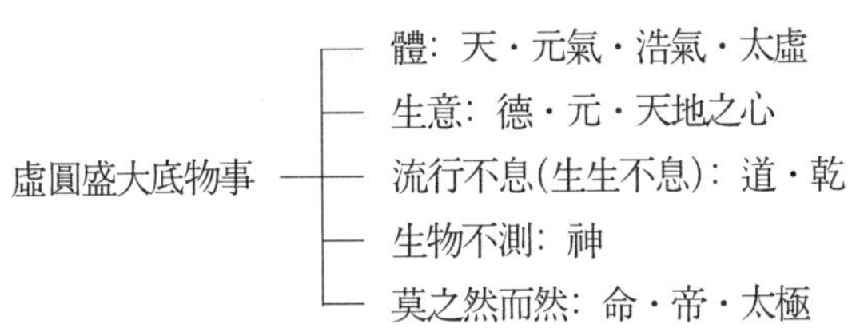

만약 '虛圓盛大底物事'를 氣라고 이해하면 녹문의 이기론은 唯氣論이라고 할 수 있다. 그러나 녹문은 體, 生意, 流行不息, 生物不測, 莫之然而然을 각각 설명하면서 '그것을 요약하면 모두 虛圓盛大한 物事에 나아가 (그 내용을) 分別하여 이름을 지었을 뿐 그 實은 오직 하나다'고 하였다. 이로써 보면 '허원성대저물사'는 성리학에서 말하는 理와 氣의 개념을 모두 포함하고 있다. 그런데 만약 이 궁극적 실체를 氣라고만 이해하면 이미 전제부터 '理와 氣는 동등한 實[本質]이다(理氣同實)'와 모순된다. 그러므로 녹문은 위 인용문의 끝의 細註에서 '莫之然而然이 곧 自然이다'고 하였다. 이 개념에 대하여 좀더 자세히 살펴보면 이것은 花潭 徐敬德[88]의 '機自爾'와 栗谷의 '非有使之者'와 같은 맥락이지만, 화담과 율

無始終, 而全體昭融, 都是生意, 流行不息, 生物不測. 其體 則曰天 曰元氣 曰浩氣 曰太虛, 其生意, 則曰德 曰元 曰天地之心, 其流行不息, 則曰道 曰乾, 其不測 則曰神, 其莫之然而然 則曰命 曰帝 曰太極. 要之, 皆就這虛圓盛大物事上, 分別立名, 其實一也(莫之然而然 卽所謂自然也).

곡은 氣를 중심으로 이해한 반면, 녹문은 虛圓盛大底物事의 運動變化로
이해한다. 이 허원성대저물사는 이미 위에서 살펴본 것처럼 合理氣의 개
념 또는 自然의 개념으로 설명하는 점이 다르다. 그리고 '莫之然而然'은
운동의 원인이 自然이라고 봄으로써 主宰의 의미를 氣에 대한 理의 主宰
가 아니라 허원성대저물사의 속성으로 파악하게 된다.[89]

그런데 이 虛圓盛大底物事에 대하여 기존의 연구에서 대부분 氣로
이해할 뿐만 아니라, 당시 녹문과 많은 토론을 하였던 金伯高도 이 허
원성대저물사를 氣로 보아 다음과 같이 비판한다.

그렇게 시키지 않아도 그렇게 되는 것은 하나의 虛圓盛大底物事로
부터 있다고 운운하였다. 이 말을 자세히 보면 단지 氣일 뿐이다. 그

---

88) 徐敬德(1489~1546). 본관 唐城. 자 可久. 호 花潭·復齋. 시호 文康. 副尉
   徐好蕃의 아들. 窮理와 格致를 중시하였으며, 先儒의 학설을 널리 흡수하고
   자신의 견해는 간략히 개진하였다. 또한 周敦燎·邵雍·張載 등 北宋 성리
   학자의 학문을 연구하였으며, 논저로 〈原理說〉, 〈理氣說〉, 〈太虛說〉, 〈鬼神
   死生論〉 등 네 편이 있는데, 여기서 '理'보다는 '氣'를 중시하는 主氣哲學의
   관점을 유지하고 있다. 특히 그는 死生一如를 주장하여 기의 불멸성을 강조
   하고, 불교의 영혼불멸설을 비판하였다. 대표적 門人으로는 許曄·朴淳·閔
   純·朴枝華·徐起·韓百謙·李之函 등이 있으며, 그의 학문은 남북분당기에
   북인의 사상을 형성하는 데 큰 영향을 주었다. 북한에서는 그의 주기철학을
   유물론의 원류로 평가하여 그의 철학을 높이 평가한다. 개성의 崧陽書院과
   花谷書院에 祭享되었으며, 문집으로는 《花潭集》이 있다. 도가의 행적을 기
   록한 《海東異蹟》도 있다.
89) 이 主宰의 의미는 플라톤의 이데아의 참여, 아리스토텔레스의 不動의 動者
   (動力因·能動因)와 같은 맥락이라고 할 수 있다〔장욱, 〈희랍의 본질의 형
   이상학과 토마스 아퀴나스의 존재의 형이상학〉, 《中世哲學》第2號(韓國中世
   哲學研究所 編, 분도출판사, 1996), 69~71쪽 참조〕. 그러나 성리학에서 氣
   에 대한 理의 主宰로 이해한다. 이러한 이해는 善을 지향해야 할 當爲性을
   설명하는 데는 용이하지만, 현실적으로 왜 氣가 理대로 되지 않는가, 곧 惡
   의 발생원인에 대한 설명에서는 논리적 한계를 가지지 않을 수 없다. 이에
   녹문은 이 운동의 원인을 理와 氣에서 동시에 찾음으로써 원리와 생성변화
   를 일치시키려고 하였다.

러나 元·道·命·帝·太極이라고 한 것은 또한 모두 程·朱가 理라고
한 것이다. 이제 모두 아울러 氣에 포함시켜 말하였으니, 어찌 氣가
곧 理라고 여겨서 반드시 따로 드러내지 않은 까닭이 아니겠는가? 그
러므로 理나 性은 또 왜 함께 열거하지 않았으며, 이른바 湛一淸虛는
왜 말하지 않았는가?[90]

김백고의 비판을 정리하면 녹문이 말한 虛圓盛大底物事는 단지 氣
다. 그런데 녹문은 이 허원성대저물사를 설명하면서 元·道·命·帝·
太極의 의미를 모두 포함시켰는데, 이들 개념에 대하여 程·朱는 모두
理라고 설명하였다. 그러므로 녹문이 원·도·명·제·태극을 단지 氣
일 뿐인 허원성대저물사에 포함시킨 것은 氣를 理로 여겼기 때문에 理
와 氣를 따로 구별하지 않았다고 비판한다.
  녹문은 이러한 비판에 대하여 다음과 같이 대답한다.

> 그렇게 시키지 않아도 그런 것은 主宰이며, 끝없이 생겨나며 쉬지
> 않는 것(生生不息)은 '타고난 본성〔性情〕'이니 '타고난 본성'을 주재하
> 는 것이 理가 아니면 무엇이겠는가? 또한 내가 반드시 이와 같이 말
> 한 것은 根源에서 곧바로 理라 하고 氣라고 이름 붙인 까닭을 분석함
> 으로써 이들의 진면목을 드러내고자 하였을 뿐이다. 이제 거기에 理字
> 가 없는 것을 가지고 곧 오로지 氣만 말하였다고 배척한 것은 심하니
> 그대에게 바라는 바가 아니다. 程子는 "形體로서는 天이라 하고, '타고
> 난 본성'으로는 乾이라 하며, 主宰로서는 帝라 하며, 功用으로서는 鬼
> 神이라 하며, 妙用으로는 神이라고 한다"고 하였으니, 옛사람의 말함
> 이 진실로 이미 이와 같은 것이 있으니 여기서 묵묵히 생각하면 하나

---

90) 《鹿門集》 6:5a~b, 答金伯高, 癸未(1763, 녹문 52세)에서 김백고의 질문.
   莫之然而然, 自有一箇虛圓盛大底物事云云. 詳此所言只是氣也. 而其曰元 曰道
   曰命 曰帝曰太極者, 又皆程朱所以謂之理者. 今皆幷入氣中爲說, 豈以氣卽是理,
   不須別出故耶? 然則理也 性也, 又何不竝擧, 所謂湛一淸虛, 又何不說.

라고 하고, 둘이라고 하고, 先後를 말하고, 無間을 말해도 모두 不可
함이 없다. 그렇지 않으면 아마도 모두 暗中摸索을 (하였다는 비판을)
면할 수 없을 것이다. 太虛의 虛는 곧 湛虛〔湛一淸虛〕의 虛이니 또한
반드시 묻지 않은 것은 아니지 않는가?[91]

　앞에서 김백고가 비판한 뒷면의 중심문제를 유추하면, 氣에 대한 理
의 主宰를 녹문이 인정하지 않았다는 것이다. 이것은 理先氣後의 理氣
論을 따르는 관점에서는 理의 논리적 先在性과 기의 작용에 대한 리의
지배를 인정하는 것이 당연하다. 이에 대하여 녹문은 '그렇게 하도록 시
키지 않았는데도 그렇게 되는 것(莫之然而然)'은 주재이며, 生生不息은
'타고난 본성〔性情〕'이며, 성정을 주재하는 것이 리라고 하였다.

　따라서 녹문은 主宰의 의미를 氣에 대한 理의 주재로 생각하지 않는
다. 녹문은 莫之然而然을 주재로 이해하고 그 주재의 主體를 理라고 보
았다. 일반적으로 程朱性理學은 本體論(宇宙論)에서 원리 또는 법칙으
로서의 理 개념을 설정하고, 그것을 太極 또는 道와 결부시켜 形而上者
로 보면서 氣에 대한 主宰性을 부여한다. 그리고 命과 帝〔主宰〕 특히
태극은 정주성리학에서는 모두 理의 주재성을 설명하는 개념이다. 이것
을 伊川의 설명과 비교하면 아래 〔표 4〕[92]와 같다.

　그러나 녹문은 氣에 대한 理의 主宰로서의 의미가 아니라, 궁극적
실체인 虛圓盛大底物事가 莫之然而然으로 작용하는 것으로 이해한다.

---

91)《鹿門集》6:5b～6a, 答金伯高, 癸未(1763, 녹문 52세).
　　莫之然而然是主宰, 生生不息是性情, 主宰性情非理而何? 且區區必如是爲說者,
　・正欲取直截根源上剖析, 其曰理曰氣之所以名, 以顯出這箇眞面目耳. 今以其無
　　理字, 便斥其專說氣甚, 非所望於高明也. 程子曰 '以形體謂之天 以性情謂之乾
　　以主宰謂之帝 以功用謂之鬼神 以妙用謂之神(《二程全書》24:15a).' 古人立言,
　　固已有如此者. 於此默契, 則說一 說二, 說先後, 說無間, 皆無不可. 不然, 則
　　恐皆不免於暗中之摸象矣. 太虛之虛, 卽湛虛之虛, 莫亦不須問否?
92)〔표 4〕녹문과 이천의 개념 비교

따라서 녹문은 生生不息을 '타고난 본성〔性情〕'으로 이해하고 그 '타고난 본성〔性情〕'이 莫之然而然으로 형성되는 것을 주재의 의미로 설명한다. 그러므로 녹문이 말하는 주재의 의미는 허원성대저물사의 자연스러운 기능이며, 이 허원성대저물사는 위의 설명에서 보듯이 合理氣의 개념이다.

이런 맥락에서 녹문의 理氣論은 성리학의 이기론에서 획기적 전환을 의미한다고 할 수 있다. 왜냐하면 궁극의 근원에서 理와 氣를 동등한 實在로 인정함으로써 氣가 理에 從屬된 것이 아님을 논리적으로 논증하여 그 진면목을 드러냈기 때문이다. 그렇다고 녹문이 氣를 理로 여긴 것은 아니다. 이미 앞에서 살펴보았듯이, 녹문은 결코 虛圓盛大底物事를 오직 氣라고 규정하지도 않았고, 오직 理라고도 규정하지 않았으며, 그것을 관점에 따라 다섯 가지로 구분하여 설명하고 이에 따라 다르게 명칭을 부여하였다. 따라서 녹문은 김백고가 허원성대저물사를 단지 氣로만 파악하였다는 비판을 부정한다. 그리고 녹문은 그 근거로서 程伊川이 形體, 타고난 본성〔性情〕, 主宰, 功用, 妙用으로 구분하여 설명한 것을 제시하였다.

그러므로 허원성대저물사를 그 자체로는 하나라고 해도 좋고, 理氣의 합으로 보아 둘이라고도 할 수 있으며, 유행으로 보아 先後로도 말할 수 있으며, 元不相離의 의미로 無間이라고도 할 수 있다는 것이다. 다시 말하면 허원성대저물사가 곧 궁극적 실체로서 그 내용에 따라 다

鹿門: 虛圓盛大底物事	伊川: 天與上帝
體: 天	形體: 天
生意: 德・元・天地之心	功用: 鬼神
流行不息(生生不息): 道・乾	性情: 乾
生物不測: 神	妙用: 神
莫之然而然: 命・帝・太極	主宰: 帝

르게 설명할 수 있지만 구체적 대상은 하나라는 말이다.

왜냐하면 理는 氣와 떨어져 따로 존재하는 것이 아니라, 언제나 氣와 元不相離의 관계로 존재하기 때문이다. 그것을 녹문은 다음과 같이 설명한다.

> 대개 가만히 생각하면 우주 사이의 상하 전체에 안팎도 없고, 시작과 끝도 없으며, 가득 차고 널리 퍼져 무수한 조화를 이루고, 수많은 사람과 事物을 생겨나게 하는 것은 단지 氣 하나일 뿐이어서, 어떤 조그만 틈에도 理字를 안배할 수 없다. 다만 그 氣의 성능이 이와 같이 盛大하고 이와 같이 작용하는 것은 무엇이 그러하도록 시키는 것인가? 스스로 그러하므로 그러하다고 할 따름이다. 바로 이 스스로 그러한 곳을 따라 聖人이 道라 하고 理라고 이름 붙인 것이다. 또한 그 氣는 원래 공허한 것이 아니어서 전체가 밝게 融和하고 겉과 속이 환히 통하는〔洞徹〕 것으로 모두 生意이다.93)

여기서 우주에 가득하고 무수한 조화를 이루는 것은 오직 一氣일 뿐이며, 理字를 안배할 어떤 조그만 틈도 없다는 것은 우주 사이의 유일한 실체가 一氣임을 의미하는 것이 아니다. 그것은 理가 氣를 벗어나 초월적으로 존재하지 않음을 강조한 말이다. 곧 氣가 自然으로 그러한 것을 道 또는 理라고 한다는 말에서 잘 드러난다.

녹문의 이러한 관점은 明代의 高攀龍94)의 말을 인용하여 설명한 것

---

93) 《鹿門集》19：3a, 鹿廬雜識.
　　 盖竊思之, 宇宙之間, 直上直下, 無內無外, 無始無終, 充塞彌滿, 做出許多造化, 生得許多人物者, 只是一箇氣耳. 更無些子空隙, 可安排理字. 特其氣之能如是盛大, 如是作用者, 是孰使之哉? 不過曰 自然而然耳. 卽此自然處, 聖人名之曰道曰理. 且其氣也, 元非空虛底物事, 全體昭融, 表裏洞徹者, 都是生意.

94) 高攀龍(高景逸: 1562~1626): 字는 存之이며 別號는 景逸이며 無錫人이다. 萬曆 10년(1582) 21세에 擧人에 응시하였다. 14년에 李復陽(元沖)과 顧憲成과 학문을 논하고 이에 비로소 학문에 뜻을 세웠다.

에서도 마찬가지다.

梁溪는 또 '天地 사이에는 渾然한 一氣뿐이니, 張橫渠의 이른바 虛
空이 곧 氣라는 말이 이것이다. 이것은 지극히 티 없이 신령하며〔虛
靈〕,95) 條理가 있다. 그 지극히 허령함이 사람에게서는 곧 心이 되며,
그 조리가 있음으로써 사람에게서는 性이 된다'고 하였으며, 또 '氣와
心을 무엇으로 구별하겠는가? 천지 사이에 꽉 차서 빈틈이 없는 것은
오직 氣일 뿐이다. 氣의 精靈을 心이라고 하며, 心에 꽉 찬 것을 氣라
고 하니 두 가지가 있는 것이 아니다'고 하였다. 이와 같은 말은 앞사
람의 말을 답습한 것이 아니며 理氣의 源頭를 끝까지 窮究함이 분명하
고 정확하여 남김이 없다. 道를 아는 사람이 아니라면 어떻게 알겠는
가?96)

이 글은 녹문이 58세 때 쓴 것이다. 위의 인용문을 보면 梁溪는 '天地
間渾然一氣而已'라고 하여 一氣가 虛靈하며 條理가 있어 허령이 사람의
心이 되고, 조리가 性이 된다고 하였다. 녹문이 양계의 주장에 대하여
적극 칭찬하는 것은 곧 자신의 관점도 이와 같다고 생각하기 때문이다.
그러나 이 구절을 근거로 녹문의 理氣論이 唯氣라거나 主氣 등으로 규
징할 수 없다. 왜냐하면 다음과 같은 녹문의 설명을 보면 분명하기 때

---

95) 虛靈은 마음의 상태〔心狀〕와 마음의 본질인 明德을 형용하는 말로, 주로 '虛
　　靈不昧'로 쓰인다. 즉 마음의 본체가 '맑고 고요하며 지각기능이 완전하게 갖
　　추어지고 활동함'을 의미한다.
96)《鹿門集》26：20b～21a,　次渼湖神氣吟三篇再疊因足成心性雜詠三十六首,　己丑
　　(1769 녹문 58세).
　　梁溪又曰,'天地間渾然一氣而已. 張子所謂虛空卽氣是也. 此是至虛至靈, 有條
　　有理的. 以其至虛至靈, 在人卽爲心, 以其有條有理, 在人卽爲性'. 又曰,'氣與
　　心 何以別之? 天地間充塞無間者, 惟氣而已. 氣之精靈謂心, 心之充塞謂氣, 非
　　有二也(黃宗羲,《黃宗羲全集》,〈明儒學案〉下, 1431쪽)'.
　　此等語, 非踏襲前言, 而於理氣源頭, 直窮到底, 八字打開, 通透灑落, 無復餘
　　蘊. 非知道者, 孰能識之?

문이다.

> 무릇 虛空을 꽉 메우고 人物을 貫徹하여 古今에 流行하는 것이 모
> 두가 이 하나의 氣며, 또한 하나의 理다.[97]

녹문의 이 말은 그의 '理와 氣는 동등한 實[本質]이다(理氣同實)'의
대전제를 잘 드러내는 말이라고 할 수 있다. 다시 말하면 理氣同實의
관점에서 보면 결코 氣가 우주 안의 유일한 실체라고 할 수 없는 것이
다. 녹문은 이러한 氣의 작용을 生意라고 하고 自然의 理를 生理라고
설명한다.

> 무릇 朱子가 理와 意를 분별한 까닭은 지극히 精密하다. 生理는 그
> 本然이 生生하는 理로써 말한 것이며, 生意는 그 氣의 기틀[機]이 살
> 아 활동하는 뜻으로 말한 것이다.[98]

여기서 보면 녹문이 결코 理의 의미를 가벼이 보지 않았으며, 더구나
理를 氣로 이해한 것은 아님이 드러난다. 곧 녹문은 理를 超越的이거나
氣보다 한 層次가 높은 존재로 파악하는 것이 아니라, 本然이 生生하는
원리로 이해하였다. 녹문은 理와 氣를 生의 관점에서 파악한 것이다.
이것은 녹문이 生의 의미를 理氣를 파악하는 중심개념으로 여긴 것임을
의미한다. 그것은 生意에 대한 설명에서도 잘 나타난다.
이 生意의 사전적 의미는, 활발하고 생생한 기운[生氣, 生機], 만물

---

97) 《鹿門集》 19:17a, 鹿廬雜識.
　　盖偪塞虛空貫徹, 人物流行古今, 都是一氣, 亦都是一理.
98) 《鹿門集》 1:13a 答蟾村閔丈(遇洙), 庚申(1740, 녹문 29세).
　　夫朱子所以分別理與意者, 至精至密. 生理者, 以其本然生生之理而言也. 生意
　　者, 以其氣機生活之意而言也.

이 成長하는 意義, 生業 등이지만, 여기서는 生機 곧 우주 전체를 관통하는 生生不息의 생명현상의 뜻이라고 할 수 있다.[99] 즉 녹문은 생의를 '虛圓盛大底物事'의 종합적 개념으로 설명하고 있다. 이 생의의 典據를 살펴보면, 程明道의 다음 말에서 찾을 수 있다.

> 天地의 큰 德을 生이라고 하며, 천지가 형성되어 운행하고〔絪縕〕, 만물이 생성하여 변화한다〔化醇〕는 것이다. 生을 性이라고 한다(生之謂性)(細註: 告子의 이 말은 옳으나 개의 性은 소의 성과 같고, 소의 성은 개의 성과 같다고 한 것은 옳지 않다)고 하였다. 이 말들에서 萬物의 生意를 가장 잘 알 수 있다. 이것이 元(필자 주: 元·亨·利·貞의 元)이며 善의 으뜸이다. 이것이 이른바 仁이다. 사람과 천지는 一物인데 사람만 특히 스스로 그것을 작게 하는 것은 왜 그런가?[100]

程明道도 '天地의 大德을 生이라고 한다'는 말에서 '生'을 性이라고 보

---

99) 서양철학적 개념의 '생의 철학(philosophy of life)'은 '生意'와 다른 의미다. 즉 A. 쇼펜하우어, F. W. 니체, W. 딜타이, G. 지멜, H. 베르그송의 철학을 들 수 있다. 이들의 공통된 특징은 인간 또는 인간을 포함한 생물, 나아가서는 우주 전체의 '생'은, 실증과학의 합리적이고 과학적인 사고로는 파악하기 어려우며, 오히려 은폐되어 버린다고 생각한 점에 있다.
　'생'의 실체를 놓고, '생의 철학'의 시조 쇼펜하우어는 '생에의 맹목적 의지', 니체는 '권력에의 의지', 딜타이는 '정신적·역사적 생', 지멜은 '초월의 내재', 베르그송은 '생명의 비약'이라 파악하여 같은 생의 철학이라 해도 각각 다른 어감을 가진다. 그러나 합리적·과학적 사고의 그물을 피하는 것, 오히려 어떤 종류의 직관, 또는 직접적 체험으로 되돌아감으로써 비로소 파악할 수 있는 것에 대한 일관되고 집요한 주목이라는 점에서는 궤도를 같이하며, 거시적으로 볼 때 하나의 조류를 이룬다(《두산세계대백과사전》, '생의 철학' 참조).

100) 《二程全書》卷12, 4b~5a(九州大學中國哲學硏究所 編, 中文出版社, 1979). 天地之大德曰生, 天地絪縕萬物化醇. 生之謂性(告子此言是. 而謂犬之性猶牛之性, 牛之性猶犬之性, 則非也), 萬物之生意最可觀. 此元者 善之長也, 斯所謂仁也. 人與天地一物也, 而人特自小之何也?

았다. 그러나 그는 告子와 같이 결코 모든 사물의 性이 같음을 인정한 것은 아니다. 그리고 만물의 生意가 바로 性의 본질이라고 보고, 생의를 으뜸의 善 곧 仁이라고 보았다. 또한 사람과 천지는 一物이므로 사람이 이 생의를 다 갖추지 않을 수 없다고 보았다.

또한 녹문은 "惻隱은 곧 위에서 말한 生意다"[101)고 하였다. 곧 만물이 生生不息하는 그 자체와 측은 곧 仁이라는 도덕적 밑바탕이 생의라는 말이다. 그리고 생의는 德, 元, 天地之心으로 자연의 생생불식하는 생명현상과, 도덕적 最高善, 나아가 인간의 性善의 근원인 천지지심이라는 말이다. 그리고 이 생의는 生理와 함께 待對的 개념이다. 녹문은 "무릇 주자가 理와 意를 분별한 것은 지극히 정밀하다. 생리라는 것은 그 본연이 나고 또 생겨나는 理로써 말한 것이며, 생의라는 것은 그 機氣가 활동하는 뜻으로 말한 것이다"[102)고 하였다. 이 생의는 機氣가 활동하는 것을 중심으로 말하였다는 말은 곧 생의는 氣를 중심으로 성립된 개념이며, 이와 짝하는 理의 개념은 생리라는 말이다.

이어서 녹문은 善의 근거로서의 純一과 理氣의 관계를 다음과 같이 설명한다.

> 理로부터 말하면 理는 본래 純하므로 氣는 스스로 純하다(細註: 그 未然의 根源을 다하여 말하면 이 生生하고 純一한 理가 있은 뒤에 비로소 이 생생하고 순일한 氣가 있다). 氣를 따라 말하면 氣의 純은 理의 純에 따른다[卽](細註: 그 已然의 이후로부터 말하면 이 氣의 생생하고 순일함에 따라서[卽] 이 理의 생생하고 순일한 것이 행해진다.

---

101) 《鹿門集》 19:5a, 鹿廬雜識.
　　惻隱, 卽上所云生意.
102) 《鹿門集》 1:13a~b, 答瞻村閔丈.
　　夫朱子所以分別理與意者, 至精至密. 生理者以其本然生生之理而言也. 生意者以其氣機生活之意而言也.

그것이 그러한 것은 氣며, 所以然者는 理다. 明道의 이른바 '器도 역시 道이며 道 역시 器다. 원래 단지 이것이 道이다'는 말이 이것이다). 理가 不純하면 氣도 진실로 스스로 純함이 없다(細註: 이 생생하고 순일한 氣가 없으면 도무지 사물이 없다). 氣가 불순하면 理는 장차 공중에 걸려 홀로 純하겠는가(細註: 氣가 만약 生生·純一하지 않으면 理의 생생·순일함은 어디서 볼 수 있겠는가)? 이 몇 마디 말은 스스로 본말이 완전하여 결코 깨뜨릴 수 없으니 비록 聖人이 다시 살아난다 해도 나의 말을 바꿀 수 없다.[103]

정리하면, 理로부터 말하면 理는 본래 純하고, 氣는 스스로 純하다. 여기서 녹문은 그 未然의 一原에서는 生生純一의 理가 먼저 있은 뒤에 생생순일의 氣가 있다고 보았다. 이것은 미연의 상태에서 善의 根源으로서 理의 原因性을 인정한 것이라고 볼 수 있다. 그러므로 녹문은 氣로부터 말하면 氣의 純은 理의 純에 따른다〔卽〕고 보았다. 그러나 녹문은 이미 드러난〔已然〕 현상에서 보면 理의 생생순일은 氣의 생생순일함을 따라서〔卽〕 구체적 사물에 드러난다고 부연 설명한다. 이것은 理의 순일은 氣의 순일을 통해서만 드러날 수 있다는 말이다. 나아가 理가 純하지 않으면 氣도 純할 수 없다. 그러나 중요한 것은 生生·純一의 氣가 없으면 理의 순일도 구체적 현상으로 드러날 수 없다는 말이다. 그러므로 氣의 순일을 통해서만 理의 순일이 드러날 수 있다.

---

103) 《鹿門集》 5:5b~6b, 答李伯訥, 乙巳(1785, 녹문 74세).
  自理言, 理本純 故氣自純(極其未然之原而言之 則有此生生純一之理然後 方有此生生純一之氣矣). 從氣言, 則氣之純 卽理之純(自其已然之後而言之 則卽是氣之生生純一 而是理之生生純一者行焉 其然者 氣也. 所以然者 理也. 明道所謂器亦道 道亦器 元來只此是道者是也). 理不純, 則氣固無自以純矣(無此生生純一之氣, 而都無物矣). 氣不純, 則理將懸空而獨純乎(氣若不生生純一 則理之生生純一者 從何處見得乎)? 此數語自謂本末完足擺撲不破, 雖聖人復起不易吾言.

녹문은 이것을 聖人이 다시 태어나도 바꿀 수 없다고 확신한다.

살펴보면, 李志林은 《氣論與傳統思惟方式》에서 氣의 개념에 대하여, (1)自然常識의 氣, (2)人生性命의 氣, (3)精神狀態와 道德境地의 氣, (4)객관존재의 물질적인 氣(Matter, Material force), (5)능동적 실체의 氣(Vitality)[104]의 다섯 가지로 분류하였다. 녹문의 氣 개념은 위 다섯 가지 개념의 종합이라고 할 수 있는데, 곧 존재와 가치의 양면을 동시에 지닌 종합적 실체라고 할 수 있다.

곧 녹문은 현상의 구체적 사람과 사물을 이루는 氣가 性善을 실현하기 위해서는 단순히 관념적인 理에서 그 근거를 찾기보다는 善의 근거를 '實現者'인 氣 자체에서 찾고자 하였다. 따라서 녹문은 氣의 根本인 張橫渠의 湛一之氣[105]와 맹자의 浩然之氣를 묶어서 "湛一之氣는 곧 호연지기며, 곧 天이다"[106]고 하였다. 이것은 곧 氣가 현상의 우주만물을 이루는 소재 또는 질료일 뿐만 아니라, 도덕성의 근원이기도 하다. 따라서 녹문 자신이 적극적으로 理의 超越性을 반대하였듯이 氣의 초월성도 반대한다.

이에 따라 녹문은 理의 生生純一함을 실현하는 氣의 생생순일함은 곧 氣의 근본인 湛一淸虛함에 따라서 가능하다고 보아 다음과 같이 말한다.

> 무릇 이른바 '가장 맑고, 깨끗하고, 순수한 氣의 本體(湛一淸虛之氣)'

---

104) 李志林, 《氣論與傳統思惟方式》(上海: 海隅文庫, 1990), 內容提要 2쪽 참조.
105) 張載, 《正蒙》, 誠明篇 第六. 《張載集》(北京: 中華書局, 1978), 22쪽.
　　湛一, 氣之本.
　　　湛一에 대하여 喩博文은 《正蒙注譯》(蘭州大學出版社, 1990, 82쪽)에서 '맑고 깨끗하고 순수함(淸淨和純粹)'이라고 註釋하였다.
106) 《鹿門集》 5:4b, 答李伯訥, 乙巳(1785년, 녹문 74세).
　　湛一之氣, 卽浩然之氣也, 卽天也. 今日天有差別, 浩氣有差別, 豈成說話乎?

는 陰陽五氣 이외에 달리 이 氣가 있는 것이 아니다. 다만 이 氣가 動
하면 곧 陽이 되고, 靜하면 陰이 되고, 流行하여 봄에 이르면 木이 되
고, 여름에 이르면 火가 되고, 가을에 이르면 金이 되고, 겨울에 이르
면 水가 되어, 陰陽五行 속에 관통되어 있으되 음양오행에 따라 局限
되지 않는다.[107]

'가장 맑고, 깨끗하고, 순수한 氣의 本體(湛一淸虛之氣)'가 陰陽五行
의 氣라는 말은 음양오행 그 자체가 湛一淸虛한 氣의 精粹가 아니라,
곧 음양오행의 氣에 내재되어 있다는 뜻으로 이해해야 한다. 왜냐하면
음양오행 그 자체를 담일청허한 氣라고 하면 녹문이 굳이 元氣니 虛圓
盛大한 物事 등으로 표현할 필요가 없기 때문이다. 따라서 음양오행이
다양하게 현상의 구체적 사물로 生生不息할 때 '가장 맑고, 깨끗하고,
순수한 氣의 本體(湛一淸虛之氣)'는 언제나 함께 존재하며, 음양오행의
氣 때문에 제한을 받거나 不在하는 것이 아니다. 따라서 녹문은 "무릇
作用이 流行되는 곳[現象]에 바로 本體가 갖추어져 있으며, 한 번 합하
고[混] 한 번 열림[闢]이 본연이 아님이 없다"[108]고 하였다. 이것은 곧
그가 性論을 세움에 본연과 기질을 일치시키는 논리와 연결되며, 나아
가 현상과 본체를 분리하지 않고 일체로 보는 '本末一致', '心性一致',
'聖凡一致'의 논리와 연결된다. 그리고 중요한 것은 율곡의 理通氣局說
과 '湛一淸虛之氣, 多有不在'의 주장을 비판하는 중요한 논거가 된다.
그러나 이러한 녹문의 이기론에 대하여 이미 녹문 당시에 主氣論이

---

107) 《鹿門集》 19:7a~b, 鹿廬雜識.
    夫所謂湛一淸虛者, 非於陰陽五氣之外, 別有是氣也. 只是此氣動則爲陽, 靜則
    爲陰, 行到于春則爲木, 行到于夏則爲火, 行到于秋則爲金, 行到于冬則爲水,
    貫通乎陰陽五行之中, 而不爲陰陽五行所局.
108) 《鹿門集》 19:26b, 鹿廬雜識.
    夫用之所行, 卽體之所具, 一混一闢, 莫非本然.

라고 비판을 받았다. 그러나 녹문은 결코 그렇지 않다고 주장한다. 이제 녹문의 이기론에 관한 평가와 비판들을 검토해 보자.

녹문은 자신의 理氣論을 主氣라고 비판한 것에 대하여 다음과 같이 반론한다.

> 사람들이 主氣라고 하여 病痛이라고 여기는 것은 아마 말과 議論의 곡절을 다 살피지 못하여 그런 것일 뿐이다. 장차 주기에서 병통이라고 하는 것은 혹 作用을 性으로 삼아서 禪家의 心을 근본으로 여기는 설에 떨어지거나, 혹 氣質을 心에 해당시켜 荀子와 楊朱의 性惡說에 빠지는 것이다. 나는 비록 심히 어둡고 어리석으나, 반복하여 성찰하고 검토하여도 내게 이런 두 가지 병통이 있다고 생각되는 않는다.109)

곧 녹문은 李敏輔(1720~1799, 字 伯訥, 號 常窩・豊墅)에게 보낸 편지에서 다른 사람들이 主氣의 病痛이 있다고 보는 것은 자신의 논의를 잘 이해하지 못하기 때문에 그런 것이라고 설명하였다. 즉 녹문은 주기는 作用을 性으로 여기는 禪家의 本心과, 또한 氣質을 心으로 본 荀子나 揚雄의 性惡說 같은 것이라고 설명한다. 따라서 녹문은 氣의 작용을 性으로 보지 않았고, 기질이 갖춘 理를 性으로 보며,110) 또한 心도 合理

---

109) 《鹿門集》5:6a, 答李伯訥.

人之以爲主氣而病之者, 恐其未悉乎言議曲折而然耳. 且所病於主氣者, 或作用爲性 墮乎禪家本心之說也. 或氣質當心 陷於荀楊性惡之論也. 區區雖甚昏謬, 反復省檢, 未覺其有是二病也.

여기서 楊은 揚으로도 볼 수도 있다. 揚은 前漢의 揚雄(BC 53~AD 18)을 의미하며, 楊은 전국시대 爲我主義를 주장한 楊朱를 의미한다. 양주는 분명히 《孟子》에 언급된 것으로 보아 맹자보다 앞선 인물임에는 틀림없으며, 또한 荀子보다도 앞선 인물이다. 그리고 揚雄은 분명하게 善惡混合을 주장하였다. 이에 관해서는 洪正根, 〈鹿門 任聖周의 理氣論 硏究〉(1994, 성균관대학교 석사논문), 7쪽 참고.

110) 《鹿門集》6:a, 答朴永淑, 甲午(1774년, 녹문 63세).

言天, 則氣與理, 皆在其中. 人稟是氣以爲形, 則所謂浩然之氣也. 稟是理以爲

氣로 이해하고,111) 性善을 주장하기 때문에 결코 자신이 主氣論者가 아니라고 주장한다.

녹문은 이것을 '理와 氣는 동등한 實〔本質〕이다(理氣同實)'로 설명한다.

> 理氣를 논할 때 반드시 '理와 氣는 동등한 實〔本質〕이다(理氣同實)'와 '心과 性은 一致한다(心性一致)'를 宗旨로 삼아야 한다. 心의 '지극히 맑고 신령하며 깊이 살피어 환하게 깨달음(虛靈洞徹)'은 氣의 湛一로부터 性의 仁義中正이 나타나고, 그리하여 心의 虛明이 드러나며, 안팎이 밝게 融合하고, 本末이 하나로 꿰뚫리는〔洞然〕 것이다. 맹자의 性善의 宗旨가 여기서 태양이 中天에 떠서 사방의 창문을 영롱하게 비추는 것처럼 분명하다. 이것이 과연 性惡說 또는 性惡混在說과 가까운가?112)

이 理氣同實이 곧 녹문철학의 전반에 깔린 기본 전제다. 이미 앞에서 밝힌 바대로 이기동실이란, 理와 氣는 분명히 개념적으로 구분되며 그리고 이로부터 性善의 보편성을 이해할 수 있다고 녹문은 생각하였다. 이에 비춰 보면 녹문의 철학을 主氣의 관점에서 이해하는 것은 녹문철학의 한 부분만 중시한 것이라고 할 수 있다.

이에 따라 녹문은 理와 氣는 분리해서 이해해서도 안 되며, 또한 上

　　性, 則所謂天命之性也. 以是氣配是理, 方見性之眞.
111) 《鹿門集》 17:12a~b, 玉溜講錄, 丙辰(1736, 녹문 25세).
　　更詳古人言心, 有合理氣, 而以全德言者. 如本心仁人心之類是也. 有單指氣, 而對性言者, 如靈底是心, 實底是性之類是也.
112) 《鹿門集》 5:6a~b, 答李伯訥, 乙巳(1785년, 녹문 74세).
　　論理氣, 則必以'理氣同實'·'心性一致'爲宗旨. 心之'虛靈洞徹', 由氣之湛一 而見性之仁義中正, 以心之虛明而著, 內外昭融, 本末洞然. 孟子性善之旨, 於是乎 如日中天八窓玲瓏矣. 此果近於性惡·善惡混之說乎?

下·先後관계로 보아서도 안 된다는 것을 다음과 같이 설명한다.

> 氣를 위주로 말하면 萬者는 진실로 氣이니, (그렇다고) 一者는 홀
> 로 氣가 아니란 말인가? 理를 위주로 말하면 一者는 진실로 理이니,
> (그렇다고) 萬者는 홀로 理가 아니란 말인가? 아! 理와 氣를 나누어
> 둘로 여긴 것이 오래되었다.113)

녹문은 종래 一者를 理, 萬을 氣로 이해하는 방식에서 벗어나고, 理
는 一者만 있는 것이 아니라 萬도 있으며, 氣도 萬만 있는 것이 아니라
一者도 있다고 보았다. 녹문은 자신의 이러한 견해를 곧 主氣라고 하는
비판을 인정하지 않는다. 왜냐하면 위의 인용문에 나타나듯이 그는 理
와 氣를 나누어진 것으로 보지 않기 때문이다.

이렇게 보면 녹문은 당시 다른 성리학자들에 견주어 상대적으로 氣
를 부각시켜 설명하였지만, 결코 氣를 유일한 實在로 인정한 것도 아니
며, 主氣의 관점을 견지한 것도 아니다.

그러므로 '理와 氣는 동등한 實〔本質〕이다(理氣同實)'를 전제한 녹문
의 理氣論을 '唯氣論'이라고 규정할 수 없다. '유기론'이라고 하면 일반
적으로 宇宙 안의 유일한 實在를 氣로 보는 것이다. 그러나 《鹿門集》에
는 唯氣라는 표현이 없다. 이에 견주어 녹문이 唯一한 실체로 본 虛圓
盛大底物事는 어디까지나 合理氣를 말하는 것이고, 理나 氣 어느 하나
만으로 볼 수는 없기 때문이다. 그러므로 理氣同實論은 主理도 主氣도
될 수 없다. 그런데 녹문의 이기론을 유기론으로 평가하는 것은, 녹문
이 '理氣決是二物'에서의 氣만 유일한 실체로 보았다는 것이며, 구체적

---

113) 《鹿門集》 19 : 25b.
　　　主氣而言, 則萬者 固氣也, 一者獨非氣乎? 主理以言, 則一者 固理也. 萬者獨
　　　非理乎? 噫! 理氣之判 而爲二也久矣.

으로는 녹문이 말한 허원성대저물사를 氣로 이해하였기 때문이라고 생각된다. 그러나 실제로 녹문은 理와 氣를 하나의 사물에 대한 두 가지 측면 즉 理氣不相離를 중심으로 이해하였으며, 또한 이기동실도 이 이기불상리를 전제로 성립된 것이다. 이에 따라 그는 자신의 이기론을 '主氣之病'이라고 비판한 데 대하여 강하게 부정하였다. 그 요점은 '이기동실'을 제대로 이해하지 못한 데 있다는 것이다.

한편 녹문은 기본적으로 程朱性理學을 이해하면서 정립한 자신의 관점에서 나정암의 견해를 일부 수용하였지만, 나정암의 견해를 중심으로 정주성리학을 이해한 것은 결코 아니다. 그것은 녹문이 자신의 주장에 대한 論據를 대부분 二程과 朱子의 말에서 찾고 있다는 사실에서도 잘 나타난다. 그러므로 이것을 단순히 시대적 배열로 볼 때는 나정암의 理氣一物說과 상관관계는 있지만, 내용적으로 볼 때는 발전적 과정으로 이해해야 할 문제라 생각한다. 그리고 앞서 유명종은 녹문이 理의 實在化를 반대하였다고 하였는데, 사실 녹문은 氣를 떠나 따로 있는 理의 존재를 부정한 것이지 결코 理의 실재를 부정한 것은 아니다. 또한 녹문은 '가장 맑고, 깨끗하고, 순수한 氣의 本體(湛一淸虛之氣)'의 多有不在를 인정한 율곡의 주장을 비판하고 無所不在를 주장하였는데, 이것이 '가장 맑고, 깨끗하고, 순수한 本體(湛一淸虛)'의 超越化나 絶對化가 아니라 普遍化를 의미한다고 보아야 한다. 왜냐하면 '가장 맑고, 깨끗하고, 순수한 氣의 本體(湛一淸虛之氣)'의 초월화나 절대화는 녹문이 적극 비판한 理의 초월화와 같기 때문이다.

또한 녹문의 철학을 氣學으로 규정하는 것도 무리가 있다. 왜냐하면 일반적으로 중국 明代의 陽明學者나 王夫之(1619~1692, 字 而農, 號 薑齊 또는 船山), 戴震(1723~1777, 字 愼修 또는 東原) 등의 철학을 기학이라고 하는데 녹문의 철학을 기학이라는 용어로 규정하였다면, 녹문의 기학과 중국의 기학은 同質性 또는 적어도 類似性에 관한 좀더 자세한 입증이 필요하다고 생각된다. 이 점은 먼저 중국의 기학이 가진 특징을 살펴보고 이것과 녹문의 理氣論을 비교하면 쉽게 이해 할 수 있으리라 생각된다.

氣本體論은 張載의 철학에서 정립되기 시작하여, 明末淸初에 활동한 중국의 학자들이 明代의 성리학을 비판하면서 이론적으로도 새롭게 정립하기 시작하였으나, 그 가운데 대표적으로 王夫之의 氣에 관한 관점을 요약하면 다음과 같다. 첫째, 氣는 우주에서 유일한 물질존재며 또한 우주의 本體이며 萬物을 産生하는 근원이다. 둘째, 氣는 만물의 質料와 本質이며, 셋째, 氣는 氣運·風氣로서 특정한 시기에 끊임없이 변화하는 사회적 心理와 價値의 趣向이다.114) 여기서 보듯이 氣學이라는 규정에서 가장 특징적 요건은 氣를 우주의 유일한 본체로 보는가의 유무에 달려 있다. 한편 氣哲學 또는 기학의 또 다른 특징은 天理와 人欲의 대립에서 벗어나 慾望을 긍정하는 것이다.115) 그리고 理와 氣의 관계에서도 朱子의 理先氣後의 주장과는 달리 氣의 實在性과 氣先을 주장한다.

氣學 또는 氣哲學의 이러한 특징에 비추어 보면, 녹문의 철학은 결코 이와 같은 범주에 있지 않다. 즉 녹문의 理氣論이 비록 理先氣後를 반대하지만, 중국의 氣學者들처럼 氣先을 주장하지 않고 오직 理氣同實을 大前提로 삼고 있다. 또한 녹문이 '莫之然而然'의 然을 氣의 然으로 보지만 결코 理를 부정하지 않았다. 그리고 녹문의 학문적 목표는 바로 도덕적 禁慾이나 규율의 엄밀성을 강조하고자 한 것이 아니라, 善에 대

---

114) 張立文 主編, 《氣》(北京: 人民大學出版社, 1990), 236~240쪽 참고.
115) 人欲에 대한 긍정은 陽明學과 淸代의 戴震으로 대표된다. 이들은 朱子의 理氣論을 반대하고 理보다는 氣를 중시하며 慾望을 긍정한다.

한 도덕철학적 근거를 어떻게 본체와 현상에서 일관되게 설명하고 실현할 수 있는가에 있었다. 따라서 녹문에 대한 연구도 이 점을 소홀히 하고 이기론에만 초점을 맞추어 그의 전체 철학을 규정한다면 枝葉的인 명제로 전체를 평가하는 논리적 모순을 불러일으키기 쉽다.

이 점에서 기존의 연구에 대해 "지금까지 학자들이 녹문철학을 氣一元論·唯氣論 등으로 오해하여 온 가장 큰 이유는, 첫째로 '氣上言之'의 방법론을 발견하지 못하였기 때문이며, 둘째로 '氣一分殊'라는 용어에 지나치게 집착하였기 때문인 것 같다"[116)는 洪正根의 평가는 녹문철학의 理氣論에 대하여 적어도 認識論과 存在論에서는 이전의 연구들이 밝히지 못한 점이라고 생각된다.

---

116) 洪正根, 〈鹿門과 蘆沙의 理一分殊說에 대한 이해〉(《東洋哲學研究》第18輯, 1998. 6), 263쪽.

Ⅳ 理一分殊의 연원과 전개

理一分殊說[1]은 程朱性理學의 중요 명제들 가운데 하나다. 일반적으로 이일분수는 성리학의 宇宙論과 人性論의 중심논리며, 세계의 統一性과 特殊性의 본질을 밝히고 그들의 상호관계를 해명하는 논리이며, 또한 自然論과 價値論을 貫通시키는 논리이며, 나아가 유학과 성리학에서 인간의 倫理的 근본가치인 '仁'을 發現하는 방법론으로 이해한다.[2] 이 이일분수의 문제는 "서양 존재론의 근본문제들인 존재와 무, 일자와 다, 동일과 비동일의 문제들"[3]과도 전혀 별개의 문제가 아니다. 즉 '存在와

---

1) 理一分殊說의 理論的 淵源에 대해서는 蒙培元, 《理學範疇體系》(北京: 人民出版社, 1989), 77~100쪽과 《中國哲學百科大辭典》上(北京: 中國大百科全書出版社, 1988), 理一分殊 항목; 崔英辰, 〈蘆沙 奇正鎭의 理一分殊說에 관한 고찰〉(《朝鮮朝 儒學思想의 探究》, 驪江出版社, 1988), 참조.

2) 理一分殊論은 세계의 統一性과 多樣性의 본질을 밝히고 그 상호관계를 해명하여 다양성 속에서 인간이 지향해야 할 도덕적 목표가 理一 곧 善의 최고 개념인 仁임을 강조하는 논리라고 할 수 있다. 柳仁熙 敎授는 〈退溪哲學의 近代的 意味와 東亞細亞의 未來社會〉(《東方學志》 84輯, 延世大學校 國學研究院, 1994)에서 理一分殊에 관하여 本體論의 의미와 倫理的 의미의 종합으로 풀어 설명하였다.
   理一分殊의 由來와 내용에 대해서는 Ⅳ장에서 자세하게 설명할 것이다.

3) 장욱, 〈희랍의 본질의 형이상학과 토마스 아퀴나스의 존재의 형이상학〉, 《中

無'를 '실현자로서의 氣와 原理로서의 理'로, '一者와 多'는 '一原·一者와 萬殊·分殊'로, '동일과 비동일'은 '同과 異'로 대체할 수 있다. 성리학에서 이일분수론은 바로 이러한 문제들에 대하여 形而上學的 理氣論으로 설명하려는 중심논리라고 할 수 있다.

理一分殊說을 처음 제기한 程伊川은 理를 중심으로 墨子의 兼愛說을 비판하면서 인간의 윤리적 근본인 仁을 실천하는 差等的 방법으로 이일분수를 주창하였지만, 아직 이론적인 체계가 완성된 것은 아니었다. 그러나 南宋의 朱熹(1130~1200, 號 晦庵)는 이천을 이어 本體論과 人性論으로 體系化하면서 理同氣異說로 보완하였다. 즉 朱子는 周濂溪의 《太極圖說》을 바탕으로 하여 정이천의 이일분수설을 본체론과 인성론을 통합한 이론으로 체계화시켰으며, 이를 바탕으로 인간의 도덕적 근원을 밝히는 방법론이자 知識論으로 발전시켰다. 이로써 宋·明 理學의 가장 큰 難題인 도덕적 가치와 우주론의 논리적 연결이 가능하게 되었고, 이른바 정주성리학의 체계가 완성되었다.

그런데 처음 이일분수를 중심으로 여러 문제들을 설명하려 할 때 성리학의 중심개념인 理와 氣를 理一과 分殊로 각각 나누어 이해하는 것에서 출발하였다. 그러나 녹문은 이러한 理氣의 二分法的 이해를 반대하고 '理와 氣는 동등한 實〔本質〕이다(理氣同實)'는 전제 아래 이일분수와 같은 차원에서 氣一分殊도 가능하다고 주장하였다.

이 장에서는 정이천의 理一分殊와 주자의 理同氣異, 그리고 율곡의 理通氣局論을 논리적 특성에 초점을 맞추어 槪括하고, 理氣同實을 중심으로 정립된 任鹿門의 이일분수는 程·朱의 이일분수와 율곡의 이통기국론을 종합한 것임을 밝히고자 한다.

世哲學》第2號(韓國中世哲學硏究所 編, 분도출판사, 1996), 40쪽.

1. 理一分殊와 理同氣異

주자는 程伊川의 理一分殊를 理氣論으로 재구성하여 설명하였는데 그 중심논리가 理同氣異다. 이 글에서는 이일분수의 이론형성과 그 발전과정을 검토하는 의미에서, 주자의 경우는 이일분수를 설명하는 중심논리인 이동기이를 부각시켜 논의를 펼치고자 한다.

1) 程伊川의 理一分殊

性理學史에서 理一分殊라는 용어를 명확하게 처음 사용한 학자는 北宋(960~1127)의 程頤(1033~1107, 號 伊川)다. 정이천의 제자인 楊時(1053~1135, 號 龜山)는 張載(1020~1077, 號 橫渠)의 "백성은 나의 한 뱃속 형제[同胞]이며 만물은 함께 더분다(民胞物與)"[4)는 구절에 대하

여 "體를 말하였으나 用은 언급하지 않았으므로 兼愛로 흘러갈까 두렵
다"5)고 평가하였다. 이에 대하여 정이천은 양시의 관점을 다음과 같이
비평하였다.

> 《西銘》은 理一分殊를 밝힌 것이다. 墨子는 근본을 둘로 하고 분별
> 이 없다(細註: 나의 어른과 어린이를 남의 어른과 어린이와 같이 사랑
> 하는 것은 理一이며, 사랑하되 차등이 없는 것은 근본이 둘이다). 分
> 殊의 폐단은 사사로움이 이겨 仁을 잃어버리는 것이며, 분별을 하지
> 않는 죄는 兼愛하나 義가 없는 것이다. 분별을 세우되 理一로 나아가
> 서 사사로움이 이기는 흐름을 멈추게 하는 것이 곧 仁의 방법이다. 분
> 별을 없애 겸애에 미혹되어 아비가 없는 극단에 이르는 것은 義의 賊
> 이다. 그대(필자 주: 楊時)가 같다고 비교하는 것은 지나치다. 또 體
> 를 말하고 用을 언급하지 않았다고 하였는데, 그(필자 주: 張載)가 사
> 람들이 行의 근본을 밀고 나가 用으로 삼게 하고자 한 것인데, 도리어
> 언급하지 않았다고 하는 것은 또한 (原義와) 다르지 않겠는가?6)

곧 정이천은 장재와 墨子가 기본적으로 다른 점이 '理一分殊'와 '兼愛'
의 차이라고 보았다. 그의 이러한 관점은 현실적 실현의 방법론에서 말미

---

4) 張載, 《正蒙》 乾稱篇 第十七. 《張載集》(北京: 中華書局, 1978), 62쪽.
　　民, 吾同胞, 物, 吾與也.
　　　喩博文은 《正蒙注譯》(蘭州大學出版社, 1990, 293쪽)에서 '與'를 黨與, 同伴
　　으로 풀이함.
5) 《二程全書》 卷41, 《粹言》 42a(九州大學中國哲學硏究所 編, 中文出版社) 上,
　　343쪽.
　　　言體而不及用, 恐其流至于兼愛.
6) 《二程全書》 46:21b, 〈答楊時論西銘書〉(서울: 景文社, 1981년 판), 366쪽.
　　《西銘》明理一而分殊, 墨氏則二本而無分(老幼及人理一也, 愛無差等本二也).
　　分殊之蔽, 私勝而失仁, 無分之罪, 兼愛而無義. 分立而推理一, 以止私勝之流,
　　仁之方也. 無別而迷兼愛, 至于無父之極, 義之賊也. 子比而同之, 過矣. 且謂言
　　體而不及用, 彼欲使人推而行之本爲用也, 反謂不及, 不亦異乎?

암는다고 생각된다. 즉 仁은 儒家思想의 근본으로서 大同社會의 최고덕
목이자 목표이기도 하다. 그런 시각에서 본다면 묵자의 겸애가 나쁠 것
은 없으며, 또한 仁의 덕목과도 반대되는 것은 아니다. 그러나 현실적
으로 보면 처음부터 나의 부모·형제·자녀 등의 血族과 다른 사람의
부모·형제·자녀 등을 똑같이 사랑한다는 것은 불가능하다. 왜냐하면
수많은 부모·형제·자녀를 하나하나 다 사랑할 수 없으며, 또한 한 사
람이라도 제대로 사랑할 수 없기 때문이다. 더욱이 남의 부인을 나의
부인처럼 사랑하거나, 남의 남편을 나의 남편처럼 사랑하다가는 이 세
상에 온전한 가정이 존재할 수 없을 것이다. 따라서 정이천은 묵자의
겸애는 현실적 바탕과 실천 가능성이 없는 단지 이상에 지나지 않을 뿐
이라고 보았다. 이에 따라 정이천은 묵자의 겸애가 理一을 지향한 것이
아니라, 여전히 分殊에 머물러 있기 때문에 인간의 도덕적 근본으로 삼
을 수 없다고 보았다. 이와 반대로 張載의 사상은 인간의 근본은 오직
하나로, 현실적으로 보면 사람마다 달라서 다른 것같이 보이지만, 결국
은 仁이라는 최고 덕목에 근본하고 또한 그것을 지향한 것이며, 이것을
이천은 '理一分殊'라고 표현하였다. 즉 理一〔仁〕이란 모든 인간의 根幹
이자 지향점이며, 현실 곧 분수〔兼愛〕는 理一의 갈래에 지나지 않는다
는 뜻이다. 따라서 정이천은 이러한 差等的 秩序로부터 이일로 나아가
는 과정이 장재의 《西銘》에서 잘 설명하고 있다고 보았기 때문에 楊時
의 평가를 비판한 것이다.

　그런데 정이천은 儒家의 親親이나 愛人 등의 덕목으로부터 仁民을
거쳐 愛物의 단계로 나아가기 위한 현실적 실천방법으로써 차등적 질서
를 중시한 것이지, 결코 차등적 질서 그 자체를 목표로 한 것은 아니다.
더욱이 차등적 질서가 階級的 차등을 의미하는 것은 결코 아니다.

　한편 정이천은 本體論으로도 이일분수를 설명한다. 곧 사람이 각각 그

모습과 성격은 다를지라도 인간된 도리로서 추구해야 하는 최고의 가치 즉 仁은 다르지 않은 것처럼, 자연에 존재하는 사물들도 이일분수의 원리로 이해할 수 있다는 것이다. 그는 이에 대한 근거를 《周易》〈睽卦・象辭〉[7]에서 찾아 다음과 같이 해석한다.

> 사물의 같음을 推理함은 睽가 때에 따라 쓰임을 밝히는 것이니 곧 聖人이 따로 떨어진 것〔睽〕을 합하는 道이다. 같은 것을 보고 같다고 여기는 것은 세상 사람의 뜻이다. 성인은 物理가 본래 같음을 밝혀 그로써 天下를 같게 하고, 만 가지 종류를 화합시킬 수 있다. 사물은 비록 다르나 理는 본래 같다. 그러므로 천하는 크고, 허다한 생물은 만 갈래로 갈라져 흩어져 있으나, 성인은 그것들을 같게 할 수 있다.[8]

현실적인 사람이나 사물을 보면 그것이 서로 별개의 것으로 보이지만, 자세히 보면 사람이나 사물은 서로 같아지려는 성질을 가지고 있다는 것이다. 즉 하늘은 높고 땅은 낮아 서로가 떨어져 있지만, 陽氣〔天〕는 아래로 내려오고 陰氣〔地〕는 위로 올라가 서로 합하여 만물을 化育하는 것은 서로 함께하는 것이며, 男女는 異質로 서로 다르지만 서로의 짝을 찾으려는 마음이 있기 때문에 서로 통하며, 자연의 生物은 萬殊로 다르지만 천지의 和合과 음양의 氣를 稟賦하였으므로 서로 상응하는 종류다. 따라서 사물은 비록 서로 다르지만 그 理는 본래 같다는 것이다.

---

7) 天地睽而其事同也, 男女睽而其志通也, 萬物睽而其事類也. 睽之時用大矣哉. 《周易》의 睽卦는 上 離 ☲, 下 兌 ☱로서 火澤 睽이다. 이때 睽는 乖의 뜻으로 서로 등지고 떨어져 있다는 의미다. 즉 사람의 두 눈〔眼〕이 하나의 物을 보지 않고 따로따로 보는 것에서 유래하였다.

8) 《伊川易傳》卷3, 睽卦, 象辭.
  推物理之同, 以明睽之時用, 乃聖人合睽之道也. 見同之爲同者, 世俗之志也. 聖人則明物理之本同, 所以能同天下而和合萬類也. …… 物雖異而理本同, 故天下之大, 群生之衆, 睽散萬殊, 而聖人爲能同之.

그러므로 사물의 이치에 밝게 되면 누구라도 萬殊 가운데서 통일성의 원리를 찾아 인식할 수 있다는 것이 程伊川의 주장이다.

이상으로 程伊川의 理一分殊說을 人性論과 自然論의 관점으로 나누어 설명하였다. 이것을 정리하면 첫째, 정이천의 이일분수설은 도덕론에서 출발하였다는 점이다. 이것은 孔·孟의 철학이 性理學으로 정착하는 과정에서 이룬 인성론의 중요한 발전이다. 주자는 정이천의 이일분수설을 理同氣異說로 보완하여 성리학의 주요 문제인 一原과 分殊의 개념을 정립하고, 나아가 이 둘을 통하여 존재하는 統一性과 多樣性을 설명하며 性의 개념을 설명하고자 하였다.

둘째, 정이천은 無父無君의 논리로 墨子의 兼愛說을 비판하였는데, 이것은 인간의 현실적 상황에 맞는 도덕적 실천을 중시하였기 때문에 차등적인 親親이나 愛人의 덕목에서 仁民을 거쳐 愛物의 단계로의 실천을 주장하였다. 그러나 친친·애인에만 머무르는 차등적 질서 그 자체를 목표로 한 것은 아니다. 그것은 정이천이 '이일분수'를 주장할 때 인간의 보편적 윤리성이 사람마다 차이가 있다고 말하지 않았다는 점에서 잘 드러난다. 왜냐하면 인간의 보편적 윤리가 인간끼리 차이가 있다고 하면 그것은 時空의 차이가 있는 것이며, 그렇게 되면 仁이란 상대적 가치가 되며, 따라서 개인의 私慾을 방지할 수 없게 된다.

바로 이 점에서 정이천의 '이일분수'는 철학사에서 보편적 윤리관을 확립하려는 性理學의 중요한 이론적 바탕을 제공하였다고 할 수 있다.

2) 朱子의 理同氣異

程伊川의 뒤를 이어 性理學을 집대성한 주자는 理一分殊를 理同氣異

로써 더 완전한 이론체계로 발전시켰다.

먼저 주자는 "《西銘》은 구절마다 이일분수를 드러내려고 하였다"[9]고
하고, 또 "《서명》은 총체적으로는 하나의 이일분수며, 하나의 구절도
이일분수다"[10]고 하여 정이천과 같이 張載의 《서명》을 이일분수의 결정
체로 이해하였다. 그리고 주자는 林夔孫[11]의 질문에 이일분수의 의미를
정이천이 잘 설명하였다고 하여 다음과 같이 설명하였다.

> 理와 氣를 묻습니다. (주자가) 대답하기를, '伊川이 매우 잘 말하기
> 를 理一分殊라고 하였다. 天地萬物을 합하여 말하면 단지 하나의 理이
> 며, 사람에게서는 또한 각각 하나의 理가 있다'고 하였다.[12]

여기서 理와 氣를 묻는다는 것은 곧 理와 氣의 관계를 묻는 것이다.
이에 주자는 理와 氣의 관계를 理一分殊로 설명하면서 天地萬物을 합하
여 말해도 하나의 理이며, 사람도 하나의 理를 갖추고 있다고 설명하였
다. 즉 理一과 分殊를 理와 氣로 나누어서 말하지 않고 모두 理로써 말
하였다. 여기서 '천지만물을 합하여 말한다' 함은 곧 統體의 '一理' 곧
'一原'을 뜻하며, '각각 하나의 理가 있다'는 말은 '萬' 또는 '萬殊'를 의미

---

9) 《朱子語類》 98:86.
   西銘要句句見'理一而分殊'. 文蔚(주자 59세 이후).

10) 《朱子語類》 98:87.
   西銘通體是一箇'理一分殊', 一句是一箇'理一分殊'.

11) 자는 子武이고, 호는 蒙谷이다. 福州 古田縣(福建) 사람이다. 《考亭淵源錄》에
   따르면, 僞學禁이 일어났을 때(1196) 학자들이 다시 주희를 사사했는데, 이때
   임기손도 주자를 따라 講學했다. 저술에 《書本義》, 《蒙谷集》이 있다. 《朱子
   語類》에는 임기손이 丁巳年(1197) 이후에 들은 내용을 약 250조목으로 기록
   했고, 직접 문답한 것은 10여 조목이다.

12) 《朱子語類》 1:8.
   問理與氣. 曰, 伊川說得好曰, '理一分殊'. 合天地萬物而言, 只是一箇理, 及在
   人, 則又各有一箇理.

한다. 그러므로 이일분수는 구체적으로 一과 萬의 관계를 설명하는 것
이다.

이 一과 萬의 관계를 주자는 다음과 같이 理一而分殊로 설명한다.

> 또 '理一分殊'에 대하여 묻습니다. (주자가 대답하기를) '理一을 말
> 하고 分殊를 말하지 않으면 墨子의 兼愛가 되며, 분수를 말하고 이일
> 을 말하지 않으면 楊朱의 爲我說이 된다. 그러므로 분수를 말하면 이
> 일이 그 안에 저절로 있으며, 이일을 말하면 분수도 또한 그 안에 있
> 지만 서로 夾雜하지 않는다'고 하였다.13)

주자는 理一과 分殊는 언제나 서로 함께 있으면서도 뒤섞이지[夾雜]
않음을 강조하였다. 왜냐하면 이일만 말하면 현실적 상황을 경시하는
묵자의 겸애설과 같이 無父의 경우가 되며, 분수만 말하면 극단적 利己
主義인 楊朱의 爲我說과 같이 되기 때문이다.

그러나 다양한 현상에 대한 설명도 있어야 한다. 주자는 '이일분수'에
서 이일의 理가 분수로 갈라지는 것을 낱낱의 사물에서 理의 用이 다르
기 때문이라고 설명한다.

> 만물은 모두 이 理가 있다. 理는 모두 一原에서 나오지만, 자리하는
> 위치가 다르므로 그 理의 用이 한결같지 않다. 예를 들면, 임금은 반
> 드시 仁慈해야 하며, 신하는 반드시 恭敬해야 하며, 자식은 반드시 孝
> 道해야 하며, 부모는 반드시 慈愛로워야 하는 것처럼, 사물마다 각각
> 이 理를 갖추고 있으나, 사물마다 각각 그 用이 다르다.14)

---

13) 《朱子語類》 98:81.
　　又問'理一而分殊'. '言理一而不言分殊, 則爲墨氏兼愛, 言分殊而不言理一, 則爲
　　楊氏爲我. 所以言分殊, 而見理一底自在那裏, 言理一, 而分殊底亦在, 不相夾
　　雜.'(子蒙)
14) 《朱子語類》 18:28.

즉 만물의 理는 모두 一原으로부터 시작되었지만 각각의 사물에서는 일원이 각각 다르게 드러난다는 말이다. 이 다르게 드러난다는 것은 각각의 사물들이 가진 기능을 의미하는 것이다. 이미 程伊川의 理一分殊에서 보았듯이, 이일분수는 인류공동의 善인 仁을 실천하기 위한 윤리적 의미로 시작되었고, 여기에 본체론의 차원에서도 해명하였다. 주자도 이일분수를 本體論에서의 理氣論으로 체계화하고 그것을 통하여 인간의 도덕적 근원과 사물의 차이를 설명하려고 하였다.

널리 알고 있듯이 '性卽理'라는 명제는 程朱性理學의 人性論을 대표하는 命題다. 주자는 이 명제를 본체론의 理氣論으로 해명한다. 곧 '性'이란 사물의 量的인 특성이 아니라 質的인 특성을 가리키는 말이다. 주자는 이 질적인 특성을 氣로 보지 않고 理로 설명한다. 그리고 주자는 道德的 가치근거를 사회적 상식이나, 인종과 국가 또는 민족적 전통이나, 종교적 교리 등에 두지 않고, 形而上學的 考察인 이기론에 바탕을 둔다. 그런데 現象에서 사람과 사람 사이〔人人間〕, 사람과 사물 사이〔人物間〕, 사물과 사물 사이〔物物間〕의 性은 같은가, 다른가? 다르다면 그 원인이 무엇인가?

이들 문제에 대한 주자의 설명을 알아보기 위해서 먼저 '性卽理'의 理는 어떤 理인가를 살펴보아야 한다.

주자는 《中庸》의 첫 장인 〈天命之謂性〉에 대하여, "命은 令과 같다. 性은 곧 理다. 天은 陰陽五行으로써 萬物을 化生하니, 氣로써 形體를 이룸에 理도 또한 부여된다"[15]고 하였다. 여기서 "性이 곧 理다"고 할 때의 理는 "理亦賦焉"의 理라고 할 수 있다. 이어서 주자는 이 理를 사

萬物皆有此理, 理皆同出一原, 但所居之位不同, 則其理之用不一, 如爲君須仁, 爲臣須敬, 爲子須孝, 爲父須慈, 物物各具此理, 而物物各異其用.
15) 《中庸》 天命之謂性章, 朱子註.
　　命 猶令也. 性卽理也. 天以陰陽五行, 化生萬物, 氣以成形, 而理亦賦焉.

람과 사물이 다르게 갖추고 있다고 하여 다음과 같이 말한다.

> 내가 보기에 性이란 사람이 하늘[天]로부터 부여받은 理며, 生이란 사람이 하늘로부터 부여받은 氣다. 性은 形而上者며 氣는 形而下者다. 사람과 사물이 생겨남에 이 性과 氣가 없는 것이 없다. 그러나 氣로써 말하면 知覺과 運動은 사람과 사물이 다름이 없으며, 理로써 말하면 仁·義·禮·智의 稟賦가 어찌 사물이 얻은 바가 온전할 수 있겠는가?16)

주자는 사람이 하늘[天]로부터 얻은 理가 性이며, 사람이 하늘로부터 얻은 氣가 生이라고 규정하였다. 그런데 氣의 관점에서 보면 知覺運動은 사람과 사물이 차이가 없으나, 理의 관점에서 보면 仁·義·禮·智와 같은 道德的 稟性을 사물은 완전하게 갖추지 못하고 사람만이 갖추었으므로 사람이 만물의 靈長이 된다. 여기서 보면 가장 중요한 대목이 바로 사람만이 인·의·예·지와 같은 도덕적 품성을 온전하게 갖추었고 사물은 갖추지 않았다는 말이다.

이 이유를 주자는 '天地之性(本然之性)'과 '氣質之性'이라는 두 가지 層次로 구분하여 "천지지성이 있고, 기질지성이 있다. 천지지성은 太極本然의 妙이며, 萬殊의 一本이다. 기질지성은 理氣가 번갈아 운행함에 따라 一本으로부터 생겨나지만 만 갈래로 다르다"17)고 하였다. 곧 '천지

---

16) 《孟子》〈告子上〉, 生之謂性章 朱子註.
  愚按, 性者人之所得於天之理也, 生者人之所得於天之氣也. 性形而上者也, 氣形而下者也. 人物之生, 莫不有是性, 亦莫不有是氣. 然以氣言之, 則知覺運動, 人與物若不異也, 以理言之, 則仁義禮智之稟, 豈物之所得而全哉?
17) 《性理大全》卷30, 3a.〈答黃商伯〉.《朱子大全》中(서울: 保景文化社, 1984), 513쪽.
  有天地之性, 有氣質之性. 天地之性, 則太極本然之妙, 萬殊之一本也. 氣質之性, 則理氣交運, 而生一本而萬殊也.

지성'은 萬物이 陰陽五行으로부터 생겨날 때 부여받는 理를 갖춘 性으로, 이것은 태극본연의 모습을 온전하게 갖추고 있으며, 또한 만물이 모두 근본으로 삼는 性이다. 그러나 '기질지성'은 각각의 사물이 각각의 氣質에 따라 부여받은 理를 갖춘 性으로, 이것은 본연지성을 완전하게 갖추지 못하며, 또한 사물마다 다르다〔萬殊〕. 곧 一本〔理一〕으로부터 生出하지만 현실적으로는 萬殊다.

그렇다면 性이 사람과 사물 사이, 사람과 사람 사이, 사물과 사물 사이에 만 갈래로 다른 원인이 어디에 있는가? 주자는 그것을 '理同氣異'의 논리로 설명한다.

> 萬物의 一原을 논하면 理는 같으나 氣는 다르다. 만물이 다른 形體를 보면 氣는 오히려 서로 비슷하나 理는 결코 다르다.[18]

여기서 '萬物之一原'의 一原은 곧 太極이며 만물의 근원이다. 따라서 일원에서 추론하면 '理同氣異'며, 이때 理氣의 先後를 말하면 理先氣後의 관점이다. 그러나 현상적으로 萬殊로 다른 사물들을 먼저 보면 '氣猶相近 理絶不同'이며, 이때는 氣先理後의 관점이다. 물론 주자도 '氣同理異'의 관점을 드러내기도 하였지만 그것은 현상의 관점에서 설명한 것이다. 결국 太極·理一이라는 하나의 頂點에서 만물이 생성되고, 따라서 만물의 근원을 유추하면 결국은 태극·이일이 그 근원이 된다는 논리가 이동기이다. 곧 理는 만물을 관통하며, 그를 통해 통일성을 유지할 수 있다는 말이다.

이 이동기이는 한편으로 理先氣後와 일맥상통한다. 곧 주자는 "이것

---

18) 《朱子大全》中 卷46, 15a~b, 〈答黃商伯〉(서울: 保景文化社, 1984), 70쪽.
論萬物之一原, 則理同而氣異. 觀萬物之異體, 則氣猶相近而理絶不同也.

은 본래 선후가 없다고 말할 수 있으나, 반드시 그 所從來를 유추하고
자 하면 꼭 먼저 있는 것이 이 理다. 그러나 理가 또 따로 하나의 사물
이 아니라 이 氣 속에 있다. 이 氣가 없으면 이 理는 또한 걸려 있을 곳
이 없다"19)고 하였다. 요약하면, 氣가 現象化할 때 바탕으로 하는 原理
를 추리(推其所從來)한다면, 그 根據原理가 되는 理가 먼저 있어야 한
다. 그러나 이 理는 氣와 함께 있는 것이므로 時空을 초월하여 독립적
으로 존재하는 것이 아니다.

이상의 내용을 정리하면, 첫째, 朱子의 理同氣異는 程伊川과 같이 인
간의 道德的 根源을 해명하기 위한 것이다. 곧 주자는 인간의 도덕적
근원을 理一·太極에 두고 形而上學的 理氣論으로 설명하였다. 理一分
殊는 '一'과 '萬'의 관계를 설명하는 논리로, 여기서 理는 이미 정이천의
경우에서 보았듯이, 법칙 또는 원리로서의 의미보다 도덕적 의미로서
道理이며, 따라서 理一은 도덕적 근원이라고 할 수 있다. 그리고 分의
의미는 '分有'의 의미가 아니라 기질에 따라 각각 갖춘 '用'을 의미한다
고 할 수 있다. 둘째, 事物에서 보면 理와 氣는 '不可分開'의 관계로 존
재하지만, 각각의 개념은 분명히 구별된다. 그러나 그 所從來를 유추하
면 理先氣後지만 이것은 논리적 선후이지 초월적 理의 존재를 인정한
것은 아니다.

그러나 "이 氣가 있으면 理는 곧 그 가운데 있다"20)고 하여 理氣의 同
時同所를 주장하기는 하였지만, 氣보다는 理를 중심으로 性의 개념과

---

19)《朱子語類》1:11.
　　此本無先後之可言, 然必欲推其所從來, 則須說先有是理. 然理又非別爲一物,
　　卽存乎是氣之中. 無是氣, 則是理亦無掛搭處.
20)《朱子語類》1:13.
　　有此氣, 則理便在其中.

同異문제를 해명하였다. 이때 중요한 점은, 주자는 理同에 부합하는 氣同을 분명하게 언급하거나 인정하지 않았고, 本源에서는 비록 논리적 선후이기는 하지만 理先을 인정함으로써, 理一에 상응하는 氣一을 생각하지 않았다.

주자의 이러한 관점은 율곡 이이에게서 더욱 분명해지는데, 율곡은 萬物의 同一性을 理로 규정한 데서 한 걸음 더 나아가 도덕적 善의 근거와 현상적으로 생기는 惡의 원인을 설명하였다. 그것이 곧 理通氣局論이다.

2. 理一分殊와 理通氣局

栗谷 李珥(1536~1584)는 程朱性理學의 理一分殊說을 현상의 多樣性과 統一性을 해명하는 데 초점을 맞추어 理通氣局으로 재정리하였다. 그런데 理一分殊·理同氣異·理通氣局의 세 명제로 性의 개념정의나 차별성 그리고 性善과 性惡의 원인에 대하여 理氣論으로 해명할 때, 율곡의 후학들이 湖論과 洛論으로 갈리어 처지에 따라 서로 다르게 이해함으로써 치열한 논쟁을 벌였다.

이 논쟁의 중심주제는 첫째, 人性과 物性은 근원적으로 같은가, 다른가(人物性同異)에 관한 논쟁으로서, 이것은 도덕적 근본인 太極(理)이 어디까지 온전하게 부여되어 있는가의 문제다. 둘째, 인간의 마음(心)은 思慮가 發動하지 않았을 때 善한 상태인가 善惡이 함께 있는 상태인가(未發心體有善惡)에 관한 논쟁으로서, 이것은 現象에 존재하는 惡의 원인이 어디에 있는가에 관한 문제다. 이에 따라 湖論은 分殊·氣異·

氣局을 중심으로 人性과 物性은 다르고 未發心體도 有善惡이라고 보며, 洛論은 理一·理同·理通을 중심으로 인성과 물성은 근원적으로는 같고 미발심체는 本善이라고 주장하였다.

율곡의 이통기국은 그의 氣發理乘의 전제에서 비롯된 것으로 현상계의 千差萬別한 多樣性과, 그 다양성을 貫通하는 普遍性(同一性)이 어떻게 존재할 수 있는가를 설명하는 명제다. 곧 인간의 보편적 도덕성인 性善에 대한 철학적 해명이기도 하다.[21] 율곡의 이 명제는 사물에 內在하는 性의 統一性과 다양성에 대하여, 그 근원과 現象的으로 서로 다른 원인을 해명한 程伊川의 理一分殊와 朱子의 理同氣異을 더욱 구체적이고 자세하게 발전시킨 것이다. 즉 주자의 논리에는 理一과 分殊의 관계, 理同과 氣異의 관계가 불분명하다. 現象의 사물들이 왜 다른가에 대한 해명은 가능하지만, 어떻게 다르며 또 분수는 이일과 어떻게 相通할 수 있는가에 대해서는 많은 논란의 여지를 남겨 놓았다. 이에 따라 율곡은 주자와 같이 理의 관점에서 재정리하였는데 그 핵심논리가 理通氣局이다.

이 장에서는 율곡의 理通氣局論을 간단히 정리하고, 이어 南塘과 巍巖의 이해와 관점을 비교 검토하고자 한다.

---

21) 柳仁熙 教授는 〈展望程朱理學與東亞細亞哲學的前景 -理氣決是二物與理先氣后的現代意義-〉(韓中程朱思想國際學術硏討會·洛陽, 1998. 7)에서 "기(氣)세계의 국화(局化)의 성질에도 불구하고 그것들을 하나로 통하는 것은 곧 이(理)의 소통력(疏通力) 때문인데 이(理)와 기(氣)는 분리된 적이 없기 때문에 이것은 존재론적으로 가능하다"고 하여 理通의 統一性을 잘 설명하고 있다.

1) 李栗谷의 理通氣局

율곡은 氣發理乘의 理氣觀을 확립한 뒤 현상의 다양성과 그 다양성을 통일적으로 설명하기 위하여 理通氣局論을 주장하였는데, 그것은 程·朱의 理─分殊說에 대한 새로운 이해를 중심으로 펼쳐진다.

> 理通이라는 것은 天地萬物이 同一한 理며, 氣局은 천지만물이 각각 하나인 氣다. 이른바 理─分殊는 理는 본래 하나지만, 氣가 고르지 않기 때문에 그 머무르는 장소에 따라 각각 하나의 理가 되는 것이다. 이것이 이른바 分殊가 되는 까닭이며, 理가 본래 하나가 아닌 것은 아니다.[22]

곧 理通이란 天地萬物을 관통하는 '同一한 理'며, 氣局이란 천지만물의 '各─의 氣'다. 이것을 앞에서 주자가 말한 理同氣異와 견주면, 理通은 理同, 氣局은 氣異와 같은 맥락이라고 할 수 있다. 즉 만물의 보편성은 理로, 특수성은 氣로 설명하는 논리적 방식은 똑같다.

이 '同'과 '通'의 의미를 살펴보면, '理同'의 '同'은 '같음'의 뜻이므로 '同一性'을 의미하지만, '理通'의 '通'은 '같이 통하도록 하는'의 의미이므로 '동일성'과 '作用性'을 의미하는 것이라 생각된다. 그것은 율곡이 천지만물의 통일성(보편성)과 다양성(특수성)을 동시에 설명하려고 하였기 때문이라고 할 수 있다. 왜냐하면 만물의 보편성이 전제되지 않는 특수성은 성립할 수 없기 때문이며, 언제나 보편성과 특수성은 서로 한쪽을 전제하고 있기 때문이다.

---

22) 《栗谷全書》卷1, 456~457. 〈聖學輯要〉修己 上, 窮理章.
　　理通者, 天地萬物同一理也, 氣局者, 天地萬物各一氣也. 所謂理─分殊者, 理本一矣, 而由氣之不齊, 故隨所寓, 而各爲一理. 此所以分殊也, 非理本不一也.

율곡의 이러한 논리는 결국 心性의 善惡과 修養의 문제로 연결되지만, 여기서는 어떻게 그 보편성의 논리가 펼쳐지고 있는가에 초점을 맞추고자 한다.

율곡은 一原에서 현상의 萬物은 하나의 보편적 원칙에 根源하며 그 보편적 원칙은 개별적 事物들을 貫通하고 있음을 '理通'으로 설명한다.

> 理의 通함〔理通〕이란 무엇을 말하는가? 理는 本과 末도 없고 先과 後도 없다. 本末도 없고 先後도 없으므로 아직 感應하지 않았을 때도 먼저〔先〕가 아니며, 이미 감응하였을 때도 뒤〔後〕가 아니다(程子의 설이다). 그러므로 氣를 타고 流行하여 천태만상으로 고르지 아니하나 그 本然의 妙理는 없는 데가 없다. 氣가 치우치면〔偏〕理도 또한 치우치게 되나 그 치우친 바는 理가 아니라 氣이며, 氣가 온전〔全〕하면 理도 역시 온전하나 온전한 바는 理가 아니라 氣이다. 맑고 탁하고 순수하고 雜駁한 것과 찌꺼기·재·거름·오물 가운데도 理가 있지 않은 곳이 없어 각각 그 性이 되지만, 그 본연의 妙는 스스로 그러함〔自若〕을 방해하지 않는다. 이것을 理의 通함이라고 이르는 것이다.[23]

곧 理通이 가능한 것은 理가 本末·先後가 없기 때문이며, 따라서 아무리 參差不齊한 事物에서도 그 本然의 妙, 즉 理의 乘氣流行의 기능이 작용하기 때문이다. 이때 理通의 理는 두 가지 의미를 포함하는데 첫번째 의미가 理의 超時空이다. 그러나 초시공은 다만 시간과 장소(事物)에 구애받지 않는 보편성을 의미하며, 現象의 사물과 떨어져 독립적

---

23) 《栗谷全書》卷1, 209 10:26a, 答成浩原(論理氣 第六書).
　　理通者何謂也. 理者, 無本末也, 無先後也. 無本末無先後, 故未應不是先, 已應不是後(程子說). 是故乘氣流行參差不齊, 而其本然之妙無乎不在. 氣之偏則理亦偏, 而所偏非理也, 氣也. 氣之全則理亦全, 而所全非理也, 氣也. 至於淸濁粹駁·糟粕煨燼·壤汚穢之中, 理無所不在各爲其性, 而其本然之妙, 則不害自若也. 此之謂理之通也.

으로 존재하는 超越性을 의미하는 것은 아니다. 왜냐하면 율곡도 理氣
의 관계를 槪念的으로는 決是二物이지만 현실적으로는 不離不雜이라고
일관되게 주장하기 때문이다. 두 번째 의미는 理의 無所不在함이다. 비
록 현실적으로 萬物은 타고난 氣의 偏·全으로 말미암아 一原의 理를
온전하게 다 드러내지 못할 뿐이다. 그리고 이러한 理는 乘氣함으로써
본래의 通性을 다 드러내지 못하는데, 그것은 氣의 偏함 때문이지 理
자체의 偏함은 아니라는 것이다. 그렇다면 왜 理는 超時空的이며, 氣는
偏·全이 있는가?

> 理와 氣는 원래 서로 분리되지 않아 마치 하나의 사물과 같지만,
> 서로 다른 까닭은 理는 無形인데 氣는 有形이며, 理는 無爲인데 氣는
> 有爲이기 때문이다. 무형이며 무위지만 유형과 유위의 主가 되는 것이
> 理다. 유형이며 유위지만 무형과 무위의 器가 되는 것은 氣다. 理는
> 무형이며 氣는 유형이기 때문에 理通氣局이다. 理는 무위이며, 氣는
> 유위이기 때문에 氣가 發함에 理가 타는 것이다.[24]

여기서 '理氣元不相離'는 곧 理氣의 相互不離를 의미하며, '理無形'과
'氣有形'은 理氣의 相互不雜을 의미한다. 그리고 '理無爲'는 理 자체에는
운동성이 없지만 氣를 타고 드러난다는 의미다. 그러므로 有爲의 主가
된다. 이러한 점에서 理는 事物에서 그 主宰性을 發顯한다. 바로 理의
이 무형적 특성과 무위적 특성으로 말미암아 '氣發理乘'이 가능하며, 또
한 理는 超時空性과 無所不在性을 가질 수 있으므로 그것을 理通이라
한다. 따라서 이통은 萬物의 통일성 곧 보편성을 의미하게 된다. 다시

---

24)《栗谷全書》卷1, 10:25b~26a.
　　理氣元不相離, 似是一物, 而其所以異者, 理無形也, 氣有形也, 理無爲也, 氣
　　有爲也. 無形無爲而有形有爲之主者, 理也. 有形有爲而無形無爲之器者, 氣也.
　　理無形而氣有形, 故理通氣局. 理無爲而氣有爲, 故氣發理乘.

말하면, 本體인 太極의 理一은 이미 萬理를 내포하며, 개별적 사물에서 이일은 복잡하고 다양하게 다른〔參差不齊〕氣를 따라 萬象의 一理로 나누어진다. 이때 이일의 理는 本然의 주재성을 萬殊의 사물에서도 내재함으로써 천지만물의 통일성을 유지하게 된다는 말이다. 그러나 氣는 有形·有爲이므로 時空的 限界를 가지지 않을 수 없으며, 그것이 氣局이며 사물의 특수성이다.

그러면 현상의 다양성의 원인은 무엇인가? 이미 앞에서 氣는 理와는 달리 有形·有爲이므로 구체적 사물로 생겨날 때 時空的 한계를 가지며 이것을 氣局이라고 하였다. 곧 율곡은 氣가 現實的 사물로 形成되는 것이 유위며, 거기에 따라 形體를 갖추게 되는데 그것이 유형이라고 보았다. 이때 유위의 形式이 곧 기국이다. 율곡은 現象界의 다양성이 생기는 이유를 氣의 局性에서 비롯된다고 보고 다음과 같이 설명한다.

> 氣局이란 무엇을 말하는가? 氣는 이미 形迹에 간섭되기 때문에 本末이 있고 先後가 있다. 氣의 본체는 湛一淸虛할 뿐이니 어찌 일찍이 찌꺼기·재·거름·오물 등의 氣가 있겠는가? 단지 그것이 오르고 내리고 날고 펼쳐〔升降飛揚〕잠시도 쉬지 않으므로 뒤섞여 고르지 않으며 만물이 생긴다. 여기에 氣가 流行하면서 그 本然을 잃지 않는 깃도 있고 그 본연을 잃어버리는 것도 있다. 이미 그 본연을 잃어버리면 氣의 본연은 이미 있는 데가 없다. 치우친 것은 치우친 氣지 온전한 氣가 아니며, 맑은 것은 맑은 氣지 탁한 氣가 아니고, 찌꺼기나 재는 찌꺼기나 재의 氣이지 湛一淸虛한 氣가 아니다. 理가 만물에서도 그 본연의 妙가 있지 않음이 없는 것과 같지 않다. 이것을 일러 氣의 局이라고 한다.25)

---

25)《栗谷全書》1, 10:26a~b, 答成浩原(論理氣 第六書).
氣局者何謂也? 氣已涉形迹, 故有本末也, 有先後也. 氣之本, 則湛一淸虛而已, 曷嘗有糟粕煨燼糞壤汚穢之氣哉? 有其升降飛揚, 未嘗止息, 故參差不齊, 而萬

곧 氣는 有爲·有形이며 따라서 先後·本末·形迹이 있고 時空的 制限을 받는다. 그런데 "氣의 本體는 湛一淸虛할 뿐이다(氣之本, 則湛一淸虛而已)"고 하여 '담일청허'를 氣의 근본적 특성으로 규정한다. 이것은 '理通'에 관한 설명에서 '理는 본래 하나다(理本一)'고 한 말과 비교하면 분명한 차이가 있다. 즉 '理本一'은 始原·本源의 의미지만, 담일청허는 氣의 근본바탕으로 明明·淸淸·純粹의 뜻이며, '이본일'과 짝하는 '氣本一'을 의미한다고 할 수 있다. 그러나 율곡은 '기본일'의 개념을 무시하였거나 적어도 생각하지 않았다. 여기서 율곡의 의도가 분명하게 드러난다. 그는 理一과 '가장 맑고, 깨끗하고, 순수한 氣의 本體(湛一淸虛之氣)'를 대비시킴으로써 理氣의 가장 완전하고 이상적 결합을 추구한 반면에, 현실적으로 理一을 완전하게 드러내지 못하는 원인을 氣의 質的인 不完全性에 두려고 하는 것이다. 바로 이 질적 불완전성이 곧 氣局이며, 萬物이 萬殊로 다르게 갈라지는 근본적 원인이다. 이 局이 생기는 원인은 결국 氣에 대한 理의 완전한 主宰가 이루어지지 않기 때문이다.

> 氣가 發하면서 理가 탄다는 것은 무엇을 말하는가? 陰은 靜하고 陽은 動하는 것은 발동의 기틀[機]이 스스로 그러할 뿐이지, 그렇게 하게 하는 것이 있지 않다. 陽이 움직이면 理는 그 움직임을 타는 것이지 理가 움직이는 것은 아니며, 陰이 靜하면 理는 그 靜을 타는 것이지 理가 靜하는 것은 아니다.[26]

變生焉. 於是氣之流行也, 有不失其本然者, 有失其本然者. 旣失其本然, 則氣之本然者, 已無所在. 偏者, 偏氣也, 非全氣也, 淸者 淸氣也, 非濁氣也. 糟粕煨燼糟粕煨燼之氣也, 非湛一淸虛之氣也. 非若理之於萬物, 本然之妙, 無乎不在也. 此所謂氣之局也.

26)《栗谷全書》卷10, 答成浩原.
　氣發而理乘者 何謂也. 陰靜陽動, 機自爾也, 非有使之者也. 陽之動則理乘於動, 非理動也, 陰之靜則理乘於靜, 非理靜也.

즉 理는 氣의 發에 따라 드러난다. 그런데 氣가 發하는 것은 氣 자체
의 스스로 그러함[機自爾]에 따르며, 氣를 발동하게 하는 다른 원인이
있는 것은 아니다(非有使之者). 즉 현상세계의 參差不齊한 流行 가운데
의 氣의 偏·全은 '機自爾' 때문이지 理의 所致는 아니고 理는 다만 그러
한 바의 所以然일 뿐이라는 것이다. 이 '機自爾'와 '非有使之者'는 녹문의
'莫之然而然'과 연결되나 花潭과 율곡은 氣의 측면에서 설명한 반면, 녹
문은 合理氣의 '虛圓盛大底物事'의 운동으로 설명하는 점이 다르다.

이에 따라 율곡은 徐敬德이 주장한 "'가장 맑고, 깨끗하고, 순수한 氣
의 本體(湛一淸虛之氣)'는 끝없는 虛에 充滿되어 있다"[27]는 이른바 '湛
一淸虛之氣, 無物不在'를 반대하였다. 왜냐하면 現象界의 사물에서 氣
의 本然인 '가장 맑고, 깨끗하고, 순수한 氣의 本體(湛一淸虛之氣)'는
氣의 偏·全에 따라 參差不齊하게 된다고 보기 때문이다. 따라서 율곡
은 다음과 같이 화담의 주장을 비판한다.

> 花潭은 …… '가장 맑고 깨끗하고 순수한 氣의 本體(湛一淸虛之氣)'
> 가 없는 사물은 없다고 생각하여 스스로 뭇 성인들이 다 전하지 못한
> 妙를 얻었다고 여겼으나, 결국 그 위에 다시 理通氣局이라는 一節이
> 있다는 것을 알지 못했다. 繼善과 成性[28]의 理가 없는 사물은 없지만
> '가장 맑고 깨끗하고 순수한 氣의 本體(湛一淸虛之氣)'는 없는 곳이 많
> 음을 몰랐다.[29]

---

27) 《花潭集》 卷2, 鬼神死生論.
    氣之湛一淸虛者, 彌滿無外之虛 …….
28) 《周易》〈繫辭〉의 '一陰一陽之謂道. 繼之者善也. 成之者性也'.
29) 《栗谷全書》 卷10, 答成浩原.
    花潭則, …… 以爲湛一淸虛之氣, 無物不在, 自以爲得千聖不盡傳之妙, 而殊不
    知向上更有理通氣局一節. 繼善成性之理, 則無物不在, 而湛一淸虛之氣', 則多
    有不在也.

즉 氣의 本體가 湛一淸虛하지만 그것이 氣인 이상 局性을 가지지 않을 수 없기 때문에 ‘無所不在’로 사물에 관통하여 있을 수 없다는 말이다. 오직 理만이 通性을 가지기 때문에 즉 參差不齊한 사물들에서 ‘가장 맑고, 깨끗하고, 순수한 氣의 本體(湛一淸虛之氣)’[30] ‘多有不在’일 수밖에 없다고 주장하는 것은 당연한 논리적 귀결이라고 할 수 있으며, 이것은 心性論과 修養論으로 연결된다.

이러한 율곡의 理通氣局論은 一과 萬 곧 普遍과 特殊의 개념과 그 관계에 관한 규정인 동시에 인간의 도덕윤리의 근거 곧 性善을 확립하는 데 크게 이바지하였다고 할 수 있다.[31]

그러나 여기서 程頤부터 율곡에 이르기까지 일관된 논리는 本體로부터 現象에 이르는 과정에 대한 설명과 현상의 다양성의 원인, 道德性의 根據 등을 모두 理를 중심으로 펼치고 있다는 사실이다. 그런데 湖洛論爭에서 이들 명제로써 性의 同異와 本性의 善惡을 설명할 때 문제가 생겼다.

곧 湖論의 대표자인 南塘 韓元震(1682~1751)은 율곡의 理通氣局을

---

30) 여기서는 本然之氣.

31) 柳仁熙는 〈南北韓 栗谷哲學의 認識과 反省〉(《철학과 현실》, 1991. 겨울)에서 율곡의 理通氣局에 대하여 "氣의 局性은 자연에 대한 개체론적 관점을 말한 것으로서 바로 서양철학의 유명론(Nominalism)처럼 자연세계를 사실적으로 이해하는 기본적인 설명방법이다. 그런데 개체실체론이 범하기 쉬운 오류는 그 개체들도 갖고 있는 어떤 일반성을 상정하지 않거나 설명하지 못하는 것인데, 栗谷의 理通說은 바로 個體氣들을 엮어주는 원리나 법칙의 보편성을 명제화한 것이다. 그리고 理와 氣의 불가분리성을 강조하는 것은 개체기와 그 보편법칙의 불가분리성을 바로 말한 것이기도 하다. 理通氣局의 도덕철학적 의미에 대해서는 여기서 설명하지 않겠다. 다만 이 명제가 갖는 뜻을 종합해 보면 물리계에서 필연적 법칙으로 설명되는 이것이 도덕적 문제에서는 인간 또는 사회의 폐쇄적[氣局] 현실에 대해서 서로 소통할 수 있는 이성적 준칙의 보편적 적용성 또는 수용성을 설명하는 것이 된다는 점만 밝혀 둔다"고 하여 인간의 보편적 도덕성을 제시하는 논리라고 평가하였다.

理同의 通과 氣質로 말미암은 性의 局으로 이해하여 人物性相異論을 주장하였고, 洛論의 대표자인 巍巖 李柬(1677~1727)은 一原의 理와 氣의 局으로 이해함으로써 人物性同論을 주장하였다.

이제 외암과 남당이 이통기국을 어떻게 이해하며, 논쟁의 핵심문제인 本然之性에 대하여 어떻게 이해하는가를 구체적으로 살펴보자. 왜냐하면 이들의 문제는 곧 녹문의 문제이기 때문이다.

2) 韓南塘과 李巍巖의 理通氣局辨

앞에서 程伊川과 朱子의 理一分殊說과 栗谷의 理通氣局說을 통하여 本體와 現象, 本然과 流行, 善과 惡 등의 문제에 대하여 살펴보았다.

그런데 이러한 문제는 조선 후기 儒學者들에게 와서는 더 구체화되어 人物性의 同異에 대한 것과 未發心體는 本善인가 有善惡인가에 대한 논의에서 치열한 논쟁을 불러일으켰다. 즉 처음의 문제에 대하여 그들는 理通의 관점에서 보아 人物의 性은 同이요, 氣局의 관점에서 보면 人物의 性은 相異라고 하여 각각 다른 관점을 보이고 있는데, 이것은 理在氣中의 명제에 대하여 무엇을 먼저 보아야 할 것인가에 대한 관점의 차이라고 할 수 있다. 그리고 인간의 性에 대한 구분에서 현상 즉 氣質之性을 중심으로 보면 心은 已發이므로 心未發 때도 善惡이 있다는 것과 그래도 性은 理一로부터 받은 本然之性을 말하는 것이라고 하여 心未發은 本善이라는 주장이 있다.

바로 이러한 논쟁의 이론적인 출발점은 바로 율곡의 理通氣局論에 대한 해석의 차이에서 비롯되는 것이다.

따라서 이 항에서는 湖洛論爭의 중심인물인 巍巖과 南塘의 理通氣局

辨을 중심으로 理通과 氣局에 대한 서로의 견해 차이, 本然之性과 氣質
之性에 대한 관점의 차이 두 가지로 나누어 살펴보고자 한다.

먼저 이통기국에 대한 외암의 이해를 살펴보자.

> 理通氣局 네 글자는 율곡 선생이 大原을 洞察하여 常情의 큰 실마
> 리를 밝혀 드러낸 것이다. 그 說은 原書에 갖추어져 있으니 '理와 氣
> 는 원래 서로 떨어지지 않는다(理氣元不相離)'는 一句가 곧 그 요점이
> 다. 元不相離 가운데 無形이고 無本末·無先後가 理의 通이며, 有形하
> 고 有本末·有先後는 氣의 局이다. 이것은 그 요점을 여덟 字로 분명
> 하게 열어 보인 것이다. 대개 율곡의 뜻은 天地萬物은 氣局이며, 천지
> 만물의 理는 理通이다. 그러므로 이른바 이통은 기국을 떠나 있지 않
> 으며, 기국에 따라서[卽] 그 본체가 기국에 雜하지 않은 것을 가리켜
> 말한 것이다.[32]

여기서 외암이 율곡의 이통기국을 이해하는 기준은 '理와 氣는 본래
서로 떨어지지 않음(理氣原不相離)'이다. 이때 本末과 先後가 없는 것
이 理의 通이며, 본말과 선후가 있는 것은 氣의 局이다. 천지만물은 氣
局이라는 말은 곧 현상의 모든 사물과 天體조차도 기국이라는 말이다.
그리고 천지만물의 理가 理通이라는 말은 理의 主宰性을 가리킨 말이
다. 그러나 理通과 氣局의 관계는 이통이 기국에 내재해 있으면서도 기
국에 간섭받지 않음을 의미한다. 외암의 이러한 관점은 곧 理氣本體論
에서 율곡의 이통기국을 이해한 것이며, 또한 본체론의 理로써 通과

---

32) 《巍巖遺稿》 10:11a, 雜著.
　　理通氣局四字, 此栗谷先生洞見大原, 逈出常情之大端也. 其說具在原書, 而理
　　氣元不相離一句, 卽其頭腦也. 元不相離中, 無形而無本末, 無先後, 理之通也.
　　有形而有本末·有先後, 氣之局也. 此卽其頭腦上, 八字打開者也. 盖栗谷之意,
　　天地萬物 氣局也, 天地萬物之理 理通也. 而所謂理通者, 非有以離乎氣局, 卽
　　氣局而指其本體不雜乎氣局 而爲言耳.

局을 논한 것이며, 나아가 이 理로써 性을 논한다.

외암의 이러한 견해에 대하여 南塘은 다른 관점으로 이통기국을 파악한다.

> 이제 그는 율곡의 뜻을 해석하기를 '天地萬物은 氣局이며 천지만물의 理는 理通이다'고 하였다. 이것은 다만 천지만물의 形體가 다름을 氣局으로 여기고 그 性이 다른 것이 기국이 된다는 것을 몰랐다. 이것이 과연 율곡의 뜻이겠는가? 기국에 기국의 理가 있다는 것을 모르면 이것은 기국을 모르는 것이다. 健順五常의 德이 陰陽五行에 각각 그 하나를 오로지 하는 것을 理通으로 여기면 이것은 이통을 모르는 것이다. 이통기국을 모르면서 어떻게 율곡을 알겠는가?[33]

정리하면 첫째, 天地萬物이 氣局이 아니라 천지만물의 性이 다른 것이 기국이다. 둘째, 천지만물의 理가 理通이 아니라 기국의 理가 이통이다. 셋째, 율곡의 이통기국에서 局은 性으로써 논한 것이며, 通은 理로써 논한 것이다. 따라서 이통은 곧 주자의 理同이며, 그로써 性同이라고 할 수 없다는 말이다.

한편 외암은 五常 곧 性을 太極 또는 天命과 같은 것으로 보아 다음과 같이 말한다.

> 太極과 五常은 단지 理이다. 天下의 事物이 理에 더 이상 더할 것이 없으므로 極이라고 한 것이니 太란 그것을 높이는 말이다. 천하의 변화는 그 理致를 바꿀 수 없으므로 그것을 일러 常이라고 하니 五라

---

33) 《南塘集》28:39a~b, 雜著.
　　今渠解栗谷之義, 乃曰'天地萬物 氣局也', 天地萬物之理, 理通也. 是徒以天地萬物形體不同者 爲氣局, 而不知其性之不同者 爲氣局, 此果栗谷之指乎. 不知氣局有氣局之理, 則是不知氣局也, 以健順五常之德, 陰陽五行各專其一者, 爲理通, 則是不知理通也. 不知理通氣局, 奚以知栗谷也?

는 숫자는 그 數를 이름 붙인 것이다. 천하에 어찌 天에 있으면 太極
은 되나 五常이 되지 못하는 것이 있고, 事物에 있으면 오상은 되고
태극이 되지는 못하는 理致가 있겠는가? 또한 아직 생겨나지 않았을
〔未生〕때는 태극은 되고 오상은 되지 못하는 이치가 있고, 이미 생겨
난 뒤〔已生〕일 때는 오상은 되나 태극은 되지 못하는 이치가 있겠는
가? 하물며 理通氣局이 아직 생겨나지 않음〔未生〕과 이미 생겨남〔已
生〕에 대한 근원〔源〕과 흐름〔流〕을 이름 붙인 것임에랴? 天이 없으면
性이 나올 바가 없고, 사물이 없으면 命이 깃들 바가 없다. 잘 모르긴
하지만 性이라는 것은 사물에 있고 天에는 있는 것이 아니며, 命이라
는 것은 天에 있고 사물에는 있는 것이 아니란 말인가? 비록 본래 一
物이라 하더라도, 天에서는 命이 되어 性이라고 할 수 없으며, 사물에
서는 性이 되나 命이라고 할 수 없다고 한다면, 반드시 天과 사물이
둘 다 있은 뒤에 性과 命이 비로소 갖추어지게 될 것이다.[34]

외암은 太極과 五常을 단지 理를 가리키는 것이라고 보아서, 오상의
五는 天下의 변하지 않는 常을 나타내는 數에 지나지 않는다고 본 것이
다. 따라서 事物에 있는 오상이란 바로 태극을 의미하는 것이고, 또 理
通은 아직 생겨나지 않은〔未生〕本源이고, 氣局은 이미 생겨난〔已生〕
흐름〔流〕이라고 보았다. 즉 외암의 관점은 태극＝오상으로, 이것은 인
간의 已生·未生에 구분 없이 같은 것으로 본 것이다. 따라서 性命은
근원적으로나 현실적 실현에서나 서로 불가분의 관계이다. 그런데 만약

---

34) 《巍巖遺稿》 10:11a, 雜著.
　　太極五常只理也. 天下之物, 無加於理, 故謂之極, 而太其尊辭也. 天下之變,
　　不易其理, 故謂之常而五, 其名數也. 天下豈有在天則爲太極而不得爲五常, 在
　　物則爲五常, 而不得爲太極之理哉? 亦豈有未生則爲太極而不得爲五常, 已生則
　　爲五常而不得爲太極之理哉? 況理通氣局是未生·已生 源流之名歟? 無天則性
　　無所出, 無物則命無所寓. 不知性者在物而不在天, 命者在天而不在物乎? 雖本
　　一物而在天爲命 而不得謂之性, 在物爲性而不得謂之命, 則必天與物兩存而後,
　　性命方備矣.

性과 命이 각각 사물과 天으로 나누어 이해한다면 결국 性과 命은 서로 분리되어 존재하게 된다는 것이다.

이에 대해 남당은 다음과 같이 반박한다.

> 율곡은 性으로써 局을 論하고 理로써 通을 말하였는데, 진실로 '朱子의 門下에서 論한 것을 理同이라고 하면 옳으나, 性同이라고 하면 옳지 않다'는 것과 합치한다. 대개 性字 하나만을 論하면 通·局은 모두 性이다. 理字 하나만을 말하면 通·局은 모두 理이다. 性과 理를 相對하여 말하면 通은 理이고 局은 性이다. 性과 理는 비록 하나의 理이지만, 性이라고 하고 理라고 하는 것은 사용하는 곳이 다르다. 이것이 이미 理라는 글자가 있는데도 또 性이라는 글자가 있는 까닭이다.[35]

즉 남당은 율곡의 理通氣局에 대하여 인간의 性이 物의 性이 아닌 것은 氣의 局이며, 理의 萬殊는 氣의 局 때문이라고 이해하였다. 그리고 氣局은 곧 性의 局이라고 보았다. 남당의 이와 같은 견해는 理를 기준으로 通을 말하고, 氣가 아닌 性으로써 局을 설명하는 것이다. 이것은 분명히 율곡의 理通氣局論을 性의 同異문제를 설명하는 논리로 바꾼 것이다. 그리고 남당은 萬物의 性은 온전한 덕〔全德〕을 稟受받지 못한다고 보고, 五常은 氣와 氣局의 理를 논한 것이라고 보았다. 왜냐하면 理가 陽에 局하면 健이 되고 陽의 性이 되며, 理가 陰에 局하면 順이 되고 陰의 性이 되기 때문이라는 것이다. 그리고 一原은 無對, 萬殊는 有對, 太極, 天命은 無對의 이름〔名〕이며 일원이다. 健順·仁義는 서로 짝이

---

35) 《南塘集》 卷28, 39a~b, 雜著.
　　栗谷以性論局, 以理語通, 政與朱門所論謂之理同, 則可, 而謂之性同, 則不可者合. 盖單言性字, 則通局皆性也, 單言理字, 則通局皆理也. 以性與理對言, 則通爲理, 而局爲性, 性也, 理也, 雖只一理, 曰性 曰理, 用處不同. 此所以旣有理字, 而又有性字也.

있는〔有對〕 이름으로 分殊이다. 일원과 분수의 理는 같으며 그것이 至善이 되는 것은 모두 本然이다. 여기에 대해서는 남당은 외암과 의견이 같으나, 외암이 健順五常이 理通이라고 한 것은 잘못이라고 보았다. 왜냐하면 《周易》의 乾과 坤의 개념에 대한 朱子註를 종합하면 건순은 氣局이기 때문이다.

여기서 巍巖과 南塘의 理通氣局辨에 나타난 理通과 氣局에 대한 견해의 차이를 요약하면, 첫째, 외암이 權遂庵이 天命圖에서 이통과 기국은 따로 떨어져 별개로 존재하는 것으로 되어 있다고 비판한 데 대하여 남당은 천명도에서 이통을 중심으로 太極으로 屬하게 하고, 기국을 중심으로 하여 五常과 物性으로 속하게 하였는데, 그것은 그 根源과 派別을 설명하고자 하여 어쩔 수 없이 그림을 그리는 추세에 따른 것일 뿐이라고 반박한다. 둘째, 외암은 오상을 태극·이통과 같다고 본 것에 대하여 남당은 주자와 周廉溪의 말을 인용하여 오상은 기국에 속한 것이라고 반박하였다. 다시 말하면 오상이 이통에 속하느냐 기국에 속하느냐 하는 바로 이 차이 때문에 人物性同異論爭이 벌어지는 것이다.

그것은 근본적으로 理通氣局에 대한 관점의 차이로 말미암아 이들은 性에 대해서도 의견을 달리한다. 즉 이들은 다 같이 인간의 性에는 氣質之性도 있고 本然之性도 있다고 생각하였으나, 무엇을 본질적인 것으로 볼 것인가에 대해서는 서로의 관점이 다르다. 이러한 관점의 차이가 생기는 것은 理氣論的인 설명에서는 필연적인 결과라고 생각된다. 이제 이들의 기질지성과 본연지성에 대한 견해를 살펴보자. 먼저 외암의 기질지성과 본연지성에 대한 설명을 살펴보면 다음과 같다.

　원래 氣質之性에는 善도 있고 惡도 있다. 예를 들면, 사람이 어질고

의로운 것과, 소가 밭 갈고, 말이 짐 싣는 것은 偏·全의 큰 구분(필
자 주: 大分은 總論을 의미)이며, 곧 善 一邊이다. 그 不仁·不義·不
能耕載(밭 갈고 짐 실을 수 없음)는 偏과 全을 細分한 것 가운데 惡
일변이다. 이제 그 대분을 일러 人物之性이라 하고, 세분을 일러 기질
지성이라고 하여 그것을 둘로 나누는 것은 의심할 여지없이 잘못된 것
이다. 그러므로 子思가 말한 바의 率性之道는 곧 사람과 사물의 偏과
全을 구분한 것이니 이것이 기질지성으로써 말한 것이겠는가? 아니다.
天命(之謂性)과 率性(之謂道) 이 두 구절은 본래 모두 人物에 따라서
〔卽〕 그 性과 道를 單指한 것이니 그때의 性은 곧 一本이고 道는 萬殊
이다. 이미 만수라고 하면 그때의 偏·全과 闊·狹은 理가 不齊한 것
이다. 그러나 그 가리키는 것이 道에 있지 器에 있지 않으니 어찌 여
기에 氣質을 뒤섞어 넣을 수 있겠는가? 하물며 위의 구절은 性이고
아래 구절은 道이니, 體와 用 사이의 分界가 스스로 있어 이른바 性이
라는 글자는 여기에서는 진실로 의논할 수 있는 것이 아니다. 朱子는
'天命之性은 오로지 理를 말한 것이며, 만약 氣를 兼하여 말할 것 같
으면 率性之道를 말할 수 없다'고 하였다.

　　이 구절을 만약 기질로써 말한 것이라면 上智와 下愚를 모두 들어
率性이라고 크게 말할 수도 없을 것이다. 주자가 어찌 나를 속이겠는
가?36)

　　위의 인용문에서 드러나듯이 巍巖은 인간과 사물 사이의 性을 大分

---

36)《巍巖遺稿》卷12, 13b~14a.
　　元來氣質之性也, 有善也 有惡. 如人之仁義, 牛耕馬載, 是偏全之大分, 而卽善
　　一邊也, 其不仁不義不能耕載, 是偏全中細分而卽惡一邊也. 今以其大分, 謂人
　　物之性, 細分謂氣質之性, 別而二之, 則誤之亦無疑矣. 然則子思所謂率性之道,
　　正是人物偏全之分也. 此可以氣質之性言之乎. 曰不然 天命率性此兩句, 本皆卽
　　人物而單指其性道, 性則一本 道則萬殊, 旣曰萬殊, 則偏全闊狹, 理所不齊, 而
　　然其指在道未嘗在器, 則豈可以氣質混而汨之於此哉? 況上句是性, 下句是道,
　　體用之間界分自在, 則所謂性字, 非所可議於是者乎. 朱子曰 '天命之性' 是專言
　　理, 若兼氣言, 則便說率性之道不去. 此句若以氣質言之, 則上智·下愚, 擧皆
　　率性大大說不去矣. 朱子豈欺我哉?

과 細分으로 나누어 구별하여 설명한다. 즉 사람과 사물〔人物〕의 性은 큰 구분〔大分: 總論〕으로 논한 것으로 보아야 한다. 왜냐하면 天命이라는 말은 人物을 통틀어서 그 근원을 말하는 것이고 率性은 각각 다른 人物의 氣質之性이 따라야 할 本源의 性을 말하는 것이기 때문이다. 따라서 偏과 全은 氣의 편·전이지 性의 편·전은 아니라는 것이다. 그리고 性이라는 것은 本然과 氣質 양쪽에 있는 것을 말해야지 기질로만 말한다면 본연의 性은 배제된다는 것이다. 그러므로 기질지성이라는 것은 어디까지나 사람과 사물, 사람과 사람, 사람은 사람끼리 사물은 사물끼리 다르게〔人人物物〕 세분하여 말한 것일 뿐이라는 것이다. 여기서 또 하나 눈여겨보아야 할 것은 '單指'라는 말의 대상에 관한 것인데, 앞서 주자는 理만으로서 보는 것을 단지라고 하였는데, 외암은 天命과 率性이 人人物物에 一貫되게 있는 것을 '하나로 가리킴'이라는 뜻으로 사용하고 있는 것이다. 이러한 외암의 관점은 바로 理의 通性을 우선으로 본 것이고, 그 요지는 바로 五常을 기질지성과 연결시켜 보지 않고 本然之性과 同一한 것으로 본 데 있다. 즉 외암은 性은 본연지성 하나만 있다는 관점을 고수하여 그것을 다음과 같이 말한다.

> 理가 氣 안에 있은 뒤를 性이라고 한다. 그러므로 性을 종합적으로 말하면 그것의 본연과 기질이 아직은 나누어지지는 않았으나 양쪽의 의미를 지닌다. 만약 理만을 말하면 본연일 뿐이다. 본연과 기질 사이에 성은 단지 이 理일 뿐이다. 이런 까닭에 성을 말하는 데서는 기를 가지는지 그 여부를 살펴야 하지만, 理를 말하는 데서는 더 이상 살필 것이 없는 것이다.[37]

---

37)《巍巖遺稿》卷4, 上遂庵先生別紙.
　　理在氣中, 而後謂之性, 故汎言性, 則其本然氣質姑未分, 而帶兩般意. 若單言理, 則本然而已矣. 而本然氣質之間, 性只是此理也. 是故言性處所審, 在帶氣與否. 而言理處, 則無復致審者矣.

위에서 나타난 것처럼 외암은 철저하게 理를 중심으로 性을 보려고 한다. 즉 '理在氣中'을 性이라고 하지만, 어디까지나 氣質은 기질이고 理는 理라는 것이다. 결론적으로 本然之性과 氣質之性을 보는 외암의 관점을 살펴보면 다음과 같다.

　一原으로 말하면 天命과 五常은 모두 形器를 超越할 수 있으므로 사람과 사물에는 치우침〔偏〕과 온전함〔全〕의 다름〔殊〕이 없다. 이것이 이른바 本然之性이다. 異體로 말하면 천명과 오상은 모두 氣質에 말미암을 수 있으므로 다만 사람과 사물 사이에만 치우침과 온전함이 있는 것은 아니라, 聖人과 凡人 사이에도 천차만별이 있으니 치우친 곳에서는 性과 命이 모두 치우치고, 온전한 데서는 性과 命이 모두 온전하다. 이것이 이른바 氣質之性이다.[38]

즉 性이란 天命과 五常을 말하므로 이 천명과 오상은 앞에서 살펴본 것처럼 같은 것이다. 이것이 氣 가운데 있으면 性이 되며, 또한 이 둘은 모두 形器를 超越하는 것이므로 사람과 사물의 性은 근본적으로 다를 것이 없다는 것이다. 이것이 이른바 외암의 同是五常의 이론적인 근거이다.

이와는 달리 南塘은 인간의 性은 氣를 겸하지 않고는 생각할 수 없다는 관점을 고수한다. 따라서 本然之性이란 氣質에서의 理만을 가리켜 말한 것이라고 보고 다음과 같이 말한다.

　그(필자 주: 栗谷)는 氣質之性을 論하여 '本然之性과 기질지성은 두

---

38) 《巍巖遺稿》 卷7, 答韓德昭別紙, 未發詠.
　　以一原言, 則天命五常, 俱可超形器, 而人與物, 無偏全之殊, 是所謂本然之性也. 以異體言, 則天命五常, 俱可因氣質, 而不獨人與物有偏全, 聖與凡之間, 又是千階萬級. 而偏處性命俱偏, 全處性命俱全, 是所謂氣質之性.

가지 性이 있는 것이 아니니, 氣質上에서는 단지 그 理를 가리켜 본연
지성이라 하고, 理氣를 합하여 이름 붙일 경우에는 기질지성이라고 한
다'고 하고, 또 '그 本然으로 말하면 性은 善이며 情도 역시 善이다.
그 氣를 兼한 것으로써 말하면 性에도 善惡이 있는데 어찌 情에 선악
이 없겠는가?'라고 하였다. 이것이 公擧(필자 주: 巍巖)가 이른바 未
發之前에 氣質의 性이 없으니 본연지성과 기질지성이 나누어져 두 性
이 된다고 한 것과 다른 것이다.[39]

위의 인용문을 중심으로 남당의 관점은 다음과 같이 요약할 수 있다.
'외암은 性을 本然之性과 氣質之性으로 나누어서 未發之前에 기질지성
이 없다'고 하였는데, 율곡은 '氣質에 나아가 단지 그 理를 말하면 본연
지성이며, 理氣를 合하여 말하면 기질지성이라고 하고, 本然으로 말하
면 性과 情은 善이며, 氣를 兼하여 말하면 性과 情에는 善惡이 있다'고
하였다. 그러므로 남당은 외암이 '性에는 두 性이 없으며, 未發과 기질,
純善한 心과 기질의 구분이 있다'는 말도 잘못이라고 본 것이다.

이에 따라 남당은 외암과 달리 본연지성과 기질지성을 구별하고 둘
의 관계를 다음과 같이 설명한다.

心卽氣이며 性卽理이다. 氣는 淸·濁·美·惡의 不齊함이 있으나,
理는 純善이다. 그러므로 理를 單指하면 本然之性이 되고 理氣를 兼指
하면 氣質之性이 된다. 이것은 性에 二體가 있는 것이 아니라 다만 氣
質의 '兼·不兼'이 있어서 두 이름이 있는 것이다. 氣에는 비록 청·
탁·미·악의 부제함이 있으나 未發의 때는 氣가 用事하지 않으므로

---

39) 《南塘集》卷28, 40a, 雜著 李公擧上師門書辨.
　　其論氣質之性曰 '本然氣質非有二性, 就氣質上, 單指其理曰本然之性, 合理氣
　　而命之曰 氣質之性,' 又曰 '以其本然而言, 則性善而情亦善, 以其兼氣而言, 則
　　性且有善惡, 情豈無善惡乎?' 此與公擧所謂未發之前, 無氣質之性, 而本然氣質
　　分爲二性者, 不同矣.

善惡이 아직 드러나지 않고 湛然虛明[40]할 따름이다. 비록 담연허명하지만 그 氣稟本色의 청·탁·미·악은 없는 것은 아니다. 그러므로 그 담연허명한 것이 天理에 엄폐되지 않은 것에 따라서〔卽〕 단지 그 理만을 가리키면 본연지성이다. 그 기품본색의 청·탁·미·악이 부제한 것에 말미암아 理氣를 兼指하면 기질지성이다.[41]

위의 인용문에 말한 單指의 本然之性은 앞에서 말한 人物不同의 性 가운데 理만을 가리킨 것이다. 그리고 未發心體의 善惡 문제에 대한 것으로서 未發일 때는 비록 湛然虛明하지만 氣稟本色의 淸·濁·美·惡이 없는 것은 아니라는 말은, 인간이 이미 氣를 稟賦받은 다음에 性이 있는 것이고, 따라서 미발일 때나 已發일 때를 막론하고 氣稟에 따른 청·탁·미·악의 선악이 있게 된다는 것이다. 이것이 이른바 남당의 未發心體有善惡論의 이론적인 근거이다.

이에 따라 남당은 性을 '人物皆同의 性', '人物不同의 性', '人人物物皆不同의 性'으로 나누었다. 이것은 理通氣局에 관한 관점에서 비롯된 것으로 氣와의 관계에 따라서 性을 파악한 것이다. 이러한 관점을 그는 다음과 같이 설명한다.

　理는 본래 하나이다. 그러나 形氣를 超越한 것으로 말한 것이 있고, 氣質에 말미암아 이름 붙인 것이 있으며, 기질과 雜하여 말한 것이 있

---

40) 湛然은 '침착하고 고요한 마음의 상태'를 의미하며, 深淵虛明은 '침착하고 고요하며 지각의 본체가 밝은 마음'을 형용하는 말이다.

41)《南塘集》卷11, 附未發氣質辨圖說.
　心卽氣也, 性卽理也. 氣有淸濁美惡之不齊, 而理則純善. 故單指理爲本然之性, 兼指理氣爲氣質之性. 性非有二體也, 只是氣質之兼不兼, 而有二名耳. 氣雖有淸濁美惡之不齊, 而未發之時, 氣不用事, 故善惡未形湛然虛明而已矣. 雖湛然虛明, 其氣稟本色之淸濁美惡, 則亦未嘗無也. 故卽其湛然虛明, 無所掩蔽於天理者, 而單指其理, 則爲本然之性. 因其氣稟本色 淸濁·美惡之不齊者, 而兼指理氣, 則爲氣質之性.

다. 형기를 초월하여 말하면 太極이라는 명칭이 이것으로, 萬物의 理
는 같다. 기질에 말미암아 이름하면 健順五常의 이름이 이것으로 人物
의 性은 다르다. 기질과 雜하여 말하면 善惡의 性이 이것으로 人人物
物이 또한 다르다.[42]

즉 위와 같은 南塘의 관점은 '性卽理, 心卽氣'로 요약할 수 있는데,
성즉리의 관점에서 보면 三層의 性은 모두 理로서 形氣를 超越하여 있
으므로 萬物의 性은 皆同이라고 할 수 있지만, 심즉기의 관점에서 보면
健順五常에 해당하며 이것은 氣質에 말미암은 것으로서 人物의 性이 다
른 것이며, 또한 나아가 기질과 雜한 것으로 보면 萬象의 萬理로서 人
人物物의 性이 모두 다른 것이다.

이상으로 伊川에서 栗谷에 이르기까지 理一分殊・理同氣異・理通氣
局의 논리를 살펴보았다. 이것을 정리하면, 이천은 이일분수를 통하여
첫째, 이일분수의 理一은 儒家의 道德的 價値根據인 仁이라고 하였다.
둘째, 이천은 이일분수를 통하여 墨子의 兼愛說이 현실적 실천가능성이
희박한 이론이라 비판하고 부모와 자식, 혈육 사이의 道理를 먼저 실천
하고 그것에 근거하여 사회와 국가에 대한 도리를 실천해 나가는 방법
론이라 주장하였다.
　　다음으로 주자는 이천의 뒤를 이어 形而上學的인 이론체계를 완비하
였는데 그것이 理同氣異의 논리다. 곧 주자는 인간의 도덕적 근거를 理
一・太極에 두고 형이상학적 理氣論으로 설명하였다. 결국 주자는 "이

---

42) 《南塘集》 卷11, 擬答李公擧.
　　　理本一也, 而有以超形氣而言者, 有因氣質而名者, 有以雜氣質而言者. 超形
　　　氣而言, 則太極之稱 是也, 而萬物之理, 同矣. 因氣質而名, 則健順五常之名
　　　是也, 而人物之性, 不同矣. 雜氣質而言, 則善惡之性 是也, 而人人物物又不
　　　同矣.

氣가 있으면 理는 그 가운데 있다"[43]고 하여 理氣의 同時同所를 주장하기는 하였지만, 氣보다는 理를 중심으로 性의 개념과 同異문제를 해명하려고 하였다.

그러나 율곡은 理의 관점을 더욱 철저하게 고수하여 理通氣局의 논리를 만들어 내었다. 그것을 정리하면 다음과 같다. 첫째, 논리적 체계는 주자의 理同氣異와 크게 다르지 않다. 그러나 理의 측면에서 보면 '理同'이 '靜態的' 판단이라면, '理通'은 '動態的' 판단이라고 할 수 있다. 마찬가지로 氣의 측면에서 '氣異'는 狀況性을 의미하고, 氣局은 作用性을 의미한다고 할 수 있다. 둘째, 이통이 가능한 이유는 理는 無形的 특성과 無爲的 특성으로 말미암아 '氣發理乘'이 가능하며, 또한 理는 '超時空性'과 '無所不在性'을 가지기 때문이다. 따라서 이통은 萬物의 統一性 곧 普遍性을 의미하게 된다. 셋째, 氣는 有形·有爲이므로 時空的 限界를 가지지 않을 수 없으며, 그것이 氣局이며 事物의 特殊性이다. 따라서 現實의 사물에서는 理一을 온전하게 드러낼 수 있는 '가장 맑고, 깨끗하고, 순수한 氣의 本體(湛一淸虛之氣)'가 없는 곳이 많을 수밖에 없다.

이상과 같은 보편과 특수에 관한 이론이 조선 후기의 湖洛論爭에서는 각각의 관점에 대한 이론적인 근거로 사용되어 한층 더 복잡하고 깊이 있게 논의되었는데, 먼저 理通과 氣局에 대하여 둘의 관점을 간추려 보면 다음과 같다.

巍巖은 첫째, 理通은 太極에 屬하며, 氣局은 五常과 物性에 속한다고 보았다. 그러나 이러한 구분은 편의상의 구분일 뿐 그 根源과 派別(分殊)을 설명하려는 것이라고 생각하였다. 둘째, 외암은 오상을 太極·理

---

43)《朱子語類》1:13.
　　但有此氣, 則理便在其中.

通과 같다고 본 것에 대하여 南塘은 朱子와 周廉溪의 말을 인용하여 오상은 氣局에 속한 것이라고 반박하였다. 이러한 견해의 차이는 실제로 따지고 보면 오상이 理通에 속하느냐 氣局에 속하느냐 하는 문제인데 이 차이 때문에 人物性同異論爭이 벌어지는 것이다.

다음으로 本然之性과 氣質之性에 대한 것을 살펴보면 외암은 人間과 事物 사이의 性을 큰 구분〔大分〕과 자세한 구분〔細分〕으로 나누어 구별하여 설명한다. 즉 사람과 사물의 性은 大分으로 논한 것으로 보아야 한다. 왜냐하면 天命이라는 말은 사람과 사물을 통틀어서 그 근원을 말하는 것이고, 率性은 각각 다른 사람과 사물의 기질지성이 따라야 할 本源의 性을 말하는 것이기 때문이다. 따라서 偏과 全은 氣의 편·전이지 性의 편·전은 아니라는 것이다. 그리고 性이라는 것은 본연과 기질 양쪽에 있는 것을 말해야지 기질로만 말한다면 본연의 性은 배제된다는 것이다. 그러므로 기질지성이라는 것은 어디까지나 人人物物의 細分으로 말한 것일 뿐이라는 것이다. 즉 외암은 性을 본연지성을 가리키는 것으로 보아 性이란 天命과 五常을 말하는 것이고, 이 천명과 오상은 앞에서 살펴본 것처럼 같은 것이며, 이것이 氣 가운데 있으면 性이 되고, 또한 이 둘은 다 形器를 超越하는 것이므로, 사람과 사물의 性은 근본적으로 다를 것이 없다고 생각하였다. 이것이 이른바 외암의 '한결같은 五常(同是五常)'이라는 것의 이론적인 근거이다.

그러나 남당은 이와는 달리 인간의 性은 氣를 兼하지 않고는 생각할 수 없다는 관점을 고수한다. 즉 그는 스승인 權尙夏(1641~1721, 號 遂庵·寒水齋)의 지지를 받아 人物性相異論을 확립하고, 性을 '人物皆同의 性', '人物不同의 性', '人人物物皆不同의 性'으로 나누었는데, 이것은 理通氣局에 관한 관점에서 비롯된 것으로 氣와의 관계에 따라서 性을 파악한 것이다. 즉 남당의 관점은 '性卽理, 心卽氣'로 요약할 수 있는데,

성즉리의 관점에서 보면 三層의 性은 모두 理로서 形氣를 超越하여 있으므로 萬物의 性은 皆同이라고 할 수 있지만, 심즉기의 관점에서 보면 健順五常에 해당하며 이것은 氣質에 말미암은 것으로서 人物의 性이 다른 것이며, 또한 나아가 기질과 雜한 것으로 보면 萬象의 萬理로서 人人物物의 性이 다 다른 것이라고 보았다. 그리고 여기에서 나아가 그는 性을 本然之性과 氣質之性으로 나누어, 單指의 본연지성은 앞에서 말한 人物不同의 性 가운데 理만을 가리킨 것이라 하였다. 그 뿐만 아니라 未發心體의 善惡문제에 대한 것으로서, 未發일 때는 비록 湛然虛明하지만 氣稟本色의 淸濁美惡가 없는 것은 아니라는 말은 인간이 이미 氣를 稟賦받은 다음에 性이 있는 것이고, 따라서 未發일 때나 已發일 때를 막론하고 氣稟에 따른 淸·濁·美·惡의 선악이 있게 된다고 하였다. 이것이 이른바 남당의 未發心體有善惡論의 이론적인 근거이다.

그러나 이 둘은 性을 본연지성 중심으로 보든, 기질지성 중심으로 보든 결국은 理를 善의 根源이라고 생각하는 점은 일치한다. 그리고 惡의 원인에 대해서도 氣質이라는 데는 異見이 없다.

이제까지 외암과 남당의 理通氣局辨에 나타난 사항들을 살펴보았는데, 요약하여 도표로 나타내면 다음의 〔표 5〕와 같다.

〔표 5〕 율곡의 理通氣局과 외암·남당의 이해

	栗谷 李珥	巍巖 李柬	南塘 韓元震
理 通	理의 無先後 無形迹의 超時空性. 一原. 本然之妙.	一原·理通. 天地萬物 皆同. 五常. 理氣同實.	一原之渾淪, 太極. 超形氣, 理同.
氣 局	各一의 氣. 萬殊. 有先後本末形迹. 時空的 制限을 받음.	異體氣異(性不同). 氣의 局.	因氣質, 性의 局. 五常 萬殊의 派別. 天地萬物의 異性.
本然之性	但就形質中單指其理 而言之. 純善.	理同氣異 偏全의 大分. 一原理同. 本然之心. 同是五常.	理一, 純善. 太極本然 之妙로서 萬殊之一本 의 性.
氣質之性	兼言氣, 而包理在其中 氣質之性包本然之性. 有善惡.	氣質中의 細分(淸濁善 惡). 兼理氣, 有善惡. 異體. 氣質之心.	理在氣中의 性. 兼理氣. 分殊, 分殊之分殊.
人物性 同異		本然之性이 主, 人物 性俱同.	性三層. 隨氣質不同. 人物性相異.
五 常		理, 理通, 天命, 太極 本然과 같은 것. 一原.	五行秀氣之理, 因氣質各得名之, 各一.
心 性	性卽理, 心是氣.	性卽理, 心卽理. 心性 一致.	性卽理, 心卽氣.
未發心體		純善. 中底未發, 不中 底未發.	有善惡, 未發時有氣質 不齊.
論 據	伊川의 理一分殊說과 朱熹의 理同氣異說.	《中庸》〈天命之謂性 章〉의 朱子註.	《孟子》〈生之謂性 章〉과 《中庸》〈天命之 謂性章〉의 朱子註를 모 두 相異로 이해.

3. 鹿門의 理一分殊와 氣一分殊

理一分殊論은 程伊川이 처음 제기할 때부터 도덕윤리의 실천을 중심으로 펼쳐졌으며, 아울러 현실의 多樣性 속에서 통일적 原理를 설명하는 논리로 정착되었다. 즉 理一分殊는 현상의 다양한 사물들이 지향해야 할 統一性과 最高善을 중시한 것이었다. 이에 녹문은 이일분수와 함께 氣一分殊를 제시함으로써 다양한 사물들 특히 인간이 통일성과 최고선을 지향해서 실천하는 내재적 근거를 마련하려고 하였다.

흔히 녹문철학의 특징 가운데 하나로 氣一分殊를 강조한다. 기일분수는 이전에도 의미상으로는 그 가능성이 제기되어 왔지만, 녹문에게서 비로소 하나의 개념으로 쓰인 것은 사실이다. 그 동안 녹문의 기일분수에 대해 기존 연구들에서 충분히 강조되어 왔으며, 이 기일분수는 녹문의 卓見이라고 해도 지나친 말이 아니다.[44]

그러나 氣一分殊가 녹문철학을 대표할 수 있는 개념이 될 수 있는가는 별개의 문제라고 생각된다. 그것은 녹문이 기일분수를 통하여 성리학의 중요 문제들을 해명하려는 것이 아니라, 이일분수를 분명하고 정확하게 이해함으로써 善의 근거와 실현가능성을 이론적으로 확립하려고 하였기 때문이다. 다시 말하면 湖洛論者들이 이일분수를 잘못 이해하고 있는 점을 비판하는 것이지 이일분수 자체를 부정하거나 비판하는 것이 아니라는 말이다. 따라서 녹문은 이일분수는 기일분수와 함께 이해해야 제대로 이해할 수 있다고 주장하였다.

그러므로 녹문도 결국 理一分殊를 중심문제로 삼았다는 말이다. 이제 그 사실적 근거를 살펴보면, 첫째, 녹문은 "이일분수는 理를 주로 하여 말한 것이므로 分이라는 글자는 당연히 理에 속한다. 만약 氣를 주로 하여 말하면 氣一分殊라고 해도 불가할 것이 없다"[45]고 하였다. 그런데 필자가 《鹿門集》을 살펴본 것에 따르면 기일분수의 또 다른 용례를 아직 찾아보지 못하였으며,[46] 또한 이 문장의 문맥으로 보면 '理와

---

44) 裵宗鎬는 《韓國儒學의 哲學的 展開》 下(연세대학교출판부, 1985), 228쪽에서 "돌이켜보면, 程伊川 이후 수백 년을 지나는 장구한 세월에 걸쳐 모두 理一分殊만 말했지만 우리 東儒 任鹿門에 이르러 비로소 氣一分殊란 말을 썼다는 것은 그만큼 氣論이 성숙한 것을 나타내는 것이라 하겠다. 저 栗谷이 理氣를 二而一이요 一而二라 말하였으니, 만일 理를 理一分殊라 한다면 氣도 당연히 氣一分殊라 해야 할 것이며, 理一分殊와 氣一分殊는 서로 平行一致해야 할 것이 아닐까!"라고 평가하였다.

45) 《鹿門集》 19:4a, 鹿廬雜識.
　　理一分殊者, 主理而言, 分字亦當屬理, 若主氣而言, 則曰氣一分殊, 亦無不可矣.

46) 한편 玄相允은 《朝鮮儒學史》(서울: 玄音社, 1986), 388쪽에서 "또 鹿門은 다시 나아가 氣一分殊의 貌樣을 左와 같이 말하였다"고 하여, 《鹿門集》의 "氣之本一而矣. 而其升降·飛揚·感遇·凝聚之際, 或大·或小·或正·或偏·或剛·或柔·或淸·或濁, 自不能不千差萬別, 而隨其凝聚, 各爲一氣, 卽張子所謂, 游氣紛擾, 合而成質, 生人物之萬殊者也. 雖曰各爲一氣, 所謂氣之本者, 固未嘗不卽此而在, 而各雖其所凝聚, 而發現焉. 如凝聚爲水, 則其潤而下者, 卽是氣之發現, 而成水之性焉. 凝聚爲火, 則其炎而上者, 卽是氣之發現, 而成火之性焉(推之萬物皆然). 由其所遇之剛柔不同, 是以其性亦異. 然莫非是氣, 生意之所爲也. 盖潤下炎上者, 是氣之見於一端者, 而人之善, 則其全體也(《鹿門

氣는 동등한 實〔本質〕이다(理氣同實)'는 전제 아래 이일분수와 동등한
관점으로 설명한다는 점이다. 둘째, 녹문은 호락논쟁의 주요 주제들을
이일분수를 중심으로 설명하고 있다는 사실이다. 그것은 다음의 설명을
보면 분명히 알 수 있다.

1. 江과 浦口의 비유는 아직 깨달았다고 할 수 없다. 물은 한결같으
   나 포구의 大小는 이미 다르니, 작은 포구에는 진실로 다니기 어
   렵지만 큰 포구는 배들이 많이 다닐 수 있고 고기도 많다. 이것
   이 곧 이른바 理一이며 分殊다.[47]

2. 사물마다 形氣가 이미 다르므로 이에 존재하는 理와 神은 스스
   로 형기를 따라 大小가 다르고, 偏·全이 다르며, 通·塞이 다르
   지 않을 수 없다. 이것이 이른바 理一이면서 分殊인 것이다.[48]

3. 대개 理는 一이지만 사람은 사람의 氣로써 그것을 받아 사람의
   性이 되며, 사물은 사물의 氣로써 그것을 받아 사물의 性이 되
   니 곧 朱子가 말한 바 '氣를 따라 轉變한다'는 것이다. 그러나 그
   實은 人性과 物性을 막론하고 원래 다만 하나의 性이니 소〔牛〕
   는 스스로 소의 性이 있고 말〔馬〕은 스스로 말의 性이 있어 大
   本이 한결같지 않은 것은 아니다. 理一分殊라는 네 글자에 다시

集》, 19:6a~b, 鹿廬雜識)." 이 구절을 인용하였고, 이어서 "卽, 이같이 鹿門
은 氣一分殊의 狀態를 말하는 同時에 萬物의 性과 氣의 관계를 말하여 '性卽
氣'의 由來를 분명히 하였다"고 평가하였다.
　　그러나 녹문은 이 구절에 細註를 붙여 "이것은 氣를 性으로 여긴 것이 아
니다. 性은 生意에 있다는 意字에 무게를 둔 것이니 단지 마땅히 가볍게 보
면 의미를 알 수 있다(此非以氣爲性, 性在生意上, 意字 亦似下得重, 只當輕
看活看以意會之)"고 하여 분명히 '氣를 性으로 여긴 것이 아니다'고 하였다.

47) 《鹿門集》 6:5a, 答金伯高, 庚辰(1760, 녹문 49세).
　　江浦之喩, 未敢曉, 水則一也. 浦之大小旣異, 則小底浦固難行, 大底舟容多底
　　魚. 此正所謂理一而分殊也.
48) 《鹿門集》 19:23a, 鹿廬雜識.
　　物物之形氣旣殊, 則理與神之在是者, 自不得不隨其形氣, 而大小異焉, 偏全異
　　焉, 通塞異焉. 此所謂理一而分殊者也.

마땅히 着眼하라.[49)]

　4. 무릇 理一分殊 네 글자에 밝게 눈뜨면 스스로 이와 같은 허다한
　　막힘이 없다.[50)]

　5. 주자가 太極圖의 '五行之生, 各一其性'을 해석할 때 …… 무릇 理
　　一分殊 네 글자면 다 말했다.[51)]

　위 다섯 가지 예만 하더라도 녹문이 호락논쟁의 문제를 해결하기 위
해 氣一分殊가 아니라 理一分殊의 논리를 중시하고 있다는 사실이 드러
난다. 즉 江과 浦口의 비유는, 물은 하나지만 포구의 크기에 따라 물도
多少의 차이가 있는 것이 이일분수며, 또한 다닐 수 있는 배의 크기와
수도 다르다는 것이며, 사람과 사물은 각각의 形氣가 다르므로 갖춘 理
도 다른 것이 이일분수라는 말이며, 사람과 사물이 大本에서는 같지만
갖춘 바의 氣에 따라 理도 다르며 性도 다른 것이 이일분수며, 주자가
太極圖의 '五行之生, 各一其性'을 해석한 뜻도 이일분수라는 말이다. 이
로써 보면 녹문은 性의 개념과 人物性同異에 대하여 기일분수가 아니라
이일분수를 중심논리로 사용하고 있음이 분명하다고 할 수 있다.

　그렇다면 왜 녹문은 理一分殊를 중심논리로 삼고 있음에도 氣一分殊
를 제창하였는가? 이 질문에 답하기 위해 먼저 性理學의 주요 체계에
대한 이해가 선행되어야 한다.

　살펴보면 성리학은 人性論을 本體論에서의 理氣論으로 설명한다. 곧

---

49)《鹿門集》19:29a, 鹿廬雜識.
　　盖理一也, 而人以人之氣受之, 則爲人之性, 物以物之氣受之, 則爲物之性, 卽
　　朱子所謂'隨氣轉了'者. 然其實無論人性物性, 元只是一性, 非牛自牛性, 馬自馬
　　性, 而大本不一也. 理一分殊四字, 更宜着眼.
50)《鹿門集》19:38a, 鹿廬雜識.
　　大抵於理一分殊四字, 明著眼, 自無此許多窒礙.
51)《鹿門集》20:14b~15a, 人物性圖並說, 辛未(1751, 녹문 40세).
　　朱子太極解釋'五行之生, 各一其性'. …… 大抵理一分殊四字, 說得盡.

구체적인 현실세계에서 善, 또는 인간의 도덕윤리의 바탕을 확립하고 그것을 완전하게 實現할 수 있다는 당위성을 존재론과 가치론을 일치시킴으로써 설명한다. 이러한 관점에서는 현상의 문제를 파악하고 최선으로 나아가기 위해 원칙이나 법칙의 정립이 무엇보다 중요하며, 理의 규명이 먼저라고 할 수 있다. 따라서 대부분의 程朱性理學者는 理를 최고의 원리와 善의 근원으로 보고, 아울러 善(또는 최고의 원리)을 완전하게 실현하는 能動性과 主宰性이 있다고 인정한다.

살펴보면 앞의 南塘과 巍巖은 理一分殊, 理同氣異, 理通氣局에서 理一·理同·理通을 善 곧 性善의 근원으로서의 原理로, 현실적으로 원리대로 되지 않는 현상 곧 惡이 생기는 원인을 氣의 分殊·氣異·氣局으로 설명한다.

그러나 녹문의 문제는 현실적으로 어떻게 原理 또는 理를 완전하게 실현할 것인가에 있다. 즉 어떻게 氣가 理의 主宰에 따라 純善을 완전하게 실현할 수 있는가의 문제다. 만약 氣에 理의 순선을 완전하게 실현할 수 있는 근거가 없다면, 하나의 사물 속에 동시에 존재하는 순선인 理와 實現者인 氣에 대한 설명이 어렵다. 그런데 사람은 氣로 이루어지며 性善을 완전하게 실현하는 聖人이 될 수 있다고 주장한다. 따라서 인간은 氣의 惡을 완전히 제거해야만 순선만 가진 성인이 될 수 있다. 그러나 과연 氣로 이루어진 인간이 현실적으로 완전히 그 惡을 제거할 수 있는가? 즉 현상의 惡이 생기는 원인은 설명이 가능하겠지만 근본적으로 有善惡인 氣를 가진 인간이 理의 순선을 완전하게 실현하는 것은 논리적으로 불가능하다는 것이다. 다시 말하면 현상의 사물은 영원히 可能態로서만 존재하고, 인간도 성인이 될 수 없거나 또는 가능성만 가진 존재가 되고 만다.

녹문의 고민은 바로 여기에 있었다. 그는 이전의 논쟁들을 해결하려는 시도에서 먼저 理氣論에 대한 자신의 이론을 정립할 필요성이 대두되는 것은 논리적 필연이라고 할 수 있다. 곧 녹문은 理同氣異나 理通氣局은 一原(普遍)과 分殊(特殊)를 각각 理와 氣 두 가지 사물로 분리하였기 때문에, 결국 理의 善을 완전하게 실현할 수 있는 氣의 普遍性을 간과하였다고 보았다. 이에 따라 녹문은 원리로서의 理에 대한 규명에 못지않게, 원리인 理를 실현하는 氣의 규명도 중요하다고 생각하였다.

그러므로 녹문은 朱子의 '決是二物'은 理와 氣가 진실로 두 개의 物事가 아니라고 보고, "理氣를 논함에 반드시 이기는 같은 實〔本質〕로 보아야 한다"52)고 하여 '理氣同實'을 理氣論의 大前提로 삼았다. 이것은 程伊川의 '體用一源, 顯微無間'과 주자의 '不可分開'를 바탕으로 자신의 理氣觀을 확립한 것이다.

이를 바탕으로 그는 湖洛論爭의 빌미를 제공한 율곡의 理通氣局을 비판하는데, 그 요점은 크게 두 가지로 나누어 볼 수 있다. 하나는 이통기국이 一原(普遍)과 分殊(個別)를 각각 理와 氣로 나누어 분리하였다는 것이며, 다른 하나는 도덕적 본질인 '가장 맑고 깨끗하고 순수한 氣의 本體(湛一淸虛之氣)'가 현상의 個物에서 多有不在라고 한 것은 氣의 局만 강조하였다는 것이다. 이에 녹문은 通과 局을 '理와 氣는 동등한 實〔本質〕이다(理氣同實)'의 논리로 설명한다.

'通·局'이란 두 글자는 理와 氣에 分屬시킬 필요는 없다. 무릇 一原處로부터 말한다면 理만 一이 아니라 氣도 一이니, 一은 通이다. 그러나 萬殊處로부터 말한다면 단지 氣만이 萬이 아니라 理도 역시 萬이며, 萬은 곧 局限이다. 一이므로 '神'이며 양쪽에 있으므로 測量할 수 없으니 通이 아니겠는가? '仁'을 '義'라 할 수 없고 '義'를 '仁'이라 할 수 없

---

52) 《鹿門集》 5:6a, 答李伯訥, 乙巳 5月(1785, 녹문 74세).
　　論理氣, 則必以理氣同實.

으니 局이 아니겠는가?(細註: 通·局으로 理·氣를 나누는 것은 말은 새롭지만 내용은 막혔다. 차라리 理一分殊의 논리는 理를 主로 하며, 氣는 그 속에 있음에 渾然하여 꿰맨 틈〔縫隙〕이 없다고 하면 말이 매우 平易하면서도 뜻은 이미 오히려 지극한 것만 같지 못하다.)[53]

요약하면, 一原處에서 理가 一이면 氣도 一이어서 理氣가 함께 通인데도 理만 通이라고 할 수 없으며, 萬殊處에서는 氣만 萬이 아니라 理도 역시 萬으로 理氣가 함께 局이므로 氣만 局이라고 할 수 없기 때문에 通과 局을 理와 氣로 分屬할 수 없다는 말이다. 따라서 녹문은 理一分殊는 차라리 '理를 주로 하고 氣는 이 理를 따라 함께 渾然하게 존재한다'는 뜻으로 이해해야 한다고 보았다. 즉 一原은 理의 일원만 있는 것이 아니라 氣의 일원도 있으며, 그 일원은 서로 다르지 않다는 말이다. 그러므로 通은 理와 氣에 함께 갖추어진 것이다. 여기서 또 한 번 녹문의 '理와 氣는 동등한 實〔本質〕이다(理氣同實)'의 의미를 분명히 알 수 있다. 일반적으로 局性은 氣에만 해당시키는 것이 율곡 이후 湖洛論

---

53) 《鹿門集》 19:7a, 鹿廬雜識.
'通局'二字, 不必分屬理氣. 盖自其一原處言之, 則不但理之一, 氣亦一也, 一則通矣. 自其萬殊處言之, 則不但氣之萬, 理亦萬也, 萬則局矣. 一故'神', 兩在故不測, 非通乎? '仁'作'義'不得, '義'作'仁'不得, 非局乎?(以通局分理氣, 語新而意滯. 不若理一分殊之論, 主理而氣在其中, 渾然無縫隙, 語甚平易, 而意已獨至也).
　　이와 같은 설명은《鹿門集》529쪽, 次渼湖神氣吟 三篇再疊因足成心性雜詠 三十六首(己丑 1769, 녹문 57세)에서도 다음과 같이 말한다. "一原處로부터 말하면, 理만 一이 아니라 氣도 역시 一이다. 一이면 通이다. 萬殊處로부터 말하면 氣만 萬이 아니라 理도 역시 萬이다. 萬이면 局이다. 이제 通과 局을 理와 氣로 分屬하면 끝내 二物의 의심이 있으니 理一分殊의 논의는 혼연히 꿰맨 틈이 없는 것과 같지 못하다. 평이한 가운데 지극히 妙한 것이 있다(自一原處言, 則不但理之一, 氣亦一. 一則通矣. 自萬殊處言, 則不但氣之萬, 理亦萬. 萬則局矣. 今以通局分屬理氣, 終似有二物之疑, 不若理一分殊之論, 渾然無縫隙. 平易之中, 有至妙至妙者, 存焉耳)."

者들의 공통된 견해였지만, 녹문은 이로써 '理通'도 가능할 뿐만 아니라 '氣通'도 가능함을 설명하고자 하였다.

녹문은 이로부터 理·氣가 함께 유행하면서 둘은 서로 의지하여 드러나기 때문에, 현상의 개별적 사물로 드러나는 과정은 理의 측면과 아울러 氣의 측면도 함께 설명해야 한다고 보아, 비로소 理一分殊와 함께 氣一分殊를 제시한다.

> 萬理는 萬象이며 五常은 五行이다. 乾順은 兩儀(陰陽)이며 太極은 元氣다. 이는 모두 氣에 나아가서(卽하여) 지은 이름이다. 이제 사람마다 '理一分殊'를 해석하기를 '理는 같은데 氣는 다르다'고 하는데, 그것은 理의 一은 곧 氣의 一에 따라서(卽해서)만 드러남을 알지 못하기 때문이다. 진실로 氣의 一이 아니라면 무엇으로부터 그 理가 반드시 一임을 알겠는가? '이일분수'란 말은 理를 主로 하여 말한 것으로 '分'字도 마땅히 理에 속해야 하는 것이다. 만약 氣를 위주로 말한다면 '氣一分殊'도 또한 불가함이 없다.[54]

즉 萬象의 萬理와 陰陽·五行·元氣·太極 등은 氣로써 드러나므로 氣를 기준으로 말한 것이며, 理의 一은 氣의 一에 따라서 드러나고 理의 分殊는 氣의 분수에 따라 드러나므로, 一原과 분수를 氣의 측면에서 말하면 氣一分殊도 역시 가능하다는 것이다. 다시 말하면 理一分殊 그 자체가 잘못되었다는 것이 아니라, 理는 一이어서 通이고 분수는 氣의 萬殊로 局이라는 발상이 잘못되었다는 것이다. 따라서 일원과 분수의

---

54) 《鹿門集》19:3b∼4a, 鹿廬雜識.
萬理萬象也, 五常五行也, 健順兩儀也, 太極元氣也, 皆卽氣而名之者也. 今人每以'理一分殊', 認作'理同氣異', 殊不知理之一, 卽夫氣之一而見焉. 苟非氣之一, 從何而知其理之必一乎? '理一分殊'者, 主理而言, '分'字亦當屬理. 若主氣而言, 則曰'氣一分殊', 亦無不可矣.

관계에서 이일분수는 마땅히 理의 측면에서 理一과 理分殊로 이해되어
야 하고, 氣의 측면에서는 기일분수라고 할 수 있다는 말이다. 그러나
녹문이 비록 기일분수를 말하기는 하였지만, 필자가 《鹿門集》을 검토
한 결과로는 더 이상 기일분수로서 일원과 분수 또는 本然과 氣質 등의
문제를 설명하지 않는다. 그것은 이하의 내용을 보면 분명히 드러나는
데, 녹문은 理一과 分殊를 다음과 같이 설명한다.

> 萬物이 각각 하나의 理를 갖춘 것이 分殊며, 각각 하나의 太極을
> 갖춘다. 萬理는 一原에서 함께 나온 것이니 곧 理一이며, 사물을 통괄
> 하는 본체로서의 태극(統體一太極)이다.[55]

곧 녹문은 各具一理의 一理를 萬理 가운데 하나의 理로 이해하고, 또
한 各具一太極도 統體一太極 가운데 一太極의 의미로 보아 그것을 分殊
라고 설명하였다. 그리고 만리의 근원인 일원과 통체일태극을 理一이라
고 이해하였다.

그러면 이 一原(理一)과 分殊의 관계는 어떠한가? 녹문은 萬과 一의
관계로 보아 다음과 같이 설명한다.

> 一氣가 유행하면서 나누어져 萬이 되니 偏·全과 大·小의 面貌가
> 각각 다르다. 이것이 곧 實理의 자연이다. 그러므로 그 萬의 다름으로
> 나아간(卽한) 것이 곧 一의 같음[同]이다. '萬'이라 하고, '一'이라 하
> 는 것은 원래 단지 이것일 뿐, 萬밖에 다시 一이 있는 것이 아니다.
> 萬이라 하면 一을 해친다고 하는 사람은 매양 一을 理에 속하게 하고
> 萬은 氣에 속하게 하여, 萬에서 理를 말하는 사람을 보기만 하면 곧
> 크게는 놀라고 적게는 괴이하게 여겨 무리를 지어 일어나 공격하기를

---

55) 《鹿門集》 19：14a, 鹿廬雜識.
　　萬物各具一理, 分殊也, 各具一太極也. 萬理同出一原, 理一也. 統體一太極也.

'理는 一일 뿐이다. 어찌 이른바 萬이라는 것이 있겠는가?'라고 하니 그것 역시 우스울 뿐이다.[56]

여기서 一本과 萬殊가 스스로 實하다는 말은 각각 실재한다는 뜻으로 萬殊(分殊)에서도 一本은 그대로 존재한다. 그럼에도 一本에서는 같다고 하고, 分殊에서는 다르다고 하는 것은 맞지 않는다는 말이다. 왜냐하면 現像의 個物에서는 偏·全과 大·小가 다른 것은 理가 아닌 현실 속에 드러난 理의 자연일 뿐, 만수의 밖에 一이 있거나 一의 밖에 萬이 있는 것은 아니기 때문이다. 따라서 녹문은 '萬과 一을 氣와 理로 나누어서 보면 안 된다'고 한 것을 두고, '理는 오직 一일 뿐 萬이 되지 않는다'고 비판하는 것은 一과 萬을 지나치게 구분한 결과이며, 그것은 理에 萬이 없다는 것은 理의 通만 강조한 것이며, 나아가 氣의 通은 간과하였기 때문이라고 비판한다. 그러므로 녹문은 결론적으로 "비록 합하더라도 萬이 갖추어져 있고, 비록 나누어지더라도 一이라는 것이 포함되어 있다"[57]고 주장한다.

녹문의 이러한 주장은 주자가 理一而分殊를 설명하는 것과 상통한다. 주자는 理一分殊를 다음과 같이 말한다.

또 '理一分殊'에 대하여 묻습니다. (대답하기를) 理一을 말하고 分殊를 말하지 않으면 墨子의 兼愛가 되며, 분수를 말하고 이일을 말하지

---

56) 《鹿門集》 26:15b, 次渼湖神氣吟三篇再疊因足成心性雜詠三十六首, 乙丑(1769, 녹문 58세).
  一氣流行, 分而爲萬, 偏全大小面貌各異. 此乃實理之自然也. 然卽其萬之異者, 卽是一之同者. 說'萬'說'一', 元只是此物, 非萬外復有一. 謂之萬, 則害於一也. 說者 每以一屬理 萬屬氣, 纔見人說理於萬, 便大驚小怪, 群起而攻之曰 理一而已, 安有所謂萬者, 其亦可笑也已.

57) 《鹿門集》 19:17a, 鹿廬雜識.
  雖曰合焉, 而萬者具焉, 雖曰分焉, 而一者包焉.

않으면 楊朱의 爲我說이 된다. 그러므로 분수를 말하면 理一이 그 안
에 저절로 있으며, 이일을 말하면 분수도 또한 그 안에 있되 서로 뒤
섞이지〔夾雜〕 않는다.[58]

즉 주자는 理一과 分殊는 언제나 서로 함께 있으면서도 뒤섞이지 않
음을 강조하였다. 왜냐하면 理一만 말하면 현실적 실현가능성을 무시하
는 墨子의 兼愛說과 같이 부모가 없는〔無父〕 경우가 되며, 분수만 말하
면 극단적 이기주의인 楊朱의 爲我說과 같이 되기 때문이다. 이에 따라
녹문은 一氣가 분화하여 현상의 낱낱 사물로 형성될 때 언제나 함께 현
상의 多樣性 속에 理通과 짝하는 氣通으로 내재하고 있다고 보아 그것
을 다음과 같이 설명한다.

'元氣'라고 하는 것은 곧 張橫渠의 이른바 '太虛'·'太和'[59]이며, 맹자
의 이른바 '浩然之氣'이니, 天地에 충만하고, 古今에 流行하며, 陰陽에
서는 음양에 충만하고, 五行에서는 오행에 충만하고, 사람과 사물에서
는 사람과 사물에 충만하니, 비유하면 물고기가 물 속에 있으면서 뱃
속이 모두 이 물로 채워진 것과 같다.[60]

'元氣'라고 하면 一原의 氣며, 이것은 곧 張橫渠의 太虛처럼 本體의

---

58) 《朱子語類》 98:81.
　　又問'理一而分殊'. '言理一而不言分殊, 則爲墨氏兼愛, 言分殊而不言理一, 則爲
　　楊氏爲我. 所以言分殊, 而見理一底自在那裏, 言理一, 而分殊底亦在, 不相夾
　　雜.'(子蒙)
59) 張載, 《正蒙》, 太和篇 第一. 《張載集》(北京: 中華書局, 1978), 7쪽.
　　太虛無形, 氣之本體. 太和所謂道.
60) 《鹿門集》 19:4a, 鹿盧雜識.
　　所謂'元氣'者, 卽張子所謂'太虛'·'太和', 孟子所謂'浩然之氣', 充塞天地, 流行古
　　今, 在陰陽滿陰陽, 在五行滿五行, 在人物滿人物, 譬如漁在水中, 而腹裏皆這
　　水也.

一氣며, 사람에게는 맹자의 浩然之氣처럼 도덕성의 근원이 되는 氣다. 이 氣는 고금의 모든 사물에 充滿되어 있어 조금도 빈틈이 없다. 녹문이 이렇게 말하는 뜻은 理一만 본체에서 현상까지 貫通되어 있는 것이 아니라, 氣一인 元氣도 현상의 모든 사물들에 관통되어 있음을 강조하기 위한 것이다.

이에 녹문은 氣의 通性은 氣의 근본인 湛一에 따라서 유지된다고 설명한다.

> 대개 氣의 근본은 湛一일 뿐이다. 그러나 나누어져 음양이 되고, 나누어져 오행이 되어 오르고 내리며 날고뛰며 感應하고 만나고 凝聚할 때 스스로 千差萬別이 없을 수 없으니 곧 張橫渠가 이른바 '떠도는 氣〔游氣〕가 어지럽게 움직이다가〔紛擾〕 합하여 質을 이루어 사람과 사물이 만 갈래로 생겨나게 하는' 것이다. 비록 천차만별이라고 하나 이 氣의 本體는 理에 根源하므로 날마다 生하는 것은 진실로 浩然과 湛一이 아님이 없다. 유행하여 凝結하는 것이 혹 偏하고 혹 正하는 것이 어찌 본체의 一을 해치겠으며, 末流의 찌꺼기〔渣滓〕가 혹 駁하고 혹 濁하더라도 어찌 원초의 湛함에 累가 되겠는가?[61]

'湛一이 氣의 근본'이라는 말은 張橫渠의 《正蒙》〈第六 誠明篇〉에 나오는 말로 喩博文은 '담일'에 대하여 '淸淨하고 純粹함(淸淨和純粹)'이라고 주석하였다.[62] 즉 '지극히 깨끗하고 순수한 본체'의 뜻이다. 그런데 이 지극히 깨끗하고 순수한 본체가 현실적으로 마치 氣의 局 때문에 현

---

61) 《鹿門集》 5:8b, 答李伯訥.
   盖氣之本, 則湛一而已. 而分爲陰陽, 分爲五行, 升降飛揚感遇凝聚之際, 自不能不千差萬別, 卽張子所謂'游氣紛擾, 合而成質, 生人物之萬殊者也'. 雖曰千差萬別, 而是氣本體根於理, 而日生者, 固未嘗不浩然而湛且一也. 流行凝結之或偏·或正, 何害於本體之一, 末流渣滓之, 或駁·或濁, 何累於原初之湛哉?

62) 喩博文, 《正蒙注譯》(中國: 蘭州大學出版社, 1990), 82쪽.

상의 사물들에서 겉으로 모두 갖추어지지 않는 것처럼 보이나 사실은 모든 사물에 內在한다. 곧 녹문은 율곡이 理의 通性을 理의 超時空性으로 설명한 것과는 달리 湛一이 곧 氣의 通性이라고 본 것이다.

그런데 湖洛論者들은 이것을 잘 이해하지 못하고 현상의 다양한 사물들에 있는 찌꺼기〔渣滓〕만 보고 '지극히 깨끗하고 순수한 본체'(이하 湛一로 지칭)가 없다고 여긴다고 녹문은 주장한다. 따라서 그는 氣의 본체는 理에 근원하므로 현상의 사물로 이루어지는 과정에서 필연적으로 생길 수 있는 偏僻된 氣 곧 찌꺼기〔渣滓〕에 따라 그 본연의 湛一함이 감추어지거나 훼손되지 않는다. 다만 일시적으로 잘 드러나지 않기 때문이다. 이에 따라 녹문은 "지금 말하는 자는 '湛一의 안팎에 역시 차고 모자람과 强弱이 있다'고 하는데 이것은 거의 떠도는 氣〔游氣〕가 어지럽게 움직이는〔紛擾〕 것을 보고 본체로 생각할 뿐이다"63)고 비판한다.

> 一과 二가 합하여 三이 되지만, 三이 나타나면 一과 二는 없어진다. 虛가 凝集(凝聚)하여 사물이 되나, 사물이 이루어지면 虛는 볼 수 없다. 그러나 똥·오줌의 악취와 더럽고 탁함에는 비록 湛一淸虛의 그림자도 찾을 수 없지만, 똥을 논밭에 주고 곡식의 씨를 뿌리면, 벼의 싹이 빨리 자라나서 왕성한 天地의 生生하는 本體가 옛 모습 그대로 나타나니, 이 氣가 꿰뚫지 아니한 곳이 없음을 여기서도 볼 수 있다. 湛一은 氣의 本이다. 氣의 本이 과연 없다면, 이 氣 밖에 어떤 사물이 있고, 氣 밖에 어떤 사물이 있으면 性 밖에 또한 어떤 사물이 있게 된다.64)

---

63) 《鹿門集》 5:8b, 答李伯訥.
今之說者曰 湛一裏面亦有羸乏强弱, 是殆見其游氣紛擾者, 而認爲本體耳.

64) 《鹿門集》 19:24b, 鹿廬雜識.
一二合而爲三, 三見則一二亡, 虛凝爲物, 物成 則虛不可見. 然糞穢之臭惡汚濁, 雖若不可尋湛一之影象, 而糞田種穀, 禾苗驟苗, 則藹然天地生生之本體, 依舊呈露, 此氣之無處不透, 於此可見. 湛一 氣之本, 氣之本 果有不在, 則是氣外有物, 氣外有物, 則是性外亦有物.

곧 녹문은 이 湛一을 氣의 本質이라고 생각한다. 그리고 이 湛一淸虛함은 현상에서 일시적으로 그 모습을 다 볼 수 없는 것 같지만, 그 작용성은 여전히 사물 속에 남아 있다는 것이다. 즉 事物의 特殊性과 一原의 統一性은 理뿐만 아니라 氣로도 가능하다는 것이다. 왜냐하면 녹문은 현상의 사물들 속에 담일이 없을 수 있다고 하면 결국 담일과 氣는 분리될 수 있고, 나아가 사물과 性도 분리될 수 있다고 보았기 때문이다.

곧 이렇게 보면 당연한 논리적 귀결로 道德的 근본인 '가장 맑고, 깨끗하고, 순수한 氣의 本體(湛一淸虛之氣)'도 一本으로서 萬殊의 個物 가운데서 氣에 局限되지 않고 그대로 존재한다. 따라서 녹문은 율곡이 '湛一淸虛之氣, 多有不在'라고 한 것에 대하여 다음과 같이 비판한다.

> 율곡 선생은 理氣의 源頭에서 造詣가 깊어 獨自的으로 얻음이 있고, 알아낸 것이 극히 밝고 透徹하며, 論說이 매우 玲瓏하여, 주자 이후 이만한 이해에 이른 사람은 거의 없었으나, 다만 氣의 根本이 '하나'라는 곳에서는 오히려 혹 아직 다 밝히지 못한 것이 있다. 그가 '理의 根源은 하나뿐이며 氣의 근원도 하나뿐이다'고 한 말과, 또 '道心은 本然의 氣다'고 한 것은 역시 講究하지 아니하고 여기에 이르렀다고는 말할 수는 없다. 그러나 理通氣局論에서 오로지 氣를 萬殊로 歸結시키고, 또 湛一淸虛한 氣가 不在한 곳이 많다고 생각한 것은 그 終末의 歸結点을 追究하면 理氣를 두 가지 사물로 본 疑心을 면할 길이 없다.[65]

여기서 녹문은 율곡이 理와 氣의 근원을 하나로 본 것이나 道心을

---

65) 《鹿門集》 19：6b∼7a, 鹿廬雜識.
　　栗谷先生於理氣源頭, 深造獨得, 見得極明透, 說得極玲瓏, 朱子以後, 殆未有臻斯理者也. 獨於氣之本'一'處, 猶或有未盡瑩者. 其曰'理之源一而已　氣之源亦一而已', 又'以道心爲本然之氣'者, 亦不可謂不講究到此. 而乃於理通氣局之論, 專以氣歸之萬殊, 又以爲湛一淸虛之氣　多有不在, 究其歸　終未免於二物之疑.

本然의 氣로 본 견해는 탁월하다고 평가한다. 왜냐하면 율곡의 이러한 관점은 녹문의 이기론의 바탕이 되기 때문이다. 그러나 녹문은 율곡의 理通氣局에 대하여 萬殊를 氣局으로만 생각하여 '湛一淸虛之氣, 多有不在'라고 주장한 것은 반대한다. 녹문은 율곡의 이통기국이 現象의 구체적 事物에서 理가 萬殊로 되는 직접적 원인을 氣의 局으로 규정한 것은 一原을 理의 관점으로, 分殊는 氣의 관점으로 나눈 것이 분명하다고 보았다. 여기에는 당연히 '理氣同實'과 '理氣元不相離'의 원칙이 前提되어 있다.

이로써 녹문은 理通만 가능한 것이 아니라, 氣通도 가능한 것은 곧 氣의 湛一이 기질의 제한을 받지 않기 때문이라고 보았다. 따라서 이미 앞에서 밝힌 바 氣의 局은 겉으로 드러난 현상일 뿐 현상의 사물들 속에는 언제나 이 '가장 맑고, 깨끗하고, 순수한 氣의 本體(湛一淸虛之氣)'가 관통해 있으므로 '無所不在'라고 할 수 있다.

이 '湛一淸虛之氣, 無所不在'의 유래는 花潭에게서 비롯하는데, 화담은 그것을 다음과 같이 설명하였다.

> 氣의 湛一淸虛함은 끝없는 허공에 가득 차 있어〔彌滿〕 크게 모인 것은 천지가 되고, 작게 모인 것은 만물이 된다. 모이고 흩어짐의 형세에는 미약하고, 顯著하고, 오래되고, 빠름이 있을 뿐이다. 크고 작은 것이 太虛에 모이고 흩어짐에 大小의 다름은 있으나 비록 한 포기의 풀이나 한 그루 나무같이 미미한 것에도 그 氣(湛一淸虛之氣)는 끝내 흩어지지 않는다. 하물며 사람의 精神과 知覺처럼 凝聚함이 크고도 오래된 것이랴![66]

---

66)《花潭集》卷2, 鬼神死生論.
　　　氣之湛一淸虛者, 彌滿無外之虛, 聚之大者爲天地, 取之小者爲萬物. 聚散之勢, 有微著久速耳. 大小之聚散於太虛, 以大小有殊, 雖一草一木之微者, 其氣終亦不散, 況人之精神知覺, 聚之大且久者哉!

즉 화담은 氣의 湛一淸虛함은 天地萬物에 갖추어지지 않은 것이 없으며, 특히 사람의 精神과 知覺에는 더욱 분명하게 갖추어져 있다고 보았다. 《鹿門集》에는 녹문 자신이 직접 화담의 말을 인용하여 '湛一淸虛之氣, 無所不在'라고 하지는 않았지만,[67] 화담의 설과 비교하면 차이가 없다.

그러나 녹문의 '湛一淸虛之氣, 無所不在'의 주장은 오히려 孟子와 張橫渠의 주장과 더 밀접한 관계가 있다. 녹문은 사람의 본성도 이 湛一에 근본한다고 하여 다음과 같이 설명한다.

사람은 바르고 通한 것을 稟得하여 태어나므로 그 마음[方寸]이 空通하다. 이 공통함에 따라서[卽하여] 이 氣의 전체는 豁然히 드러나 막힘이 없어 천지의 본래 氣와 관통하여 하나가 된다. 그러므로 맹자는 곧바로 浩然之氣를 자신의 氣로 삼았으며, …… 張子(張橫渠)가 이른바 '湛一은 氣의 근본이다'[68]고 한 것은 곧 이것을 가리켜 말한 것일 뿐이다. …… 맹자의 말에 '그 氣는 義와 짝하고 道와 함께한다'고 한 것은 대개 이 氣는 원래 道와 함께하고 義와 짝하며 합하여 하나가 되고 流行·發育·生生함이 무궁하니 孔子가 이른바 '乾元坤元'(細註: 元은 곧 元氣이나 理를 主로 하며 渾淪에 해당한다)과 이른바 '各正性命, 保合大和'(細註: 大和는 곧 元氣이며 性命은 道義다)와 이른바 '大라는

---

67) 녹문은 《鹿門集》 19:7a에서 徐花潭의 門人인 朴淳(1523~1589. 字는 和叔, 號는 思菴)이 "'가장 맑고, 깨끗하고, 순수한 氣의 本體(湛一淸虛之氣)'가 곧 陰陽을 생하고 또 이 氣를 陰에 속하게" 한 것은 말이 되지 않으며, 율곡의 논박을 받은 것은 당연하다고 하면서, "思菴은 花潭으로부터 나왔다고 하였는데, 모르긴 해도 화담의 뜻도 역시 사암과 같을 것인지는 의문이다. 그 說은 《徐花潭文集》에서 찾아보려고 했으나 밝혀낼 수 없으니 답답하다(思菴說出於花潭, 未知花潭之意, 亦只如思菴否. 其說想見文集, 而不得考, 可鬱)!"고 하였다. 이로써 보면 비록 이론적 내용은 화담의 뜻과 상통하지만 녹문이 직접 《花潭集》을 읽고 자신의 철학을 정립하는 바탕으로 삼았다고 보기는 어렵다.

68) 張載, 《正蒙》, 〈第六 誠明篇〉. 《張載集》(北京: 中華書局, 1978), 22쪽.

것은 正이다'(細註: 大는 形體를 가리키며 正은 '타고난 본성〔性情〕'을
가리킨다)는 것은 모두 이것을 이른 것이다.[69]

즉 사람은 正通한 氣를 稟賦받았고, 그 정통한 氣가 바로 도덕적 본
질로서 '義와 짝하고 道와 함께하는(配義與道)' 浩然之氣라는 말이다.
그것은 곧 사람이면 동서고금 누구를 막론하고 한결같이 부여받은 인간
만의 本性이라는 것이다. 마찬가지로 湛一한 본체는 현상의 사물에서
그대로 보존된다. 다시 말하면 理는 無形·無爲의 超時空性으로 말미암
아 現象의 特殊性과 一原의 普遍性을 貫通하는 統一性을 유지할 수 있
지만, 동시에 氣도 그 正通한 본성으로 말미암아 특수성과 보편성을 관
통하여 통일성을 가진다는 말이다. 녹문의 이러한 논리는 바로 '理氣同
實'의 大前提에서 출발하는 것이다. 즉 이것은 구체적으로 말하면 巍巖
이 理의 '通'性만을 주장한 데 견주어, 녹문은 氣의 湛一을 근거로 '氣通'
도 가능함을 강조하였다.

곧 現象의 事物은 形氣에 따라 偏·全과 通塞이 달라지지 않을 수 없
다. 따라서 본체의 理一은 사물의 형기에 따라 달라지므로 分殊가 될
수밖에 없는 것이다. 이것이 바로 녹문이 理의 측면에서 본 理一과 分
殊이다. 그렇다고 앞에서 말한 것처럼 본체의 湛一이 質的으로 달라지

---

69) 《鹿門集》 5:7a, 答李伯訥.
　　人則稟得正且通者以生, 故其方寸空通. 卽此空通, 而是氣全體豁然呈露, 無所
　　蔽遮, 而與天地本氣貫通爲一. 故孟子直以浩然之氣爲吾氣 …… 張子所謂'湛一
　　氣之本', 正指此而言耳. …… 孟子之言曰 '其爲氣也 配義與道', 盖此氣元來
　　與道義配合爲一, 流行發育生生不窮, 孔子所謂'乾元坤元'(元卽元氣而理爲主當
　　渾淪者), 所謂'各正性命, 保合大和'(大和卽元氣 而性命則道義也), 所謂'大者
　　正'(大指形體 正指'性情'), 皆謂此也.
　　　性과 命에 대하여 장횡거는 《正蒙》〈性命〉편에서, "性은 하늘의 덕이요,
　　命은 하늘의 理이다. 氣는 변할 수 없다는 것은 오직 死生과 長壽와 夭折뿐
　　이다(性天德, 命天理. 氣之不可變者, 獨死生壽夭而已)"고 하였다.

는 것은 아니다. 녹문은 다만 사람과 사물의 性은 오로지 형기를 모두 갖춘 실제적 개별들 속에서 논해야지, 형기나 氣를 벗어난 관념적으로 존재하는 理로 논한다면 이것은 공허한 이론일 뿐이라고 보았다.

이에 따라 녹문은 理同氣異나 理通氣局에 대하여 거듭 생각하여 결론적으로 다음과 같이 이해한다.

> 율곡의 理通氣局이라는 말을 마음으로 항상 의심하고 다시 생각하였다. 이것은 理氣를 두 가지 사물로 나누어 하나는 一原에 속하게 하고 하나는 分殊에 속하게 한 것이 아니다. 다만 일원에서는 理를 위주로 말하였으므로 理는 通하나 氣도 그 가운데 있고, 分殊에서는 氣를 위주로 말하였으므로 氣는 局限되나 理 또한 그 가운데 있다. '이른바 氣가 하나에 근본하는 것은 理가 통하기 때문이며, 理가 萬殊가 되는 것은 氣가 국한되기 때문이다'고 한 것을 보면 그 본래 의미를 알 수 있다(細註: 朱子의 이른바 理同氣異도 역시 그러하다).[70]

녹문은 율곡의 理通氣局에 대하여 '一原에서는 理를 중심으로 하였기 때문에 理의 通 가운데 氣가 있으며, 分殊에서는 氣를 위주로 하였기 때문에 氣는 局限되지만 理 역시 그 가운데 있다'는 뜻으로 재해석하였다. 녹문의 이러한 해석은 앞의 理一分殊와 理同氣異에 관한 해석과 같은 맥락이다. 따라서 그는 율곡이 꼭 理氣를 일원과 분수로 분리한 것이라고 규정할 수 없다고 본다. 이것은 녹문이 氣一分殊의 논리로 율곡의 이통기국을 한편으로는 긍정적 관점으로 재해석한 것이며, 이를 통

---

70) 《鹿門集》 19:24a, 鹿廬雜識.
　　栗翁理通氣局一語, 心常疑之 更思之. 此非判理氣爲二物, 一屬之一原, 一屬之分殊也. 只是一原處, 則主乎理而言之, 故曰理通而氣在其中, 分殊處, 則主乎氣而言之, 故曰 氣局而理亦在其中. 觀於所謂'氣之一本者, 理之通故也, 理之萬殊者, 氣之局故也'云云者, 可見其本意(朱子所謂理同氣異 亦然).

하여 湖·洛 양론이 通과 局을 理와 氣로 나누어 구분한 것을 다시 비
판한 것이다. 그러나 한편으로 율곡의 말에도 오해할 소지가 있음을 지
적한 말이다. 왜냐하면 이통기국이 가능하다면 氣通理局, 理通氣通, 理
局氣局도 논리적으로 가능하다는 것이 녹문의 관점이기 때문이다. 녹문
은 이것을 다음과 같이 설명한다.

> 대개 理는 ─이면서 萬이니, ─은 同이며 萬은 異다. ─이면서 萬이
> 며, 萬이면서 ─이니, 同이면서 異이지 않을 수 없으며, 異이면서 아
> 직 同이지 않음이 없는 것이 곧 理의 전체다. 이제 다만 ─이면서 同
> 인 것이 理인 것만 알고, 그것이 萬이면서 異인 것은 氣며 理가 아니
> 라고 한다. 무릇 氣 밖에 理가 없으며, 性 밖의 사물은 없으니, 氣를
> 위주로 말하면 萬者만 진실로 氣며, ─者는 홀로 氣가 아니란 말인가?
> 理를 위주로 말하면 ─者는 진실로 理며, 萬者는 홀로 理가 아니란 말
> 인가? 아! 理와 氣가 나누어져 둘이 된 것이 오래되었다.[71]

녹문의 관점은 理도 ─原과 萬殊가 있으므로 ─而萬, 萬而─이다. 그
런데 ─은 ─原으로서의 同이며, 萬은 萬殊의 異다. 그러므로 理는 同
이면서 異다. 理와 氣 가운데 어느 것을 위주로 말하는가에 따라 관점
은 달라질 수 있지만, ─과 萬, 同과 異를 각각 理와 氣로 나누어 專屬
시킬 수 없다. 왜냐하면 理와 氣는 '不可分開'와 '元不相離'이기 때문이
다. 이로써 녹문은 湖洛論者들이 萬과 異를 理가 아니라 오직 氣라고
하는 것은 理와 氣를 둘로 나누어 본 것이라고 비판하였다. 녹문의 이

---

71) 《鹿門集》 19:25b, 鹿廬雜識.
　　盖理者 ─而萬者也, ─則同矣, 萬則異矣. ─而萬 萬而─, 同而不能不異, 異而
　　未嘗不同者, 乃理之全體也. 今但知─而同者之爲理, 而其萬而異者, 則曰氣也
　　非理也. 夫氣外無理, 性外無物, 主氣而言, 則萬者 固氣也, ─者獨非氣乎? 主
　　理以言, 則─者 固理也, 萬者 獨非理乎? 噫! 理氣之判而爲二也, 久矣.

러한 설명은 理와 氣를 普遍[一]과 特殊[萬]로 갈라서 보는 기존의 이해를 비판한 것이다. 즉 녹문은 원리로서의 理도 보편과 특수가 있으며, 質料 또는 행위자로서의 氣도 보편과 특수가 있다고 주장하였다.

동시에 녹문은 理—과 分殊가 구체적인 사물들에서 어떻게 존재하고 있는가를 같은 논리로 설명한다.

> 무릇 '分殊'라 하고 '理—'이라고 하는 것은 좇아 말한 바가 비록 다르더라도, 그 實相은 — 가운데 萬이 갖추어져 있고, 萬 가운데 —이 포함되어 있어서 처음부터 두 가지 일이 있는 것이 아니다. 그것이 다만 萬이므로 비록 —理라 할지라도 形形色色으로 혹 크고 혹 작아, 하나하나가 각각 하나의 性이 있어서 섞일 수 없다. 이것이 '꿈틀거리는 生命體에는 모두 佛性이 있다'고 말할 수 없는 이유이다. 오직 그것이 —인 까닭에 그 分이 비록 다르지만, —物에 卽하면 萬物의 理가 모두 여기에서 벗어나지 아니한다. 이것이 이른바 '만물이 모두 갖추고 있는 것이니 사람만이 그런 것이 아니라, 사물이 모두 그렇다'고 한 것이다.[72]

곧 分殊와 理—은 보는 관점에 따라 달리 말할 수 있지만, 언제나 —이 萬 가운데 포함되어 있어 서로 분리된 두 가지 層次가 있는 것은 아니라는 말이다. 그러나 현상의 사물은 모두 분수이므로 —理가 형형색색으로 다르며, 아무리 사소한 사물이라도 고유의 性(곧 氣質之性)을 갖추고 있다. 그러나 그 갖춘 바는 단지 분수로서의 性이며 理—의 性은 아니다. 그러므로 녹문은 벌레나 보잘것없는 미물에도 모두 佛性 곧

---

72) 《鹿門集》 19:18a, 鹿廬雜識.
　　盖曰'分殊', 曰'理一', 所從言雖異, 其實一之中萬者具焉, 萬之中一者包焉, 初非有二事也. 惟其萬也, 故雖是一理, 而形形色色, 或大·或小, 箇箇各是一性, 不可混也. 此所以蠢動含靈, 不可謂皆有佛性也. 惟其一也, 故其分雖殊, 而卽其一物, 萬物之理, 皆不外焉. 此所謂'萬物皆備, 不獨人爾, 物皆然者也'.

理一의 性을 다 갖추지는 못한다고 보았다.

　이상으로 伊川 程頤부터 栗谷 李珥에 이르기까지 理一分殊·理同氣異·理通氣局의 논리를 살펴보았다. 이천은 이일분수를 통하여 儒家의 도덕적 가치근거를 仁으로 정하고 仁의 실현을 위한 방법론으로 정립하였다. 이를 이어 주자는 이동기이의 논리로 이일분수의 形而上學的인 이론체계를 완성하였다. 곧 주자는 "이 氣가 있으며 理는 곧 그 가운데 있다(有此氣 則理便在其中)"(《朱子語類》 1:13)고 하여 理氣의 同時同所를 주장하기는 하였지만, 氣보다는 理를 중심으로 性의 개념을 해명하였다.

　그러나 율곡은 理의 관점을 더욱 철저하게 지켜 理通氣局의 논리로 정립하였다. 율곡의 이론은 논리적 체계는 주자의 理同氣異와 크게 다르지 않다. 그러나 理의 측면에서 보면 '理同'이 '靜態的' 판단이라면, '理通'은 '動態的' 판단이라고 할 수 있다. 마찬가지로 氣의 측면에서 '氣異'는 狀況性을 의미하고, 氣局은 作用性을 의미한다고 할 수 있다. 그리고 이통이 가능한 이유는 理는 無形的 특성과 無爲的 특성으로 말미암아 '氣發理乘'이 가능하며, 또한 理는 超時空性과 無所不在性을 가진다. 따라서 이통은 萬物의 統一性 곧 普遍性을 의미하게 된다. 또한 氣는 有形·有爲이므로 時空의 限界를 가지지 않을 수 없으며, 그것이 氣局이며 事物의 特殊性이다. 따라서 現實의 사물에서는 理一을 온전하게 드러낼 수 있는 '가장 맑고 깨끗하고 순수한 氣의 本體(湛一淸虛之氣)'가 없는 곳이 많을 수밖에 없다.

　그러나 이천에서 율곡에 이르기까지 일관된 논리는 本體로부터 現象에 이르는 과정에 대한 설명과 현상의 多樣性에 대한 원인, 道德性의 根據 등을 모두 理를 중심으로 펼치는 데 반대하고, 理氣를 동등하고

不可分開의 원칙에서 事物의 本源(普遍性)과, 現象의 다양성(特殊性), 그리고 보편성과 특수성을 관통하는 통일성을 설명하려고 한 사람이 녹문이다. 그는 性을 논하면서 理로써만 해서도 안 되고 氣만으로 보는 것도 옳지 않고, 성리학의 핵심개념인 理와 氣의 불가분개 즉 자신의 理氣同實의 관점에서 파악해야 한다고 주장하였다.

녹문의 이러한 관점은 그 是非判斷에 앞서 一原과 分殊를 理氣不可分開의 관점에서 논리적 일관성을 가지고 철저하게 분석하였다는 점에서는 긍정적 평가를 할 수 있다고 생각된다. 따라서 인간의 윤리 도덕적 원리를 自然本體論과 일치시켜 해명하려는 성리학의 이론체계에서도 원리로서의 理와 實現者로서의 氣를 분리하면 實現되지 않는 원리〔理〕와, 원리에 따르지 않는 실현자〔氣〕가 생기는 논리적 모순에서 벗어나는 논리이기도 하다. 그리고 理의 通만 인정하면, 그것은 實像 없는 그림자에 지나지 않는다는 녹문의 주장은 인간의 도덕적 실천의 能動性을 강조한 것이다. 왜냐하면 伊川이 理一分殊의 논리를 처음 제기할 때부터 도덕윤리의 실천을 중심으로 펼쳐졌으므로 이일분수는 현실의 다양성이 지향해야 할 통일성과 最高善을 중시한 것이라면, 녹문의 氣一分殊는 다양한 사물 특히 인간이 통일성과 최고선을 지향해서 실천하는 내재적 근거를 마련한 것이라고 할 수 있다. 따라서 녹문이 氣의 普遍性과 實在性을 강조하였다는 점이 主理에 대립되는 主氣의 의미는 결코 아니다. 그것은 또한 녹문의 "이일분수는 理를 주로 하여 말하였으므로 分字는 마땅히 理에 속하며, 만약 氣를 주로 하여 말하면 기일분수라고 하여도 안 될 것은 없다"73)는 관점에서도 잘 드러난다. 그리고 녹문은 理에 대하여 그 原理·法則性은 인정하지만 氣에 대한 主宰性은 인정하지 않았다. 왜냐

---

73) 《鹿門集》 19 : 4a 鹿廬雜識.
　　理一分殊者, 主理而言, 分字亦當屬理, 若主氣而言, 則曰氣一分殊, 亦無不可矣.

하면 녹문의 ‘莫之然而然’은 徐花潭이 ‘機自爾’라 하고, 栗谷이 氣의 활동
을 ‘非有使之’라 한 것의 연장이기 때문이다.

그렇다고 해서 녹문의 중심논리가 氣一分殊라고 할 수 없다. 이미 앞
에서 그 이유를 녹문이 理一分殊의 문제를 중심으로 하고 있음을 밝혔
지만, 녹문의 뒤를 이어 湖洛論爭의 문제를 이일분수로 설명한 蘆沙 奇
正鎭[74](1798~1876)의 평가를 보면 더욱 분명해진다. 곧 녹문의 기일분
수는 氣를 위주로 하거나 理를 배제한 것이 아님이 唯理論의 관점에 선
기로사의 평가에서도 잘 드러난다.

> 자투리 글들 가운데서 녹문 임씨의 일단의 議論을 얻었는데, ‘진실
> 로 다름을 말하면 性만 다른 것이 아니라 命도 또한 다르다. 진실로
> 같음을 말하면 性만 같을 뿐 아니라 道도 역시 같다’고 하였다. 이 말
> 은 겉으로 언뜻 보면 거의 사슴 옆의 노루 같고 노루 옆의 사슴과 같
> 이 뚜렷한 구별이 없는 것 같지만, 사실 道理의 근원을 조금도 빈틈이
> 없이 말하였으며, 伊川의 理一分殊라는 네 글자는 이 公에 의해 一脈
> 으로 우리나라〔東方〕에 전해진 것이 아닌가? 그 全書를 얻어 살펴보
> 지 못하는 것이 恨이다.[75]

---

74) 본관 幸州, 자 大中, 시호 文簡. 조선 유학을 대표하는 한 사람으로서 徐敬
德, 李滉, 李珥, 李震相, 任聖周와 함께 성리학의 6大家에 속한다. 저서:
《納凉私議》, 《蘆沙文集》.

75) 《蘆沙文集》 卷12, 納凉私議.
碎紙中得鹿門任氏一段議論, ‘苟言異, 則非但性異, 命亦異也. 苟言同, 則非但
性同, 道亦同也’. 此言驟看外面, 殆若鹿邊者獐, 獐邊者鹿, 而其實說得道理源
頭, 無有滲漏, 伊川理一分殊四字, 賴此公, 而一脈不墜於東方歟? 恨不得其全
書而攷閱也.
〈納凉私議〉는 1843년 곧 蘆沙가 45세 때 草稿가 이루어지고 개정본이 1874
년(노사 76세)에 쓰였으며, 위 인용문은 晩年의 개정본에 있는 내용이다. 필
자는 《蘆沙文集》을 모두 살펴보지는 못하였으나, 이로 미루어 보면 기로사가
녹문에 대하여 언급한 것은 위의 내용이 최종적인 것이라고 생각된다.

위 인용문에서도 잘 나타나듯이 唯理論의 관점에 선 奇蘆沙는 녹문이 一과 分殊의 관계를 잘 말하였으며, 특히 程伊川의 理一分殊를 잘 이해하였다고 평가한다. 이제 참고로 임록문과 기로사의 관점을 비교해 보면 〔표 6〕과 같다. 그러나 이 책에서는 논의의 전개에 따라 기로사의 견해에 대한 구체적인 논거는 다 열거하지 않는다.

〔표 6〕 任鹿門과 奇蘆沙의 철학적 관점 비교

	鹿門 任聖周	蘆沙 奇正鎭
理 通	理를 위주로 하면 理通, 氣를 위주로 하면 氣通. 理氣同實.	無動靜·多寡·生死. 理之妙. 理尊無對. 理貴氣賤.
氣 局	氣의 局만 있는 것이 아니라, 理의 局도 있다.	有動靜·多寡·生死.
理一分殊	理一分殊와 함께 氣一分殊도 가능. 理의 主宰性과 함께 氣의 주재성도 인정.	一과 分殊는 동일한 理의 두 측면. 理一而分殊. 理一分殊만 인정. 氣에 대한 理의 주재성을 강조.
一原과 分殊의 관계	一而萬, 萬而一. 理一分殊, 氣一分殊. 理氣元不相離.	理一而分殊. 一과 分殊는 하나다. (理만) 理氣不相離, 不相雜.
本然之性	氣質 속에 있는 온전한 性.	구체적 사물이 氣質의 偏·全에 따라 갖춘 性.
氣質之性	氣質이 가진 性으로 근본적으로 本然之性과 같다.	偏全之性이 氣質을 통해 드러나는 것으로 本然之性과 같다.
五 常	一原, 湛一之氣의 性. 인간만이 온전하게 보존.	同一의 理. 因氣質로 人物이 같이 갖춤. 五常이 곧 本然.
未發心體	本善	本善
心·性	心性一致. 聖凡一致, 合理氣로 이해.	心性一致, 聖凡一致. 理.
論 據	《中庸》(〈天命之謂性〉)과 《孟子》(〈生之謂性〉)를 相異의 논거로 해석.	《大學或問》, 《中庸》章句, 《孟子》〈生之謂性章〉을 人物同時五常으로 해석.

〔표 6〕에서 드러나듯이 녹문은 理氣同實을 중심으로 문제를 풀어가지만, 기로사는 理 중심 곧 理貴氣賤을 중심으로 유일한 실체를 理로 본다. 그러므로 기로사의 理氣論은 唯理論이라고 할 수 있다. 따라서 理通氣局에 대해서도 녹문은 氣通도 가능하다고 보지만 노사는 理之妙를 들어 理通만 인정하고 기통은 인정하지 않는다. 그리고 理一分殊에 대해서 노사는 녹문과 같이 理의 一과 理의 分殊를 인정하지만 氣一分殊는 인정하지 않는다.

이러한 관점의 차이는 기로사가 녹문철학의 연장선에서 자신의 철학을 확립하였으면 문제는 달라졌을 것이나, 결국은 기로사의 평가와 같이 녹문도 성리학의 고유문제인 理를 중심문제로 삼았으며, 그것이 理一分殊로서 펼쳐졌음을 반증하는 것이며, 따라서 녹문의 중심논리를 氣一分殊로 볼 수 없는 이유이기도 하다.

왜냐하면 녹문은 湖洛論爭의 쟁점에 대하여 一原이나 本然을 理, 개별(特殊) 또는 氣質을 氣에 배속시켜 어느 한 쪽만을 강조함으로써 理와 氣를 두 가지 사물로 생각하였다고 비판하였다. 즉 그는 '理氣同實'이라는 전제에서 理一分殊와 氣一分殊는 동시에 가능하므로, 理와 氣를 분리하여 普遍을 理一·理同·理通으로 설명하고 個別(特殊)은 分殊·氣異·氣局으로 설명하는 것은 理와 氣의 관계에서 '體用一源 顯微無間', '不可分開', '元不相離'의 의미와 다른 것이라고 주장하였다. 따라서 그는 이일분수는 理의 一과 理의 分殊(理分殊)이며, 氣도 一原에서는 氣一이며 分殊에서는 氣分殊가 되어 기일분수도 무방하다고 보았다.

녹문의 이러한 견해는 곧 理의 보편적 원칙을 결코 경시하는 것은 아니다. 오히려 행위자인 氣가 어떻게 현실적으로 理를 완전하게 실현할 수 있는가에 중심을 둔 것이다. 왜냐하면 本源에서의 理一만 강조하고 그것을 실현하는 본원에서의 氣一을 인정하지 않으면 결국 氣와 분리된

理一이 있을 수밖에 없으며, 그렇게 되면 理一의 실현불가능성이 있을 수 있다는 것이다. 녹문은 곧 이 理一의 완전한 실현가능성을 확보하려 한 것[76]이라고 할 수 있다.

---

76) 柳仁熙 敎授는 〈退溪哲學의 近代的 意味와 東亞細亞의 未來社會〉(《東方學志》, 연세대학교, 1994)에서 《西銘》을 비롯한 '理一分殊'에 관한 논의를 분석하여, 이일분수를 "이치는 하나지만 본분은 다르다"는 의미로 해석하고 나아가 하나의 이치와 分殊로서의 윤리적 본분이 서로 밀접하게 일관되어 있음을 강조한다.
   녹문의 氣一分殊는 바로 一原과 分殊의 相通을 전제로 분수로서의 인간이 어떻게 理一로서의 도덕적 최고선을 능동적으로 완전하게 실현할 수 있을 것인가에 관심을 두는 것이다.

V 理一分殊와 心性論

앞 장에서 살펴본 대로 녹문은 理一分殊와 氣一分殊를 종합하여 존재세계를 통일적으로 이해하고, 이에 따라 그는 원리 또는 법칙으로서의 理와 그 실현자인 氣도 渾然一體로서 존재한다고 주장하였다. 즉 이일분수의 관점에서 보면 理가 법칙 또는 원리를 主宰하지만, 기일분수의 관점에서 보면 氣가 그 법칙 또는 원리의 실천을 주재하는 것이다. 이와 같은 녹문의 논리는 善의 실천에서 좀더 적극적인 의미를 부여한 것이라고 할 수 있다.

따라서 녹문도 性善을 주장하지만 그 성선의 근거를 理와 氣의 합으로 파악한다. 그러나 이러한 녹문의 주장은 실제로 원리와 법칙으로서의 理는 人性을 이루는 氣에 온전하게 보존되어 있으며, 결국은 氣善을 통하여 드러난다는 것을 강조한 것이다. 곧 녹문은 인간은 기본적으로는 누구나 차별 없는 성선을 갖추고 있으며, 또한 누구나 성선의 善을 완전하게 실현할 수 있는 능력이 있으며, 나아가 그 善을 실현하기 위한 적극적인 능동성을 갖추고 있음을 밝히고자 하였다.

이에 따라 녹문은 性에 대한 개념을 재정립하여 湖洛論爭의 쟁점을 本然之性에 대한 견해의 차이에서 비롯되었다고 파악하고, 氣質之性이 곧 본연지성이라고 주장한다. 그러므로 이 장에서는 먼저 녹문의 性 개념을 氣質에서 규정하는 데 그 특징이 무엇인지를 살펴보고자 한다. 이어서 人物性同異의 문제에 대하여 처음 洛論에 따라 人物性同論을 주장하다가 相異論으로 바뀌는 과정에서 정립되는 理一分殊論을 중심으로 검토하고자 한다. 그리고 心性一致를 전제로 한 明德과 知覺의 문제에 대하여 연구 검토하여, 心性一致·聖凡一致와 未發心體는 本善이라는 녹문의 주장은 性善의 온전한 실현을 위한 心의 능동성을 강조한 것임을 밝히고자 한다.

1. 理一分殊와 人物性同異論

호락논쟁의 중심문제를 정리해 보면, 첫째, 本然之性과 氣質之性에 관한 것, 즉 性卽理의 性은 본연지성을 가리키는가, 아니면 기질지성을 가리키는가의 문제다. 이 문제는 동시에 기질지성과 본연지성의 관계에 관한 문제이기도 하다.

다른 하나는 參差不齊한 사물들 사이에는 性이 과연 어떤 차이가 있는가에 관한 문제다. 즉 사람의 性과 사물의 性은 본래는 같은가, 아니면 본래부터 다른가? 그리고 그 이유는 무엇인가에 관한 문제이기도 하다.

마지막으로 人性은 본래 善한가 惡한가의 문제도 있지만, 그것은 거의 性善으로 통일되어 있기 때문에, 현실적으로 나타나는 惡의 원인이 어디에 있는가에 대한 견해의 차이다. 그리고 각자의 견해에 따라 修養論의 방법도 달라지는 것이다.

이 글에서는 먼저 녹문이 초기에 가졌던 性의 개념과 人物性同論의 관점과 그에 대한 문제제기를 살펴보고, 人物性相異論으로 바뀌면서 새롭게 규정한 性의 개념과 곧 本然之性과 氣質之性의 관계, 一原·分殊와 性의 관계, 그리고 인물성상이론의 구체적 내용에 대한 녹문의 설명을 살펴보고자 한다.

1) 前期의 人物性同論

人物性同異論의 중심문제는 性이 理氣論에서 어떻게 규정되는가에 있다. 性卽理는 性理學의 핵심명제라고 할 수 있다. 그러나 성즉리의 理가 太極·一原의 理를 말하는가, 아니면 현상의 사물에 있는 物理를 가리키는가에 따라 의견이 달라지며, 이와 아울러 性에 대한 개념규정도 달라지는 것이다. 따라서 녹문의 철학은 당시 치열하게 펼쳐진 湖洛論爭에 대하여, 어느 한쪽의 관점을 고수하여 논의를 펼친 것이 아니라, 호·락 양론의 관점을 비판하고 이를 통하여 새롭게 정립한 理氣觀과 人性論에 그 의미가 있다.

녹문이 초기에 人物性同論을 따랐다는 것을 녹문의 동생 任靖周는 〈行狀〉에서 "公은 人物性에 관한 논변에서 젊을 때부터 櫟泉 宋明欽[1]과 渼湖 金元行[2] 등 여러 사람과 더불어 다 같이 三淵 金昌翕의 '均五常'의 설을 주장하여 '만물은 바탕은 완전하나 작용이 사무치지 못할 뿐이다'고 하였다. 36～37세 때 《孟子》의 〈生之謂性章〉을 읽고서 그 잘못을

1) 宋明欽[1705(숙종 31)～1768(영조 44)]: 字 晦可, 호 櫟泉, 本貫 恩津, 浚吉의 후손, 堯佐의 아들. 李縡의 문인.
2) 金元行[1702(숙종 28)～1772(영조 48)]: 字 伯春, 호 渼湖·雲樓, 본관 安東, 金昌協의 손자. 李柬의 洛論을 지지.

깨달아 潛心默究하기 10여 년에 큰 근원이 되는 곳(大源處)에서 막힘이 없이 통하는(洞徹無碍) 경지에 이르렀다. 그런 다음에 전날의 견해를 완전히 버리고 저술하여 학설을 이루었다"[3]고 기록하고 있다. 이것은 녹문이 처음 栗谷系列의 李縡(1680~1746, 號 陶庵·寒泉. 字 熙卿, 諡 號 文正)의 문하에서 受學하며 초기에는 대체로 율곡과 이재의 학설을 따랐음을 말하는 것이다. 이때 삼연의 균오상설은 "五常은 사람과 사물이 같이 稟賦받았다"[4]는 것이 요지다.

녹문의 전기 人物性同論은 25세 때의 《中庸》에 대한 註釋에서 잘 드러난다. 녹문은 《중용》 첫 장의 天命之謂性을 풀이하면서 다음과 같이 말한다.

人物性同異의 설을 논한 사람은 매우 많다. 이것을 곰곰이 생각한 끝에 나름대로 말하자면, 단지 本然과 氣質의 설에 대하여 분명하게 이해하면 스스로 명쾌하여 미혹됨이 없을 것이다. 대개 사람과 사물의 貴賤·巨細·精粗에 조금도 다른 것이 없는 것은 本然之性이다. 通塞· 偏全·淸濁·粹駁에 얽혀 한결같지 않은 것은 氣質之性이다. 그러므로 본연지성에서 말하면 인성은 곧 禽獸의 性이며, 금수의 성은 곧 초목의 성이며 아직 터럭만큼의 차이가 있은 적이 없다. 기질지성에서 말하면 사람의 성은 금수의 성이 아니며 금수의 성은 초목의 성이 아니다. 따라서 사람과 금수, 초목 가운데 또한 각각 수만 가지의 다름이 있다. 본연지성은 그 처음의 전체가 粹然하고 뒤섞이지 않은 곳에서

---

3) 《鹿門集》附錄 行狀: 17b.
　公於人物性之辨, 自少與櫟泉渼湖諸公, 一主三淵翁'均五常'之說, 以爲'物則體全 而用不達已矣'. 年三十六七歲時, 因讀孟子生之謂性章, 而大覺其誤, 潛心默究 十餘年, 於大源處洞徹無礙然後, 盡棄前見, 著爲成說.
4) 《三淵集》卷13(서울: 韓國文集叢刊 165, 民族文化推進委員會, 1996), 279쪽.
　五常人物稟來同(說自濂翁至晦翁, 不幸末流生異見, 殆將萬片裂虛空, 陰陽隔斷 相根妙, 動植虧全一化中. 濯舊來新君若肯. 十年林下著硏窮).

말한 것이다. 기질지성은 稟賦받은 氣가 구속되고 막힌 뒤에 운용하는 곳에서 보아 말한 것이다〔細註: 기질지성은 本然의 밖에 있는 것이 아니고, 단지 이 性(본연지성)이 기질 가운데 떨어져 기질을 따라 각자 하나의 성이 되는 것이다〕.5)

녹문의 이러한 평가는 매우 중요하다. 이미 녹문은 호락논쟁의 쟁점이 本然之性과 氣質之性을 어떻게 이해하는가에 달려 있다고 보았다. 그러나 녹문은 여기서 분명히 본연지성과 기질지성을 구분하고 있다. 이것은 나중에 기질지성이 곧 본연지성이라는 관점과 다르다. 즉 본연지성으로 보면 사람과 사물이 貴賤·巨細·精粗의 차이가 없다는 것은 人物性同論을 의미한다. 그리고 기질지성으로 보면 通塞·偏全·淸濁·粹駁으로 말미암아 萬殊로 다르다는 것은 相異論의 관점이다. 그런데 여기서 녹문의 관점은 '본연지성은 그 처음의 전체가 粹然한 것으로 말하며, 기질지성은 稟賦받은 氣가 구속되고 막힌 뒤에 운용하는 곳에 보이는 것으로 말한 것이다'는 데서 잘 드러난다. 이것은 "비록 본연지성이라고 하나 돌이켜 보면 기질지성이라고 하니 결국 本然은 그림자며 기질은 實像이다"6)고 하여 기질지성을 사람과 사물이 가진 고유의 性이라고 한 관점과 분명히 구별된다. 그러나 녹문은 細註에서 기질지성은

---

5)《鹿門集》13:21b~22a, 中庸, 乙卯(1735년, 녹문 24세).
　　首章○人物之性同異之說, 論者不勝其多矣. 竊嘗妄謂此事, 只於本然·氣質之說, 看得分明 則自家灑然無惑也. 盖人物貴賤·巨細·精粗, 無少不同者, 本然之性也. 通塞·偏全·淸濁·粹駁, 紛綸不一者, 氣質之性也. 故自本然之性而言之, 則人性 卽禽獸之性, 禽獸之性 卽草木之性也. 而未始有毫髮之參差焉. 自氣質之性而言之, 則人之性 非禽獸之性, 禽獸之性 非草木之性也. 而人與禽獸與草木之中, 又各自有萬之不同焉. 本然之性, 以其原初全體粹然, 無雜處而言也. 氣質之性, 以其氣稟拘蔽後, 見在運用處而言也(氣質之性, 非在本然之外, 只是此性墮在氣質之中, 而隨其氣質, 各自爲一性也).
6)《鹿門集》6:11b, 答金伯高, 癸未(1763, 녹문 52세).
　　雖曰本然之性, 而旋又曰氣質之性, 則畢竟本然是影, 氣質是實.

본연의 밖에 있는 것이 아니며, 본연이 기질 속에 있으면서 그 기질을 따라 각자의 性이 되는 것이라고 보았다. 그러나 녹문은 이때까지 분명하게 人物性同論을 주장하지 않는다.

이상의 《맹자》와 《중용》의 내용에 대하여 녹문은 다음과 같이 종합적으로 설명한다.

朱子의 여러 설은 진실로 많은 同異가 있으니 요약하면 이 두 가지에 지나지 않는다. 《中庸章句》에서 말하기를 사람과 사물의 성은 각각 稟賦받은 理로 말미암아 健順·五常의 덕이 되니 이것은 본연으로서 말한 것이다. 《孟子集註》에서 '仁·義·禮·智의 稟賦가 어찌 사물이 얻은 바가 온전하겠는가?'라고 한 것은 氣質로 말한 것이다. 그 밖에 '一原을 논하면 理는 같고 氣는 다르다'(細註: 〈答黃商伯書〉에 보인다)는 말은 本然之性을 가리킨다. '형체가 다른 것들을 살펴보면 氣는 오히려 서로 근접하나 理는 결코 같지 않다'는 것은 氣質之性을 가리킨다〔細註: 理는 결코 같지 않다(理絶不同)는 말은 또한 어둠과 밝음, 통함과 막힘의 不同을 말하므로 性에 온전함과 온전하지 못함의 차이가 있을 뿐이라는 것은 역시 運用處에 보이는 것으로써 말한 것이며 本性을 가리키는 것은 아니다〕. '하늘이 만물을 나게 할 때 그 이치가 진실로 아무런 차별이 없다'(細註: 〈答徐子融書〉이다)는 말은 본연지성을 가리킨다. '사람과 사물에 稟賦된 바는 形氣가 不同하므로 그 마음에 明暗의 다름이 있으며 性에 全과 不全의 차이가 있다'는 말은 기질지성을 가리킨다(細註: 本性은 하나다. 그러나 氣에는 통함〔通〕과 막힘〔塞〕이 있고 心에는 밝음〔明〕과 어두움〔暗〕이 있으므로 혹 그 본체를 능히 온전히 하고, 온전히 하지 못한다. 이른바 全과 不全이라는 것은 역시 드러나는 것을 가리키는 것이며 본체에 역시 多·寡와 偏·全이 있다고 하는 것은 아니다).[7]

---

7) 《鹿門集》 13:22a, 中庸, 乙卯(1735, 녹문 24세).
　　朱子諸說, 固多異同, 而要不出乎此兩端也. 中庸章句曰 人物之性, 因各得其所

위의 글에서 나타나듯이 녹문은 먼저 朱子의 說에 同異가 있는 것은 주자가 말한 관점에 따라 이해해야 한다고 생각한다. 이에 따라 그는 《중용장구》에서 "각각 그 부여받은 바의 理에 따라서(因各得其所賦之理)"라고 한 것은 本然의 관점에서 말한 것이며, 《맹자집주》에서 "仁·義·禮·智의 稟賦가 어찌 사물이 얻은 바가 온전하겠는가(仁義禮智之稟 豈物之所得而全哉)?"라고 한 것은 氣質의 관점에서, '一原은 理同氣異'라는 것은 본연으로 말한 것이며, '理絶不同'은 운용하는 곳에서 말한 것이므로 本性이 아니다. "하늘이 사물을 生出함에 그 理는 진실로 차별이 없다(天之生物 其理固無差別)"는 말은 本然之性을 가리킨 것이며, "사람과 사물이 품부받은 바는 형체와 氣象이 다르다(人物所稟 形氣不同)"는 말은 氣質之性을 가리킨다.

이에 따라 녹문은 本性은 하나지만 氣에 通塞이 있으므로 心에도 明暗이 있어 그 本體를 온전히 할 수 있기도 하고 못하기도 하다고 하였다. 그러나 온전함과 온전하지 못함은 구체적으로 드러난 사물에서 말한 것이지 본체에 多·寡와 偏·全이 있음을 말하는 것은 결코 아니라고 보았다. 이상의 내용을 표로 정리하면 〔표 7〕과 같다.

賦之理, 以爲健順·五常之德, 此以本然而言也. 孟子集註曰 '仁義禮智之稟, 豈物之所得而全哉?' 此以氣質而言也. 而其他如'論一原, 則理同而氣異者'(答黃商伯書), 指本然之性也. '觀異體, 則氣猶相近而理絶不同者', 指氣質之性也(理絶不同, 亦謂昏明, 通塞之不同, 故性有全不全之異耳. 亦以見在運用處而言也, 非指本性也). '天之生物, 其理固無差別者'(答徐子融書), 指本然之性也. '人物所稟, 形氣不同, 故其心有明暗之殊, 而性有全不全之異者', 指氣質之性也(本性則一也, 而氣有通塞, 心有明暗, 故或能全其本體, 或不能全其本體, 所謂全不全者, 亦指見在處而言, 非謂本體, 亦有多寡偏全也).

〔표 7〕 本然과 氣質의 《중용》과 《맹자》의 내용 비교

本　　然	氣　　質
《中庸章句》： 人物之性　因各得其所賦之理 以爲健順・五常之德	《孟子集註》： 仁義禮智之稟　豈物之所得而全哉
論一原 則理同而氣異	觀其異體 則氣猶相近而理絶不同
天之生物 其理固無差別	人物所稟 形氣不同

　　이제 人物性同異에 관한 녹문의 관점을 살펴보면, 녹문은 兩論의 논거와 문제를 다음과 같이 이해한다.

　　　지금의 논자들은 때때로 잘 이해하지 못하고 《중용》을 위주로 하는 학자는 사람과 사물이 모두 다름이 없다고 하여 이것을 억지로 맞추어 사물도 역시 健順五常을 얻었다는 증명으로 삼고, 《맹자》를 위주로 하는 학자는 五常의 전체를 생겨나기 前으로 밀어 놓고(細註: 이것은 사물이 받아서 생겨나는 것이다), 생겨난 뒤에는 전체를 다 갖출 수 없다고 한다. 만약 이와 같다면 나의 견해로는 마땅하지 않은 점이 있다. 지금은 자세히 변론할 수 없어 다만 다음과 같이 그 大意만 논하였다(細註: 이 章에서 사람과 사물의 성을 논한 말은 요점이 많이 빠졌으나 논의에서 본래 찾고자 하던 것을 알고 있으므로 두었다가 뒤에 따로 定論하고자 한다).[8]

　　여기서 《중용》을 위주로 한다는 것은 洛論 즉 李巍巖의 관점을 의미하며, 《맹자》를 위주로 한다는 것은 湖論의 관점으로 구체적으로는 韓

---

8)《鹿門集》13：22b, 中庸, 乙卯(1735년, 녹문 24세).
　　今之論者, 往往不能融會, 其主中庸者, 謂人與物, 全無所異 而牽合傅會, 以爲物亦得健順五常之證, 其主孟子者, 則又以五常全體, 推而置之於受生以前(此爲物之受生), 而受生以後, 則不能備有全體也. 若此者, 皆於鄙意, 有所未安也. 今不暇詳辨, 只論大意如右(此章論人物之性, 語多疎要, 以見議論本求, 故存之後, 別有定論).

南塘의 관점을 가리킨다. 곧 낙론은 《중용》 첫 장의 '天命之謂性'에 대
한 朱子의 註를 중심으로 人物性同論을 주장하며, 호론은 《맹자》〈告
子上〉의 '生之謂性章'에 대한 주자의 註를 중심으로 相異論을 주장한다.
녹문은 이에 대하여 자세히 변론하지는 않았으나 호·락 양론의 관점에
모두 흠이 있다고 여겼다.

이렇게 보면 任靖周의 말처럼 녹문이 명백하게 직접적으로 人物性同
論을 지지하였다고 볼 수 있는 구절이 《鹿門集》에는 잘 보이지 않는다.
그러나 다음의 구절을 통해서 그의 人物性同論에 대한 관점을 추론해
볼 수 있다.

> 程子가 '性卽理'라고 한 말을 朱子는 극찬하기를 秦漢 이래 아무도 이
> 와 같이 말한 사람이 없다고 여겼다. 이제 부득부득 性과 理가 다르다
> 고 하는 것은 도대체 무슨 뜻인가? 宋士能이 性과 理를 구분한 말은 주
> 자에게서 나왔는데 이것이 곧 털끝만큼의 차이가 천 갈래로 달라진 곳
> 이다. 무릇 주자가 분별한 까닭은 단지 하늘〔天〕과 사람〔人〕에서 이름
> 부름에 不同한 바가 보일 따름이지, 性과 理를 두 가지 사물로 여기지
> 않은 까닭에 평소 文字를 서로 바꿔 가며 사용한 것이 매우 많다. 太極
> 解에서 '性이 주인이 되고 陰陽五行이 經緯로 錯綜한다'고 한 것은 性을
> 天에서 말한 것이다. 또 答陳器之書에서 '性은 太極渾然의 體다'고 한
> 것은 사람에게서 理를 말한 것이다. 대개 性과 命은 진실로 天人의 구
> 분이 있으나 사실은 이 理가 天에 있으면 命이라고 부르고, 이 理가 인
> 간에 있으면 性이라고 부르니 두 가지가 있는 것은 아니다(細註: 주자
> 가 參贊化育章⁹⁾ 或問에서 理一分殊를 논한 뜻이 곧 이와 같다).¹⁰⁾

---

9) 《中庸》 22章.
　　惟天下至誠, 爲能盡其性, 能盡其性, 則能盡人之性. 能盡人之性 則能盡物之性.
　　能盡物之 性, 則可以贊天地之化育, 可以贊天地之化育, 則可以與天地參矣.
10) 《鹿門集》 13:23b∼24a, 中庸, 乙卯(1735, 녹문 24세).
　　程子'性卽理也'一句, 朱子極讚歎之, 以爲秦漢以來, 無人敢如此道. 今苦苦說性

녹문은 일찍이 宋能相[11]과 人物性同異에 대하여 토론하였는데, 송능상은 韓南塘의 문인으로 人物性異論을 지지하였다. 위의 인용문에서 보면 녹문이 性卽理라는 程伊川의 관점을 그대로 인정하는 것은 그가 뒤에 性卽氣라고 한 관점과는 뚜렷이 구별된다. 그리고 송능상이 南塘의 관점에 따라 氣質之性을 중심으로 性과 理를 구별한 것에 대하여 녹문은 性과 理를 구별하지 않는다. 다만 말하는 관점이 다를 뿐이며 '性은 太極渾然의 體다'는 朱子의 말을 인용하여 성즉리를 지지한다.

여기서 또 하나 눈여겨보아야 할 것은 주자가 《중용》〈參贊化育章〉의 '혹문'에서 말한 理一分殊의 의미다. 위에서 말한 《중용》 22장의 '或問'을 보면, 주자는 "대개 일찍이 그것을 곰곰이 논하면 천하의 理는 아직 一이 아님이 없으며, 그 分을 말하면 아직 다름이 아님이 없다. 이것은 자연의 추세다"[12]고 하였다. 녹문은 이일분수를 이때 이미 理의 一과 理의 分殊로 이해하고 있었다. 곧 초기에 녹문은 이일분수로 性을 이해할 때 理一의 관점에서 性을 이해하였다는 반증이 된다.

이와 함께 녹문은 性을 理一의 관점에서 파악하여 人物性同論을 주장한다.

> 太極解에서 또 '渾然한 太極의 전체가 하나의 사물 가운데 각각 갖

與理不同, 未知果何意也? 士能謂分別性理, 出於朱子, 此正毫差千繆處. 夫朱子所以分別, 只見在天在人 所名不同耳. 非以性與理, 爲兩箇物事也, 故其平日文字互換而用者 甚多. 太極解云 '性爲之主, 而陰陽五行爲之經緯錯綜', 則是說性於天也. 答陳器之書云 '性是太極渾然之體', 則是說理於人也. 盖性與命, 固有天人之分, 而其實此理在天, 則喚做命, 此理在人, 則喚做性, 非有二也(朱子於參贊化育章或問, 論理一分殊, 意正如此).

11) 宋能相〔1710(숙종 36)~1758(영조 34)〕: 字 士能, 號 雲坪·東海子. 尤庵 宋時烈의 玄孫. 韓元震의 문인. 文獻:《英祖實錄續朝野輯要》.

12) 《四書或問》(서울: 保景文化社, 1990), 335쪽.
    盖嘗竊論之, 天下之理 未嘗不一, 而語其分, 則未嘗不殊. 此自然之勢也.

추어지지 않음이 없다'고 하였는데 송사능도 또한 때때로 이 말을 듣고 있으나 끝내 仁·義·禮·智가 하나의 사물에 각각 갖추어져 있다고는 말하지 않았다. 모르긴 하여도 인·의·예·지 외에 따로 太極의 전체가 있는가? 실로 알지 못하겠다.[13]

여기서 중요한 것은 仁·義·禮·智 외에 독립적인 태극의 전체가 없다는 말이다. 인·의·예·지는 곧 五常이다. 오상이 태극의 전체라는 말은 洛論의 人物性同論이다. 이것은 곧 '오상은 사람과 사람이 품부받은 것이 같다(五常人物稟來同)'[14]고 한 金三淵(金昌翕, 1653~1722)의 '均五常'說과 차이가 없다. 그러나 뒷날 녹문은 관점을 바꾸어 人物性相異論을 주장하며 삼연의 同論을 다음과 같이 비판한다.

金三淵이 사람과 짐승의 性과 道에 대한 물음에 답하기를, '體는 완전하나 用이 통달하지 못할 뿐이다'고 하였다. 그 말이 매우 明快하여 언뜻 보면 기뻐할 만하지만, 자세히 事理로 미루어 보면 그 엉성함이 많이 보인다. 무릇 虎狼의 父子 관계, 개미나 벌의 君臣 관계 등은 이와 같이 말할 수 있겠지만, 소가 밭을 갈고 말이 짐을 싣는 것과, 닭이 울고 개가 짖고, 솔개는 하늘을 날고 물고기는 못에서 뛰고, 초목이 꽃피고 시드는 것 등은 본래 사람과 다른 것이니, 그는 또 무슨 말로 이것을 통하도록 설명하겠는가?[15]

---

13) 《鹿門集》 13:24b, 中庸, 乙卯(1735년, 녹문 24세).
   太極解又曰 '渾然太極之全體, 無不各具於一物之中'. 士能亦往往擧此語, 而終不言仁義禮智, 各具於一物, 未知仁義禮智外, 別有太極之全體耶? 實未可曉也.
14) 《三淵集》 卷13(韓國文集叢刊 165, 民族文化推進委員會, 1996), 279쪽.
   五常人物稟來同. 說自濂翁至晦翁, 不幸末流生異見.
15) 《鹿門集》 19:21a, 鹿廬雜識, 己卯~丙辰(1759~1760, 녹문 48~49세).
   金三淵答人禽獸性道之問曰 '體全而用不達已矣'. 說得甚快, 乍看似可憙, 而細以事理推之, 多見其疎矣. 盖如虎狼父子·蜂蟻君臣之屬, 猶可如此說, 如牛耕·馬載·鷄鳴·犬吠·鳶飛·魚躍·草木榮悴之類, 合下與人異者, 其又何說以通乎?

곧 三淵이 體가 완전하나 用이 통달하지 못한다고 한 말은 개개 사람과 사물의 性은 본바탕 또는 五常을 온전하게 갖추고 있으나 개개의 사물에서 그것이 드러나지 못할 뿐이라는 뜻이다. 그러나 녹문은 일부 虎狼이나 개미, 벌 등의 동물과 곤충에서 오상의 일부가 드러나지만, 근본적으로 구체적 사물들의 기능이 사람과 다르기 때문에 사람과 사물의 性이 하나로 관통한다고 볼 수 없다는 주장이다. 여기서 녹문은 人物性相異論을 확립하게 된다.

이상의 내용을 정리하면 녹문은 36~37세 이전에는 性에 대한 理氣論의 이해는 性卽理의 관점을 취하였다. 이것은 洛論과 湖論을 막론하고 일관된 관점이었고, 녹문도 理를 중심으로 性을 설명함으로써, 善의 근거를 理라고 생각하였다. 그리고 중요한 것은 녹문은 《중용》을 주해할 때 이미 理一分殊를 理의 一과 理의 分殊로 이해하고 있음을 보았다. 그러나 이것이 같은 차원의 氣一分殊로 발전하지 못하고 단지 理一의 관점에서 性의 개념을 이해하고 따라서 人物性同論을 견지한다.

그러나 이러한 관점은 善의 근거로서의 理와 善의 실현으로서의 氣 두 가지 면에서 性을 파악하는 후기와 구별된다. 그러나 중요한 것은, 녹문이 호락논쟁의 열쇠를 본연지성과 기질지성에 대한 개념규정에 있다고 본 것이 문제의 본질을 정확하게 착안한 것이라고 할 수 있다. 따라서 녹문은 처음에는 湖·洛 양론이 다 문제가 있다고 생각하였지만, '理와 氣는 동등한 實〔本質〕이다(理氣同實)' 또는 理氣一致의 이기론을 확립하지 못하였기 때문에, 性을 理로서만 파악하여 人物性同論을 인정하고 있다. 그러나 녹문은 이어서, 현상적으로 개개 사람과 사물은 그 기능이 분명히 다르다는 것에 착안하여 性의 개념을 파악하는 관점의 전환을 시도한다.

2) 後期 性 개념의 재정립: 氣質之性＝本然之性

성리학의 근본이념은 性善이라는 대전제로부터 인간의 존엄성을 규명하고, 또한 그것을 통하여 현실의 합리적 도덕규범을 확립함으로써 인류공동의 善을 지향하려는 것이다. 그런데 성리학자들은 현상에서 다양하게 존재하는 사람과 사물의 性의 본질과 그 다양성의 원인에 대해서는 관점을 달리하였다. 이에 따라 性을 本然之性과 氣質之性의 두 層次로 나누어, 본연지성을 선천적으로 부여받은 본래적인 性으로, 기질지성은 形氣를 가진 현상의 다양한 性으로 구분하였다. 이에 따라 본연지성은 純善으로, 그리고 기질지성은 有善惡의 性으로 이해하였다.

조선의 성리학자들은 이 본연지성에 대한 理氣論에서의 설명과, 현상의 여러 惡이 생기는 근원과 원인에 대하여 湖·洛 양론은 치열한 논쟁을 펼쳤다. 이 논쟁의 핵심은 사실 性에 대한 개념정의라고 할 수 있다. 왜냐하면 性에 대한 정확한 개념이 정립되면 나머지는 부차적인 문제이기 때문이다.

호락논쟁을 종식시키고자 한 녹문은 性卽理와 性善을 인정하지만 그 의미를 다르게 이해한다. 즉 녹문이 性에 대하여 인식의 전환을 하게 되는 것은, 사람과 사물의 性에 대한 同異를 따질 경우 그것이 '함께 一原에서 나온(同出一原)' 것으로 근원이 같지만, 중요한 것은 마음〔心〕과의 관계로 볼 때는 物性보다는 人性이 더 중요할 수밖에 없는 당연한 논리적 문제에 충실하고자 하였기 때문이다. 즉 인간에게 心 없는 性은 있을 수 없으므로 性의 문제도 心을 전제로 이해하여야 한다는 것이다.

그 특징을 살펴보면 첫째, 性卽理일 뿐만 아니라 性卽氣도 가능하다는 것이며, 이것은 결국 性은 氣가 稟賦받은 상태의 理로써 규정해야 함을 의미하는 것이다. 이것이 곧 理氣不相離의 妙라는 것이 녹문의 주

장이다. 둘째, 개개의 사람과 사물은 단지 하나의 性만 가지며 그 하나
의 性이 곧 기질지성이며, 따라서 본연지성이 곧 기질지성이라고 주장
한다. 셋째, 性善은 결국 氣善 또는 氣質善으로 규정되고 실현된다고
보았다.

　이에 따라 먼저 녹문은 氣를 배제하고 理만 가리켜 性을 규정하는 것
은 무의미하다고 생각한다. 이에 녹문은 性을 氣에 갖추어진 理의 의미
로 이해한다.

> 어찌 천하에 氣가 없는 性이 있겠는가? 氣가 있으므로 이 性이 있으
> 며, 이 氣가 없으면 이 性은 없다. 이 氣가 많으면 이 性도 역시 많으
> 며, 이 氣가 적으면 이 性도 역시 적다. 이것이 곧 性의 本色이다.[16]

> 대개 太極이란 本然의 妙가 渾然한 全體이다. 性이란 氣에 나아가
> 서 그것이 품부받은 바의 理를 이름 붙인 것이니 그 氣를 따라 스스로
> 하나의 性을 이루는 것이다.[17]

　위의 두 인용문에 나타나듯이 녹문은 철저하게 氣에 갖추어진 理로
써 性을 규정한다. 이러한 녹문의 관점은 종래의 性卽理에서 理를 본체
론에서의 理로 보고 이것을 氣와 별개의 理로 생각하던 경향과는 뚜렷
하게 다르다. 물론 韓南塘이 因氣質, 雜氣質로 구별하여 설명하였지만
어디까지나 그것은 理의 관점에서 규정한 것이다. 그러나 녹문은 理氣

---

16)《鹿門集》20:12a, 人物性圖竝說, 辛未(1751, 녹문 40세).
　　豈有無氣之性乎? 有此氣 則有此性, 無此氣 則無此性, 此氣多 則此性亦多,
　　此氣少 則此性亦少, 此正是性之本色.
17)《鹿門集》20:13a, 人物性圖竝說, 辛未(1751년, 녹문 40세).
　　盖太極者, 本然之妙·渾然全體者也. 性者, 卽氣而名其所稟之理, 隨其氣而自
　　爲一性者也.

의 合으로써 性의 개념을 규정하려고 하였다. 녹문의 이러한 관점은 종
래 性 개념을 일부 초월적인 것으로 이해하려는 경향에서 벗어나려는
것이다. 그러므로 녹문은 '各具太極'의 太極을 分殊로 이해[18]하며 이러
한 관점은 다음의 설명에서도 잘 나타난다.

> 단지 性이라는 것은 본래 사물이 부여받은 바로써 이름 붙인 것이
> 다. 이미 '각기 性과 命을 바르게 받았다'고 하고 '각각 하나씩 그 性을
> 갖는다'고 하였으니 사물이 한결같지 않은 것은 진실로 사물의 실정이
> 다. 다르다는 것이 어찌 그것이 또 다른 다름을 방해하며, 또한 어찌
> 그 理가 본래 一임을 손상시키겠는가? 이제 굳이 形體를 가짐으로써
> 달라짐을 버리고, 도리어 一原의 公共[19]에 나아가서 이론을 세우고 이
> 것을 本然之性으로 여기고, 이로써 같다고 할 수 있고, 다르다고 할
> 수 없다고 하니, 어찌 그것이 본연지성과 기질지성의 두 가지 성이 있
> 는 것이 아니라고 하겠는가?[20]

여기서 녹문의 관점이 분명히 드러난다. 곧 性은 사물이 부여받은 것
으로 규정하는 것이며, 各正性命, 各一其性이므로 사물의 性은 다를 수

---

18) 《鹿門集》19:16a~b, 鹿廬雜識.
　　朱子答黃直卿, 論先天之說, 以爲'一卦一爻, 莫不具一太極, 其各具一太極處,
　　又便有陰陽五行, 許多道理, 須要隨處, 盡得詳味'. 此語各具太極之爲分殊, 而
　　非理一可知.
19) 철학적으로 그리스 철학에서 이데아(Idea)를 의미한다. 여기서 녹문이 말하
　　는 뜻은 현실과 분리된 초월적 의미의 虛像을 뜻한다.
20) 《鹿門集》3:5a~b, 答櫟泉宋兄, 庚辰(1760, 녹문 49세).
　　只是性者 本以物之所受而名之者. 旣曰 '各正性命' '各一其性' 則物之不齊, 固
　　物之情也. 異者 何害其還他異, 而亦何損於其理之本一哉? 今必舍其當體之異,
　　而却就一源公共處立說, 以此爲本然之性, 而以爲可謂之同, 不可謂之異, 烏在
　　其本然氣質之非二性也哉?
　　여기서 一源은 녹문이 다른 곳에서는 대부분 一原으로 표기하므로 이 글
　　에서는 一原으로 통일한다.

밖에 없다. 그렇다고 다름(다른 性)은 그 자체로 존재하며 또한 그 근원인 一原을 손상시키는 것은 아니다. 그러므로 녹문은 一原의 공통성을 중심으로 性을 이해하여 그것을 本然之性이라고 하는 것은 形體의 다름을 무시한 것이라고 보고, 性은 곧 현상적으로 다른 형체에서 파악해야 한다고 보아, 본연지성과 氣質之性의 두 層次의 性이 있는 것이 아니라고 주장한다.

이에 따라 녹문은 性卽理를 다음과 같이 이해한다.

> 《語類》에 '性이 곧 理라는 말은 무슨 뜻입니까?'라고 물으니, 이르기를 '物物마다 모두 性이 있으니 곧 모두 그 理가 있는 것이다'고 하였다. 다시 '말라죽은 물건도 理가 있습니까?'라고 하자 '물론 말라죽은 물건도 그것이 본디 모두 道理가 있다'고 하고, 그로 말미암아 꽃병을 가리키며 '꽃병에는 곧 꽃병의 도리가 있고, 책을 읽기 위한 등불[書燈]에는 곧 書燈의 도리가 있다. 물의 적셔 내림[潤下], 불의 위로 타오름[炎上], 쇠[金]의 순응하거나 저항함[從革], 나무[木]의 굽고 곧음[曲直], 흙[土]의 심고 거둠[稼穡] 등 그 하나하나에 모두 性도 있고 理도 있다. 사람이 만약 이를 사용하려면 또한 그들의 性과 理에 순응해야만 비로소 가능하다. 만약 쇠를 가지고 나무처럼 깎아 쓰려고 하거나, 또 나무를 쇠처럼 녹여 쓰려고 한다면 곧 이러한 도리는 없다(賀孫錄)'고 하였다.

> 이에 바탕하면 '性이 곧 理'에서 理는 다만 사물에 따라 각기 갖추고 있는 理를 지적한 것이 명백하니, 이는 맹자가 말한 '性이 곧 故[21]'라고 한 말과, '形色이 天性이다[22]'는 말과 꼭 같다.[23]

---

21) 《孟子》〈離婁下〉.
  孟子曰 '天下之言性也 則故而已矣'. 故者以利爲本. 所惡於智者爲其鑿也. 如智者若禹之行水也. 則無惡於智矣. 禹之行水也. 行其所無事也.
22) 《孟子》〈盡心上〉.
  形色 天性也. 惟聖人然後 可以踐形.
23) 《鹿門集》 19:28a, 鹿廬雜識.

정리하면 주자는 性卽理에 대하여 생물이든 무생물이든 각각 그 性과 理가 있고, 사람은 그 용도에 따라 사물의 性과 理에 순응해야 한다고 설명하였다. 녹문은 이를 바탕으로 '성즉리'에서 理는 사물마다 각기 갖춘 理를 가리킨 것이라고 이해한다. 이에 따라 그는 맹자의 '性이 곧 故'와 '形色이 天性'이라는 말과 같은 뜻이라고 주장한다.

이와 함께 녹문은 程子의 性卽氣의 의미에 대해서도 다음과 같이 설명한다.

> 程子가 말한 '性이 곧 氣며 氣가 곧 性이다'고 한 말은 마치 '器가 곧 道며 道가 곧 器'라고 하는 것과 같은 뜻이며, 理氣不相離의 妙를 밝히는 까닭일 뿐이다. 대개 이것은 또한 단지 本性을 말한 것이니, 아래 문장에서 '性 가운데 元來 이 두 물건이 相對的으로 생겨나는 것이 아니다'는 말로 보아 이를 알 수 있다. 이는 氣로써 性을 풀이한 것이 아니고 '性이 곧 理다'고 한 예와 같다.[24]

여기서 녹문은 程子의 '性卽氣, 氣卽性'은 明道의 '器亦道, 道亦器'의 의미와 같은 뜻이며, 이것은 理氣不相離를 나타낸 말로 결국 性卽理와 같은 뜻이라는 말이다.

그리고 녹문은 分殊와 理一의 관점에서 性을 다음과 같이 설명한다.

語類問'性卽理何如?' 曰'物物皆有性, 便皆有其理'. 曰'枯槁之物 亦有理乎?' 曰 '不論枯槁 他本來, 都有道理', 因指花瓶云, '花瓶便有花瓶底道理, 書燈便有書燈底道理. 水之潤下, 火之炎上, 金之從革, 木之曲直, 土之稼穡, 一一都有性, 都有理. 人若用之 又著順他理始得. 若把金來削做木用, 把木來鎔做金用, 便無此理(賀孫錄)'. 據此則性卽理之理, 只指隨物各具之理 明矣. 與孟子言'性則故' 及'形色天性' 恰同.

24) 《鹿門集》 19:38a, 鹿廬雜識.
程子'性卽氣, 氣卽性', 如云'器亦道, 道亦氣'. 所以明理氣不相離之妙耳. 盖亦只是說本性, 以下文'不是性中 元有此兩物 相對而生'云者 觀之 可知也. 非以氣訓性, 如'性卽理'之例也.

　　무엇을 分殊라 하는가? 乾道가 變化해서 각기 性과 命을 바르게 하
니, 개의 性은 소의 性이 아니고, 소의 性은 사람의 性이 아니다. 附子
와 大黃도 각기 하나의 性이 있다고 하는 것이 이것이다. 무엇을 理一
이라 하는가? 五行은 하나의 陰陽이며, 음양은 하나의 太極이니 소와
개, 사람, 부자・대황이 모두 하나의(같은) 性인 것이 이것이다.[25]

　녹문은 各正性命을 모든 사물이 각각 갖춘 고유한 性의 의미로 보아
그것을 분수로 설명하였다. 즉 一原에서 갈라져 내려온 현상의 사물이
갖춘 性이 곧 分殊라는 말이다. 그리고 理一은 현상의 사물들이 똑같게
바탕하고 있는 一原을 의미한다.

　이를 밑바탕으로 녹문은 性의 개념을 설명하고, 性은 本然之性과 氣
質之性의 두 層次가 있는 것이 아니라 사물은 단지 하나의 性만 가진다
고 설명한다.

　녹문의 이러한 주장은 다음 설명에서 더욱 분명히 드러난다.

　　무릇 지극히 명백한 것은 道이며 지극히 충실한 것은 性이다. 陰陽
五行으로부터 이후 무릇 聲色과 모양이 있어 어지러이 뒤섞여 가득 찬
것은 어찌 形氣가 아니겠는가? 道는 氣로써 行하고(細註: 一陰一陽之
謂道) 性은 형기로 말미암아 확립된다(形色天性). 형기가 없으면 아무
것도 사물이 없게 되니 어찌 이른바 道가 있겠으며, 어찌 이른바 性이
있겠으며, 그리고 어찌 本然과 非本然으로 논할 수 있겠는가? 본연이
라는 것은 본래 이와 같은 것을 이르는 것이며, 氣質善惡의 性에 대하
여 말하는 것이다. 源頭로부터 곧바로 내려와 뒤섞이고 나누어지고,
本이 있고 末이 있고 비록 형기에서 떠나지 않더라도 역시 형기에 雜

---

25) 《鹿門集》 19:17b, 鹿廬雜識.
　　何謂分殊? 乾道變化 各正性命, 犬之性 非牛之性, 牛之性 非人之性, 附子大
　黃亦皆各是一性是也. 何謂理一? 五行一陰陽, 陰陽一太極, 犬牛與人, 附子與
　大黃, 都是一性是也.

하지 않고 首尾가 一貫되게 純善無惡인 고로 본연이라고 한다.[26]

그러므로 氣質之性과 本然之性은 구별할 수 있는 별개의 것이 아니라 하나이며, 그것은 현실적으로 드러나는 기질지성 하나에서 볼 수 있는 것이다. 따라서 녹문의 관점에서 보면 본연지성이라 함은 바로 현상적으로 드러나는 기질지성을 말하는 것이 된다. 다시 말하면 녹문은 湖·洛 兩派에서 논란이 된 기질지성과 본연지성에 대하여, 본연지성은 호락 양파에서 주장하는 것처럼 기질지성과 분리되어 있는 것이 아니라, 기질지성 그 자체에 이미 본연지성이 갖추어져 있으므로 기질지성 그 자체가 바로 본연지성이라고 보았다.

한편 녹문은 기질지성이 곧 본연지성임을 一原과 分殊의 관계로 설명한다. 이 일원과 분수는 성리학에서 본체와 현상의 관계를 설명하는 중요한 개념으로 理一分殊가 그것이다. 특히 湖洛論爭에서는 어느 관점에서 性을 규정하는가에 따라 관점이 달라진다. 그렇다고 일원과 분수가 분리되어 독립적으로 존재하는 것은 아니라, 일원과 분수는 언제나 一時一處로 함께 존재하기 때문이다. 그러므로 본연을 단지 일원으로만 이해하면 분수에서는 본연을 볼 수 없으며, 동시에 분수로서의 낱낱 사물들과 특히 사람은 본연을 실현할 근거를 잃게 된다는 것이 녹문의 주장이다. 왜냐하면 일원이나 분수는 모두 理가 아닌 氣를 통하여 드러나기 때문이다.

---

26) 《鹿門集》 5 : 19b~20a, 答李伯訥, 乙巳 12월(1785, 녹문 74세).
　　夫至顯者 道也, 至實者 性也. 自陰陽五行以後, 凡有聲色貌象, 而紛綸充盈者,
　　何莫非形氣乎? 道以氣而行(一陰一陽之謂道), 性由形而立(形色天性). 無形氣,
　　則是都無物也, 安有所謂道, 安有所謂性, 而何本然非本然之可論哉? 本然者 本
　　如此之謂也. 對氣質善惡之性, 而爲言者也. 自源頭直下來爲混爲闢, 有本有末,
　　雖不離形氣, 而亦不雜乎形氣, 首尾一貫, 純善無惡, 故謂之本然.

一原과 分殊는 모두 氣에 나아가서 理를 가리킨다. 일원에 나아가서 보면〔卽하면〕 분수가 포함되고 분수에 卽하면 일원이 거기에 있다. 그것이 氣에서 떨어지지 않은 것으로써 말하면 분수만 떨어지지 않는 것이 아니라 일원도 역시 떨어지지 않는다. 그것이 氣에 뒤섞이지 않는 것으로써 말하면 일원만 뒤섞이지 않는 것이 아니라 분수도 역시 뒤섞이지 않는다. 어찌 나누어 둘로 하여 하나는 本然에 속하게 하고 하나는 氣質에 속하게 할 수 있는가? 그 大原에 다소 투철하지 못함을 알 수 있다.[27]

즉 萬殊의 근원은 一原에 있고 일원은 本然의 體이며 만수는 본연의 用이다. 그런데 體와 用은 일원이며 本과 末은 일치하는 것이므로 일원이 없으면 만수는 그 근원을 잃고, 일원은 만수가 아니면 流行할 밑바탕을 잃게 된다. 녹문의 이와 같은 견해는 곧 그의 '理氣同實'의 理氣觀에서 비롯되는 것이며 나아가 理一分殊가 가능하다면 氣一分殊도 불가함이 없다는 논리의 연장이기도 하다.

다만 오직 이 理一로써 物性에 해당시키고 分殊處는 한결같이 氣質의 정밀함과 糟粕함〔精粕〕으로 돌리면 이른바 性이라는 것은 매양 하늘 위로 뛰어 올라가 버리니 어찌 고민하지 않으리오? 만약 진실로 단지 이 理一이라는 두 글자로 족하다면 또 하필 다시 分殊를 말하겠는가?[28]

---

27) 《鹿門集》20:36b～37a, 金幼道一原分殊說籤, 丙午(1786, 녹문 75세).
一原分殊, 皆卽氣而指理也. 卽一原 而分殊包焉, 卽分殊 而一原在焉. 以其不離乎氣者言之, 則不但分殊爲不離, 一原亦不離也. 以其不雜乎氣者言之, 則不但一原爲不雜, 分殊亦不雜也. 何可分以二之, 一屬之本然, 一屬之氣質乎? 可見其於大原上有多少未透.

28) 《鹿門集》6:11a, 答金伯高, 癸未(1763, 녹문 52세).
但專以此理一當物性, 而分殊處, 則一坨歸之於氣質精粕, 則所謂性者, 每每騰向上天去了, 豈不可悶? 果若此只理一二字足矣, 又何必更言分殊乎?

즉 理一만 지정하여 사물의 性이라고 하면 다시 分殊를 말한 필요가 없다는 말이다. 왜냐하면 性은 결코 구체적인 사람과 사물을 떠나서 존재할 수 없기 때문이다. 그러므로 반드시 性은 분수에서 파악해야 한다는 말이다.

이에 따라 녹문은 먼저 "기질은 一身을 관통하는 血氣와 渣滓로써 말한 것이다"[29]고 정의하고 다음과 같이 本然을 설명한다.

> 本然은 다만 天理의 根本이 이와 같다. 一理가 온전하며〔渾然〕 萬象이 빽빽하고 무성하게〔森然〕 온전함은 진실로 그 본체인데, 무성함도 어찌 본체의 固有함이 아니겠는가? 이제 理一을 본연이라 하고, 萬은 본연이 아니라고 한다면 이는 그 이른바 온전함〔渾然〕은 장차 모호하여 도무지 하나의 사물도 없어, 動하여 陽이 되고 靜하여 陰이 될 때부터 이미 다른 것에 지배당하여〔管攝〕 번갈아 陰陽을 生成해 내거나, 또 번갈아 五行과 萬物을 생성해 낼 수 없다. 그러므로 理로 하여금 과연 그 본연의 體를 채우게 한다면, 단지 텅 비고〔空空〕 지극히 크고〔蕩蕩〕 지극히 깨끗하며〔潔潔〕 지극히 맑아〔淨淨〕 도무지 하나의 사물도 없게 된 뒤에야 가능할 뿐이니, 老子의 虛無도 아마 여기까지는 이르지 않을 것이다.[30]

本然은 天理의 근본으로 一理가 온전하며, 萬象은 빽빽하고 무성하게〔森然〕 갖추어져 있다. 그러므로 온전함만 本體가 아니고 森然함도

---

29)《鹿門集》1:4b, 上陶庵先生, 丁巳(1737, 녹문 26세).
　　氣質 則通一身血氣查滓而言者也.
30)《鹿門集》19:25b~26a, 鹿廬雜識.
　　本然者, 只是天理之本, 如是者也. 一理渾然, 萬象森然, 則渾然者 固其本體,
　　而森然者, 亦豈非本體之所固有乎? 今以理之一者爲本然, 而萬者爲非本然, 則
　　是其所謂渾然者, 將龍侗都無一物. 而自動而陽, 靜而陰, 已菅攝, 他不得逐旋
　　生出陰陽, 又逐旋生出五行萬物矣. 然則使理而果充其本然之體, 則只空空・蕩
　　蕩・潔潔・淨淨, 都無一物然後可耳, 老氏之虛無, 恐亦不至此.

본체다. 그런데 이일만 본연이라고 하고, 萬(殊)을 본연이 아니라고 하면 온전함이란 몸담아 의지할 곳이 없게 되고, 현상의 개개 사물을 생성해 낼 수도 없다. 또한 그러한 理가 본연의 體라면, 그 理는 단지 공허한 것에 지나지 않는다. 그러므로 본연은 현상의 사물과 따로 떨어져 존재하는 것이 아니라 현상의 사물에 內在하고 있는 것이다.

이에 따라 그는 本然의 의미를 "또한 一原과 分殊를 모두 본연으로 삼으면 五常과 일원은 반드시 虛하지는 않으며, 일원과 분수를 본연과 氣質로 나누면 太極의 무망함은 아직 반드시 實하지는 않다"[31)고 하여 분수는 기질이 아니라, 본연이라고 생각한다. 곧 일원과 분수는 상호포함의 관계에 있으므로 일원과 분수 모두 본연의 의미로 파악한다.

그러나 녹문은 "비록 本然之性이라고 하나 돌이켜 또 氣質之性이라고 하였으니, 결국 본연은 그림자며 기질은 실상이다"[32)고 하여 기질지성이 사람과 사물이 가진 고유의 性이라고 주장한다.

> 사람과 사물의 性의 同異를 논한 사람은 매우 많다. 이것을 곰곰이 생각하여 나름대로 말하면 단지 본연과 기질의 설에 대하여 분명하게 이해하면 스스로 명쾌하여 미혹됨이 없다. 대개 인물의 貴賤·巨細·精粗에는 조금도 다른 것이 없는 것은 本然之性이다. 通塞·偏全·清濁·粹駁이 어지럽게 뒤섞여 한결같지 않은 것은 氣質之性이다.[33)

---

31) 《鹿門集》 20:38a, 金幼道一原分殊說籤, 丙午(1786, 녹문 75세).
  且以一原分殊, 皆作本然, 則五常一原, 未必虛, 一原分殊, 分屬本然氣質, 則太極無妄, 未必實.
32) 《鹿門集》 6:11b, 答金伯高, 癸未(1763, 녹문 52세).
  雖曰本然之性, 而旋又曰氣質之性, 則畢竟本然是影, 氣質是實.
33) 《鹿門集》 13:21b, 中庸.
  人物之性同異之說, 論者不勝其多矣. 竊嘗妄謂此事, 只於本然·氣質之說, 看得分明, 則自家灑然無惑也. 盖人物貴賤·巨細·精粗, 無少不同者, 本然之性也. 通塞·偏全·清濁·粹駁 紛綸不一者, 氣質之性也.

먼저 녹문은 사람과 사물이 貴賤이나 精粗가 한결같이 같은 것을 本然之性이라 하고, 通塞·淸濁 등으로 말미암아 수만 가지로 다른 것이 氣質之性이라고 규정한다. 또 다른 한편으로 본연지성과 기질지성을 다음과 같이 구분하고 그 관계를 설명한다.

> 本然之性은 그 原初의 전체가 빼어나고[粹然] 뒤섞이지 않은[無雜] 곳으로써 말한 것이며, 氣質之性은 그 氣가 稟賦받음에 구속되고 막힌 뒤에 운용하는 곳에 드러나는 것으로 말한 것이다(細註: 기질지성은 본연지성의 밖에 있는 것이 아니고 단지 이 性이 기질 가운데 떨어져 기질을 따라 각자 하나의 性이 되는 것이다).34)

여기서 原初의 '粹然', '無雜'이란 그가 말하는 渣滓가 없는 '가장 맑고 깨끗하고 순수한 氣의 本體(湛一淸虛之氣)'와 본체론에서의 理를 의미한다. 그리고 '氣稟拘蔽後'란 현상화한 사물에서 이미 사재가 섞인 性을 의미한다. 그러나 중요한 것은 이 本然之性과 氣質之性이 잠시라도 초월적으로 존재하는 것이 아니라는 사실이다.

이것을 녹문은 기질지성이 곧 본연지성이라는 논리로 해명한다. 그는 현실의 개개 사물과 사람이 갖춘 性이 氣質의 간섭을 받지 않고 자신이 갖춘 기능과 도덕성을 완전하게 실현할 수 있으려면, 스스로 본연의 온전함을 완전하게 갖추고 있어야만 가능하다고 보았다. 녹문은 이 점을 특히 강조한다. 왜냐하면 본연지성과 기질지성이 따로 존재할 수 있다면 그것은 性이 두 개라는 것을 인정하는 것이고, 이것은 앞에서 말한 本末一致의 논리와도 모순이다. 녹문은 이러한 논리를 통하여 性

---

34) 《鹿門集》 13:21b, 中庸.
　　本然之性, 以其原初全體粹然, 無雜處而言也. 氣質之性, 以其氣稟拘蔽後, 見在運用處而言也(氣質之性, 非在本然之外, 只是此性墮在氣質之中, 而隨其氣質, 各自爲一性也).

善은 기질지성으로 가능함을 주장하고자 하는 것이다.

> 天을 말하면, 理와 氣가 그 가운데 있다. 사람은 이 氣를 稟賦받아 形이 되니 이른바 浩然之氣다. 이 理를 품부받아 性이 되니 이른바 天命之性이다. 이 氣가 이 理와 짝함으로써 바야흐로 性의 진면목을 볼 수 있다.[35]

위에서 天은 우주자연을 말하며, 理와 氣는 天에 내재해 있다는 말이다. 그리고 사람은 天의 氣를 받아서 形體를 갖게 되고 그 본질은 浩然之氣며, 天의 理를 받아서 性을 갖추게 되는데 그 본질이 天命之性 곧 本然之性이다. 본연지성의 뼈대가 되는 호연지기는 바로 인간이 보편적으로 가진 도덕적 선에 대한 강력한 의지를 의미한다고 할 수 있다. 그러므로 녹문은 理와 짝하고 있는 氣를 통하여 性의 진면목을 이해해야 한다고 주장한다.

> 사람과 개, 소의 性의 偏·全이 비록 다르나, 같이 天命이 부여한 바이므로 本然之性이라 부른다. 굳세고 부드럽고, 순하고 난폭함이 萬 갈래로 다름이 있고, 善惡이 나누어지는 것은 모두 氣의 하는 일이므로 그것을 일컬어 氣質之性이라 하고 또한 分殊의 분수라 한다.[36]

녹문은 사물이나 사람의 性은 모두 天命으로 부여된 것이므로 모두 本然之性이라고 보았다. 그리고 현실적으로 萬 갈래로 다른 性은 모두

---

35) 《鹿門集》 6:a, 答朴永淑, 甲午(1774, 녹문 63세).
  言天則氣與理　皆在其中. 人稟是氣以爲形, 則所謂浩然之氣也. 稟是理以爲性, 則所謂天命之性也. 以是氣配是理, 方見性之眞.
36) 《鹿門集》 20:10b~11a, 人物性圖竝說, 辛未(1751, 녹문 40세).
  人與犬牛之性, 偏全雖殊, 同是天命之所賦. 故謂之本然之性也. 剛柔馴暴有萬不動, 而善惡分焉者, 皆氣之所爲. 故謂之氣質之性, 分殊之分殊也.

氣의 하는 일로 그것을 氣質之性이라고 하며, 그 현실적으로 만 갈래로 다른 性을 分殊의 분수라고 한다는 말이다. 다시 말하면 본연지성이란 '현실과 떨어져서 따로 존재하는 것이 아니라 본래 각각의 사물에 주어진 性'을 의미하며 그것은 곧 기질지성으로 드러난다는 말이다. 따라서 현존하는 사물과 사람의 性은 고유한 하나의 性을 갖추고 있고 만 갈래로 분수일 수밖에 없다는 말이다.

이어서 녹문은 性善을 氣善으로 설명한다.

> 대개 이 노인(필자 주: 南塘)은 단지 理氣가 두 가지 사물은 아닌 것만은 알았기 때문에 大本에서 '氣質에 善惡이 있다(氣質善惡)'는 글자를 붙이고자 하였으나, 끝내 氣의 본체는 본래 스스로 善만 있고 惡이 없으며, 性善의 善이 곧 氣의 善에 卽한 것(근거한 것)임을 몰랐다. 대개 性은 단지 氣의 德이다. 氣가 진실로 惡하다면 어느 곳에서 善한 性을 논할 수 있겠는가? 이미 대본의 관점[地頭]에 기질이라는 글자를 붙였기 때문에 또한 부득이 대본을 純善으로 여기지 않을 수 없었으니, 이것은 惡氣에 善性이 있지 않을 수 없는 것이다. 악기에 선성이 있다면, 어찌 그것이 理와 氣가 두 가지 사물이 아니라고 하겠는가?[37]

南塘도 비록 처음에는 理氣는 두 가지 사물은 아니라고 보았으나, 굳이 大本에서의 氣質이 善惡이 있다고 고집하였으므로 결국 善을 理로, 惡을 氣로 파악하였다는 것이다. 녹문이 보기에 남당의 이러한 관점은 결국 理善氣惡 또는 理貴氣賤의 범주에 속하는 것이며, 또한 리와 기를

---

37) 《鹿門集》 20:15a~b, 人物性圖竝說, 辛未(1751, 녹문 40세).
　　盖此老只知理氣之非二物, 故欲於大本地頭, 著'氣質善惡'字, 而殊不知氣之本體, 本自有善而無惡, 性善之善, 卽氣之善耳. 盖性只是氣之德, 氣苟惡則何處討得善底性乎? 旣於大本地頭著氣質字, 而亦不得不以大本爲純善, 則是不得不成惡氣有善性耳. 惡氣有善性 則烏在其理氣之非二物乎?

두 가지 사물로 본 결과가 된다는 것이다. 따라서 녹문은 남당이 기도 그 본체는 원래 善만 있고 惡이 없으며, 性善이 곧 氣善임을 몰랐다고 비판한 것이다. 곧 녹문의 관점은 性은 기의 德이므로 기가 진실로 惡하다면 성선을 논할 구체적 대상이 없다는 것이다. 만약 남당과 같이 이미 대본에서 氣質을 밝히고 대본을 純善으로 여기지 않을 수 없다면 이것은 기는 惡한데 性은 善하다는 말이 되며, 이것은 결국 理氣가 따로 존재하는 두 가지 사물이 되어, 처음에 二物이 아니라는 전제와 모순이 된다는 것이 녹문의 주장이다. 녹문의 이러한 주장은 여전히 '理와 氣는 동등한 實[本質]이다(理氣同實)'를 바탕으로 펼쳐지는 것이다. 이에 녹문은 性 개념에 대하여 종합적으로 설명한다.

　　나의 의견은 물이 적셔 내리는 것은 곧 물의 본성이며 물이 갖춘 바의 태극이다. 불의 타오름은 곧 불의 본성이며 역시 불이 갖춘 바의 태극이다. 이것이 곧 이른바 天命之性이며 이것이 곧 이른바 개와 소의 性이다. 대개 합하여 말하면 천하를 통틀어 하나의 性이니 理의 一이다(細註: 統體의 太極이다). 나누어 말하면 만물의 각각 하나를 그 性으로 함이니 곧 分의 다름이다(細註: 各具의 太極이다). 비록 합하더라도 一 가운데 萬이 갖추어지고, 비록 나누더라도 萬 가운데 一이 포함되어 있으니 실제로는 두 가지 사물이 아니다. 단지 性이라는 것은 본래 사물이 稟受한 바로써 이름 붙인 것이다. 이미 '각기 性命을 바르게 받았다'고 하고 '각각 하나씩 그 性을 갖는다'고 하였으니 사물이 한결같지 않은 것은 진실로 사물의 실정이다. 다르다는 것이 어찌 돌이켜 또 다른 다름을 방해하며, 또한 어찌 그 理가 본래 一임을 손상시키겠는가? 이제 군이 직접적인 體의 다름을 버리고 도리어 一源(一原)의 공통된 곳을 취하여 이론을 세워 이것을 本然之性으로 여겨 이로써 同이라 할 수 있고, 異라고 할 수 없다고 하니, 어떻게 그것[性]이 本然과 氣質이라는 두 가지 性이 있는 것이 아니라고 하겠는가?[38)]

곧 소나 사람과 같이 구체적인 個物들이 가진 性이 곧 天命之謂性의 性이며 理一의 性이다. 그러므로 사물이 부여받은 것을 性이라고 하지, 결코 사물과 따로 떨어져〔遊離〕홀로 존재하는 어떤 것(초월적 존재)을 性으로 보지 않는다. 왜냐하면 統體一太極에서 아무리 나누어 멀리 떨어지더라도(各具太極), 그 속에는 理一의 性이 포함되어 있으므로 一而萬이면서 萬而一이라는 것이다. 그러므로 萬殊로 다름과 一原의 同一性은 결코 서로를 방해하지 않는다. 따라서 本然之性과 氣質之性은 결코 분리되어 따로 있는 性이 아니라는 말이다. 또한 본연만을 취해 같다〔同〕고 한다면 하나의 사물에서 기질지성과 본연지성 두 개의 性이 존재하게 된다는 모순이 생긴다는 말이다.

이로써 녹문은 五常을 性의 본질이라고 보고, 오상은 또한 太極인 一原에 근본한다고 보았다. 현상의 만수는 일원에서 비롯되지만 일원과 만수는 상호포함의 관계에 있으며, 결코 분리되어 따로 떨어져 존재하는 것이 아니다. 그리고 사물의 性은 그 기질을 중심으로 규정하는 것이다. 곧 사물이 얻어서 갖춘 바의 理가 性이지 氣 또는 기질이 배제된 性이란 존재할 수 없다는 말이다.

이상의 내용을 정리하면 녹문은 性의 개념에 대하여 전기에는 理氣不相離之妙로써 설명하고 이것을 후기에 확립한 '理와 氣는 동등한 實

---

38)《鹿門集》3:5a, 答櫟泉宋兄, 己卯(1759, 녹문 48세).
　　區區之意, 則只以爲水之潤下, 卽水之本性, 而亦水之所具之太極也. 火之炎上, 卽火之本性, 而亦火之所具之太極也. 此卽所謂天命之性, 此卽所謂犬牛人之性. 盖合而言之, 則通天下一性, 卽理之一也(統體太極). 分而言之, 則萬物各一其性, 乃分之殊也(各具太極). 雖曰 合焉, 而一之中萬者具焉, 雖曰 分焉, 而萬之中一者包焉, 實非有二物也. 只是性者, 本以物之所受而名之者. 旣曰 '各正性命' '各一其性' 則物之不齊, 固物之情也. 異者 何害其還他異, 而亦何損於其理之本一哉? 今必舍其當體之異, 而却就一源公共處立說, 以此爲本然之性, 而以爲可謂之同, 不可謂之異, 烏在其本然氣質之非二性也哉?

〔本質〕이다(理氣同實)'의 理氣論으로 재정립하였다. 따라서 그는 종래 性을 理 중심으로 파악하는 것에서 벗어나서 '氣 없는 性'은 있을 수 없다고 주장하였다. 그것은 "性은 氣에 나아가서 氣에 품부된 理가 氣를 따라 스스로 하나의 性이 됨을 이름 붙인 것이다"[39]는 말에서 가장 잘 나타난다.

이에 따라 녹문은 氣質之性과 本然之性은 개개의 性에 대한 다른 각도의 설명일 뿐, 하나의 사물에 이러한 두 層次의 性이 있는 것이 아니며 본래 하나의 性이라고 보았다. 이러한 관점은 性의 개념에 대한 획기적 변화라고 할 수 있다. 왜냐하면 일반적 성리학자들은 대부분 본연지성과 기질지성을 구분하였다. 이러한 구분은 현상으로 존재하는 惡을 설명하기 위한 방편이었다. 즉 현실적으로 겉 다르고 속 다르다는 二重的 인간성에 대한 해명일 수도 있다. 그러나 이러한 二重性은 '마음 씀〔心用〕'의 문제이지, 성리학의 기본 전제인 性善의 관점에서 볼 때는 인간의 도덕적 본성이라고 할 수 없다는 것이 성리학의 공통된 관점이다. 특히 이 문제에 대하여 조선성리학은 철저하게 인간의 본성에 대한 형이상학적 탐구를 진행하였다. 그러나 湖·洛 양론에서는 그것이 마치 인간의 性에 두 가지 층차 즉 본연지성과 기질지성이 구별되는 것으로 이해되었다.

이러한 점에서 기질지성이 곧 본연지성이라는 녹문의 관점은 '理와 氣는 동등한 實〔本質〕이다(理氣同實)'를 전제로 理一分殊와 동시에 氣一分殊도 가능하다는 理氣論的 밑바탕에서 성립된 것이었다. 녹문의 이러한 性 개념은 종래 관념적으로 이해되던 性의 개념을 보편적 實在 개념으로 정립한 것이며, 녹문은 이를 통하여 人性論에서 해결하고자 한 性善의

---

39) 《鹿門集》 20:13a, 人物性圖立說, 辛未(1751, 녹문 40세).
　　性者, 卽氣而名其所稟之理, 隨其氣而自爲一性者也.

보편성과 그 온전한 실현가능성을 이론적으로 정립하려고 하였다.

3) 後期의 人物性相異論

이미 앞에서 살펴본 것처럼 녹문은 처음 스승인 陶庵 李縡와 三淵 金
昌翕의 洛論을 따라 人物性同論을 주장하였으나, 36~37세 무렵 人物性
相異論으로 전환한다. 이에 대하여 《鹿門集》의 〈行狀〉을 쓴 동생 任靖
周(1727~1796, 號 雲湖)는 그 과정을 "36~37세 때 《맹자》를 읽다가
〈生之謂性章〉에 이르러 크게 그의 잘못을 깨닫고 潛心默究하기 10여
년에 큰 근원이 되는 곳에서 환히 통하여 막힘이 없는(洞徹無碍) 한 경
지에 이르렀다. 그런 다음에 전날의 견해를 완전히 버리고 저술하여 학
설을 이루었다"[40]고 하였다.

이로부터 10년이 더 지난 48~49세 무렵, 녹문의 성리학적 연구의 요
체를 집성한 〈鹿廬雜識〉를 저술함으로써 비로소 녹문철학이 정립된다.
녹문은 그때의 상황을 다음과 같이 설명하고 있다.

이른바 心性의 說에 대하여, 대개 스스로 어려서부터 韓南塘과 李
巍巖 두 公의 왕복 편지를 보았으며, 李公(외암)의 說에 契合함이 있
어 주장과 수용이 절반쯤 생겼다(역자 주: 人物性同論의 관점). 10여
년 전 우연히 《맹자》의 〈生之謂性章〉에서 明道가 性說을 理氣의 大源
에서 논한 것을 읽고, 자못 이에 암묵적으로 이해함이 있는 것 같아
비로소 李公의 心에 대한 견해가 곧 진실로 의심할 수 없다. 그러나

---

40) 《鹿門集》附錄 行狀: 17b.
　　年三十六七歲時, 因讀孟子生之謂性章, 而大覺其誤, 潛心默究十餘年, 於大源
　　處, 洞徹無礙然後, 盡棄前見, 著爲成說.

性에 대해서 헤아려 생각한 것〔商量〕은 자못 많지만, 도리어 心說과 모순됨이 있음을 알았다. 이에 反覆하여 연구하고, 실상을 살피고〔覈實〕, 깊이 생각하여 힘써 義理의 實로서 徵驗하고, 聖賢의 해석으로 참고한 것이 여러 해가 쌓인 뒤에 비로소 스스로 믿는 것이 있는 것 같았으나 融會貫通하였다고 하기에는 역시 미진하다.[41]

여기서 보듯이 그는 性論을 정립하면서 韓南塘과 李巍巖의 人物性同異論爭에 많은 영향을 받았다. 그가 이외암의 說을 반 이상 수용하였다는 말은 곧 처음 人物性同論을 따랐다는 뜻이다. 그러나 녹문은 《맹자》〈生之謂性章〉에 대한 明道의 주석을 읽고 관점을 바꾸는데, 그것은 이외암의 주장 가운데 心論은 의심할 수 없으나, 性論은 합당하지 않을 뿐만 아니라 심론과 모순이 있다고 보았다. 이것이 곧 녹문철학의 전환점으로 이로부터 그는 性論에 대한 관점을 재정립하였다. 그리고 녹문이 외암의 주장을 많이 수용한 것은 녹문도 陶庵의 洛論계열에서 修學하였기 때문이다.[42]

살펴보면 湖·洛 양론에서 사람과 사물의 性의 同異문제를 本然之性과 氣質之性으로 구분하였다. 즉 洛論은 性의 本質인 본연지성을 중심으로 人物性同論을 주장하고, 湖論은 기질지성을 중심으로 人物性相異

---

41) 《鹿門集》 3:36b, 答金幼道, 辛巳(1761, 녹문 50세).
　　至於所謂心性之說, 盖自早歲得見韓李二公往復書, 而於李說有契焉, 主張受用殆半生矣. 十數年前, 偶讀孟子生之謂性章, 明道論性說於理氣大原, 若有默會焉者, 始覺李公之見於心, 則固無可疑, 而於性 則尙多有合商量者, 反與心說矛盾. 於是反覆究覈, 覃思苦索, 驗之以義理之實, 參之以聖賢之訓者, 積有年數然後, 始似有自信者, 而若謂之融會貫通, 則亦未也.

42) 녹문은 陶庵 李縡와 많은 문답을 하면서 자신의 견해를 검증받았고, 도암 死後에도 그의 견해를 빌려 자신의 견해를 뒷받침하며, 직접적으로 도암의 견해를 반대하거나 비판하지는 않았다.
　　이렇게 보면 여기서 다시 한 번 녹문의 理氣論이 결코 唯理論이나 氣一元論으로 평가될 수 없음을 알 수 있다.

論을 주장한다.

그러나 녹문의 견해는 다르다. 그는 본연지성으로도 사람과 사물의 性은 다르며, 기질지성으로도 다르다고 주장한다. 곧 녹문은 湖論이 《맹자》의 〈生之謂性章〉을 중심으로 人物性相異論을 주장하지만, 이것은 기질지성에서만 그런 것이 아니라 본연지성으로도 相異하다고 보며, 또한 洛論이 《중용》의 〈天命之謂性章〉을 중심으로 人物性同論을 주장하는 것은 본연지성이 기질지성을 떠나서 있을 수 없다는 것을 모르기 때문이라고 비판한다. 그리고 그는 天命之謂性의 性은 본연지성이자 기질지성으로 이해한다. 이에 따라 녹문은 성리학의 대표적 명제인 '性卽理'를 洛論과는 달리 人物性相異의 근거가 된다고 주장한다. 사실 녹문의 인물성상이론은 이미 그가 설명한 性 개념에서 그 실마리가 충분히 드러났다. 여기서는 두 가지 면을 중심으로 녹문의 인물성상이론을 정리하고자 한다. 첫째, 《맹자》의 〈생지위성장〉과 《중용》의 〈천명지위성장〉에 관한 녹문의 이해를 살펴보고, 둘째, 一原과 分殊의 상호관계를 통하여 인물성동이론을 설명하는 과정을 연구하고자 한다.

《맹자》〈생지위성장〉은 인물성상이론의 대표적 논거다. 녹문은 이미 말한 대로 처음에 人物性同論을 따르다가, 《맹자》의 이 구절에 대한 朱子註를 읽은 뒤 관점을 바꾸어 人物性相異論을 정립하게 된다. 먼저 《맹자》의 〈생지위성장〉의 내용을 살펴보자.

> 告子가 '生을 性이라고 한다'고 하였다. 孟子는 '生을 性이라고 한다면 흰색을 흰색이라고 하는 것과 같은가?'라고 하였다. 고자는 '그렇다'고 하였다. (맹자는 그렇다면) '흰 깃털의 흰색은 白雪의 흰색과 같으며, 백설의 흰색은 白玉의 흰색과 같은가?'라고 하였다. (고자는) '그렇다'고 하였다. (맹자는) '그렇다면 개의 性은 소의 성과 같으며, 소의 성은 사람의 성과 같다는 말인가?'[43)

　주자는 告子가 말한 生之謂性의 生을 '生은 사람과 사물이 지각하고 운동하는 것을 가리켜 말한 것이다'[44]고 주석하였다. 그러므로 '生之謂性'의 生은 生命 또는 생명현상을 의미한다. 고자는 사람과 사물의 同異에 대하여 이 生을 기준으로 같다고 말한다. 이에 견주어 맹자의 견해는 다르다. 그는 사람과 사물의 同異는 서로 다른 것으로 비교를 해야지 生이라는 공통성만으로 말할 수 없다고 생각한다. 여기서 맹자는 논리적 反轉을 취하여, 고자가 生이라는 사물의 共通性으로 사물들의 性이 같다고 주장하는 것은 논리적으로 확대해석의 오류를 저질렀다고 보는 것이다. 따라서 맹자의 견해는 特殊性으로서의 性을 기준으로 同異를 판단해야 한다는 것이다. 이러한 맹자의 견해는 분명 논리적 妥當性이 있다. 그러나 맹자는 生이 무엇인지 말하지 않는다. 이것이 하나의 문제다.

　이에 대하여 주자는 性과 生의 의미를 규정하는 한편 맹자가 말한 性을 도덕적 특수성으로 파악하고, 《맹자》〈生之謂性章〉을 理氣論으로 종합하여 설명한다.

　　性은 사람이 하늘[天]로부터 얻은 바의 理며, 生은 사람이 하늘로부터 얻은 바의 氣다. 性은 形而上者며, 氣는 形而下者다. 사람과 사람이 생겨나면서 이 性이 없는 것은 없으며, 또한 이 氣가 없는 것이 없다. 그러나 氣로써 말하면 知覺運動은 사람과 사물이 다름이 없으나, 理로써 말하면 仁·義·禮·智를 稟受받음에 어찌 사물이 온전하

---

43) 《孟子》〈告子上〉.
　　告子曰 '生之謂性'. 孟子曰 '生之謂性也, 猶白之謂白與?' 曰'然'. '白羽之白也, 猶白雪之白, 白雪之白, 猶白玉之白與?' 曰'然'. '然則犬之性, 猶牛之性, 牛之性, 猶人之性與?'
44) 주자는 告子가 말한 生之謂性의 生을, "生指人物之所以知覺運動者而言, 告子論性前後四章, 語雖不同, 然其大指, 不外乎此. 與近世佛氏所謂作用是性者, 略相似"라고 주석하였다.

게 할 수 있겠는가? 사람의 性은 不善이 없으므로 만물의 靈長이 된다. 告子는 性이 理임을 모르고 이른바 氣라고 생각하였다. 따라서 냇버들〔杞柳〕과 여울물〔湍水〕로 비유하여 食色은 善도 없고 不善도 없다는 설이 종횡으로 어지럽게 얽히고설키어 어긋나게 되었다. 이 章의 오류는 그 근본적 원인이 모두 다만 지각운동의 움직임이 사람과 사물이 같다는 것만 알고 인·의·예·지의 粹然한 것은 사람과 사물이 다름을 몰랐기 때문이다.[45]

정리하면, 사람이 하늘〔天〕로부터 얻은 理가 性이며 性은 形而上者다. 그리고 生은 사람이 하늘로부터 얻은 氣이며 形而下者다. 그런데 告子는 性이 理임을 모르고 氣라고 보았다. 따라서 주자는, 氣의 관점에서 보면 知覺運動은 사람과 사물이 차이가 없으나, 理의 관점에서 보면 仁·義·禮·智와 같은 道德的 稟性을 사물은 완전하게 갖추고 있지 못하고 사람만이 갖추고 있으므로, 사람이 만물의 靈長이 된다고 주장한다. 곧 사람만이 인·의·예·지와 같은 도덕적 품성을 온전하게 갖추었고 사물은 갖추지 못한다. 주자의 이와 같은 견해는 理同氣異의 연장으로 湖論의 人物性相異論의 가장 중요한 논거가 된다. 그런데 문제는 인·의·예·지와 같은 道德性을 갖춘 것이 本然之性인가 또는 氣質之性인가? 위 인용문에서 주자는 이것을 분명하게 설명하지 않았기 때문에 논쟁이 일어나는 계기가 되었다.

---

45)《孟子》生之謂性章, 朱子註.
　　性者 人之所得於天之理也. 生者 人之所得於天之氣也. 性形而上者也, 氣形而下者也. 人物之生, 莫不有是性, 亦莫不有是氣. 然以氣言之, 則知覺運動, 人與物若不異也, 以理言之, 則仁義禮智之稟, 豈物之所得而全哉? 此人之性, 所以無不善而爲萬物之靈也. 告子不知性之爲理, 而以所謂氣者當之. 是以杞柳湍水之喩, 食色無善無不善之說, 縱橫繆戾紛紜舛錯, 而此章之誤. 乃其本根, 所以然者, 皆徒知知覺運動之蠢然者, 人與物同, 而不知仁義禮智之粹然者, 人與物異也.

그러나 녹문은 生之謂性의 性에 대하여 "대개 이른바 개, 소, 사람의 性은 氣質之性을 가리키는 것이라고 하면 문장의 이치를 이해하지 못한 것이다"[46]고 하여 다음과 같이 이해한다.

> 대개 告子가 앞뒤로 말한 바 杞柳〔냇버들〕·湍水〔여울물〕·食色과 같은 것은 모두 이 本性으로써 맹자의 性善論을 대적하여 말한 것일 뿐 (그가) 어찌 일찍이 이른바 氣質之性이 있음을 알았겠는가? 그러나 그가 인식한 性이라는 것은 단지 氣일 뿐이므로, 맹자는 이와 같이 해석하였다. 대개 개와 소, 사람의 性이 다르다는 것은 모든 사람이 그것을 안다. 告子도 평소에는 역시 그것을 잘 알고〔稔知〕 있었다. 만약 여기에서 반성하면 氣를 性이라고 말할 수 없는 까닭을 거의 깨달을 수 있었을 것이다.[47]

요약하면 告子가 杞柳·湍水·食色 등을 氣質之性으로 보았다고 이해하는 것은 잘못이라는 말이며, 또한 맹자도 기질지성으로 고자의 잘못을 지적하였다고 이해하는 것도 잘못이라는 말이다. 그러나 녹문은 맹자가 개와 소, 사람의 性이 다른 것은 本然之性으로 다름을 말한 것이라고 이해한다. 이때 고자는 사실 기질지성이 있음을 알지 못하고 다

---

46) 《鹿門集》6:2a, 答金伯高, 庚辰(1760 녹문 49세).
　　盖所謂犬牛人之性, 謂是指氣質之性者, 直是不識文理.
　　　이와 같은 견해는 먼저 相異論으로 관점을 전환한 직후인 《鹿門集》3:1b, 與櫟泉宋兄(辛未 1751, 녹문 40세)에서 "대개 孟子의 生之謂性의 一章에서 여러 性字를 氣質之性으로 생각하면 끝내 文理를 이루지 못하며 말이 되지 않는다(大抵孟子生之謂性一章, 此諸性字若認作氣質之性, 則終不成文理, 不成說話)"고 한 곳에서도 잘 드러난다.
47) 《鹿門集》20:13a, 人物性圖幷說, 辛未(1751, 녹문 40세).
　　盖告子前後所言, 如杞柳·湍水·食色之類, 皆是說此本性以敵孟子性善之論耳. 曷嘗知有所謂氣質之性者哉? 但其所認以爲性者只是氣, 故孟子析之如此. 盖犬牛人性之不同, 人皆知之. 告子平日亦稔知之, 若於此反省, 則庶可悟其氣之不可言性故耳.

만 맹자의 性善說에 대하여 그는 性無善無惡을 주장하였을 뿐이며, 또한 고자가 본 관점은 개나 소 사람이 가진 本性 즉 本能을 性으로 생각하였다는 말이다. 그리고 고자가 말한 性은 氣일 뿐이지 理는 아니라고 녹문은 생각하였다. 곧 녹문이 보기에 고자도 사람과 사물의 性이 다르다는 것을 알았지만 선악이라는 기준으로 생각하지 못하였다는 것이다. 이에 따라 녹문은 生之謂性의 性을 다음과 같이 파악한다.

> 먼저 告子의 이른바 生之謂性의 性은 本然之性을 가리키는 것인지 氣質之性을 가리키는 것인지를 생각한 뒤에 그 語義의 방향과 文字의 脈絡을 차례로 읽어 내려가, 그로써 이른바 白羽·白雪·白玉의 흰 것과 개의 性, 소의 性, 사람의 性이 모두 생지위성의 性을 가리키는 것임을 생각해야 한다. 그게 아니라면 따로 다른 것을 가리키는 것이야 하겠는가? 이와 같이 생각하며 소리 내어 서너 차례 읽으면 알 수 있다. 개·소·사람의 性이 곧 생지위성의 性이며, 생지위성의 性은 곧 杞柳·湍水의 性이며, 기류·단수의 性이 곧 性善의 性이며, 처음부터 끝까지 원래 단지 하나의 性이라는 글자일 뿐 다시 다른 말이 없음을 알 수 있다.[48]

먼저 녹문은 孟子가 告子에게 '그렇다면 개의 性이 소의 性과 같으며, 소의 性이 사람의 性과 같은가(然則犬之性 猶牛之性, 牛之性 猶人之性與)?'라고 물은 대목에서 개와 소, 그리고 사람의 性 그것을 生之謂性의 性으로 이해한다. 그리고 그는 생지위성의 性을 기질지성이 아

---

48) 《鹿門集》 6:2b～3a, 答金伯高, 庚辰(1760 녹문 49세).
　　先思告子所謂生之謂性之性, 是指本然之性, 指氣質之性然後, 次次讀下尋其語意向背, 文字脈絡, 以思夫所謂白羽白雪白玉之白, 與犬之性·牛之性·人之性, 是皆指生之謂性之性也, 抑別指他耶? 如是想來想去諷誦數四, 則使見得. 所謂犬牛人之性, 卽是生之謂性之性, 生之謂性之性, 卽是杞柳湍水之性, 卽是性善之性, 從頭至尾, 元只是一箇性字, 更無二語.

니라 본연지성으로 이해한다.[49] 왜냐하면 각 사물의 성은 하나뿐이며 그 하나의 性을 각각 구분하여 따로 이름 붙일 수 없기 때문이다.

위 두 인용문을 종합하면, 녹문은 告子가 생지위성이라고 할 때의 性은 단지 氣의 관점에서 말한 것이며, 또한 기질이 가진 本然의 性에 대해서는 이해하지 못하였다고 보았다. 그러나 녹문은 생지위성을 타고 태어난 낱낱 사물의 性으로 생각하고 그 性이 곧 본연지성이자 기질지성이며 낱낱 사물의 고유한 性으로 파악하였다. 그리고 맹자도 바로 이러한 의미로 性을 설명하였다고 보고, 性의 의미를 다음과 같이 분석한다.

맹자는 '세상〔天下〕에서 말하는 性은 故를 따르는 것일 뿐이다'[50]고 하였고, 또 '形色은 天性이다'[51]고 하였다. 이 두 가지 말을 사람들은 흔히 소홀히 생각하나, 性의 뜻이 이보다 더 밝은 것은 없다. 주자는 맹자의 앞 말을 해석하기를, '性이란 사람과 사물이 얻어서 생겨난 理'라고 하였고, 그 아래에서 '사람의 善을 물이 낮은 곳으로 흐르는 것'으로써 밝히고, 또 '물은 그 적셔 주고 아래로 흐르는 性을 얻었다'고 끝맺었으니, 적셔 주고 아래로 흐르는 작용은 물이 이를 얻어서 생겨나는 理가 되는 것이니, 어찌 매우 명백한 것이 아니겠는가(細註: 《맹

---

49) 여기서 녹문이 말하는 氣質之性과 本然之性의 구별은 湖·洛 양론의 구별에 따라 말하는 것이지 녹문 자신이 性을 두 층차로 이해하는 것은 아니다. 녹문은 기질지성이 곧 본연지성임을 주장하여 性을 두 층차로 구별하지 않는다.

50) 《孟子》〈離婁下〉: 孟子曰 天下之言性也 則故而已矣. 故者以利爲本.
   朱子註: 性者 人物所得而生之理也. 故者 其已然之跡. 若所謂天下之故者也. 利, 猶順也. 語其自然之勢也. 言事物之理, 雖若無形而難知, 然其發見之已然, 則必有跡而易見, 故天下之言性者, 但言其故, 而理自明, 猶所謂善言天者. 必有驗於人也. 然其所謂故者, 又必本其自然之勢, 如人之善, 水之下, 非有所矯揉造作而然者也. 若人之爲惡, 水之在山, 則非自然之故矣.

51) 《孟子》〈盡心上〉.
   孟子曰 形色天性也, 惟聖人然後, 可以踐形.
   朱子註: 人之有形有色, 無不各有自然之理, 所謂天性也. 踐, 如踐言之踐.

자》〈告子章〉의 '湍水章'의 集註에서도 낮은 곳으로 내려가는 것을 물
의 본성이라 하였다)?[52]

'性則故'의 '故'에 대하여 주자는 '그것[人物]이 이미 그러한 흔적(其
已然之跡)'이라고 하였다.[53] 그런데 이 '故'에 대하여 최근 《맹자》에 대
하여 새롭게 주석한 楊伯峻은 그 '所以然'을 유추하면 자연의 이치를 순
응하는 데 바탕을 둔다.[54] 이 두 해석을 종합해서 보면 '故'란 이미 현상
의 사람과 사물이 가지고 있는 성격 또는 고유한 특성을 의미한다. 녹
문은 현상의 구체적 사물이 가진 특성을 性이라고 생각하였다. 그러므
로 이것은 기질지성이라고 할 수 있다. 나아가 녹문은 주자가 '사람과
사물이 얻어서 생겨난 理'라는 말과 '물이 아래로 흐르는 理'라는 주석을
근거로 맹자가 말한 性을 파악한다. 따라서 그는 맹자가 말한 性은 결
코 기질지성이 아니라 본연지성이라고 생각한다. 그렇다면 이 두 가지
내용을 종합하면 본연지성과 기질지성은 두 층차의 성이 아니라 구체적
사물이 담고 있는 理를 중심으로 말한 것이며 또한 본연지성과 기질지
성은 사물이 가진 하나의 性이라는 뜻이다. 이것 또한 이미 말한 기질
지성이 곧 본연지성이라는 녹문의 性 개념의 연장이라고 할 수 있다.
　한편 洛論은 《중용》의 〈天命之謂性章〉의 朱子註를 근거로 人物性相
同을 주장한다. 그러나 녹문은 이것도 人物性相異의 근거도 될 수 있다
고 주장한다. 이를 검토하고자 먼저 주자의 註를 살펴보자.

---

52) 《鹿門集》 19:24b~25a, 鹿廬雜識.
　　孟子曰 '天下之言性　則故而已'. 又曰 '形色天性也'. 此兩言者　人多忽之. 然性之
　　義, 莫明於此也. 朱子於前, 則釋之曰 '性者人物所得以生之理也'. 其下卽以 '人
　　之善, 水之下明之', 而又結之以 '水得其潤下之性' 云云, 則潤下之爲水之所得　而
　　生之理者, 豈不明甚矣乎(告子 '湍水章', 集註亦以就下爲水之本性)?
53) 위 《孟子》 〈離婁下〉에 대한 朱子註 참고.
54) 楊伯峻, 《孟子譯註》(北京: 中華書局, 1993), 196쪽.
　　推其所以然, 基礎在於順其自然之理.

命은 命令과 같으며, 性이 곧 理다. 하늘이 陰陽과 오행으로 萬物을 化生함에 氣로써 형체를 이루고 理 또한 賦與하니 명령함과 같다. 이에 사람과 사물이 태어나면서 각기 부여된 바의 理를 얻음으로 말미암아 健順·五常의 德을 삼으니, 이른바 性이다.[55]

여기서 주자는 먼저 '性이 곧 理다'고 하고, 또 '이에 사람과 사물이 태어나면서 각기 부여된 바의 理를 얻음으로 말미암아 健順·五常의 德을 삼으니, 이른바 性이다'고 하였다. 이렇게 보면 '性卽理'는 '性은 곧 사람과 사물이 각각 부여받은 바의 理(性卽人物各得其所賦之理)'라고 해야 의미가 정확하다. 그런데 문제는 '理亦賦焉'의 理와 '於是人物之生, 因各得其所賦之理'의 理가 같은가의 여부다. 즉 '理亦賦焉'의 理는 분명히 理一의 理다. 그러나 '其所賦之理'의 理는 分殊의 理인가 아니면 理一의 理인가? 이에 대한 판단은 健順과 五常이 理一 즉 一原에 해당하는가 아니면 분수에 해당하는가에 달려 있다.

녹문은 洛論이 《중용》의 〈천명지위성장〉의 朱子註를 근거로 人物性同論을 주장하는 것에 대하여 이것을 人物性相異의 근거도 될 수 있다고 주장한다.

이른바 性卽理라 하는 것이 性同의 증거만 되고 性異의 증거는 안 되는 것일까? 대개 理라는 것이 하나[一]인 동시에 萬이란 것은 하나인즉 同이요, 萬인즉 異이니, 하나인 동시에 萬이요, 萬인 동시에 하나란 것이다. 同이면서 異가 아닐 수 없고, 다르면서 같지 않은 적이 없는 것이 곧 理의 전체인 것이다. 이제 다만 하나이면서 同한 것이 理인 것만 알고, 그 萬이어서 異인 것은 氣이지 理가 아니라 한다. 무

---

55) 《中庸》 天命之謂性章.
　　朱子註: 命猶令也. 性卽理也. 天以陰陽五行, 化生萬物, 氣以成形, 而理亦賦焉, 猶命令也. 於是人物之生, 因各得其所賦之理, 以爲健順五常之德, 所謂性也.

릇 氣 밖의 理는 없고, 性 밖의 物이 없는 것이다. 氣를 主로 하여 말하면 萬은 물론 氣이지만, 하나라는 것이 어찌 氣가 아니겠는가? 理를 주로 하여 말하면 하나라는 것은 진실로 理인데, 萬이라는 것만 홀로 理가 아니겠는가?56)

곧 녹문은 理는 一而萬, 萬而一이므로 一만 보면 萬物皆同이라고 할 수 있지만, 萬의 측면에서 보면 萬物相異라고 할 수 있다는 것이다. 왜냐하면 理와 氣는 不可分開로 서로 떨어져 따로 독립적으로 존재할 수 없기 때문이다. 그리고 理는 一만 있는 것이 아니라 萬도 있으며, 氣도 萬만 있는 것이 아니라 一이 있다는 것이다. 그러므로 性을 理로만 보아 性同을 주장하는 것은 性이 氣를 포함한 개념임을 모른다는 말이다. 이를 바탕으로 녹문은 性卽理를 다음과 같이 이해한다.

性은 곧 理이니 性과 太極이 하나일 뿐이다. 어찌 두 가지 사물이 있겠는가? 그러나 그 얻어서 이름을 갖게 되는 것은 '太虛로부터 天의 이름이 있고, 氣化로부터 道의 이름이 있으며, 虛〔天地之性〕와 氣〔氣質之性〕가 짝함으로써(細註: 張橫渠의 말)'57) (性의 이름에) 다름〔不同〕이 있다. 그러므로 좇아 말하는 바에 따라 혹 같음과 다름, 넓음과 좁음〔濶狹〕의 다름이 없을 수 없다. 대개 태극이라는 것은 本然의 妙

---

56) 《鹿門集》 19：25a～b, 鹿廬雜識.
　　所謂性卽理者, 何獨爲同之證, 而不可爲異之證也? 盖理者 一而萬者也. 一 則同矣, 萬則異矣, 一而萬 萬而一. 同而不能不異, 異而未嘗不同者, 乃理之全體也. 今但知一而同者之爲理, 而其萬而異者, 則曰氣也 非理也. 夫氣外無理, 性外無物, 主氣而言 則萬者 固氣也, 一者 何非氣乎? 主理而言, 則一者 固理也, 萬者 獨非理乎?
57) 張載, 《正蒙》 太和篇 第一. 《張載集》(北京: 中華書局, 1978), 9쪽.
　　由太虛, 有天地名. 由氣化, 有道之名. 合虛與氣, 有性之名. 合性與知覺, 有心之名.
　　合虛與氣, 有性之名에 대하여 喩博文은 《正蒙注譯》(中國: 蘭州大學出版社, 1990, 12쪽)에서 虛는 天地之性, 氣는 氣質之性을 가리킨다고 주석하였다.

로서 渾然한 전체이다. 性이라는 것은 氣에 따라서〔卽〕 그 稟賦받은
바의 理를 이름하고 그 氣를 따라서 스스로 하나의 性이 되는 것이다.
비록 스스로 하나의 性이 되지만 이 性에 따라서〔卽〕 곧 천지 만물의
性이 됨에 원래 두 가지 理가 없는 까닭이다.[58]

녹문은 性卽理의 性은 太極과 하나라고 생각한다. 그러나 張橫渠의
말처럼 사람과 사물의 性은 天地之性과 氣質之性을 합하여 이름 붙인
것이므로 각각 같고 다름〔同異〕과 넓고 좁음〔闊狹〕의 다름이 있다. 이
에 따라 녹문은, 태극은 本然의 妙이며 온전한〔渾然〕 전체지만, 사물의
性은 氣가 품부받은 理를 따라 스스로 이루어지는 것이라고 생각한다.
그러므로 性이 되는 理는 太極의 理 하나뿐이라는 말이다.

따라서 그는 사람과 사물의 性이 다른 것을 다음과 같이 설명한다.

주자는 '사람과 만물이 모두 같은 것은 理며, 서로 다른 까닭이 되
는 것은 心이다'고 하였다. 위 구절은 단지 사람과 사물이 같이 이 理
를 얻었다는 뜻이며, 아래에 '서로 다른 것은 心이다'는 구절에 이른
뒤에 비로소 받은 바의 性을 말하였다. 이것이 곧 이른바 '心을 말하
면 性은 그 가운데 있다'는 것이다. 대개 理는 一이나, 사람은 사람의
氣로 그것을 받아 사람의 性이 되며, 사물은 사물의 氣로 그것을 받아
사물의 性이 되니, 곧 주자의 이른바 '氣를 따라 轉變한다'는 것이다.
그러나 사실 人性과 物性을 막론하고 원래 단지 하나의 性이니 소는
스스로 소의 性이며, 말은 스스로 말의 性이니 大本이 한결같지 않다.
理一分殊라는 네 글자에 다시 잘 착안하라.[59]

---

58) 《鹿門集》 20:13a~b, 人物性圖竝說, 辛未(1751, 녹문 40세).
　　性卽理也, 則性與太極一而已, 豈有二物乎? 然其所得以爲名者, 有由虛合氣
　　(張子語)之不同. 故所就而言之者, 或不能無同異・闊狹之殊焉. 盖太極者, 本
　　然之妙, 渾然全體者也. 性者 卽氣而名其所稟之理, 隨其氣而自爲一性者也. 雖
　　曰自爲一性, 卽此之性, 卽所以爲天地萬物之性者, 元無二理.
59) 《鹿門集》 19:29a, 鹿廬雜識.

녹문은 주자가 '人物이 같은 것은 理'라고 한 것은 사람과 사물이 같이 이 理(理一)를 얻었다는 뜻으로 이해하고, 또 '서로 다르게 되는 까닭은 心'이라고 한 데서 비로소 性을 말하였으며, '心을 말하면 곧 性이 그 가운데 있다'는 말과 같은 뜻이라고 보았다. 그러므로 理一을 사람은 사람의 氣로 받아 사람의 性을 이루고, 사물은 사물의 氣로 받아 사물의 性이 되므로, 理를 받는 氣의 大本이 한결같지 않다. 따라서 녹문은 사람과 사물의 性은 다르다고 주장한다.

즉 理一의 大本은 分殊에서도 존재하며, 따라서 理一의 統一性이 萬殊의 다름인 氣質之性에도 여전히 내재되어 있음을 알아야 제대로 분수를 안다는 말이다. 이것이 이른바 理一分殊의 진정한 의미라는 것이다.

이에 따라 녹문은 一原과 分殊의 관계를 다음과 같이 말한다.

> 一原과 分殊는 모두 氣에 따라서〔卽〕 理를 가리킨 것이다. 일원에 따르면〔卽〕 분수가 포함되며, 분수에 따르면 일원이 거기에 있다. 그것이 氣를 떠나지 않는 것으로써 말하면 분수만 不離가 아니라 일원도 역시 불리다. 그것이 氣에 雜하지 않는 것으로써 말하면, 일원만 不雜이 아니라 분수도 부잡이다. 어찌 둘로 나누어 하나는 本然에 속하게 하고 하나는 氣質에 속하게 할 수 있겠는가?[60]

朱子曰 '人與萬物, 都一般者, 理也. 所以不同者, 心也'. 上句只是說人物同得此理之意, 而至下'不同者心'然後, 方說所受之性. 此正所謂'言心 而性在其中'者也. 盖理一也, 而人以人之氣受之, 則爲人之性, 物以物之氣受之, 則爲物之性, 卽朱子所謂'隨氣轉了'者. 然其實無論人性·物性, 元只是一性, 非牛自牛性, 馬自馬性, 而大本不一也. 理一分殊四字, 更宜着眼.

60) 《鹿門集》 20:36b~31a, 金幼道一原分殊說籤, 丙午(1786, 녹문 75세).
一原分殊, 皆卽氣而指理也. 卽一原而分殊包焉, 卽分殊而一原在焉. 以其不離乎氣者言之, 則不但分殊爲不離, 一原亦不離也. 以其不雜乎氣者言之, 則不但一原爲不雜, 分殊亦不雜也. 何可分以二之, 一屬之本然, 一屬之氣質乎?

여기서 녹문은 一原과 分殊를 둘로 나누어 일원을 본연지성으로, 분수를 기질지성으로 구분하는 것을 비판한다. 왜냐하면 일원과 분수는 모두 氣를 중심으로 理를 가리킨 것이기 때문이다. 이 점에서 녹문은 결코 性卽理 그 자체를 부정하는 것이 아니라 '性은 氣에 나아가서 理를 가리킨다'는 의미로 파악한다. 즉 오로지 理 하나만 가지고 性을 규정하는 것은 아니라는 말이다. 그리고 그는 일원과 분수의 관계는 결코 서로 분리되어 있는 것이 아니라, 理와 氣의 관계와 마찬가지로 서로 不可分開의 관계로 존재한다고 생각한다. 또한 그는 일원이라고 해서 氣를 떠나서 존재하는 것이 아니며, 분수라고 해서 일원이 氣에 섞여 있는 것은 아니라고 하여 일원과 분수는 서로 각각을 내재하고 있다고 생각한다.

살펴보면, 주자는 사람이 하늘〔天〕로부터 얻은 理가 性이며, 사람이 하늘로부터 얻은 氣가 生이라고 규정하였다. 그런데 그는 氣의 관점에서 보면 知覺運動은 사람과 사물이 차이가 없으나, 理의 관점에서 보면 사물은 仁・義・禮・智와 같은 道德的 稟性을 완전하게 갖추고 있지 못하고 사람만이 갖추고 있으므로 사람이 만물의 靈長이 된다고 보았다. 곧 사람만이 인・의・예・지와 같은 도덕적 품성을 온전하게 갖추었고 사물은 갖추지 않았다는 말이다. 그러므로 인・의・예・지의 性은 實體로서 사람과 사물이 다르다는 것이다.

> 仁・義・禮・智는 性의 實體다. 망령됨이 없이 지극한 善〔無妄至善〕은 이 실체의 아름다움을 그로써 形狀한 것이다. …… 그리고 인・의・예・지가 氣를 따라 偏・全하는 것은 실체가 진실로 그러한 것이다. 그리고 또 性을 같으며 다름이 없다고 여기면, 이른바 性이라는 것은 스스로 실체에 있는 것으로 귀착되니, 性이 실체가 아니라면 또한 어찌 性이라고 하겠는가![61)

곧 인·의·예·지가 性의 근본으로서 그 無妄한 至善이 곧 性善이다. 그러나 이 성선이 氣의 偏·全을 따라 사람과 사물이 다른 것은 實體가 다르다는 말이다. 실체란 사물과 性의 本質·本體이며 개체의 고유한 특성이기도 하다. 그런데 性의 無妄至善은 사물과 사람이 품부받은 氣의 편·전이 다르기 때문에 사람과 사물의 性의 실체도 다를 수밖에 없다.

이에 따라 녹문은 湖洛論爭의 발생원인이 性에 대한 잘못된 인식에서 비롯되었다고 생각하였다. 그리고 그 잘못된 인식은 五常과 一原을 구분하였기 때문에 일어난 것으로 파악한다.

> 五常과 一原을 나누어 둘로 하니 그것이 과연 말이 되는가? 내가 듣기로는 '텅 비고 아득하여 아무런 조짐이 없으며 萬象이 빽빽하고 무성하다(沖漠無朕, 萬象森然)'는 것은 곧 程子가 밝게 설명하였으니 沖漠은 일원이 아닌가? 萬象은 오상이 아닌가? 이에 나누어 둘로 하여 無妄至善을 本然으로 삼아 人物皆同이라고(細註: 一原), 인·의·예·지를 本賦로 삼아 사람과 사물이 각각 다르다고 하니(細註: 五常), 하나는 아득하고 茫然함에 미룬 것이요, 하나는 形氣에 局限시킨 것이니 南塘의 單指·各指說과 한 입에서 나왔다. 단지 그 性字가 占有한 위치에 高低의 다름이 있을 뿐 前書에서 말한 바 외암과 남당과 더불어 半同·半異라는 것이 이것이다.[62]

---

61) 《鹿門集》 20:13a~b, 書金幼道五常說, 辛巳(1761, 녹문 50세).
  仁義禮智者, 性之實體也. 無妄至善者, 所以狀此實體之美也. ……且以仁義禮智之隨氣偏全, 謂實體誠然, 而又以性爲同而無異, 則所謂性者, 自歸於實體之外, 而性非實體, 又烏足以爲性哉!
62) 《鹿門集》 5:17a, 答李伯訥, 乙巳 8月(1785, 녹문 74세).
  五常與一原分而二之, 其果成說乎? 以愚所聞, 則'沖漠無朕 萬象森然'者, 乃程子明訓, 沖漠非一原乎? 萬象非五常乎? 於是而分而二之, 以無妄至善爲本然, 而謂之人物皆同(一原), 以仁義禮智爲本賦, 而謂人物各異(五常), 一則推之於杳茫, 一則局之於形氣. 與南塘說單各之說如出一口. 特其性字占地, 有高低之

녹문이 보기에 湖·洛 兩派는 五常과 一原을 각각 나누어, 洛論은 性을 오로지 일원의 無妄至善으로 보아 人物性同을 주장하고, 湖論은 오상만을 性으로 보아 人物性相異를 주장한 것은 오상과 일원이 하나라는 것을 모르는 데서 비롯되었다고 생각하였다. 왜냐하면 녹문은 "太極의 體는 곧 오상의 理이니, 오상의 理가 一物에 각각 갖추어져 있다고 해도 역시 불가함이 없다"[63]고 하여 오상은 태극의 體를 갖추고 있으며, 태극이 곧 일원이므로 결코 오상과 일원을 나눌 수 없다고 보기 때문이다.

그렇다면 왜 인간만이 온전한 도덕적 품성을 갖추고 사물은 그렇지 못하는가? 주자는 그 이유를 周濂溪(1017~1073, 名 惇頤, 字 茂叔)가 《太極圖說》에서 말한 "五行一陰陽也. 陰陽一太極也. 太極本無極也. 五行之生也. 各一其性"의 '各一其性'을 주석하면서 설명한다.

> 그러나 五行이 생겨나면서 그 기질을 따라 稟賦한 것의 다름이 이른바 各一其性이다. 각일기성이므로 완전〔渾然〕한 태극의 전체는 一物 가운데 각각 갖추어지지 않음이 없으며, 또한 性이 없는 곳이 없음을 알 수 있다.[64]

여기서 各一其性의 의미는 '각각 한결같이 그 性(太極)을 갖춘다'와 '각각 하나씩 그 性(特殊)을 갖춘다'는 두 가지 해석이 가능하지만, 주자는 '各一其性'을 '五行之生, 隨氣質而所稟不同'者로 규정한다. 따라서 주자의 이 해석과 연관시켜 보면, 각일기성은 '각각 하나씩 다르게 그

殊耳. 前書所云 與巍塘半同半異者, 此也.

63) 《鹿門集》20:14a, 人物性圖立說, 辛未(1751, 녹문 40세).
　　太極之體, 卽是五常之理, 則謂五常之理, 各具於一物, 亦無不可.
64) 《性理大全》卷1, 太極圖.
　　朱子註: 然五行之生, 隨其氣質而所稟不同, 所謂各一其性也. 各一其性, 則渾然太極之全體, 無不各具於一物之中, 而性之無所不在 又可見矣.

性을 갖춘다〔特殊〕'는 말이다. 녹문은 이 점에 착안한다. 즉 사람과 다른 사물의 性 그 자체는 本然之性이지만, 그들이 가진 性이 여러 가지 차이가 있는 것은 氣가 하는 바〔所爲〕이며, 그것을 氣質之性이라 보고, 또한 分殊의 분수 곧 '사람과 사람, 사물과 사물이 모두 다른〔人人物物皆不同〕'의 性이 되는 것이다.

녹문은 위 주자의 말에 대하여 다음과 같이 부연 설명한다.

대개 '그 기질을 따라 稟賦받은 바가 다른 것'은 性의 다름을 말한 것이다. '완전〔渾然〕한 태극을 각각 갖추지 않음이 없다'는 것은 性은 비록 다르나 實은 하나의 理임을 말한 것이다. (주자의 太極解析에서) 먼저 위 구절을 말한 뒤 아래 구절을 말하였으니 賓主가 진실로 이미 분명하다. 중간에 하나의 則字를 두었으니[65] 性과 太極이 두 가지 사물이 아님은 또한 분명하다. 이제 만약 다만 위 구절만 알고 아래 구절을 몰라 性과 태극을 끊어서 두 가지 사물로 알면 진실로 性을 氣로 여기는 病에 빠지게 되며, 다만 아래 구절만 알고 위 구절을 몰라 물의 性도 역시 완전〔渾然〕한 전체이며, 불의 性도 역시 완전한 전체라고 여기면 곧 주자가 배척한 바, 같은 것은 믿고, 다르면 의심하고, 합하는 것을 좋아하고, 떨어지는 것을 싫어하는 것으로, 그 논의는 늘 한편에 치우쳐 끝내 추 없는 저울이 되고 눈금 없는 자가 되니 무릇 理一分殊라는 네 글자는 말한 것이 분명하다.[66]

---

65) 위 주자의 註에서 '各一其性, 則渾然太極之全體'의 '則'字.

66) 《鹿門集》 20:14b, 人物性圖竝說, 辛未(1751년, 녹문 40세).
　　　盖隨其氣質, 而所稟不同者', 言性之異也. '渾然太極, 無不各具者', 言性雖異而實則一理也. 先說上句, 後說下句, 則賓主固已分明. 而中間下一則字, 則性與太極之非二物, 又躍如矣. 今若徒知上句, 而不知下句, 以性與太極截作二物, 則固陷於認性爲氣之病矣. 徒知下句, 而不知上句, 以爲水之性, 亦渾然全體, 火之性 亦渾然全體, 則正朱子所斥 信同 · 疑異 · 喜合 · 惡離, 其論每陷於一偏, 而卒爲無星之秤, 無寸之尺者也, 大抵理一分殊四字, 說得盡.

곧 녹문은 주자가 '그 기질을 따라 稟賦받은 바가 다른 것(隨其氣質, 而所稟不同者)'이라고 한 것은, 性은 氣質을 전제로 규명하는 것이기 때문에 사람과 사물의 性이 다름을 말한 것이며, '완전[渾然]한 태극을 각각 갖추지 않음이 없다(渾然太極, 無不各具)'는 것은, 一原과 分殊는 一而萬, 萬而一이므로, 분수로서의 性은 비록 다르나 일원의 理가 포함되어 있다는 의미로 이해하고 이것을 性同의 의미로 이해하지 않는다. 그리고 녹문은 주자가 먼저 性異를 말하고 同中有異, 異中有同을 말함으로써 性과 太極이 두 가지 사물이 아님을 설명한 것으로 이해하고, 만약 위 구절만 알고 아래 구절을 모르면 性을 氣로 인식하는 오류가 생기며, 아래 구절만 알고 위 구절을 모르면, 人物性同이라고 생각하게 된다고 하였다. 이에 따라 녹문은 주자의 이 두 말이 곧 理一分殊를 잘 설명한 것이라고 하였다.

또한 湖論이 各一의 一을 五常 가운데의 하나라고 생각한 반면에, 녹문은 각일을 氣質에 따라서 각일이지 본래부터 오상 가운데 어느 하나만 갖추고 생겨나는 것은 아니라고 생각한 것이다. 다시 말하면 기질이라는 변수가 없으면 性은 오상의 전체를 고루 갖추고 있다는 말이다. 녹문은 이와 같이 理氣本體論을 바탕으로 性을 이해한 것이며, 또한 '理와 氣는 동등한 實[本質]이다(理氣同實)'를 전제한 理一分殊와 氣一分殊의 논리적 연장으로 오상과 一原도 밀접하게 相通하고 있다는 말이다.

이에 녹문은 전기에 各一其性에 대한 이해가 잘못이라고 보고 다음과 같이 설명한다.

　　나는 예전에 이것을 읽고 '各一其性'을 氣에서 떨어지지 아니한 것으로써 말한 것이니 五行과 萬物이 각기 다르며, '渾然太極'은 氣에 뒤섞이지 않은 것으로써 말한 것이니 오행과 만물이 모두 같다고 생각하였다. 요즘 며칠을 두고 깊이 생각하여 마침내 그것이 그렇지 않다는

것을 알게 되었다. 무릇 '완전[渾然]한 전체를 각기 갖추지 아니한 것
이 없다'고 한 것은 各一處에 나아가서 天理가 완전무결하다는 것을
말한 것일 뿐, 한 사물이 각각 萬理를 다 갖추고 있다고 말한 것이 아
니다. 진실로 그렇지 않다면, 주자가 그 뒤의 논의에서 왜 '各具一太極'
을 '各具一理'라고 해석하였겠는가? 무릇 '各具一理'와 '各具萬理'는 말
뜻이 스스로 다른 것이니 平常心으로 그것을 살펴보면 자연히 알 수
있다. 지금 사람들은 모두 나의 옛날 견해와 같아서 性과 태극이 차이
가 없을 수 없다고 보고 마침내 말하기를, '性은 偏·全의 구별이 있
으나 理는 모두가 완전하다'고 하고 있으니, 이 말도 역시 잘못된 것
이다(細註: 不離不雜도 역시 同異로 分屬할 수 없으니, 一原處에도 역
시 불리부잡이 있고, 分殊處에도 역시 있다).[67)]

녹문은 처음에 性을 두 層次 즉 各一其性은 兼氣로써 人物性相異의
性으로 생각하고, 渾然太極은 單指理로써 人物性相同의 性으로 나누어
생각하였다. 그러나 뒷날 녹문은 주자의 각일기성에 대한 주석을 읽고
'완전[渾然]한 전체를 각기 갖추지 아니한 것이 없다(渾然全體, 無不各
具者)'는 것은 各一로서의 낱낱 사물이 양적으로 얼마쯤의 차이가 있어
도 渾然太極을 갖추고 있다는 말이지, 하나의 사물이 萬理를 모두 갖추
고 있다는 뜻이 아님을 깨달았다고 하였다. 그 근거로 녹문은 주자의
後論에서 '各具一太極'을 '各具一理'로 해석한 것을 제시한다. 즉 '各具一
理'의 '一理'를 '萬理를 이루는 하나하나의 理'라는 의미로 파악한다.

---

67) 《鹿門集》 19:14b, 鹿廬雜識.
　　舊讀此認謂'各一其性', 以不離乎氣者言也. 五行萬物各異, '渾然太極', 以不雜
　　乎氣者言也, 五行萬物皆同. 近者屢日深思, 乃見其不然. 盖所謂'渾然全體, 無
　　不各具者', 謂卽此各一處, 天理完全無所虧欠耳. 非謂一物各具萬理也. 苟非然
　　者, 朱子於後論中, 何以釋各具一太極, 以'各具一理'乎? 夫各具一理, 與各具
　　萬理, 語意自不同, 平心察之 自可見矣. 今人類皆如愚舊見, 而性與太極不能無
　　差互, 則乃曰'性有偏全, 而理無不全', 其亦謬矣(不離不雜, 亦不可分屬同異,
　　一原處, 亦有不離不雜, 分殊處亦有不離不雜).

이에 따라 녹문은 湖論이 性과 太極은 다르다고 보고 性을 偏과 全으로 구별하고, 理는 낱낱 사물에서 모두 완전하다고 하는 것은 性이 質的으로 태극을 갖추고 있으며, 性에 偏·全이 있다면 낱낱 사물에 있는 理도 편·전이 있음을 모르는 것이라고 비판한다. 왜냐하면 不離不雜을 同과 異로 나눌 수 없으며, 따라서 一原에서도 불리부잡이며 分殊에서도 역시 불리부잡이기 때문이다.

이에 따라 녹문은 《중용》과 《맹자》에 대하여 다음과 같은 관점으로 이해한다.

《중용》은 一原處로부터 말하였으므로 같다〔同〕고 하였어도 다름〔異〕이 그 가운데 있으며, 《맹자》는 分殊處로부터 말하였으므로 다르다고 하였어도 같음이 그 가운데 있다. 一原과 分殊는 동일한 경우〔地頭〕에서 같다고 하고, 다르다고 하는 것이니 본연이 아님이 없다.[68]

즉 《중용》의 관점은 一原으로부터 말하였으므로 性同이지만 동시에 同中有異며, 《맹자》는 分殊로부터 性을 설명하였으므로 性異지만 동시에 異中有同이라는 말이다. 그러나 중요한 것은 일원과 분수는 다른 層次가 실제로 존재하는 것이 아니라 동일한 차원에서 말하는 것이며, 또한 性을 말함에는 일원과 분수에서의 性은 모두 本然을 말하는 것이다. 여기서 비로소 사람과 사물의 性이 다르게 되는 또 다른 원인인 치우침〔偏〕과 온전함〔全〕의 문제가 제기된다. 곧 왜 性은 현상계의 사람과 사물에서는 다르게 나타나는가 하는 것이다.

---

68) 《鹿門集》19:28b~29a, 鹿廬雜識.
　　中庸自一原處言, 故言同 而異在其中. 孟子自分殊處言, 故言異 而同在其中.
　　一原·分殊, 同一地頭, 曰同 曰異, 無非本然.

理도 하나며 神도 하나다. 그러므로 一物의 理가 곧 天地의 理며, 一物의 神이 곧 천지의 神이니, 처음부터 二物이 있는 것이 아니다. 그러나 物物의 形氣(형체와 氣象)가 이미 다르기에 理와 神이 이에 깃들고 있는 것도 스스로 그 형기를 따라 大·小가 다르고, 偏·全이 다르며, 通·塞도 달라지지 않을 수 없으니, 이것이 이른바 理一而分殊라는 것이다. 그런 까닭에 이 一物에 따라서[卽] 一物의 心·性을 논하려면 모름지기 이 사물의 형기를 다 드러낸 다음에야 비로소 이 사물의 心과 性을 말할 수 있다. 만약 형기를 떼어버리고 그 지극히 오묘하고도 渾然하고 완전한 것을 말한다면 곧 그가 말하는 것은 實狀이 없는 그림자[公共]에 속하며, 오직 一原에만 속한다.[69]

理나 神은 一原에서나 分殊에서 달라지는 것이 아니라 모두 한결같다. 하나의 사물에 있는 理가 天地의 理에 없는 것이 아니라 어떤 사물에 있는 理도 모두 천지 곧 일원에 있는 理다. 그러나 개개의 사물들은 形氣 즉 形體와 거기에 따르는 氣의 상태가 다르기 때문에 거기에 내재하는 理와 神도 사물마다 다르다. 그 다른 상태가 곧 大小·偏全·通塞으로 구분되는 것이다. 그리고 그 달라진 상태를 설명하는 논리가 곧 理一分殊라는 말이다. 일반적으로 小·偏·塞을 氣의 하는 일로 생각하여 氣分殊·氣異·氣局으로 파악하는 것이 湖·洛 양론의 기본적 관점이지만, 녹문은 小·偏·塞도 理의 관점에서 보면 理分殊·理異·理局이라고 생각한다.

그런데 중요한 것은 낱낱 사물의 性을 말할 때 반드시 각 사물의 大

---

69)《鹿門集》19:23a, 雜著 鹿廬雜識.
　　理一也, 神亦一也. 故一物之理, 卽天地之理, 一物之神, 卽天地之神, 固非有二物也. 然而物物之形氣旣殊, 則理與神之在是者, 自不得不隨其形氣, 而大小異焉, 偏全異焉, 通塞異焉, 此所謂理一而分殊者也. 是故卽此一物, 而論一物之心性, 則須襯貼此物之形氣然後, 方可謂此物之心, 此物之性也. 若掉脫形氣, 而言其超妙渾全者, 則便屬公共, 便屬一原.

小·偏全·通塞이 다 드러난 그 상태에서 파악해야 한다. 따라서 녹문은 만약 形氣를 벗어나 超越的 차원에서 性을 파악한다면 그것은 實狀이 없는 그림자[公共] 즉 一原에만 속하는 것이라고 생각한다.

그러므로 현상의 낱낱 사물은 형기에 따라 偏·全과 通·塞이 달라지지 않을 수 없는 것은 본체의 理一은 사물의 형기에 따라 달라지므로 分殊가 될 수밖에 없는 것이다. 이것이 바로 理의 측면에서 본 理一과 분수이다. 그렇다고 본체의 湛一이 질적으로 달라지는 것은 아니다. 다만 사람과 사물의 性은 오로지 형기를 다 갖춘 실제적 개별들 속에서 논해야지, 형기나 氣를 벗어난 관념에서의 理로 논한다면 이것은 공허한 이론일 뿐이다.

여기서 녹문은 비로소 人物의 性은 相異라고 주장하는 것이다. 즉 '가장 맑고, 깨끗하고, 순수한 氣의 本體(湛一淸虛之氣)'가 人物을 관통하여 존재하지만 다만 사람과 사물이 받은 氣가 본래 다르고, 性이란 바로 현실적으로 부여받은 氣 곧 形氣를 가진 상태를 말하는 것이므로 사람과 사물의 性이 다를 수밖에 없다는 것이다. 따라서 녹문은 本然도 萬殊 속에서 파악할 수 있다고 보아 다음과 같이 설명한다.

대개 그 뜻을 상세히 보면 本然의 本을 근본적 근원을 궁구한다(極本窮源)는 말에서의 本(근본)으로 삼았다. 그러므로 단지 一原을 본연으로 삼고 萬殊는 이미 形氣에 간섭되었으므로 본연이라 할 수 없다고 한다면, 이른바 만수라는 것이 역시 일원에서 나온 것이지 空中에 따라 産出된 뿌리가 없는 것이 아니라는 것을 알지 못한 것이다. 일원이라는 것은 본연의 體이며, 만수는 본연의 用이다. 體用은 일원이며, 本末은 一致이니 일원이 없으면 만수는 진실로 근본할 바가 없으며, 만수가 아니면 일원은 역시 무엇으로 행하겠는가? 程子(程伊川)가 말하기를, '만물은 각각 一理를 갖추고 만리는 일원에서 같이 나온다'고 하였다. 이미 同出一原이라고 하였으니 이른바 萬理라는 것은 본연이 아니면 무엇이겠는가? 또 말하기를 '텅 비고 아득하여 아무런 조짐이 없되 萬象이 빽빽하고 무성하게〔森然〕 이미 갖추어져 있다. 아직 應하지 않을 때도 앞〔先〕이 아니며, 이미 응해도 뒤〔後〕가 아니니 근본에서 枝葉까지 모두 일관되어 있다'고 하였다. 이미 '모두 일관되어 있다(都是一貫)'고 하였으니 이른바 萬象이라는 것은 本然이 아니고 무엇이겠는가?70)

곧 녹문은 本末一致, 體用一源으로서 一原과 萬殊도 같이 보고, 程子(伊川)의 '萬物各具一理, 萬理同出一原'이라는 말을 인용하여 萬理가 곧 本然이라고 생각한다. 그리고 "텅 비고 아득하여 아무런 조짐이 없되 萬象이 빽빽하고 무성하게〔森然〕 이미 갖추어져 있다. 아직 應하지 않을 때도 앞〔先〕이 아니며, 이미 응해도 뒤〔後〕가 아니니 근본으로부터 枝葉까지 모두 일관되어 있다(冲漠無朕 萬象森然已具, 未應不是先, 已應不是後, 自根本至枝葉 都是一貫)"는 이천의 말을 근거로 萬象도 곧 본연이라고 말한다.

녹문의 이러한 평가는 氣質之性이 곧 本然之性이라는 性 개념의 연장선에 있다. 그러므로 녹문은 본연은 사물이 태극의 理를 부여받은 이후 곧 已然의 구체적 사물에서 드러난 것을 가리키는 말이며, 결코 사물과 떨어져 따로 존재하는 性을 말하는 것이 아님을 거듭 강조한다.

---

70) 《鹿門集》 5:19a~b, 答李伯訥, 乙巳 12월(1785, 녹문 74세).
  盖詳其意, 以本然之本爲極本窮源之本, 故但以一原爲本然, 而萬殊 則已涉形氣 不得爲本然, 殊不知所謂萬殊, 亦自一原中出來, 非無根之物, 從空産出也. 一原者 本然之體也, 萬殊者 本然之用也. 體用一源 本末一致, 無一原, 則萬殊固無所本, 非萬殊 則一原亦何以行乎? 程子曰'萬物各具一理, 萬理同出一原', 旣曰同出一原, 則所謂萬理者, 非本然而何? 又曰 '冲漠無朕 萬象森然已具, 未應不是先, 已應不是後, 自根本至枝葉 都是一貫' 旣曰 '都是一貫', 則所謂萬象者, 非本然而何?

왜냐하면 氣 또는 形氣(형체와 氣象)는 道 또는 性을 실행하는 주체이기 때문이다.

> 道는 氣로써 行하고(細註: 한 번 陰하고 한 번 陽하는 것을 道라고 한다) 性은 形氣로 말미암아 확립된다(細註: 形色이 天性이다). 형기가 없으면 도무지 어떤 사물이 없게 되니, 어찌 이른바 道가 있겠으며, 어찌 이른바 性이 있겠으며, 그리고 무엇으로 本然과 非本然으로 논할 수 있겠는가? 본연이라는 것은 본래 이와 같은 것을 이르는 것이며, 氣質善惡의 性에 대하여 말하는 것이다. 源頭로부터 곧바로 내려와 뒤섞이고 나누어지고, 本이 있고 末이 있는 것이니, 비록 형기에서 떠나지 않으나 또한 형기에 섞이지도 않는다. 처음과 끝[首尾]이 일관되어 純善이며 無惡이므로 본연이라고 한다. 어찌 오직 지극히 깨끗하고 지극히 고요하며, 지극히 그윽하며, 지극히 아득하여 마치 이른바 天地보다 먼저 있어 四時에 따라 凋落하지도 않아 마치 정한 위치가 없는 것과 같으며, 眞人의 번쩍이는 통찰력[閃閃爍爍]을 드러낸 이후만을 가리켜 본연이라 하겠는가?71)

곧 녹문은 세상에 形氣 없는 사물이란 있을 수 없다고 보았다. 그러므로 형기를 버리고 따로 초월적으로 존재하는 理 또는 性은 있을 수 없으므로, 本然이나 非本然[氣質]은 형기를 전제로 논해야 한다는 것이 녹문의 일관된 주장이다. 따라서 본연을 논할 때는 반드시 氣質善惡의 性으로서 이해해야 한다는 말이다. 이때 본연의 의미는 형기와 함께 있

---

71) 《鹿門集》 5:20a, 答李伯訥, 乙巳 12월(1785, 녹문 74세).
　　道以氣而行(一陰一陽之謂道), 性由形而立(形色天性). 無形氣, 則是都無物也, 安有所謂道, 安有所謂性, 而何本然非本然之可論哉? 本然者, 本如此之謂也, 對氣質善惡之性 而爲言者也. 自源頭直下來爲混爲闢, 有本有末, 雖不離形氣, 而亦不雜乎形氣, 首尾一貫, 純善無惡, 故謂之本然, 豈專指其潔潔・淨淨・窈窈・冥冥, 如所謂有物先天地, 不逐四時凋, 如所謂無位, 眞人閃閃・爍爍然後, 謂之本然也哉?

으나 형기에 섞이지 않고, 純善無惡의 상태를 유지하고 있는 性을 뜻한다. 그러므로 녹문은 본연이란 眞人만이 가진 性이 아니라, 모든 사람들이 보편적으로 가진 性을 의미한다고 보았다.

따라서 구체적 사물의 性의 同異를 논할 때 반드시 分殊를 중심으로 논해야 하며, 一原으로 同異를 논하면 공허한 이론이 된다고 녹문은 생각한다.

> 또 分殊를 爲主로 하여 物物之性을 다르다고 하면 一原은 그 가운데서 이른바 다르다고 하는 것이 그 같음을 해치지 않으며 그것이 性이 됨에 充實하다. 일원을 위주로 하여 物物之性을 同이라고 하면 분수는 곧 氣에 歸屬되고 이른바 同이라는 것은 눈금 없는 저울이요, 길이가 없는 자일 테니 그것이 性이 됨에 空虛하다.[72]

즉 녹문은 一原을 중심으로 사람과 사물의 性의 同異를 말할 수는 있지만 이러한 구별은 무의미하다는 것이다. 왜냐하면 구체적인 形氣 또는 氣質의 다름이 엄연히 존재하는데, 굳이 그 다름을 버리고 같음만 추구하는 것은 현실적으로 존재하지도 않는 性을 말하는 것이기 때문이다. 그리고 그 같음도 구체적인 사물의 기질을 떠나서 초월적으로 존재하는 것이 아니라, 본연이 사물 속에 내재되어 있어 다름 가운데 같음이 공존하므로 거기서 같음도 이해할 수 있다는 말이다.

그것을 녹문은 좀더 구체적으로 다음과 같이 설명한다.

> 그러므로 氣에 나아가서〔卽하여〕 그 稟賦받은 바의 性을 가리키면

---

72)《鹿門集》5:20a~b, 答李伯訥, 乙巳 12월(1785, 녹문 74세).
　　且以分殊爲主, 而謂物物之性異, 則一原卽在其中, 而所謂異者, 不害其爲同, 而其爲性也實. 以一原爲主, 而爲物物之性同, 則分殊便歸於氣, 而所謂同者, 如無星之稱, 無寸之尺, 而其爲性也虛.

혹 偏·全·大·小가 한결같을 수 없다. 氣를 버리고 그 본연의 妙를
가리키면 편·전·대·소가 없어 빈틈없이 온전〔渾全〕하지 않음이 없
다. 그러나 사람은 氣가 온전하고 性도 역시 온전하므로 사람의 성은
태극의 전체와 원래 濶·狹이 없다고 할 수 있다. 이제 만약 性이 곧
이 태극임을 모르고 태극의 전체로써 미루어 하늘〔天〕에까지 나가면 진
실로 不可하다. 만약 단지 性이 理가 됨을 알고 무릇 性이 이름을 얻은
實을 살펴지 않고 사물마다 이 五常의 全德을 품부받지 않음이 없다고
여기면 아마도 《중용》과 《맹자》가 가리킨 것이 아닐 것이다.73)

곧 氣가 稟賦한 理를 따라 이루어진 性을 보면 거기에는 偏·全·
大·小가 類萬不同이다. 그러나 氣를 떠나 각 사물의 本然을 말하면
편·전·대·소가 없이 모두가 온전하다. 그러나 만물 가운데 오직 인
간만이 그 氣가 온전하므로 性도 온전하여 태극의 전체와 차이가 없다.
그러나 性을 단지 理로만 생각하고 性이라는 이름이 가리키는 實像을
무시하고, 사람과 사물은 모두 五常의 全德을 동일하게 갖추었다고 하
는 것은 《중용》과 《맹자》에서 말하는 性을 잘못 이해한 것이다.
녹문의 이와 같은 견해에 대하여 녹문과 많은 토론을 벌였던 金伯高
는 다음과 같이 녹문의 견해를 비판한다.

犬·牛·附子·大黃에 나아가 살펴보면 分殊인데 이것이 어찌 氣質
의 하는 일〔所爲〕이 아니겠는가? 一太極으로부터 말하면 理一인데 어
찌 理의 本然이 아니겠는가? 무릇 분수도 역시 理이니 누군들 그렇지

---

73) 《鹿門集》 20:14a, 人物性圖竝說, 辛未(1751, 녹문 40세).
　　是故卽乎氣, 而指其所稟之性, 則或偏·或全·或大·或小, 不能一也. 掉了氣,
　　而指其本然之妙, 則無偏·無全·無大·無小·無不渾全也. 但人 則氣全·性
　　亦全. 故人之性, 則與太極全體, 元無濶狹之可言耳. 今若不知性之卽是太極,
　　而以太極全體推而上之於天, 則固不可也. 若徒知性之爲理, 而不察夫性之所以
　　得名之實, 以爲物物莫不稟此五常之全德, 則恐亦非中庸·孟子之指也.

않다고 하였는가? 그러나 또한 理가 분수가 되는 것은 어디로부터 말하는가? 어찌 氣로써 만 가지 구별이 있는 것이 아니겠는가? 이제 그대는 매양 고생고생 理一의 곳에서 분수의 뜻을 끄집어내어 性이 不同하다는 증거로 삼는데, 어찌 이 마음을 돌이켜 分殊處로 옮겨 理一을 보아 드러내지 않는가?74)

김백고의 비판은 두 가지다. 하나는 犬·牛·附子·大黃과 같은 낱낱 사물에서 보면 이것은 모두 分殊로써 氣質이다. 그러나 一太極에서 보면 理一로 곧 理의 本然이다. 理도 分殊가 있다는 것은 당연한 말이다. 그러나 理가 분수가 되는 것은 氣의 萬殊로부터다. 즉 理의 분수는 氣로 말미암는 것이지 理 자체에 분수가 있는 것은 아니라는 말이다. 그리고 다른 하나는 녹문은 굳이 이일에서 분수의 의미만 뽑아서 性不同의 증거로 삼는데, 같은 논리로 분수에서 이일을 보지 않는다. 종합하면 녹문은 一原과 분수를 서로 포함관계로 설명하면서, 왜 일원에서 분수의 의미만 강조하고 분수에서 일원의 의미를 중시하지 않는가라는 것이 김백고의 요지라고 할 수 있다.

이에 대하여 녹문은 다음과 같이 반론한다.

分殊處를 향하여 理一의 뜻을 본 것은 나의 뜻도 역시 어찌 일찍이 이와 같지 않았겠는가? 다만 오직 이 理一로써 物性에 해당시키고 분수처는 한결같이 氣質의 精粕으로 돌리면 이른바 性이라는 것은 매양 하늘 위로 뛰어 올라가 버리니 어찌 고민하지 않으리오? 만약 진실로 단지 이 이일이라는 두 글자로 족하다면 또 하필 다시 분수를 말하겠는가?75)

---

74) 《鹿門集》 6:10b~11a, 答金伯高, 癸未(1763년, 녹문 52세).
　　就犬·牛·附子·大黃而看 則分殊, 此豈非氣質所爲乎? 就一太極而言, 則理一, 此豈非理之本然乎? 夫分殊之亦理, 誰曰不然? 然且道理之爲分殊也, 由於何哉? 豈非以氣有萬別乎? 今高明每苦苦於理一處, 剔發分殊之義, 以爲性不同之證, 何不移此心却向分殊處, 見得理一義出來耶?

곧 녹문은 자신도 分殊處에서 理一을 가벼이 보지 않았다고 말한다. 그러나 理一에서 分殊의 의미를 중시한 것은 物性을 오로지 이일로만 설명하고 분수처를 단지 氣質의 정밀함과 糟粕함으로만 설명하면, 性은 구체적 사물과는 遊離된 개념이 되는 것을 고민하였기 때문에 이일에서 분수를 말하였다는 것이다. 이어 녹문은 김백고의 말처럼 분수에서 이일만 보려고 하면 이일 그 자체로 충분하지 왜 굳이 분수를 말할 필요가 있겠는가라고 반문한다. 즉 논리적으로 보면 一原과 萬殊는 一而萬, 萬而一의 관계이므로 만수에서 일원을 인식할 수 있고, 일원에서 만수를 인식할 수도 있다. 그러나 性의 同異問題를 설명함에는 다양한 낱낱의 사물에서 '같은 점[理一]'을 유추할 수 있지만, 그것은 단지 인식론에서의 문제일 뿐 실제적인 존재론에서는 오히려 이일로부터 현상으로 드러난 구체적 사물의 '다른 점[分殊]'에 초점을 맞추어 논해야 한다는 것이다.76)

---

75) 《鹿門集》 6:11a.
    向分殊處見得理一義, 鄙意亦何嘗不如此? 但專以此理一當物性, 而分殊處, 則一竝歸之於氣質精粕, 則所謂性者, 每每騰向上天去了, 豈不可悶? 果若此只理一二字足矣, 又何必更言分殊乎?

76) 녹문의 이러한 관점은 곧 희랍철학에서 인식론적인 것과 존재론적인 것을 구분하려 했던 것과 무관하지 않다. 즉 인식론에서는 理一·一原·一太極 등 보편으로의 추상과 유추는 충분히 가능하다. 그러나 현실의 구체적인 존재에서는 이일·일원·일태극 등이 각양각색의 존재양태에 따라 동일하게 드러나지 않기 때문이다. 녹문도 사람과 사물의 性에 대하여 인식론적인 동일성을 인정하지만, 현실의 구체적 사물에서의 差異性이 존재의 본래 性이라고 보았다.
    이러한 점은 장욱, 〈희랍의 본질의 형이상학과 토마스 아퀴나스의 존재의 형이상학〉, 《中世哲學》 第2號(韓國中世哲學硏究所 編, 분도출판사, 1996), 35쪽에서 "인식론적인 것이 존재론적인 것과 구분되는 근본 이유는 유한자인 인간의 본래적 우매성으로 인해 그의 불완전하고 조건지어진 이해양태(modus cognoscentis)가 실제세계에서의 존재자의 존재양태(modus essendi)와 동일하지 않기 때문이다. 다시 말해 대상의 알려짐의 양태인 앎의 양태는 그것의 실제세계에서의 존재 양태와 동일하지 않기 때문이다"는 대목을 잘 음미해 볼 필요가 있다.

이상 녹문의 人物性相異論을 정리하면, 녹문은 '理와 氣는 동등한 實〔本質〕이다(理氣同實)'는 것을 전제한 理一分殊와 氣一分殊의 논리로서 一原과 分殊의 一而萬, 萬而一의 本末一致의 관점으로 性을 설명한다. 그리고 性은 구체적 사물이 현실적으로 갖추고 있는 氣質과 形氣를 중심으로 파악해야 하고, 모든 사람과 사물은 오직 하나의 性만 가질 뿐이지 하나의 사물에 있는 性이 本然之性과 氣質之性의 두 層次가 있을 수 없다는 것이다. 또한 기질지성이나 본연지성이라는 이름은 하나의 사물에 있는 性에 대한 관점의 차이일 뿐, 사실은 기질지성이 곧 본연지성이라는 것이 녹문의 주장이다. 그러므로 사람과 사물 사이의 性에 대한 同異를 논할 때는 마땅히 현상의 다양하게 다름〔參差不齊〕도 사실로 인정해야 하고, 그 參差不齊한 기질지성으로 同異를 논해야 한다는 것이다.

이상 栗谷·南塘·巍巖·鹿門의 견해를 종합 정리하면 〔표 8〕과 같다.

〔표 8〕 호락논쟁의 중요 쟁점과 논거[77]

	栗谷 李珥	巍巖 李柬	南塘 韓元震	鹿門 任聖周
理通	理의 無先後 無形迹의 超時空間性. 一原, 本然之妙.	一原理通. 天地萬物皆同. 五常. 理氣同實.	一原之渾淪, 太極, 超形氣, 理同.	理氣同實, 理氣一致. 主理則理通氣局. 主氣則氣通.
氣局	各一 氣. 萬殊. 有先後本末形迹. 時空的 制限.	異體氣異(性不同). 氣의 局.	因氣質, 性의 局. 五常 萬殊의 派別. 天地萬物의 異性.	氣局만 가능한 것이 아니라 理局도 가능.
本然之性	但就形質中單指其理而言之. 純善.	理同氣異 偏·全의 大分 一原理同. 本然之心. 同是五常.	理一, 純善. 太極本然之妙로서 萬殊之一本의 性.	理의 一原, 氣의 一原. 氣質 속에 있는 온전한 性.
氣質之性	兼言氣, 而包理在其中 氣質之性包本然之性. 有善惡.	氣質中의 細分(淸濁善惡) 兼理氣 有善惡 異體. 氣質之心.	理在氣中의 性. 兼理氣. 分殊, 分殊之分殊.	氣質이 가진 性으로 근본적으로 本然之性과 같다.
人物性同異		本然之性이 主. 人物性俱同.	性三層. 隨氣質不同. 人物性相異.	初期: 人物性俱同 後期: 人物性相異

---

77) 녹문의 경우 후기의 定論을 중심으로 정리하였다.

	栗谷 李珥	巍巖 李柬	南塘 韓元震	鹿門 任聖周
五常		理, 理通, 天命, 太極本然과 같은 것. 一原.	五行秀氣之理, 因氣質各得名之. 各一.	一原, 湛一之氣의 性. 인간만 온전하게 보존.
心性	性卽理, 心是氣.	性卽理, 心卽理. 心性一致.	性卽理, 心卽氣.	心性一致. 合理氣.
未發心體		純善. 中底未發. 不中底未發.	有善惡. 未發時有氣質不齊	本善. 湛一. 明德의 본체.
論據	伊川의 理一分殊說과 朱熹의 理同氣異說.	《中庸》〈天命之謂性章〉의 朱子註.	《孟子》〈生之謂性章〉과 《中庸》〈天命之謂性章〉의 朱子註를 모두 相異로 이해.	《孟子》〈生之謂性章〉과 《中庸》〈天命之謂性章〉의 朱子註를 모두 相異로 이해.

2. 心性一致와 未發心體本善

心性論은 인간의 도덕적 善의 근거와 그 실현근거를 밝힘으로써, 현상에 존재하는 惡을 극복하고 善을 실현하고자 하는 性理學의 가장 중요한 이론으로써, 宇宙論을 설명하는 理氣論과 불가분의 관계에 있다.

성리학에서는 性을 人性과 物性으로 구분하여 설명하고, 性을 마음〔心〕과 연관하여 말할 때는 人性만을 의미한다. 녹문은 사람과 사물의 性이 비록 同出一原으로 근원이 같지만, 중요한 것은 心과의 관계로 볼 때는 人性은 物性과 다르며, 동시에 이 人性이 가진 純善을 어떻게 현실에서 구체적으로 실현할 것인가에 대한 논리적 정합성의 확보에 충실하고자 하였다. 왜냐하면 性은 스스로 주동적이고 적극적으로 자신의 善을 실현할 수 없고 性善의 실현주체는 心이기 때문이다. 그것은 "性은 형체와 그림자가 없고, 단지 이 心 가운데 있는 도리일 뿐이다"[78]는 주자의 설명에서도 잘 나타난다. 그런데 문제는 心과 性의 관계를 고려

할 때, 주자의 이 견해를 어떻게 이해할 것인가에 따라 心과 性의 관계가 달라질 수 있다. 즉 心은 형체가 있는 실체며, 性은 형체가 없는 心中의 道理라는 말이 性同心異, 性同心同의 두 가지 경우로 나누어 생각할 수 있는가? 즉 性은 善한데 心은 악할 수도 있다는 말이 되기 때문이다.79) 녹문은 性同心異 곧 性은 善한데 心은 惡하다는 것은 心과 性을 단절하여 두 가지로 나눈 것이라고 비판한다.

한편 心性一致의 의미가 한 개인의 心과 性이 일치한다는 것인지, 아니면 인간의 보편적 心性이 일치한다는 것인지가 중요한 문제다. 녹문은 인간에게 心 없는 性은 있을 수 없으므로, 性의 문제도 心을 전제하여 이해하여야 한다는 전제 아래, 심성일치는 인간의 보편적인 同一性으로 이해하고 나아가 聖凡一致를 주장한다. 녹문의 심성일치와 未發心體本善은 虛靈知覺과 明德을 중심으로 펼쳐진다. 여기서는 먼저 心 개념을 살펴보고, 녹문이 주장하는 심성일치, 성범일치의 논리를 검토하여 그것이 性善의 보편성과 그 실현근거를 확립하기 위한 것임을 밝히고자 한다.

1) 虛靈知覺과 心性一致

이미 앞에서 살펴보았듯이 녹문은 心性一致와 心性同實로 心·性의 관계를 설명하였는데, 이러한 心·性의 관계는 '理와 氣는 동등한 實[本質]이다(理氣同實)'는 명제에 바탕을 둔 理氣論으로부터 성립되는 것이다.

---

78) 《朱子語類》 4:39.
　　必大錄此下云, 性畢竟無形影, 只是心中所有底道理是也.
79) 인간에게서 性善의 보편성을 부정하는 성리학자는 없으므로 性惡의 경우, 性惡心善이나 性惡心惡의 경우는 배제된다.

그러나 심성일치의 관점은 그의 전기부터 일관된 관점은 아니었다. 녹
문은 처음에는 心과 性을 이기론적으로 구별하여 설명하다가, 후기에 와
서 氣質이 갖춘 理를 性이라고 한다는 性 개념을 정립한 뒤에 비로소 심
성일치를 주장한다. 이 장에서는 먼저 전기의 관점을 살펴보면, 녹문은
24세 때 주로《중용》〈序文〉의 '虛靈知覺'을 중심으로 心을 설명한다.

대개 心의 虛靈·知覺은 動靜을 관통하며 體用을 겸한다. 허령의
體는 지각이 未發에 보존되어 있는 것이며, 허령의 用은 지각이 已發
에서 드러난 것이니 두 가지가 있는 것이 아니다.[80)]

곧 녹문은 虛靈·知覺이 心의 本體로 보고, 이 허령·지각은 動靜 곧
未發과 已發을 관통해 있으며, 또한 體用을 兼하므로 미발이나 이발에
서나 한결같다고 생각하였다. 이것은 주자가 허령에 대하여 "虛靈은 바
로 心의 本體다"[81)]고 하고, 지각에 대하여 "理는 아직 知覺이 없으나,
氣가 모여 形을 이룸에 理는 氣와 합하여 비로소 능히 知覺한다"[82)]는
설명과 다름이 없는데, 그것은 다음의 인용문을 보면 분명해진다.

다시 옛사람이 心을 말한 것을 살펴보면, 理氣를 합하여 全德으로
말한 것이 있는데 '本心과 仁은 人心이다'는 종류가 이것이며, 단지 氣
를 가리켜 性에 상대해서 말한 것이 있는데 '신령한 것은 心이며, 실
질적인 것은 性이다'와 같은 종류가 이것이다.[83)]

---

80)《鹿門集》13:20b, 中庸, 乙卯(1735, 녹문 24세).
　　大抵心之虛靈知覺, 貫動靜而兼體用. 虛靈之體, 知覺之存於未發者, 虛靈之用,
　　知覺之見於已發者, 非有二也.
81)《朱子語類》5:39.
　　虛靈自是心之本體.
82)《朱子語類》5:24.
　　理未知覺, 氣聚成形, 理與氣合, 便能知覺.

녹문은 心에 대한 理氣論的 설명에서 合理氣로 설명한 것과 心卽氣로 설명한 것의 두 가지가 있다고 보았다. 즉 合理氣의 관점에서 본 것이 全德 또는 本心이고 최고의 도덕적 가치인 仁이며, 신령한 것은 心이며, 실질적인 것은 性이라고 하여 心과 性을 구별하여 말할 때는 心卽氣, 性卽理로 다르다는 것이다.

그러나 녹문은 心과 理의 관계에 대하여 宋益欽이 "《或問》에서 '巨와 細는 서로 포함한다'는 말은 무슨 뜻인가"라고 물은 데 대하여 녹문은 "巨는 心을 말하고, 細(細條理)는 理를 말하며, 心과 理가 서로 包涵됨을 말하는 것이다"[84]고 하여 心을 理에 견주어 大概念으로 이해하지만, 이것은 개념적인 이해이지 실제적으로는 서로 포함관계로 이해한다. 곧 '心合理氣'이므로 心의 외형은 心卽氣지만, 心의 細條理로 보면 心包理라고 할 수 있다는 말이다.

그리고 心의 虛靈·知覺은 氣質을 통하여 드러나며, 또한 기질의 濁駁에 따라서 그 허령한 本體가 가려지기도 하는 것이다.

> 心의 虛靈은 비록 氣質에 구애받지 않는다 하더라도 기질을 버리면 또한 따로 허령을 토론할 것이 없으니, 단지 기질의 精英은 처음에 두 가지 사물이 아니다. 오직 氣에 구애받지 않으므로 바야흐로 그 精할 때는 萬 가지 想念이 모두 멈추고 어둡고 산만한 것이 모두 고요하니, 이것이 心의 진실한 體가 분명〔炯然〕하게 드러나 氣의 濁駁이 스스로 그 사이에 간여하지 않는다. 오직 그것이 두 가지 사물이 아니므로 움직임에 들자마자 氣는 이미 用事하니 이것이 心의 本體가 곧 가려지게

---

83) 《鹿門集》 17∶12a~b, 玉溜講錄, 丙辰(1736, 녹문 25세).
　　更詳古人言心, 有合理氣, 而以全德言者, 如'本心仁人心'之類是也. 有單指氣, 而對性言者, 如'靈底是心, 實底是性'之類是也.
84) 《鹿門集》 17∶20b, 玉溜講錄, 丙辰(1736, 녹문 25세).
　　益欽問 或問巨細相涵何謂也, 聖周曰巨謂心也, 細謂理也, 謂心與理相涵也.

되어 惡·濁·邪·穢가 이르지 않는 것이 없다. 이에 양단을 자세히 살펴보면 動靜과 體用은 모두 막힘이 없으며 한쪽에 치우쳐 막히는 근심이 없다.[85]

心의 虛靈한 본체는 氣質에 따라 구애받지는 않지만 기질을 떠난 心의 허령함은 없다. 그러므로 心이 기질에 구애받지 않고 그대로 드러났을 때 그것을 精英이라고 하지만, 정영이 기질의 정영이지 허령함과 같은 뜻은 아니라는 말이다. 따라서 心의 허령함이 기질을 통하여 현상으로 드러날 때는 氣의 濁駁함에 영향을 받는다.

녹문은 27세 때 陶庵 李縡에게 보낸 편지에서 心과 氣質의 관계를 더 자세히 설명하면서 聖凡一致를 주장한다.

무릇 心과 氣質은 진실로 똑같이 氣다. 그러나 기질은 一身을 통틀어 혈기와 渣滓로써 말한 것이며, 心은 곧 氣의 精英일 뿐이다. 그 밝고 영명한[昭昭靈靈] 體는 堯舜에서 이름 없는 백성들에 이르기까지 한결같다. 그러나 기질에 엄폐되어 때로 혼미할 때가 있을 뿐이다. 그러므로 기질을 겸하여 말하고 이 心을 넓게 논하면, 聖人에서 下愚에 이르기까지 진실로 千差萬別로 단지 받아들임에 고르지 못함이 있을 뿐만은 아니다. …… 또한 心과 性은 混合無間으로, 心을 말하면 性은 그 가운데 있고, 性을 말하면 心은 또 그 가운데 있어 진실로 분리된 理가 없

---

85) 《鹿門集》17:14b, 玉溜講錄, 丙辰(1736, 녹문 25세).
聖周曰 心之虛靈, 雖曰不囿於氣質, 而捨氣質, 又別無討虛靈處. 只是氣質之精英, 初非有二物也. 惟其不囿於氣也, 故方其靜時, 萬念俱息, 昏散都淨, 則此心眞體炯然昭著, 而氣之濁駁, 自不干於其中矣. 惟其非有二物也, 故纔涉動著, 氣已用事, 此心本體便爲所揜, 而惡濁邪穢, 無所不至矣. 於此兩端明著眼目, 則動靜體用, 都無所礙, 而無滯於一偏之患也.
《鹿門集》의 行狀에는 "丙辰年 겨울에는 또 宋氏들 諸賢과 더불어 懷德의 玉溜閣에서 《大學》을 講論하였다(539쪽, 附錄 行狀 4b; 丙辰冬又與宋氏諸賢講大學於懷德之玉溜閣)"는 기록을 보면, 이 글은 녹문이 25세 때 쓴 것임을 알 수 있다.

다. 그러나 그 혼합된 것에 나아가 분별하면 心은 스스로 이 氣며, 性은 스스로 이 理여서 그 나눔이 또한 어지러울〔紊亂〕 수 없다.[86]

녹문의 관점에서 보면 心과 氣質은 모두 氣지만, 기질은 몸 전체의 血氣渣滓를 모두 합하여 말한 것이며, 心은 氣의 精英이다. 그러므로 心의 體는 聖凡一致며, 기질은 千差萬別이다. 여기서 성범일치는 곧 性의 차원이 아니라 心의 측면에서 말하는 것임을 알 수 있다. 그리고 心과 性은 混合無間으로 性中有心, 心中有性이다. 그러나 중요한 것은 굳이 心과 性을 구별하면 心은 氣며, 性은 理라는 것이다. 다시 말하면 처음 녹문은 心卽氣, 性卽理의 구도로 心과 性을 이해하였다. 여기서 중요한 것은 녹문은 초기에는 기질의 局性을 인정한다는 점이다. 이것은 후기에 性善을 氣質善으로 설명하는 것과는 다르다.

한편 녹문이 위에서 心과 性을 混合無間으로 性中有心, 心中有性의 관계로 파악하였지만, 이것은 어디까지나 서로 독립된 영역과 기능을 가진 것으로 설명한다. 그것을 녹문은 다음과 같이 말한다.

虛靈의 본체를 논하면 다만 氣에 나아가서〔卽하여〕 그 본체의 밝음을 밝혀야지, 性에 힘을 쓸 필요가 없다. 그러므로 그 나눔을 분석할 때 대개 心의 허령함은 단지 氣가 그렇게 하는 것일 뿐이다. 처음에 性의 일에 간섭하지 않고 이 허령에 卽하는 것이 곧 이 心의 본체이다.[87]

---

86) 《鹿門集》 1:4b~5a, 上陶庵李先生, 丁巳 三月(1737, 녹문 26세).
　　夫心與氣質, 固均是氣也. 而氣質, 則通一身 血氣査滓而言者也, 心則乃氣之精英耳. 其昭昭靈靈之體, 堯舜至於塗人 一也. 但爲氣質所掩, 有時而昏爾. 故兼言氣質, 而泛論此心, 則自聖人至下愚, 固千差萬別, 不特容有不齊而已. …… 且心與性 混合無間, 言心 則性在其中, 言性 則心在其中, 固無可離之理. 然就其渾合之中, 分別出來, 則心自是氣, 性自是理, 其分又不容紊亂矣.

87) 《鹿門集》 1:5a, 上陶庵李先生, 丁巳 三月(1737, 녹문 26세).
　　論虛靈之本體, 則只宜卽氣而明其本明, 不必籍力於性, 所以析其分也, 盖心之

이미 앞에서 살펴본 것처럼 '虛靈이 바로 心의 本體'이므로 心의 허령한 본체는 氣를 통하여 파악하여야 하며, 性과는 관련이 없다. 그러므로 心의 허령은 곧 氣의 허령이며, 이 氣의 허령이 곧 心의 본체다. 녹문이 이렇게 心의 허령한 기능을 氣로써 설명하는 것은 心이 행위의 주체이고 실천의 근거이기 때문이다. 그렇다고 녹문이 理를 부정하는 것이라고 생각할 수는 없다. 왜냐하면 인간의 지각에서 본체를 밝히는 것은 인식기능의 주체를 중심으로 이해해야 하며, 인식의 근원이나 인식의 대상인 理와는 이해의 범주가 다르기 때문이다. 그리고 性은 도덕적 본질을 설명하는 개념이지 性이 인식이나 행위의 주체가 아니라는 것이 녹문의 관점이다.

무릇 하늘[天]에서는 神이라 하고, 사람에서는 心이라 하나 그 실상은 하나의 能일 뿐이다. 그러므로 天으로서 말하면 나고 자라고 거두고 갈무리하는 것은 氣며, 능히 나고 능히 자라며, 능히 거두고 능히 갈무리하는 것은 神이다. 사람으로 말하면 喜怒哀樂이라는 것은 氣며 능히 기뻐하고 노하고 슬퍼하고 즐거운 것은 心이다. 이런 까닭에 氣에는 치우침과 바름이 있으나 이른바 神이라는 것은 아직 치우침과 바름이 있은 적이 없으며, 氣에는 淸·濁이 있으나 이른바 心은 아직 청·탁이 있은 적이 없다. 一氣의 근원을 주재하며 만물 가운데 두루 體가 되며 마음속에 밝게 빛나 日用의 사이에 유행하며, 청·탁과 偏·正이 있는 뒷면에 서로 의지하며 청·탁과 편·정이 없는 표면을 초탈한 것은 이른바 하나의 能이 아님이 없다.[88]

虛靈, 只是氣之爲耳. 初不干性事, 而卽此虛靈, 便是此心之本體也.
88) 《鹿門集》 2:4a, 答渼湖金公, 戊午 秋(1738, 녹문 27세).
夫在天曰 神, 在人曰 心, 其實一箇能而已. 故以天言之, 則生長收藏者 氣也, 而能生·能長·能收·能藏者 則神也. 以人言之, 則喜怒哀樂者 氣也, 而能喜·能怒·能哀·能樂者, 則心也. 是以氣有偏正, 而所謂神者, 則未嘗有偏正也, 氣有淸濁 而所謂心者, 則未嘗有淸濁也. 主宰乎一氣之原, 而遍體乎萬物之

곧 만물의 작용으로 보면 神이지만 그것이 사람에게 갖추어진 것을 心이라고 하는데, 이 心이 사물의 변화에 따라 갖가지로 응하는 것은 사실 能 즉 理氣의 良能이 心에 갖추어져 있기 때문이다. 그러므로 氣에는 淸·濁과 偏·全이 있지만, 心은 청·탁과 편·전이 없다는 말이다.

그런데 心性一致라면 善惡에서도 性善에 짝하여 心善이어야 한다. 당연히 녹문은 심선을 주장하고 심선을 氣質의 良能으로 설명한다.

心과 氣質을 둘이라고 하면 진실로 不可하며, 하나라고 해도 불가하다. 왜 둘이라고 할 수 없는가? 心이라는 것은 다른 것이 아니고 단지 기질의 良能에 지나지 않을 뿐이어서 기질을 버리고는 달리 心을 토론할 것이 없다. 그러므로 心이 동작하고 운용하는 것은 오로지 기질에 의지하니 기질이 아니면 心은 發用할 것이 없다. 그러므로 外物에 한번 觸發되면 氣의 기틀〔氣機〕이 작용하여 喜怒哀樂은 한결같이 기질에 따른다. …… 왜 하나라고 할 수 없는가? 心이 비록 기질을 벗어나지는 않으나 이미 양능이라고 하였으니 볼 수 있는 形이 없고, 들을 수 있는 소리가 없으며, 虛靈不昧[89]하며, 神明으로 헤아리지 못하니 또한 어찌 기질이 구애되는 것이 있겠는가? 이런 까닭에 비록 어둡고 가린 것이 극에 이르더라도 잠시의 깨달음이 있으면 양능의 진실한 體가 탁연히 앞에 나타난다. 이것에 바탕하여 그것을 밝히면 기질을 변화시킬 수 있고, 擴充하면 化育의 功에 참가할 수 있다. 그러므로 氣로써 氣에 구애된다는 의심은 자연히 풀어진다.[90]

中, 昭著乎方寸之內, 而流行乎日用之間, 因依乎有淸濁·偏正之裏, 而超脫乎無淸濁·偏正之表者, 無非所謂一箇能也.

89) 본래의 뜻은 마음의 본체는 공허하여 형체가 없으나 그 기능은 지극히 맑고 밝아서 모든 사물을 환하게 비추는 거울과 같음을 비유.

90)《鹿門集》2:3b, 書 答渼湖金公, 戊午(1738, 녹문 27세).
心與氣質謂之二, 固不可也, 謂之一, 亦不可也. 何謂不可謂之二也? 心者 非他也, 只是氣質之良能, 捨氣質無別討心處, 故心之所以動作運用, 全籍氣質, 非氣質 則心無以發用. 故外物一觸, 氣機騰楊, 則喜怒哀樂一隨乎氣質 …… 何不可謂之一也? 心雖不外乎氣質, 而旣曰 良能 則無形可見矣, 無聲可聞矣, 虛靈

녹문은 心이 氣質의 良能이므로 氣를 말할 때는 기질로써 설명해야 한다고 보았다. 그리고 心이 그 기능을 운용하고 동작하는 것은 오로지 기질에 의지한다는 것이며 인간의 喜怒哀樂도 이 기질을 따르는 것이다. 따라서 녹문은 心과 기질을 둘이라고 할 수는 없다고 보았다. 그러나 心이 기질에 구애받지 않는 것은, 心에 갖추어진 양능이 形이나 소리도 없고, 虛靈不昧하며, 神明하여 헤아리지 못하는 것이기 때문이다. 따라서 비록 心이 기질에 가려져 어두워지더라도 이 心의 양능의 能力을 깨달아 기질을 변화시키고, 天地化育의 활동에 참가할 수 있다는 것이다. 이런 관점에서 보면 心과 기질은 또한 하나라고도 할 수 없다는 말이다.

그러나 이러한 心이 현상적으로 왜 차이가 있는가? 그것은 心 자체의 차이인가? 녹문은 聖凡一致를 전제로 心의 본체가 清濁不齊로 차이가 생기는 것이 아니라고 하여 다음과 같이 설명한다.

理는 진실로 聖人과 凡人이 같은데 心은 왜 일찍이 성인과 범인의 다름이 있겠는가? 이른바 氣에 萬殊가 있는 것은 단지 魂魄과 몸뚱이의 氣를 가리킬 뿐이지 이 心의 本體를 가리키는 것은 아니다. 이 心의 본체라는 것은 무엇인가? 곧 주자가 말한바 그것이 말미암아 생겨나서 一身의 주로 삼지 않을 수 없는 것이며 理와 하나로 합한 것이다. 이것이 어찌 清濁·厚薄의 한결같지 않음〔不齊〕이 있다고 말할 수 있겠는가? 만일 이 心의 본체로 하여금 청탁·후박의 不齊함이 있다고 하면 탁한 것은 더욱 탁하고, 박한 것은 더욱 박하게 되어 桀紂나 盜蹠 같은 악인에 이르면 우매하고 어둡고 폭악함이 극에 이를 것이다. 그리고 '무엇을 보고 지극히 맑고 신령하며 깊이 살피어 환하게

不昧矣, 神明不測矣, 則亦豈氣質所得以囿者哉? 是故雖其昏蔽之極, 介然之頃 一有覺焉, 則良能眞體卓然現前, 據而明之, 則可以變化氣質矣. 擴而大之, 則 可以參贊化育矣. 然則以氣拘氣之疑, 不辨自解矣.

깨달았다(虛靈洞徹)'는 명칭에 버금갈 것이며 어찌 '明德'이라 부를 수
있겠는가?[91]

즉 녹문은 理는 聖人과 凡人이 차이가 없으며, 氣의 精英인 心도 역
시 차이가 없다. 다만 성인과 범인은 겉으로 드러난 현상적인 차이일
뿐, 心의 본체로서의 '무엇을 보고 지극히 맑고 신령하며 깊이 살피어
환하게 깨달은(虛靈洞徹) 明德'은 성인과 범인의 차이가 있는 것은 아
니라고 보았다. 왜냐하면 녹문은 만일 성인과 범인의 현상적 차이가 본
질적인 '명덕'의 차이라면, 이것은 하나의 숙명론에 지나지 않고 人人皆
不同으로 理一로의 지향도 불가능하며, 현실적 실천의 공통성과 가능성
도 없으며 더욱이 修養의 근거도 없어진다고 보았기 때문이다.

이와 같은 녹문의 心에 대한 견해는 '理와 氣는 동등한 實〔本質〕이다
(理氣同實)'는 이기론을 전제로 心合理氣, 心性一致, 聖凡一致로 구체
화된다.

心性一致의 견해는 그가 36~37세를 앞뒤로 하여 확립되어, 이후 그
의 성리학 체계에서 일관되게 펼쳐지고 있다. 녹문은 心性을 둘로 나누
어 볼 수 없음을 다음과 같이 설명한다.

《大學或問》을 보면 仁・義・禮・智를 身體와 나누어 말하였으며,
'지극히 맑고 신령하며 깊이 살피어 환하게 깨달았다(虛靈洞徹)'는 것
을 말하면서 도리어 모든 理를 다 갖추었다(萬理咸備)는 말과 合併하

---

91) 《鹿門集》 2:3a~b, 答渼湖金公, 戊午(1738, 녹문 27세).
　　理固聖凡之所同, 心亦何嘗有聖凡之異也? 所謂氣有萬殊者, 特指魂魄五臟百骸
　　之氣耳, 非此心本體之謂也. 此心本體何也? 卽朱子所謂莫不得其所以生以爲一
　　身之主, 而與理合一者也. 此安得有淸濁厚薄之可言耶? 果使此心本體, 亦有淸
　　濁・厚薄之不齊, 則濁之又濁, 薄之又薄, 至於桀蹠, 則頑愚昏暴極矣. 顧何曾
　　彷佛於虛靈洞徹之稱, 而豈得謂之'明德'乎?

였다. 또 本體之全이라는 네 글자는 곧 인·의·예·지의 性을 가리켰으며, 그 아래 虛靈이라는 일단을 삽입한 뒤 또한 단지 本體라는 글자와 섞어 더 이상 구별하지 않았다. 여기에서 心과 性은 결코 두 갈래로 나눌 수 없음을 알 수 있다. 또한 心은 단지 形氣의 神일 뿐, 형기 밖에 따로 心의 氣가 있어 형기와 대립하는 것이 아니다. 그러므로 心氣라는 두 글자를 말하자마자 곧 이미 心을 알지 못한다.[92]

이것은 녹문이 34세 때 李商進〔1724~?, 字 任之. 영조 30(1754), 增廣 生員〕에게 보낸 편지다. 곧 《大學或問》에서 心의 本體인 '지극히 맑고 신령하며 깊이 살피어 환하게 깨달음(虛靈洞徹)'을 '모든 理를 함께 갖추었다(萬理咸備)'와 더불어 말하고 虛靈과 本體를 구별하지 않았다. 녹문은 이로써 心과 性을 두 가지로 나누어 볼 수 없다고 주장한다. 왜냐하면 心은 단지 形氣의 神일 뿐이므로 心氣라고 할 수 없다는 말이다.

이에 따라 녹문은 3년 뒤 李任之에게 다음과 같이 다시 말한다.

무릇 나누어 말하면 性은 理고 心은 神이며 氣質은 氣여서 하나로 뭉뚱그려 구별이 없게 할 수 없다. 합하여 말하면 心은 단지 氣의 靈이며 動靜·升降·照燭·運用이 氣를 쌓지 않고는 쓸 수 없다. 그러므로 氣와 합하여 비로소 (心은) 氣라고 한다. 心과 性은 渾然한 일체로 모두 形迹이 없으며 모두 모양이 없고, 미묘하고 드러남의 차이가 없으며 통하고, 막힘의 구별이 없이 함께 만물의 體가 되며 함께 萬變의 주체가 되므로 性에 합하여 함께 理라는 것이 있게 된다. 이에 대하여 자세하고 정밀하게 洞察하고 밝게 변론하고 이해하여 관통하면 理라 하고

---

92) 《鹿門集》 8:13b, 答李任之, 乙丑(1745, 녹문 34세).
按大學或問, 以仁義禮智, 與五臟百骸, 分而言之, 而其說'虛靈洞徹', 則却與萬理咸備合并之, 又本體之全四字, 卽指仁義禮智之性, 而其下揷入虛靈一段之後, 又只滾下本體字, 不復揀別. 於此亦可見 心與性, 決不可岐二之也. 且心只是形氣之神, 非形氣之外, 別有心之氣, 與形氣相對而立, 故纔說心氣二字, 便已不識心也.

氣라 하는 것이 혹 나누고 합하여 종횡으로 꿰뚫어 통하지 않음이 없게 된다. 이제 이임지는 氣字를 너무 중시하여 곧 어렵고 어렵게 말하기를 다만 氣라고 할 수 있고 理라고 할 수 없다고 하니, 옛사람〔古人〕이 理와 합하여 말한 곳을 몰랐다. 이른바 '神妙萬物', '心爲太極', '鬼神之不見不聞爲隱'과 같은 것은 어떻게 처리할 것인가? 또한 天地之心은 人之心과 같은가, 다른가? 다르다고 하면 天·人은 나누어지고, 같다고 하면 先儒가 말하는 天地之心과 같은 것은 모두 仁으로 해당시켜야 한다. 그리고 經典 가운데서 말하는 '天·帝·神·心이라는 것은 모두 단지 하나의 관점에서 억지로 나누었을 뿐이다'는 말은 또 어떻게 할 것인가? 원하건대 다시 깊이 생각하고 선입관을 따르지 말라.93)

곧 녹문에 따르면 心·性·氣質 등을 굳이 나누어 말하면 각각 神·理·氣로 구분할 수 있다. 그러나 理氣를 합하여 말하면, 心은 氣의 靈으로 氣를 통하여 드러남으로 心是氣라고 할 수 있다. 그러나 心과 性은 혼연한 일체이므로 形迹과 모양이 없으며 通·局의 구별이 없어, 性과 더불어 萬物의 體가 되고 萬變의 주체가 되므로 心을 理라고 할 수 있다는 말이다.

그러므로 理라고 하고 氣라고 하는 것은 그것을 각각 개별적으로 보는가, 합하여 보는가에 따라 이해의 방법도 달라진다. 즉 心과 性은 理,

---

93) 《鹿門集》 8:14a~b, 答李任之, 戊震(1748, 녹문 38세). 心性氣質.
大抵分而言之, 則性是理, 心是神, 氣質是氣, 不可囫圇而無別也. 合而言之, 則心只是氣之靈, 動靜·升降·照燭·運用, 無不積氣而爲用, 故合乎氣, 而遂謂之氣者有之. 心與性, 渾然一體 俱無形迹, 俱無方體 無微顯之殊, 無通局之別, 同爲萬物之體, 同作萬變之主, 故合乎性而同謂之理者有之. 於此等曲折精察, 而明辨融會而貫通, 則曰理 曰氣, 或分 或合, 縱橫穿穴, 無所往而不通矣. 今任之於氣字上, 看得太重, 便苦苦說, 但可謂之氣 而不可謂之理, 不知於古人, 與理合言處, 如所謂神妙萬物, 心爲太極, 鬼神之不見不聞爲隱之類, 何以區處? 且道天地之心與人之心 同乎? 異乎? 謂之異, 則天人判矣, 謂之同 則先儒說天地之心類, 皆以仁當之. 而經傳中 '曰天 曰帝 曰神 曰心, 皆只就一箇地頭, 强分'之耳. 如此處, 又當如何? 願更深思, 毋徒主先入也.

氣, 合理氣의 관점으로 이해할 수 있다는 말이다. 따라서 녹문은 이임지의 말처럼 心을 氣라고 할 수 있으나 理라고 할 수 없다면, '神妙萬物', '心爲太極', '鬼神之不見不聞爲隱'이라는 말을 할 수 없다고 보았다. 왜냐하면 神은 理氣之妙이며, 心이 太極이라는 말은 心은 理라는 뜻이기 때문이다. 그리고 天地之心과 人之心은 같은 것인데, 이것을 天地之心은 理로, 人之心은 氣라고 하면 天人合一은 허구가 된다. 따라서 녹문은 經典 가운데서 말하는 天·帝·神·心이라는 것은 모두 단지 하나의 관점에서 억지로 나누었을 뿐 사실은 하나라고 주장한다.

녹문의 心性一致에 대한 관점의 확립은 그가 76세 때 동생 任靖周에게 보낸 편지에서 분명하게 나타난다.

> 湛一은 元本이며 祖宗이다. …… 원래 心은 단지 담일의 神靈일 뿐이다. 또한 주자의 《語錄》에 精爽·精英이라고 한 것은 오히려 粗·淺과 관계있는 것이니 마땅히 넓게 보아야 뜻이 이해된다. 다만 《맹자》의 註에 '사람의 神明이 衆理를 갖추어 그로써 萬事에 응한다'고 한 것이 곧 지극한 말이다.[94]

여기서 녹문은 心을 湛一之神靈이라고 규정한다. 그리고 주자의 《어록》에서 氣之精爽·精英이라고 한 것은 湛一이 아니라 이미 氣質에서 말한 것으로 이미 粗·淺에 물든 것이므로, 精爽이나 精英을 心의 본체라고 볼 수 없다고 생각한다. 왜냐하면 담일만이 心의 본체로 神明하며 衆理를 갖추어 만사에 응할 수 있기 때문이다. 이에 따라 녹문은 心을 理와 氣의 양면으로 설명한다.

---

94) 《鹿門集》10:19a~b, 答舍弟穉共, 丁未(1787, 녹문 76세).
　　湛一爲元本祖宗 …… 元來心只是湛一之神靈耳. 且朱子語錄精爽·精英之云猶涉粗淺, 宜活看而意會. 惟孟子註, '人之神明, 所以具衆理應萬事'云云者, 乃爲至言耳.

心은 氣의 神이며 理의 妙이므로, 氣에 합하여 '氣'라고 하는 것이 있으며, 理와 합하여 '理'라고 하는 것이 역시 있게 된다. 氣質과 더불어 볼 수 있는 有形의 氣가 되는 것이 아니라, 기질은 조잡한 氣가 되며, 心은 精氣가 된다. 합하여 말하면 함께 一氣라고 한 것은 끝내 정밀하지 않다.[95]

위의 인용문에서 나타나듯이 心은 氣之神, 理之妙이므로 氣의 관점에서 보면 心은 氣라고 할 수 있고, 理의 관점에서 보면 理라고 할 수 있다는 것이다. 그러므로 心을 기질과 더불어 一氣라고 할 수 없다는 것이다. 여기서부터 녹문은 心卽氣의 관점을 버리고 心을 合理氣로 보는 관점으로 전환한다. 곧 '理와 氣는 동등한 實〔本質〕이다(理氣同實)'와 정합성을 갖추게 된다.

그리고 녹문은 心性一致의 관점에 대한 經傳에서의 근거를 찾아 "孟子는 '仁은 人心이다'고 하고, 程子는 '心은 生道다', '天에서는 命이 되고, 사람에서는 性이 되며, 몸에서는 心이 되나 그 실상은 하나다'고 하였고, 邵康節은 '心이 太極이다'고 하였으며, 朱子에 이르면 이렇게 말한 것이 더욱 많다"[96]고 하였다.

녹문은 心性一致의 논리를 중심으로 性善과 동시에 心善을 주장한다.

오로지 心의 體段만 말하면 곧 神明·靈覺 등과 같은 글자이며 그

---

95) 《鹿門集》 10:19a~b, 答舍弟穉共, 丁未(1787, 녹문 76세).
　　心是氣之神, 而理之妙, 故合乎氣 而謂之'氣'者有之. 合乎理 而謂之'理'者亦有之. 非與氣質同爲有形可見之氣, 而氣質爲粗氣, 心爲精氣也. 合而言之, 同是一氣云云, 終覺未精.
96) 《鹿門集》 4:15a~b, 答尹重三, 丁巳(1737, 녹문 26세).
　　孟子曰仁人心也. 程子曰心生道也, 又曰在天爲命 在人爲性 主於身爲心 其實一也. 邵子曰心爲太極 至於朱子則如此說者尤多(天君主宰之稱皆然)此處若能明着眼目 則於鬼神之說 亦當灑然矣 如何如何?

德을 함께 논한 뒤에 비로소 心善이라고 할 수 있으며, 善이라는 글자를 붙이자 말자 이것은 이미 心·性을 합한 것이다. 대개 心·性은 원래 단지 하나이며 神明이나 善이라고 하는 것은 단지 그 하나의 地頭〔관점〕에 나아가서 옆으로 나란히 본 것일 뿐이다. 전에 心을 純善이라고 논한 것은 대체로는 옳다고 여겼으나 이와 같은 자세한 까닭에 대해서는 생각이 정밀하지 못한 것 같다(細註: 神明과 善은 마땅히 합해서 보아야 하나 靈과 實의 나눔을 모르면 안 된다).97)

즉 心善이라고 할 때는 心의 德을 가리켜 말하는 것이다. 왜냐하면 心의 體段(본질, 본체)이 神明·靈覺이며 이것이 곧 심선이 되는 근거가 된다는 말이다. 그런데 여기서 중요한 것은 심선이라고 하면 그것은 곧 性善과 같은 의미로 보아야 한다는 말이다. 이것이 곧 녹문의 心性一致의 핵심이라고 할 수 있다. 곧 심성일치에서 보면 성선이므로 반드시 심선이어야 하기 때문이다. 녹문은 天人·心性·體用·知行을 일관하여 일치의 관점으로 보아 다음과 같이 말한다.

나는 항상 天人은 하나요, 心性도 하나며, 體用도 하나며, 知行도 하나라고 하였다. 하늘의 밝은 命을 돌아보면 천인은 하나요, 그 마음을 다하면 그 性을 알게 되므로 심성이 하나다. 아직 응하지 않아도 앞이 아니며 이미 응하더라도 뒤가 아니니 체용은 하나다. 이치를 궁구하고 性을 다함(窮理盡性)으로써 命에 이르니 지행이 하나다.98)

---

97) 《鹿門集》 10:19a～b, 答舍弟穉共, 丁未(1787, 녹문 76세).
專言心之體段, 則但當下神明靈覺等字, 竝論其德然後, 乃可曰 心善, 纔下善字, 已是合心性. 盖心性原只是一物, 曰神明 曰善, 只就一箇地頭橫側看而已. 向者爲心純善之論者, 大體則是, 而似於此等曲折, 未及精思耳(神明與善, 當渾淪看, 而靈實之分, 則不可不知).
이 글은 녹문이 76세 때 쓴 것으로, 그가 77세에 세상을 떠난 것을 감안하면 心性에 관한 그의 최종적 견해라고 할 수 있다.
98) 《鹿門集》 16:6b～17a, 大學, 辛丑(1781, 녹문 70세).

즉 天人合一은 성리학의 기본 목표이며, 마음을 다하는 것은 性善을 다 실현하는 것이므로 心性이 하나며, 未發과 已發이 앞뒤가 없으므로 體用이 하나가 된다는 말이다. 또한 窮理란 사물과 사람의 도덕적 본성을 모두 궁구하는 것이고, 이것은 인간의 性善을 모두 실현하는 것〔盡性〕이다. 그러므로 知行一致도 되는 것이다.

녹문의 이러한 관점은 그의 철학 전반을 관통하는 하나의 도식이다. 즉 '理와 氣는 동등한 實〔本質〕이다(理氣同實)'로부터 本然之性卽氣質之性, 心性一致, 聖凡一致, 知行一致로 펼쳐지는 녹문의 철학은, 구체적 현실에서 원리와 법칙을 발견하고 현실의 바탕에서 이상을 실현하려는 철학적 문제의식과 일맥상통한다고 할 수 있다.

이에 따라 그는 굳이 그 개념을 구별하는 것은 사실, 관점에 따라 달라 보이는 것을 뜻한다고 생각하여 다음과 같이 설명한다.

> 心과 性은 하나이다. 가리키는 바가 무엇인가에 있을 뿐이다. 程子는 '형체로 말하면 天이라 하고, 主宰로 말하면 帝이며, 妙用으로 말하면 神이며, '타고난 본성〔性情〕'으로 말하면 乾이다'[99]고 하였는데 乾은 곧 性이다. 帝와 神은 心이며, 그것이 사람에게 있는 것이 역시 그러하다. 그러므로 性을 말하면 心은 자연히 거론되고, 心을 말하면 性은 그 가운데 있다. 《중용》의 天命之性은 이 性을 말하는 것이고 아래에서 곧 喜怒哀樂의 發과 未發을 말한 것이니 性 역시 心이다. 《대학》의 致知는 心을 말하며 아래에서 이어 치지는 格物에 있다고 하니 心이

余常謂天人一, 心性一, 體用一 知行一. 顧諟天之明命, 則天人一, 盡其心者, 知其性也, 則心性一, 未應不是先, 已應不是後, 則體用一. 窮理盡性, 以至於命, 則知行一.

99) 《二程全書》卷24, 《遺書》15a(九州大學中國哲學硏究所 編, 中文出版社) 上, 213쪽.
以形體言之 謂之天, 以主宰言之 謂之帝, 以功用言之謂之鬼神, 以妙用言之謂之神, 以性情言之謂之乾.

역시 性이다. 그러므로 맹자는 '그 마음을 다하는 자는 그 性을 알고, 그 性을 알면 天을 안다. 그 마음을 보존하고 그 性을 기르는 것은 하늘을 섬기는 까닭이다'고 하였다. 이 말은 뜻이 渾然하여 조그마한 틈도 없으며 心性의 眞面目이 탁연히 눈앞에 드러나 깊고 절실하며 명백하다고 할 수 있다.[100]

녹문은 伊川의 말을 빌려 乾은 性, 帝와 神은 心으로 구분하였지만, 실제로는 性을 말하면 자연히 心을 말하게 되고, 心을 거론하면 또한 함께 性을 말하게 된다고 보았다. 즉 《중용》에서 天命之謂性이라고 하여 性을 말한 뒤, 이어서 心의 喜怒哀樂이 未發일 때와 已發을 말한 것이 心性이 하나임을 말한 것이며, 또한 《대학》에서 致知라고 하여 心의 知覺을 말하고 이어서 致知在格物이라고 하여 格物의 대상을 性이라고 한 것이 곧 心性一致를 말한 것이며, 맹자도 盡其心, 知其性이라고 하였으니 이것도 심성일치를 말한 것이다.

또한 녹문은 心性을 體用으로 갈라도 心의 體와 性의 體는 같으며, 性의 用과 心의 用도 같다고 보아, 다음과 같이 말한다.

대개 心性은 하나이며 心의 體는 곧 性의 體이며, 性의 用은 곧 心의 用이다. 같으면 모두 같고, 다르면 모두 달라 나눌 수 없다. 그러므로 '仁은 人心'이라 하고, 또 '그 心을 다하게 되면 그 性을 안다'고 하고, 또 '군자가 性으로 삼는 仁·義·禮·智는 心에 根本한다'고 하

---

100) 《鹿門集》 16:1a~b, 大學, 辛丑(1781, 녹문 70세).
心也, 性也, 一也. 在所指如何耳. 程子'以形體謂之天, 以主宰謂之帝, 以妙用謂之神, 以性情謂之乾' 乾卽性也. 帝與神, 則心也, 其在人者 亦然. 是故言性, 則心自擧, 言心 則性在中. 與中庸天命之性, 是說性, 而下卽言喜怒哀樂之發未發, 則性亦心也. 大學致知, 是說心 而下卽丞之以致知在格物, 則心亦性也. 故孟子曰 '盡其心者 知其性也. 知其性 則知天矣. 存其心 養其性 所以事天也.' 語義渾然無少罅縫, 而心性眞面目, 卓然現前, 可謂深切著明矣.

고, 또 '心이 太極이다'고 하였다. 《大學或問》에서 心性을 논하면서 心
과 性에 本體라는 글자와 합하여〔混〕놓아 다시 가려서 구별〔揀別〕하
지 않았으니 그 뜻을 알 수 있다. 이제 性同心異라고 말하면 心과 性
은 두 가지 사물로 나누어져, 心은 스스로 心의 體가 있고, 性도 스스
로 性의 體가 있게 되니 어찌 합치〔混〕하겠는가?101)

곧 心과 性의 體는 같은 것이며, '仁'이나 '仁義禮智' 등은 성리학에서
性과 心을 설명할 때 동시에 사용되는 중요한 개념으로서 心과 性의 本
體가 되는 것이다. 따라서 녹문은 心과 性을 따로 설명하는 종래의 방
법은 마치 心과 性이 각각 다른 體가 있다는 말과 같으므로 모순이라는
관점이다. 이어서 녹문은 心과 性의 관계를 다음과 같이 말한다.

주자는 '사람과 만물이 모두 같은 것은 理며, 서로 다른 까닭이 되
는 것은 心이다'고 하였다. 위 구절은 단지 사람과 사물이 같이 이 理
를 얻었다는 뜻이며, 아래에 서로 다른 것은 心이다는 것에 이른 뒤에
비로소 받은 바의 性을 말하였다. 이것이 곧 이른바 '心을 말하면 性
은 그 가운데 있다'는 것이다.102)

녹문은 주자가 '人物이 같은 것은 理'라고 한 것은 사람과 사물이 같
이 이 理(理一)를 얻었다는 뜻으로 이해하고, 또 '서로 다르게 되는 까

---

101) 《鹿門集》 5:22b~23a, 答李伯訥, 丙午(1786, 녹문 75세).
　　盖心性 一也. 心之體 則性之體, 性用 則心之用, 同則俱同, 異則俱異, 不可
　　分也. 故曰'仁人心也'. 又曰 '盡其心者 知其性也'. 又曰 '君子所性, 仁義禮智,
　　根於心', 又曰 '心爲太極'. 大學或問, 論心性, 於心於性, 混下本體字, 不復揀
　　別, 其意可見. 今曰 性同心異, 則是心性判作兩物, 心自有心之體, 性自有性
　　之體, 何可混也?
102) 《鹿門集》 19:29a, 鹿廬雜識.
　　朱子曰 '人與萬物, 都一般者 理也. 所以不同者 心也'. 上句只是說人物同得此
　　理之意, 而至下不同者心然後, 方說所受之性. 此正所謂'言心 而性在其中'者也.

닭은 心'이라고 한 말을 性異의 뜻으로 이해한다. 즉 주자는 心異를 말한 뒤에 비로소 性을 말하였는데, 녹문은 이것을 '心을 말하면 곧 性이 그 가운데 있다'는 말과 같은 뜻이라고 보았다. 곧 사람을 포함한 만물은 理一로부터 理를 부여받았지만, 사람과 사물은 각각 心이 다르고 또한 心性一致이므로 性도 다르다는 것이다. 왜냐하면 性은 心 가운데 있기 때문이다.

나아가 녹문은 理氣同實의 논리와 마찬가지로 '心과 性은 동등한 實[本質]이다(心性同實)'고 주장한다.

> (그대는) '理一로써 보면 心도 같고, 性도 같으며, 分殊로 보면 心도 다르고 性도 다르다. 이것이 곧 이른바 心과 性은 동등한 實[本質]이며 理와 氣가 一致한다는 것이다'(라고 하였습니다). 그대의 말은 매우 분명하여 진실로 가르침을 받듭니다만 제가 여기서 한마디 여쭙고자 하는 것은 心과 性은 本末에 同異가 없다고 하셨는데, 기왕 그렇다면 心에서는 반드시 分殊를 따라 다르다고 하고, 性에서는 반드시 理一을 따라 같다고 하는 것은 왜 그렇습니까? 만약 이것을 밝혀 한마디해 주시어 나의 어리석음을 깨우쳐 주시면 제가 '옛 것을 옳다고 여기고 지금을 그르다'고 나무란 죄를 달게 받겠습니다.103)

이것은 녹문이 心性을 理一分殊로 이해한 내용이다. 즉 녹문은 김백고가 心性은 本末에 同異가 없다고 하고서, 心은 分殊로서 다르고 性은 理一로써 같다는 주장에 대하여 理氣同實과 心性一致의 논리로 반박한다. 녹문은 이일로 보면 사람의 心과 性은 모두 같지만, 분수

---

103) 《鹿門集》 6:12b, 答金伯高, 癸未(1763년, 녹문 52세).
　　'以理一 則心亦同, 性亦同, 以分殊 則心亦異, 性亦異. 此正所謂心性同實, 理氣一致者'. 來論極明白, 固所願聞, 弟於此有一語, 可奉問者. 心與性 本末無異同, 旣如此 則於心也. 必從分殊, 而曰異, 於性也, 必從理一, 而曰同者, 何也? 若於此明下一轉語, 以曉愚迷, 則請甘伏, '是古非今之罪'.

로 보면 心과 性은 모두 다르다고 보았다. 이 말의 뜻은 '같음'을 볼 때는 같음의 논리 곧 이일로 보아야 하고, '다름'을 볼 때는 다름의 논리 즉 분수로 보아야 한다는 뜻이다. 다시 말하면 녹문은 心과 性은 언제나 心同이면 性同이며, 心異면 性異로 짝이 되는 것이지 '性同心異', '性異心同'으로 볼 수 없다고 보았다. 요약하면 녹문은 性에서는 人物이 다르며, 心에서는 聖凡이 모두 같다고 본 것이다.

여기서 녹문은 다시 나정암이 性과 道를 나누어 본 것을 다음과 같이 비판한다.

> 나정암은 일찍이 '性은 命〔天命〕으로써 같고 道는 形으로써 다르다'고 하고 또 '사람과 사물이 생겨나면서 氣를 받는 시초에는 그 理는 오직 하나며(細註: 天命之性), 形을 이루고 난 뒤 그 分은 곧 다르다(細註: 率性之道)'104)고 하였다. 과연 이와 같다면 氣를 받는 시초에는 단지 性만 있고 道는 없으며, 形을 이룬 뒤에는 단지 道만 있고 性은 없으니 性과 道는 天과 사람으로 나누어져 속하게 되고, 體와 用을 古今으로 단절되니 이와 같은 議論은 곧 말이 되지 않는다.105)

이것은 나정암이 理一分殊로써 性을 설명한 대목으로, 理一에서 보면 천명으로 부여받을 때는 理一로서 같지만 形을 이룬 뒤에는 다르다고 하였다. 이에 녹문은 처음 氣를 받을 때 氣와 상관없이 性만 있고 道는 없으며, 形體를 갖춘 뒤에는 道만 있고 性은 없다는 말과 같다고 비판한다. 왜냐하면 녹문이 보기에 性을 氣로써 稟賦하므로 氣를 떠난 性

---

104) 《困知記》卷上, 14장.
　　人物之生 受氣之初 其理惟一 成形之後 其分則殊.
105) 《鹿門集》19:20b, 鹿廬雜識.
　　整庵嘗云 '性以命同, 道以形異' 又云 '人物之生, 受氣之初, 其理惟一(天命之性), 成形之後 其分則殊(率性之道). 果若是 則受氣之初, 只有性而無道, 成形之後, 只有道而無性. 性道分屬天人, 體用截作古今, 似此議論 直是不成說話.

을 생각하지 않기 때문이다.

그리고 나정암은 위 녹문이 인용한 말 뒤에 이어서 "그 分의 다름은 自然의 理가 아님이 없으며, 그 理의 一은 항상 分殊의 가운데 있다. 이것이 性과 命의 妙가 되는 까닭이다"[106]고 하여 理一이 언제나 분수에 내재되어 있다고 보았다. 그러나 나정암의 말은 體用一致의 의미로 보기 어렵다. 왜냐하면 결국은 그것이 分의 다름으로만 드러나기 때문이다. 그러므로 녹문은 나정암의 말과 같으면 체용이 일치하지 않는다고 보았다. 즉 나정암이 理一分殊를 이일과 분수로 나누어 보고 一而萬, 萬而一의 妙를 이해하지 못하였다는 뜻이다.

이로써 보면 녹문의 心論은 '理와 氣는 동등한 實[本質]이다(理氣同實)'는 것을 전제로 정립되지만 초기에는 心卽氣로 이해하고, 心性을 구분하거나 서로 포함관계로 이해한다. 그리고 心의 본체는 氣의 虛靈으로 설명하였다.

그러나 후기에는 心合理氣, 心性一致, 心의 本體는 明德으로 바뀐다. 녹문의 이러한 변화는 초기 호락논쟁의 문제들에 대하여 洛論을 따르다가 性에서는 人物性相異論으로 心은 未發心體本善의 관점을 확립하는 과정을 나타내는 것이다.

2) 明德과 未發心體本善

녹문은 청년시절부터 晚年에 이르기까지 《대학》에 대하여 각별한 관심을 가졌으며, 동료 학자들과 많은 토론을 통하여 주석을 달았다. 이

---

106) 《困知記》卷 上, 14장.
　　其分之殊, 莫非自然之理, 其理之一, 常在分殊之中. 此所以爲性命之妙也.

항에서는 녹문이 《대학》의 明德을 마음[心]의 본질로 삼아 未發心體의
本善을 설명하는 과정과 논리적 타당성을 검토하고자 한다. 처음 녹문
은 명덕과 心의 관계를 다음과 같이 설명하였다.

> 대개 心字가 차지한 영역은 넓어 전체적으로 말하나[全言], 간단하
> 게 말하나[單言] 모두 心이라고 할 수 있다. 곧 明德은 原初에 이름
> 붙인 것으로 본래 그 全德을 가리키는 것이며, 氣를 단언한 것은 명
> 덕이라고 할 수 없다. 내가 전에 단지 心과 性을 理氣로 나눌 수 있
> 다고만 알고, 그 理氣로 나눌 수 있는 것은 곧 단언의 心이고 전언한
> 것은 氣로 나눌 수 없음을 몰랐다(細註: 이제 本心을 氣라고 하면 말
> 이 되지 않는다). 단지 명덕이 心이 됨을 알고 단언한 心은 명덕이라
> 고 할 수 없음을 몰랐다(細註: 만약 명덕을 氣라 하고, 性을 理라고
> 하면 또한 말이 되지 않는다). 그러므로 명덕은 나누어 속하게 하기
> 가 어렵고 서로 연관되어 있다는 것을 알지 못하면 결코 명백하게 처
> 리할 수 없다.107)

녹문은 처음 心性을 理와 氣로 나누어 볼 수 있다는 것을 알고, 그에
따라 心을 單言하나 全言하나 모두 氣에 속한다고 생각하였다. 그러나
《대학》의 明德에 대하여 연구한 결과, 만약 단지 心을 氣라고만 하면
心의 본체는 명덕이 될 수 없다는 결론에 이르렀다. 이것은 畿湖學派에
서 心卽氣라는 명제에 대한 부정이라고 할 수 있다. 이에 녹문은 다시
이전에 心性을 理와 氣로 나눌 수 있다고 생각한 것을 반성하고, 단지

---

107) 《鹿門集》17:12b, 玉溜講錄, 丙辰(1736, 녹문 25세).
　　盖心字占地濶, 全言單言, 俱可謂之心也. 若明德 則元初立名, 本指其全德,
　　其單言氣者, 則不得謂之明德也. 愚於前日, 只知心與性之可分理氣, 而不知其
　　可分理氣者, 正是單言之心, 而全言者, 則不可分屬乎氣也(今以本心謂之氣,
　　則不成說話). 只知明德之爲心, 而不知單言之心, 不得謂之明德也(如曰明德爲
　　氣, 性爲理 則亦不成說話). 是故非不知明德之難於分屬, 而互相牽連, 終未能
　　明白區處矣.

心을 氣의 관점에서 나누어 말할 수 있지만, 心의 온전한 體를 이해하
려면 반드시 理와 氣를 합하여 종합적으로 이해해야 한다고 주장한다.
곧 명덕이 心의 전체지만 氣의 관점에서 본 心을 명덕이라고 할 수 없
는 말이다. 다시 말하면 녹문은 종전의 心卽氣의 관점에서 心合理氣의
관점으로 전환하였다.

녹문의 이러한 관점을 자세히 살펴보기 위하여 먼저 明德에 대한 주
자의 설명을 살펴보자. 명덕은《대학》첫 장〈三綱領〉의 첫 구절에 나
오는 개념이다. 주자는 명덕을 설명하기를, "사람이 하늘〔天〕에서 받은
바로서 虛靈하며 어둡지 않아서 衆理를 갖추고 萬事에 응하는 것이
다"108)고 하였다. 이 말은 첫째, 명덕이 사람의 인식의 근거라고 할 수
있으며, 둘째, 사람의 도덕윤리의 내용이라고도 할 수 있다. 왜냐하면
사람다움이나 또는 善도 명덕에 포함되어 있기 때문이다. 그것은 주자
가 "명덕은 내가 하늘〔天〕에서 얻어 마음〔方寸〕 속에서 光明한 物事다.
統合하여 말하면 仁・義・禮・智다"109)고 한 말에서도 분명하게 드러난
다. 즉 사람이 사람다운 근원이자 나아가 사람다운 행위를 할 수 있는
근거이기도 하다.

한편 주자는 心에 대하여 "心은 사람의 神明으로 衆理를 갖추어 萬事
에 응하는 것이다"110)고 하였다. 이 말을 "明德은 내가 하늘〔天〕에서 얻
어 마음〔方寸〕 속에서 光明한 物事다. 統合하여 말하면 仁・義・禮・智
다(《朱子語類》 14:115)"는 것과 종합하여 보면, 사람이 '虛靈不昧'하고
'具衆理而應萬事'하는 것은 心에 갖추어진 것이며, 그것이 곧 명덕이라

---

108)《大學》經1章, 明德.
　　　朱子註; 人之所得乎天而虛靈不昧, 以具衆理而應萬事者也.
109)《朱子語類》 14:115.
　　　明德, 是我得之於天, 而方寸中光明底物事. 統而言之, 仁義禮智.
110)《孟子》〈盡心章句上〉, 朱子註.
　　　心者 人之神明, 所以具衆理, 而應萬事者也.

는 말이라고 할 수 있다.

　녹문은 이러한 주자의 明德에 관한 설명을 근거로 명덕이 心의 본질이라고 보고 그것을 다음과 같이 설명한다.

> 明德을 요약하여 말하면 단지 이것은 心의 전체이다. 靜하여 萬理가 모두 갖추어지고, 動하여 四端이 드러나 밝고 찬란하여 限量이 없어 어둡지 않은 것이다. 이것을 오로지 氣에 속하게 할 수 없으며, 理에만 속하게 할 수도 없다. 心性을 합한 것이라고 하면 가깝다. 그러나 말이 아직 정밀하지 못하니 반드시 이 心의 전체라고 한 뒤에야 비로소 일체가 統轄됨〔統領〕이 있어 빈틈이 없게 된다.111)

　즉 心은 明德을 온전하게 갖춤으로써 四端을 온전하게 보존할 수 있고 동시에 그것을 실현할 수 있다는 말이다. 여기서 녹문은 理氣論에서 볼 때, 명덕은 理나 氣 어느 한쪽에만 속하게 할 없는 것으로 心性을 합한 개념에 가깝다고 보았다. 이것은 心의 전체가 명덕이며, 이것과 '性은 氣質이 갖춘 바의 理'라고 규정한 것과 종합하면, 명덕도 理나 氣 어느 하나만으로 규정할 수 없다는 것은 당연한 논리적 귀결이라고 할 수 있다. 그런데 이렇게 보면 心性一致의 명제와는 조금 차이가 있다고 할 수 있다. 왜냐하면 심성일치라면 굳이 명덕을 合心性이라고 할 필요가 없이 '只是此心全體'라는 말에 이어서 '역시 性의 전체다(亦性之全體)'고 해야 하기 때문이다. 그러므로 녹문은 이어서 '合心性'에 가깝다고 한 말은 정밀하지 못하므로 반드시 心의 전체라고 해야 한다고 주장하였다. 곧 명덕이 '합심성'이라면 心의 본질이 될 수 없으며, 따라서 명덕이

---

111) 《鹿門集》 2:3a, 答渼湖金公, 戊午 秋(1738, 녹문 27세).
　　明德約而言之, 則只是此心全體. 靜而萬理該備, 動而四端昭著, 光明燦爛, 無限量不昏昧者也. 專屬氣固不可, 專屬理亦不可, 謂之合心性 則近矣, 而語猶未精, 必曰此心全體然後, 方有統領, 而絶滲漏矣.

善의 본질도 될 수 없기 때문이다.

그렇다면 이 明德은 어떤 것이며, 어떻게 성립되는가? 녹문은 다음과 같이 명덕의 내용을 설명한다.

> 주자가 明德을 해석하면서 이미 '虛靈不昧'라고 하고 또한 반드시 衆理를 갖추고 萬事에 응한다고 하였다. 허령불매라는 것은 명덕의 본질〔體段〕이며 衆理를 갖추고 萬事에 응하는 것은 명덕의 실질적 속내〔實蘊〕다. 두 구절을 합한 연후에 비로소 완비된다. 그러나 요약하여 말하면 단지 허령불매라는 네 글자는 이미 아래 구절 가운데 포함되어 있다. 靜하여 萬理가 燦然한 것은 不昧의 體며, 動하여 四端이 밝게 드러나는 것은 불매의 用이다.112)

녹문은 여기서 虛靈不昧를 明德의 본질〔體段〕로, '具衆理應萬事'를 명덕의 실질적 속내〔實蘊〕로 이해하고, 반드시 이 體段과 實蘊을 함께 말해야 정확하게 명덕을 이해한다고 생각하였다. 또한 그는 '具衆理應萬事'라고 하면 이미 허령불매의 의미를 포함하고 있다고 생각한다. 왜냐하면 靜하여 萬理를 함축하여 갖추고 있으며, 動하여도 四端이 昏昧하지 않기 때문에 '具衆理應萬事'라고 하면 허령불매는 動靜을 관통하고 있기 때문이다. 또한 體用一致이기 때문이다.

그리고 녹문은 '明德'의 德에 관하여 "德이라는 것은 得이다. 《大學章句》에서 '得乎天'을 곧 德字로 해석하고 그 아래 虛靈不昧 云云한 一段은 모두 德이다"113)고 하여 德은 바로 天에서 얻은 것이며, 明이란 허령

---

112) 《鹿門集》 2:6b, 答渼湖金公, 戊午(1738, 녹문 27세).
　　朱子之訓明德, 旣曰'虛靈不昧', 而又必曰 具衆理應萬事. 虛靈不昧者, 明德之體段也, 具衆理應萬事者, 明德之實蘊也. 合二句然後, 方爲完備. 然約而言之, 則只虛靈不昧四字, 已包下句在其中. 靜而萬理燦然者, 不昧之體也, 動而四端昭著者, 不昧之用也.

113) 《鹿門集》 5:21b, 答李伯訥, 乙巳 12월(1785, 녹문 74세).

불매한 것을 뜻한다고 보았다. 즉 心은 '명덕'을 부여받음으로서 그 인식기능과 도덕적 純善을 보장받는다고 본 것이다.

明德이 心의 全體라는 말은 명덕이 心의 본질이라는 말이다. 이것을 녹문은 주자의 설명을 빌려 具衆理와 應萬事를 靜과 動으로 나누어 설명한다. 여기서 靜하여 萬里가 갖추어지고 動하여 四端이 한량없이 드러난다는 말은 心에 갖추어진 명덕이 조금도 막힘이 없이 드러날 수 있음을 전제로 한 말이다. 그리고 명덕의 본질〔體段〕이라는 말은 명덕의 體를 의미하며, 실질적 속내〔實蘊〕는 명덕의 用을 뜻한다고 할 수 있다.

이것은 녹문이 理의 완전한 실현을 이루어 낼 수 있는 氣의 개념정의에 중점을 둔 것과 일맥상통한다고 할 수 있다. 이에 따라 녹문은 明德을 중심으로 볼 때도 聖人과 凡人이 다르지 않다는 聖凡一致를 주장하여 다음과 같이 설명하고 명덕을 통하여 未發心體本善으로 접근한다.

> 理는 진실로 聖人과 凡人이 같은데, 心이 또한 어찌 일찍이 성인과 범인이 다르겠는가? 이른바 氣에 萬殊가 있다는 것은 단지 魂魄·五臟·百骸의 氣를 가리킬 뿐이지 이 心의 본체를 이르는 것은 아니다. 이 心은 본체란 무엇인가? 곧 주자가 이른바 그로 말미암아 生하는 까닭으로써 一身의 主가 되지 못함이 없으며 理와 合一하는 것이다. 이것이 어찌 맑고 탁함〔淸濁〕과 두터움과 엷음〔厚薄〕이 있다고 할 수 있겠는가? 비록 이 心의 전체가 역시 청탁과 후박의 다름이 있어 더욱더 탁하고, 더욱더 薄하여 桀과 盜跖에 이르면 완고하고 어리석고 昏昧하고 난폭함이 극에 이르러, '지극히 맑고 신령하며 깊이 살피어 환하게 깨달았다(虛靈洞徹)'고 할 만한 것을 찾을 수 없으니 어찌 明德이라고 이를 수 있겠는가?114)

德者 得也. 大學章句 得乎天正釋德字, 則其下虛靈不昧云云一段 皆德也.

114)《鹿門集》2:3a, 答渼湖金公, 丁巳(1737, 녹문 26세).

理固聖凡之所同, 心亦何嘗有聖凡之異耶? 所謂氣有萬殊者, 特指魂魄·五臟·

녹문이 보기에 만약 理에 다름이 있다면 性卽理로서의 性은 普遍性을 가질 수 없으므로 인류공동의 윤리도덕관은 성립될 수 없다. 그리고 '理同'은 그 보편성을 갖게 하는 명제다. 따라서 明德이 선천적으로 부여받은 心의 本體라면 당연히 명덕은 理와 合一해야 한다는 녹문의 주장은 논리적 필연이라고 할 수 있다.

그러면 心의 본체는 어떠한가?

> 純一한 德(咸有一德)에서 一은 단지 純一하여 둘이 아니라는 뜻이며, 곧 性의 體이며 心의 體다. 純一하므로 스스로 능히 間斷이 없으며 스스로 능히 뭇 善을 포함한다.[115)

> 무릇 心體는 虛靈하여 萬理가 갖추어져 있으니 이것이 곧 明德의 全體이니 앎은 단지 이것을 아는 것이며, 行은 단지 이것을 실천하는 것이다.[116)

녹문은 《상서》의 咸有一德의 一을 純一不二의 뜻으로 이해하고 그 一을 性과 心의 體로 이해한다. 따라서 그는 純一이므로 心은 모든 善을 포함한다고 하였다. 그리고 《대학》의 明德을 心의 전체로 이해하고, 이에 따라 心體도 本善이라고 주장한다.

이상으로 보면 녹문의 관점은 未發心體本善이라고 할 수 있으나, 처

百骸之氣耳, 非此心本體之謂也. 此心本體者 何也? 卽朱子所謂, 莫不得其所以生以爲一身之主, 而與理合一者也. 此安得有淸濁·厚薄之可言耶? 果使此心本體, 亦有淸濁·厚薄之不齊, 則濁之又濁, 薄之又薄, 至於桀蹠, 則頑愚昏暴極矣, 顧何曾彷佛於 虛靈洞徹'之稱, 而豈得謂之明德乎?

115) 《鹿門集》 15:28b, 尙書, 乙酉~丙戌(1765~1766, 녹문 54~55세).
咸有一德(書經 商書, 咸有一德 篇) ○ 一只是純一, 不貳之義, 乃性體也, 心體也. 純一 則自能無間斷, 自能包衆善.

116) 《鹿門集》 9:22a, 答李士涵(象載), 丁未(1787, 녹문 77세).
大抵心體虛靈萬理咸備, 是卽明德全體, 知只是知此, 行只是踐此.

음에는 本善을 氣質이나 氣로 이해하려고 함으로써 완전하게 本善임을
확인하지 못하였지만, 뒷날 氣一인 湛一로 이해함으로써 비로소 미발심
체본선임을 확고하게 인식하게 된다.

녹문의 이러한 이해는 이미 그가 27세 때 드러난다.

> 氣質을 제거하고 직접 그 본체를 가리키면 진실로 '지극히 맑고 신
> 령하며 깊이 살피어 환하게 깨달아(虛靈洞徹)' 不善함이 한 올도 섞인
> 것이 없다. 기질을 합하여 그 末流를 종합하여 말하면 무릇 그것이 또
> 는 惡함과 또는 혼미함이 비록 기질의 작용이라고 하더라도, 그것이
> 능히 이와 같이 되는 까닭도 역시 心의 하는 일이 아니라고 할 수 없
> 다. 이로써 말하면 비록 心에 善惡이 있다고 해도 역시 옳다. 그러나
> 어떤 사람이 이것으로써 心의 본체도 역시 淸濁과 明暗의 다름이 있다
> 고 하면 聖人의 뜻에 크게 어긋난다.117)

요약하면 녹문은 氣質을 제외하고 마음의 본체만을 가리키면, 心의
본체는 '지극히 맑고 신령하며 깊이 살피어 환하게 깨달아(虛靈洞徹)'
조금도 惡함이 없다고 보았다. 그리고 현상적으로 보면 心의 본체와 기
질을 합하여 말하면 惡하고 혼미함은 기질의 작용이므로, 그것도 결국
心이 행하는 바라고 말할 수 있지만, 그렇다고 心의 본체도 淸濁과 明
暗이 있다고 할 수 없다고 녹문은 주장한다. 이에 녹문은 다음과 같이
未發心體의 本善을 주장한다.

---

117)《鹿門集》2:6a, 答渼湖金公, 戊午(1738, 鹿門 27세).
    掉氣質而直指其本體, 則固虛靈洞徹, 無纖乎不善之雜矣. 合氣質而泛言其末
    流, 則凡其或惡或昏, 雖曰氣質之作用, 而其所以能如此者, 亦不可謂非心之所
    爲也. 以此言之, 則雖謂之心有善惡亦可也. 但或者以是, 而遂謂心之本體 亦
    有淸濁明暗之殊, 則大非聖人之意也.

> 善情은 仁・義・禮・智의 性에 근본하며, 惡情은 不仁・不智・無禮・無義의 性에 근본한다. 그런데 이제 心體에서 함께 있고, 未發일 때도 함께 있다고 하면 善과 惡이 性 가운데 相對하여 각각 스스로 드러나게 되어 나오는 것이라고 믿는 것이다.118)

이것은 未發心體本善에 대한 소극적 표현이라고 할 수 있다. 즉 善情과 惡情이 心體에 함께 공존하며 未發일 때도 함께 있다고 하면, 性 가운데 善惡이 공존하는 것으로, 이렇게 되면 性善이라고 할 수 없다는 것이 녹문의 주장이다. 이와는 달리 녹문은 晚年에 未發心體의 本善을 적극적으로 설명한다.

> 그렇다면 盜跖과 莊蹻의 (마음이) 未發일 때의 本然과 氣質은 마땅히 어떠한가? 장차 대답하기를 도척과 장교가 기질이 흉악한 것은 渣滓가 重하여 그럴 뿐이니, 그 미발일 때는 사재가 물러나 (命을) 들으니, 湛一한 본체는 聖人과 구별이 없다고 대답하겠다.119)

곧 흉악함의 대표적 인물인 盜跖과 같은 도둑, 莊蹻와 같은 강도의 心은 비록 渣滓가 너무 무거워 그렇지만 未發의 善은 聖人과 다름없다는 것이다.

그런데 문제는 明德이 어떻게 心의 전체로 갖추어지느냐의 문제다. 녹문은 《중용》의 '天命之謂性'과 같이 天의 命令으로 性이 갖추어진 뒤 〔具衆理〕 萬事에 應하는 원동력이 무엇인가를 밝히고자 하였다. 녹문은

---

118) 《鹿門集》 19：38b, 鹿廬雜識.
　　　善情本於仁義禮智之性, 惡情本於不仁・不智・無禮・無義之性, 而今日 同在心體之上, 同在未發之時, 則信乎善與惡, 在性中相對, 各自出來也.
119) 《鹿門集》 5：24b, 答李伯訥, 乙巳(1785, 녹문 74세).
　　　然則跖蹻未發之時, 本然氣質 當如何, 則將應之曰 跖蹻氣質之凶惡, 渣滓重而然爾. 其未發之時, 則渣滓退聽, 而湛一本體, 與聖人無別也.

그 원동력을 神 또는 能으로 설명한다.

> 무릇 天에서는 神이라 하고, 사람에서는 心이라 하나 그 실상은 하나의 能일 뿐이다. 그러므로 天으로써 말하면 나고 자라고 거두고 갈무리하는 것은 氣며, 능히 나고 능히 자라며 능히 거두고 능히 갈무리하는 것은 神이다. …… 一氣의 근원을 주재하며 만물 가운데 두루 體가 되며 마음속에 밝게 빛나 日用의 사이에 유행하며, 淸·濁과 偏·正이 있는 뒷면에 서로 의지하며 청·탁과 편·정이 없는 표면을 초탈한 것은 이른바 하나의 能이 아님이 없다.[120]

위의 내용을 정리하면, 神이나 心의 실상이 하나의 能이라는 것은 그 작용성, 또는 활동성을 말하는 것이다. 즉 나고 자라고 거두고 갈무리한다는 것은 생성변화를 뜻하며 그 주체는 氣다. 그런데 明德이건 性이건 그것이 구체적으로 실현가능하고 현실로 드러나려면, 氣의 근원에서 현상의 만물을 관통하는 能이 있어야만 한다. 그리고 能에 淸·濁과 偏·正이 있다면 能은 명덕의 전체, 또는 性이나 理를 온전하게 드러낼 수 없다는 것은 당연한 논리적 귀결이다.

이렇게 보면 神(鬼神)이나 能(良能)은 理氣가 妙用하는 근거와 상태를 이해하기 위한 개념이지, 이기와 같은 차원의 궁극적 실체라고 할 수는 없다.

한편 녹문은 知覺活動은 곧 良能을 아는 것이라고 이해한다.

---

120)《鹿門集》2:4a, 答渼湖金公.
　　夫在天曰 神, 在人曰 心, 其實一箇能而已. 故以天言之, 則生長收藏者 氣也, 而能生·能長·能收·能藏者, 則神也. …… 主宰乎一氣之原, 而遍體乎萬物之中, 昭著乎方寸之內, 而流行乎日用之間, 因依乎有淸濁·偏正之裏, 而超脫乎無淸濁·偏正之表者, 無非所謂一箇能也.

> 사람의 知覺은 곧 天의 良能이며, 天의 鬼神은 곧 사람의 心이다.
> 지각과 양능, 心과 귀신은 하나일 뿐이다. 그러나 사람에게는 혈맥과
> 운동이 있으므로 心의 지각은 찾을 수 있는 영상이 있으며, 天은 혈맥
> 과 운동이 없으므로 귀신의 양능은 가리킬 만한 조짐이 없다.[121]

즉 良能을 구체적으로 인식하는 것이 知覺이라는 말이다. 이것을 앞
의 양능과 연결하여 설명하면 理氣의 妙用을 실재적으로 이해하는 것이
사람의 지각이라는 말이다. 왜냐하면 지각과 양능이 層次가 있어 양능
을 완전하게 지각할 수 없다면 지각에는 한계가 있게 되고, 明德의 본
체를 이해할 수도 없기 때문이다. 결국 지각은 理氣의 묘용을 양능에
따라서 인식하는 것을 뜻한다.

이상의 논의를 정리하면, 녹문의 良能과 귀신은 그가 〈鹿廬雜識〉에
서 정립한 이기론의 바탕이라고 할 수 있다. 이것은 그가 湖洛論爭의
人物性同論에서 相異論으로 변하게 되는 과정에서 일관되게 파고들어
연구한 문제다.

> 어렸을 때 《대학》을 논하면서 心과 氣質에서 明德을 변론한 것을
> 스스로 명료하다고 생각하였다. 그러나 이 氣의 本體가 聖凡이 일치하
> 는 곳에 투철하지 못하여, 단지 惡하고 濁한 것을 기질에서 뽑아 내어
> 〔剔出〕 虛靈한 본체〔體段〕가 發出되는데 累가 되지 않도록 하고자 하
> 였다. 이에 그 말이 비록 매우 미묘하지만 마침내 心이 氣의 神明이
> 되고 氣가 心의 본바탕〔質幹〕이 되어 서로 의존하고 긴밀하게 연결되
> 어 끝내 벗어날 수 없다.[122]

---

121) 《鹿門集》 2:11a, 答渼湖金公, 戊午(1738, 녹문 27세).
　　 人之知覺, 卽天之良能也, 天之鬼神, 卽人之心也. 知覺與良能, 心與鬼神一而
　　 已. 然人有血氣運動, 故心之知覺, 似有影象之可尋, 天無血氣運動, 故鬼神之
　　 良能, 尤無兆朕之可指.
122) 《鹿門集》 16:2a～b, 大學, 辛丑(1781, 녹문 70세).

여기서 녹문은 처음에 明德을 心卽氣의 관점으로 이해하였기 때문에 氣의 본체는 聖凡이 一致됨을 명료하게 깨닫지 못하고, 단지 惡하고 濁한 것을 기질에서 뽑아 내어〔剔出〕 명덕이 보존된다고 생각하였다. 그러나 녹문은 명덕을 心과 氣質에서 논하게 되면, 결국 心의 氣의 神明이 되지 못하고, 오히려 氣가 心의 바탕〔質幹〕이 되기 때문에 心善이나 心의 명덕을 말할 수 없게 된다는 모순을 깨달았으나, 당시에는 분명히 이해하지 못하였다고 말한다. 그러나 녹문은 이후 이것의 잘못을 깨닫고 다음과 같이 말한다.

> 다행히 중년 이후에 하늘의 신령함에 힘입어 張橫渠의 湛一에 대한 가르침에 뜻을 얻어 비로소 이른바 氣質은 비록 맑음과 탁함, 순수함과 雜駁함이 수만 가지로 달라도 그 본체는 단지 담일일 뿐임을 알았다. 그러한 뒤에 비로소 무릇 心의 靈明함은 곧 氣의 영명일 뿐이며, 氣밖에 따로 영명한 心이 있는 것이 아니며, 性의 善함은 곧 氣의 善함일 뿐 氣밖에 따로 善한 性이 있는 것이 아님을 알았다.[123]

녹문은 중년 이후에 張橫渠의 湛一에 대한 설명을 보고 心의 본체는 담일할 뿐임을 알았다고 하였다. 그는 이로부터 心의 靈은 곧 氣의 靈이며, 性善도 氣善으로 성립되며, 氣를 떠난 성선은 있을 수 없다고 생각하였다. 즉 心의 바탕을 담일로 이해하고 난 뒤, 그가 젊었을 때 풀지

少時論大學, 明德於心與氣質之辨, 自爲說得明皦. 而但於此氣本體, 聖凡一致處, 未及透徹, 而只欲就惡濁, 氣質上剔發出虛靈體段, 使不帶累, 是以其言雖極微妙, 終無奈, 心爲氣之神明, 氣爲心之質幹, 相爲因依, 相爲牽連, 而終掉脫不得.

123)《鹿門集》16:2b, 大學, 辛丑(1781, 녹문 70세).
幸於中歲以後, 賴天之靈, 有味乎張子湛一之訓, 而知所謂氣質者, 雖淸濁·粹駁, 有萬不齊, 而其本體 則只湛一而已矣. 然後乃見夫心之靈者, 卽氣之靈耳, 非氣外別有靈底心也, 性至善者, 卽氣至善耳, 非氣外別有善底性也.

못했던 心의 바탕을 明德이라고 보고, 그것을 氣와 氣質로 이해하려고 한 오류를 깨달았다는 말이다.

그렇다면 湛一은 구체적인 사람과 사물에서 어떻게 존재하는가?

> 《或疑》에서 '이미 맑음과 탁함, 순수함과 雜駁함이 수만 가지로 다르다면, 本體가 비록 湛一하다고 해도 어찌 탁함과 잡박함에 累가 되지 않겠는가?'라고 하니, 말하기를 '氣의 本은 담일일 뿐이다. 그것이 凝聚하여 형체를 이루는 것은 단지 혹 渣滓[찌꺼기]의 섞임이 없을 수 없으니 이것이 濁駁이 나오는 이유다'고 하였다. 그러나 본체라는 것은 本然이며 사재는 末流에서 생겨나는 바이다. 사재가 본체에 累를 끼치는 것은 진흙이 맑은 물을 흐리게 하는 것과 같다. 고요하면 깨끗하고 움직이면 흐려지는 것이 물이다. 그 진흙을 걸러내면 물의 맑음은 진실로 스스로 그러하다. 고요하면 湛하고 움직이면 뒤섞이는 것은 氣다. 그 사재를 버리면 氣의 湛은 진실로 스스로 그러하다.[124]

즉 《혹의》에서 '이미 氣는 淸濁·粹駁이 천차만별로 다르다면 湛一도 그에 영향을 받는다'는 질문에 '氣의 根本이 담일일 뿐이며, 청탁과 수박은 氣가 凝聚하여 形體를 이룰 때 渣滓[찌꺼기]가 섞일 수밖에 없다'고 설명하였다. 그러나 녹문은 이 구절에 대하여 '사재는 사재일 뿐 그것이 氣의 本體인 담일을 한순간 가릴 수는 있지만 근원적으로 담일을 사재가 되게 할 수는 없다'고 보았다. 그러므로 녹문은 흙탕물에서 진흙을 걸러내면 본래의 淸水가 나타나듯이, 사재를 제거하면 담일은

---

124) 《鹿門集》 16:3a, 大學.
　　 或疑旣曰 '淸濁·粹駁 有萬不齊, 則本體 雖曰湛一, 豈不爲濁駁所累乎?' 曰 '氣之本湛一而已. 而其凝聚成形, 只是或不能無渣滓之雜, 此濁駁之所由出也'. 然本體者 本然者也. 渣滓者 末流之所生也. 渣滓之累本體, 猶泥沙之混淸水, 靜則淸, 動則混者 水也. 淘其泥沙, 則水之淸, 固自如也. 靜則湛, 動則汩者 氣也. 去其渣滓, 則氣之湛, 固自如也.

그대로 보존된다고 하였다.

녹문의 이와 같은 未發心體本善의 관점은 變化氣質과 復其初의 수양을 통하여 明德을 회복하는 것으로 연결된다.

3. 鹿門哲學을 통해 본 湖洛論爭의 의미

녹문의 철학을 종합적으로 어떻게 평가를 하든, 순수성리학의 발전에 많은 이바지를 하였다는 점은 부정할 수 없다. 이것은 이상의 내용으로도 충분히 검증되었다고 생각한다. 이런 점에서 녹문철학은 조선성리학사에서 여러 가지 중요성을 지니고 있다고 할 수 있다. 여기서는 호락논쟁의 중요문제에 대한 임록문 철학에 내포된 문제의 내용과 의미를 발전사적으로 정리하고자 한다. 사실 호락논쟁은 그것이 일어난 이래 거의 2백여 년 가까이 지속된 조선성리학사에서 가장 지루하고도 풍성한 논쟁이었다. 그리고 현대에서도 호락논쟁에 대한 많은 연구가 이루어져 왔다.

사실 호락논쟁을 중심으로 본다면, 녹문의 철학은 호락논쟁을 바탕으로 형성되었고, 그의 철학에서 일차적 목표가 이 호락논쟁의 종합적 해결에 있었다고 해도 지나친 말은 아니다. 따라서 이제 호락논쟁에 대한 녹문철학의 의미를 구체적이고 종합적으로 정리해야 한다고 생각한다. 이 절에서는 이 장에서 살펴본 내용을 중심으로 호락논쟁에 대한 녹문철학의 의미를 정리하고자 한다.

이 작업을 위하여 필자는 다음 몇 가지 기준을 중심으로 진행하고자 한다.

첫째, 이론적·논리적 정합성의 문제이다. 이 문제는 성리학의 핵심 논리인 理氣論과 관련된 것으로, 사실 조선성리학사 전체를 두고 몇 가지 흐름 또는 학파를 중심으로 형성되고 진행된 것이다. 그러므로 쉽게 해결되기를 기대하는 것이 무리라고 생각된다. 왜냐하면 호락논쟁이 진행되던 당시 지식인 사회의 분위기나, 논쟁에 참여했던 당사자들의 師承 관계 때문이다. 또한 이러한 경향은 오늘날의 연구자들까지도 답습하는 문제이기도 하다.

기존의 연구에서 湖·洛 양론의 중요 내용과 특징에 대해서는 대부분 분명하게 설명하였으므로, 여기서는 논의의 전개에 따라 녹문의 관점을 중심으로 문제를 정리하고자 한다.

성리학에서 性善을 이기론으로 설명하는 것은 그다지 어려운 것은 아니다. 왜냐하면 天命, 太極, 理 등 純粹至善의 개념으로 性의 도덕적 근원을 설명하기 때문이다. 그런데 문제는 현상으로 존재하는 惡의 근원을 설명하고, 동시에 낱낱의 존재들 사이에 엄연히 나타나는 차이를 설명하려 할 때 논리의 한계가 생길 수 있다. 즉 현상의 多樣性과 統一性을 종합적으로 일관된 논리로 해명하려는 논리가 필요하였다.

바로 이러한 문제를 종합적으로 설명하는 논리가 理一分殊의 논리였다. 이 논리는 이미 앞 장에서 살펴본 것처럼, 宋代 程伊川의 理一分殊와 朱子의 理同氣異를 거쳐 栗谷의 理通氣局論에서 거의 그 이론적인 완성을 보는 듯했다. 그러나 율곡의 理通氣局은 조선 중기를 거치면서 율곡학파 안에서 진행된 人物性同異論爭의 이론적 바탕으로 재해석되면서 논쟁을 더욱 가열시키는 결과를 불러왔다. 율곡학파에 속하는 權尙夏(1641~1721)와 韓元震(1682~1751), 李柬(1677~1727) 등은 서로 자신의 관점에 따라 율곡의 이통기국에 대한 이해를 중심으로 人物性同異와 未發心體有善惡, 나아가 明德과 知覺의 문제까지 설명하려고 하였다. 그러나 율곡의 이통기국론 그 자체에 대한 반성은 없었다.

호·락 양론의 중요 내용을 정리하면 다음과 같다. 性의 개념에 대하여 巍巖(李柬)을 중심으로 한 洛論은 性의 根源인 理一·理同·理通에서 규정해야 한다고 하여, 本然之性과 氣質之性을 상대시켜 본연지성을 중심으로 人物性俱同을 주장하였고, 心의 體는 天命으로 갖추어진 五常의 본연지성이므로 未發心體는 本善이라고 주장하며, 그 이론적 근거로서《중용》의 〈天命之謂性章〉에 대한 주자의 註를 제시하였다. 이에 견주어 南塘(韓元震)을 중심으로 한 湖論은 性이 실제로 드러나는 기질지성을 중심으로 分殊·氣異·氣局에서 보아야 한다고 주장하여 人物性相異의 논지를 펴고, 心도 未發의 體는 氣稟의 淸濁·粹駁에 따라서 善惡이 공존한다고 보아 미발심체의 有善惡을 주장하며, 그 이론적 근거로서《맹자》의 〈生之謂性章〉에 대한 주자의 주를 제시하였다. 이것은 달리 말하면 一原과 分殊의 문제를 理一分殊를 중심으로 더 적극적으로 해명한 것이라 할 수 있다. 그러나 녹문은 이들의 주장을 비판적으로 종합·정리하였다.

조선성리학에서 벌어진 호락논쟁은 근본적으로 至善의 도덕적 근원을 가지고 선하게 태어난 인간이 그 본래의 善性을 어떻게 현실에서 구체적으로 실현할 것인가? 그리고 이미 惡에 물들었다면 어떻게 본래의 선을 회복할 것인가? 그리고 어떻게 인간이 스스로의 품위를 유지하고 인간의 존엄성을 지켜낼 것인가의 문제이기도 하다.

녹문은 널리 알고 있듯이 전기에는 人物性同論을 주장하였다. 아니 주장하였다고 하기보다는 스승인 陶庵 李縡의 관점을 따랐다고 하는 것이 더 정확할 것이다. 《鹿門集》을 보면, 녹문은 修學 시절 비록 洛論의 人物性同論을 따르고는 있지만 호락논쟁의 쟁점문제를 정확하게 파악하고 있다. 녹문은 이 호락논쟁의 근원에는 바로 理氣論에서 본체와 현상의 관계에 대한 이론이 깔려 있음을 중시한 것이다. 이러한 문제의식이 발전하여 녹문은 50세가 거의 다 되었을 때 〈鹿廬雜識〉를 저술함으로써 이 문제에 대한 자신의 이론을 정립할 수 있었다.

이를 통하여 녹문은 湖·洛 양론을 비판하였는데 요약하면, 호락론자들은 理同氣異와 理通氣局에서 理同과 理通은 一原(普遍)으로, 氣異와 氣局은 分殊(特殊)로 이해하고, 다시 일원과 분수를 각각 理와 氣로 分屬하였기 때문에, 氣一과 理分殊를 간과하였다는 것이다. 녹문은 그 원인이 기본적으로 理를 實로 보지 않고 形而上의 관념적 개념으로 간주하였기 때문이라고 보았다. 그리고 녹문은 성리학의 주요 문제들을 설명하는 논리인 理一分殊 대신에 氣一分殊를 대체한 것이 아니라, 이 일분수는 理를 중심으로 一原과 分殊를 설명하는 것이며, 氣를 중심으로 보면 기일분수도 역시 가능하다고 보았다. 그러나 녹문의 理氣論에서는 기일분수가 특징적인 용어지만, 녹문은 이 말을 한 번 사용하였을 뿐이며, 성리학의 주요문제들에 대해서는 이일분수를 중심으로 펼쳤다.

그리고 녹문은 性의 개념을 정의할 때, '氣 없는 性'은 있을 수 없으므로 '구체적인 사람과 사물의 氣가 갖추고 있는 理'가 곧 性이라고 보았다. 따라서 녹문은 性 개념을 理로써만 이해하는 洛論을 비판하였다. 다음으로 녹문은 하나의 사물에는 하나의 性만 있는 것이므로, 氣質之性이나 本然之性은 그 하나의 性에 대한 관점의 차이에서 다르게 부를 뿐이라고 보고, 사실은 기질지성이 곧 본연지성이라고 주장하였다. 이것이 人物性同異論에 대한 녹문의 중심견해라고 할 수 있다.

녹문철학의 큰 의미는 먼저 그것이 설령 옳지 않다 하더라도 율곡의 理通氣局論에 대하여 근원적으로 회의하고 새로운 견해를 제시하였다는 데 있다. 그리고 이통기국론의 허점을 간파하여 '리와 기는 동등한 實[本質]이다(理氣同實)'는 이기론의 재정립을 통하여 理通氣通, 理局氣局 등의 명제도 가능함을 논증하였다. 이렇게 됨으로써 이론적 개념으로서의 性과 현실에서의 性이 일치될 수 있으며, 동시에 儒學의 지상명제인 性善도 그 실현가능성을 충분히 유지된다는 점이다. 이것은 그의 어법을 빌려 말하면, 세상을 떠난 聖人들이 다시 살아나도 부정할 수 없는 큰 업적이라고 할 수 있다.

둘째, 호락논쟁이 시대사적으로 과연 타당하고 생산적인 논쟁이었는가의 문제다. 호락논쟁에 대한 각계의 평가는 다양하지만, 대체로 空理空談이거나 그에 가까운 것이라는 것이 일반적 견해다. 그러나 과연 이 논쟁에 참여했던 당시에 최고의 지식인층에 속했던 당사자들이 그렇게 한마디로 현실감각이 없는 사람들이었을 것이라고 속단할 수 있는가? 그리고 당시 지식사회가 대규모로 그렇게 집단무의식에 빠졌다고 할 수 있는가? 이 문제에 답하기 위해서는 과연 철학자의 임무가 무엇인가를 먼저 정리해야 할 것이다. 철학자의 중요임무는 시대의 문제를 관념이 아닌 구체적 현실의 문제로 정리하여 삶의 질을 향상시키는 데 노력해야 하며, 동시에 앞으로 나아가야 할 정신적 이념의 방향을 설정하고, 이에 대한 가능성과 실현방법을 강구하는 것이라고 할 수 있다.

이러한 기준에 맞추어 볼 때, 그렇다면 과연 호락논쟁에 참여하였던 성리학자들은 철학자의 임무를 다하였는가? 이 문제에 대하여 필자 나름의 생각을 정리하면서, 문제는 당시 호락논쟁에 참여했던 학자들이 당시의 정치·경제·사회·문화 등 모든 분야에서 실무자들인가, 아니면 탁상공론을 일삼던 백면서생이었는가를 살펴보아야 할 것이다.

호락논쟁이 시작되면서 李珥 → 宋時烈 → 權尙夏로 이어지던 노론계열은 遂庵 권상하[125]와 南塘 韓元震, 屛溪 尹鳳九,[126] 鳳巖 蔡之洪[127] 등의 湖學派와 巍巖 李柬, 陶庵 李縡, 朴弼周(1665~1748, 字 尙甫, 諡號 文敬), 魚杞園 등의 洛學派로 분열되었다.

그런데 최근 호락논쟁을 당시의 정치 경제적 이념과 연결하여 연구한 결과들이 나오고 있다.[128] 유봉학은 李縡의 洛學派가 뒷날 실학의 北學派[129]로 이어진다는 것을 師承과 人脈 관계를 근거로 설명하였다.[130] 물

---

125) 權尙夏(1641~1721): 본관 안동. 서울 출생. 자 致道. 호 遂菴·寒水齋. 시호 文純. 1660년(현종 1) 19세로 進士가 되었으며, 송시열의 수제자가 되었다. 1689년(숙종 15) 己巳換局으로 송시열이 다시 제주도에서 소환되어 정읍에서 賜死되자, 스승의 의복과 책을 遺品으로 받았고, 유언에 따라 萬東廟를 淸州에 세워 명나라 神宗·毅宗을 배향하고, 숙종의 뜻을 받들어 大報壇을 세웠다. 李珥를 祖宗으로 송시열에게 계승된 畿湖學派의 지도자다. 그의 문인 韓元震과 李柬이 人物性偏在問題로 논쟁하자, 한원진의 학설을 지지함으로써 논쟁이 더욱 확대되어 기호학파는 마침내 둘로 나뉘었다. 문집: 《寒水齋集》, 《三書輯疑》 등.

126) 尹鳳九(1681~1767): 본관 坡平. 자 瑞膺. 호 屛溪·久菴. 시호 文獻. 1714년(숙종 40) 진사시에 급제. 韓元震과 함께 湖洛論爭에서 호론을 주장하였다. 江門八學士의 한 사람이다. 文集: 《屛溪集》, 著書: 《華陽尊周錄》.

127) 蔡之洪(1683~1741): 본관 仁川. 자 君範. 호 鳳巖·三患齋·鳳溪·舍藏窩. 權尙夏의 門人. 辛壬士禍로 노론이 실각하자 少論의 죄를 論斥. 당시 儒學界가 湖論·洛論으로 갈라져 논쟁을 벌일 때 한원진과 함께 호론에 속하였다. 歷史·地理·天文·象數 등에도 정통. 저서: 《性理管窺》, 《洗心要訣》, 《天文集》, 《鳳巖集》 등.

128) 김준석, 〈韓元震의 朱子學認識과 湖洛論爭〉, 《李在襲博士還曆紀念韓國史學論叢》, 1990.
유봉학, 《18~19세기 燕巖派 北學思想의 硏究》(서울: 일지사, 1995).
조성산, 〈18세기 후반 洛論系 經世思想의 心性論的 기반〉, 《한국시대사학보》 12집, 한국시대사학회, 2000.

129) 널리 알고 있듯이 조선 후기 실학의 한 학파인 北學派는 洪大容과 朴趾源을 필두로 朴齊家와 李德懋 등이 利用厚生의 실용적 학풍을 중심으로, 서

론 이러한 견해들이 인물사적이거나 또는 단순한 형식에 따른 비교라 할
지라도, 호락논쟁에 참여한 학자들의 정치나 경제 등 사회이념에 대한
한 단면을 보여 주는 것이다. 이들 연구를 종합하면 17세기 당시 전통적
으로 조선과 가장 밀접한 외교관계의 중심이었던 중국에는, 과거 오랑캐
라고 하던 滿洲族이 中華로 존중하던 明(1368~1644)을 멸망시키고 淸
(1636~1912)나라를 건국하고 丙子胡亂을 일으킴으로써 조선사회에는
華夷論이 대립하였고, 朋黨이 형성됨으로써 정치적 권력다툼이 그칠 날
이 없었다.

이러한 문제들에 대하여 호론은 北伐을 주장한 만큼 華夷論을 바탕
으로 하여 中華와 夷狄을 구분하고, 당시 사회의 흐트러진 신분사회의
질서를 엄격하게 유지하려고 하였고, 蕩平에 대해서도 부정적이었다.
이에 견주어 낙론은 人物性同論을 주장한 만큼 淸을 夷狄으로 보는 것
에 대해서는 유화적으로 생각하였으며, 사회계층 사이의 화합과 통합을
강조함으로써, 상대적으로 湖論 士大夫들의 기득권을 유지하려는 것에
비판적이었다.[131]

이렇듯 湖洛論爭은 그것이 공리공담으로 끝난 것이 아니라, 당시 지
배계층이 자신의 朋黨的 관점에 따라 유지하게 된 정치·경제적 이념이
기도 했던 것이다. 적어도 人性·物性에 대한 변론을 통하여 인간과 사
물, 인간과 인간의 품성을 구별하려 했던 것은 그 자체로서 의미를 찾
으려는 것보다, 明에 대한 信義와 淸에 대한 현실긍정과 부정의 논리적

울의 京華士子들이 변화한 국제질서(淸의 중국지배)와 조선사회의 내부적
변화에 부응하기 위하여, 청의 문물을 유용한 것은 선택적으로 받아들이자
는 주장을 하였다.

130) 유봉학, 《18~19세기 燕巖派 北學思想의 研究》(서울: 일지사, 1995), 81~
86쪽 참조.

131) 이 내용은 조성산, 〈18세기 후반 洛論系 經世思想의 心性論的 基盤〉(《한
국시대사학보》 12집, 한국시대사학회, 2000)을 중심으로 정리한 것이다.

근거를 마련하려는 데 그 의미를 찾을 수 있을 것이다. 왜냐하면 人性을 어떻게 규정하느냐에 따라, 形體에서는 인간이기는 하지만 인성의 본질에서는 인간의 도덕적 범주에 들지 못한 부류에 대한 부정이 가능해지며, 아무리 보아도 인간의 도덕적 본질에서 華와 夷의 구별이 없는데, 굳이 淸을 夷狄으로 규정할 필요가 없다는 의미가 되기 때문이다. 동시에 우리 민족 스스로에 대한 자신감이기도 하다.

호락논쟁이 가지는 의미는 다양하게 분석할 수 있으나, 적어도 위 두 가지 면에서 호락논쟁을 보면, 결코 무의미한 공리공담이라고 치부할 수 없을 것이라 생각된다. 특히 호락논쟁의 중요문제인 人物性同異 문제와 未發心體有善惡에 대한 녹문의 이해는 되새겨볼 이유가 있다. 즉 修己治人은 유학과 성리학의 학문적 목표다. 그런데 修己의 요체는 인간의 도덕적 본질인 性善을 어떻게 완전하게 구체적으로 실천하는가의 문제이다. 이때 성선을 이론적으로 규명함과 동시에, 인간이면 누구나 이것을 실현할 수 있도록 하는 방법론적 체계를 확립하는 것이 성리학자들의 임무다.

이 문제에 대하여 程·朱 이래 성리학자들은 끊임없이 노력하였으며, 특히 조선사회는 성리학을 건국과 통치이념으로 확립하였다. 그런데 性善을 규명하면서 理를 중심으로 설명하고, 惡의 근원에 대해서는 氣를 중심으로 설명하였다. 그리고 실천의 문제에 대해서도 理의 主宰力을 강조함으로써 철저히 氣를 理의 지배 아래 두었다. 또 존재세계의 통일성과 다양성을 설명할 때도 伊川의 理一分殊(理一과 氣分殊의 의미)와 朱子의 理同氣異, 栗谷의 理通氣局 등에서 보이듯이, 통일성의 근거를 理에 두고 다양성·특수성·차별성 등은 氣로 설명하였다. 이러한 세 가지 경우를 종합하면, 원리로서의 理와 구체적 현상이나 사물로서의 氣는 논리적으로 서로 분리될 수밖에 없다. 이러한 이유는 이 책의 이기론에서 충분히 설명하였다. 그런데 녹문은 이러한 논리적인 허점을 理氣同實이라는 논리로 보완하였다. 특히 인간의 도덕적 본성을 리와 기로 일치시켜 설명함으로써, 性善의 실현에 대한 구체적 가능성을 확보하게 해준 것이다.

현재 한국의 교육은 지식 교육에만 치중하고 마음의 수양에 관한 공부를 소홀히 함으로써 도덕적 해이가 심각한 상태다. 이에 따라 현대인의 불안한 생활과 비생산적 기회비용이 얼마나 많은가를 생각하면, 호락논쟁을 통해 정립된 도덕 수양과 그것이 지향하는 가치는 현대의 산업사회 특히 한국병을 고치는 훌륭한 대안이 될 수 있을 것이다. 人物性同論을 주장한 洛學의 학자들은 조선 중기 이후 새롭게 등장하는 사회적 평등 이념을 대변하였고, 人物性相異를 주장한 湖學의 학자들은 지배계층의 도덕적 책임감을 강조함으로써 사회적 지도자의 도덕적 해이를 경계하였다. 녹문의 주장도 유학의 修己를 강조하고 爲己之學을 추구함으로써, 개개인의 도덕성을 최고도로 끌어올리고자 한 것이라고 할 수 있다.

Ⅵ 마음의 이해와 공부방법론

　　성리학이 조선의 정치와 사회도덕의 정통이념으로 자리 잡을 수 있었던 것은 초기 三峰 鄭道傳(1337∼1398)과 陽村 權近(1352∼1409) 그리고 晦齋 李彦迪(1491∼1553) 등의 노력이 없었다면 불가능하였을 것이다. 그러나 성리학이 조선의 국가적·사회적 이념으로 확립되는 데 이바지한 것에서 한 걸음 더 나아가 철학적 발전을 이루게 되는 것은 退溪 李滉(1501∼1570)과 高峯 奇大升(1527∼1572)이 1559년부터 8년에 걸쳐 四·七論辯을 펼치고, 栗谷 李珥(1536∼1584)와 牛溪 成渾(1535∼1598)이 1572년부터 6년 동안 서신왕래를 통하여 사·칠논변을 펼쳤으며, 조선 중기 栗谷學派 안에서 일어난 湖洛論爭을 거치면서 본격화했다. 그리고 조선성리학이 철학적으로 발전하는 데서 人心·道心과 四·七論의 문제는 그 철학의 핵심과제가 되었다.

　　조선성리학이 중국의 정주성리학과 다른 점 가운데 가장 특징적 내용이 인간의 마음과 '타고난 본성〔性情〕'에 대한 형이상학적 분석과 修己治人을 위한 修養 방법으로 마음의 기능을 중시한 것이라고 할 수 있다.

　　조선성리학은 이러한 문제에 대하여 다양한 철학 논쟁을 벌였는데, 그 대표적인 것이 四端·七情에 관한 논쟁과 人心·道心에 관한 논쟁이다. 인간의 마음[心]은 무엇이며 어떤 기능을 하는가?[1] 성리학에서 마음을 이해하는 가장 핵심적 명제는 '마음이 性과 情을 統攝한다(心統性情)'는 말이다. 이 말을 더 자세히 살펴보면, '性은 곧 理다(性卽理)'와 '性이 發한 것이 情이다(性發爲情)'의 두 명제가 포함되어 있다. 여기서 理는 우주자연의 발생근거이자 운동·변화의 규칙을 의미하며, 동시에 인간의 도덕적 최고선이자 윤리·도덕적 법칙을 의미한다. '性은 곧 理다'는 말은 우주의 존재론적 법칙이 인간의 도덕적 최고가치라는 뜻이며, 情은 이 性이 드러나 표현된 것을 의미한다. 그리고 마음[心]은 이러한 性과 情을 統攝하는 기능을 한다.

---

1) 인간을 二元論的으로 'Mind(精神)'와 'Body(肉體)'로 나누어 이해한다면, 이때 Mind는 철학적으로 物質과 상대적인 '정신' 또는 '理念(ideology)'과 가까운 의미로 볼 수 있고, 심리학적으로는 '의식(consciousness)'과 가까운 의미로 볼 수 있다. 결국 Mind는 인간의 일체의 정신작용을 대표하는 개념이자 인간의 의식작용을 총괄하는 개념이기도 하다. 그런데 서양철학에서는 이 정신에 담긴 이성능력을 개발함으로써 진정한 진리를 인식하는 확고한 내재적 근거를 확립하는 데 주력해 왔다고 할 수 있다.

1. 마음의 이해로서 人心·道心論: 그 연원과 朝鮮性理學 속의 전개

성리학에서는 이 마음[心]에 대한 이해를 추구하고, 동시에 마음의 統攝 기능을 제대로 발휘하기 위한 공부 즉 마음수양의 공부를 가장 중요하게 생각하였다. 곧 성리학에서는 마음은 우주를 담아내는 집이며, 우주의 운행과 질서를 안으로 함양하여 大我를 지향하는 수양의 주체로 파악하였다. 그것은 성리학이 인간의 도덕적 본성을 해명하고 수양을 통하여 개인적으로는 聖人을 지향하고, 사회적으로는 大同社會의 실현을 추구하는 목표와도 상통하는 것이다. 성리학은 이러한 목적을 위하여 인간의 정신적 내용과 작용을 통섭하는 마음[心]에 대하여 엄밀한 철학적 분석을 시도하였다. 그것이 이른바 人心·道心論이다.

人心·道心論은 四端·七情論과 함께 善惡의 근원을 인간의 마음에서 찾아 善을 확충하고 惡의 실마리를 살펴 그 싹을 없앰으로써 도덕적 수양의 바탕을 확립하고자 하는 이론이다.

인심과 도심의 문헌적 연원은, 《尙書》〈大禹謨〉의 "인심은 오직 위태롭고, 도심은 오직 은미하다. 오직 정밀하고 오직 한결같이 하여, 진실로 그 가운데〔中〕를 잡아라(人心惟危, 道心惟微, 惟精惟一, 允執厥中)"는 구절과, 《禮記》〈樂記〉의 "사람이 태어나서 고요함은 하늘의 본성이다. 사물에 감응하여 움직이는 것은 本性의 욕망이다(人生而靜, 天之性也, 感於物而動, 性之欲也)"는 두 구절에 있다. 그런데 《상서》의 구절에 대하여 黃宗羲(1610~1695, 호 南雷·梨洲) 등은 그 연원과 철학의 문제를 孔孟儒家의 정통론으로 보지 않고 그 시기와 문제에 대하여 의문을 제기하고 있다. 인심과 도심은, 그 출전이 《상서》로서 그 연원을 삼은 것에 대한 異論이 없지는 않지만, 성리학에서 善의 근원과 善惡이 나누어지는 원인, 그리고 선의 實現을 위한 修養論에서 중요한 철학적 범주임에는 의심할 바가 없다.[2]

이 마음〔心〕에 대한 중요성을 인식하고 철학적 탐구의 대상으로 연구한 사람은 맹자(BC 372~289?, 名 軻. 자는 子輿 또는 子車)였다. 맹자는 "마음을 다하는 자는 性을 알고, 性을 알면 하늘을 안다(《맹자》〈盡心上〉; 盡其心者 知其性也, 知其性則知天矣)"고 하였다. 이는 心·

---

2) 黃宗羲는 人心과 道心이 荀子의 性惡說의 핵심이라고 보고 人心惟危의 '惟危'는 '性 가운데 惡한 것'을 가리켜 말한 것이며, 道心惟微의 '惟微'는 '형상이 없는 理 가운데 지극히 정밀한 것을 선택하여 자신과 하나가 되는 것'이라고 설명하였다(人心道心, 正是荀子性惡宗旨. 惟危者, 以言乎性之惡, 惟微者, 此理散殊無有形象, 必擇之至精而後, 始與我一, 故矯飾之論生焉. 於是以心之所有, 唯此知覺. 理則在於天地萬物, 窮天地萬物之理, 以合於我心之知覺, 而後謂之道, 皆爲人心道心之說所誤也.《南雷文定三集》卷1,〈尙書古文疏證序〉).

인심·도심의 연원과 기분문제에 관해서는 李基鏞,〈栗谷 李珥의 人心·道心論 研究〉(1994, 연세대학교 박사논문), 16~21쪽 참고.

性·天을 하나의 일관된 논리로 설명한 것이다. 일반적으로 유학에서는 天이 존재론적 근거이자 도덕적 가치의 근거이기도 하다. 맹자는 인간이 자신에 대한 존재론적 이해와 도덕가치의 원천인 天을 알기 위한 첫걸음이, 인간이면 누구나 보편적으로 가지고 있는 자신의 마음[心]의 능력을 다하는 데 있다고 보았다. 여기서 '知性', '知天'이라고 하면서 '마음을 안다[知心]'고 하지 않고 '마음을 다한다[盡心]'고 한 말은, 마음을 통하여 도덕적으로 선한 인간의 본성을 이해하고, 또 마음이 주체가 되어 도덕적 선을 완전하게 실현한다는 것을 뜻한다.

그러나 儒學이 마음[心]에 대하여 형이상학으로 논의한 것은 宋代 性理學 이후였다. 人心과 道心을 성리학적 사유로 새롭게 정립한 것은 二程[程顥(1032~1085, 호 明道)와 程頤(1033~1107, 호 伊川)]이었다. 이정은 도심과 인심을 각각 天理와 人欲으로 이해하였다.[3] 이정이 말한 천리의 개념은 二程哲學의 독창적 개념이다. 정호는 "나의 학문은 비록 가르침을 받은 것이지만 天理라는 두 글자를 스스로 세세하게 체득해 낸 것이다"[4]고 하였다. 이정은 '천리'를 天地萬物을 초월하는 우주의 本體로 이해하였다. 그리고 천지만물은 이 '천리'로 말미암아 스스로를 體現하며, 동시에 '영원불변'하고, '생기고 또 생겨 끝이 없이(生生不窮)' 존재할 수 있다는 것이다. 이정은 이 '천리'를 우주의 본체로 삼아 그들의 철학체계의 최고 범주로 삼았다. 이정의 天理 개념을 정리하면, 첫째, 우주의 본체이고, 둘째, 사물의 객관적 원리이며 근원이고, 셋째, 인간의 도덕윤리의 기준이고 근거이며, 넷째, 天道와 人道의 관계를 설명하는 天命이다.[5]

---

3) 《二程全書》 20:13a.
　　人心人欲, 道心天理.
4) 《二程集》 〈外書〉 권12.
　　吾學雖有所受, 天理二字却是自家體貼出來.

二程은 人心과 道心을 상호대립적 관계로 보아, "天理가 아니면 私欲이다. …… 人欲이 없으면 모두 천리다"[6]고 하였다. 이에 이정은 도심과 인심보다는 천리와 인욕의 해명에 주력하여 '천리를 보존하고 인욕을 소멸시킨다(存天理滅人欲)'는 修養論을 펼쳤다. 이 수양론의 요체는 바로 사욕을 없애는 것으로, 이정은 그것을 "인심은 사욕이기 때문에 위태하고, 도심은 천리이기 때문에 은미하다. 사욕을 없애면 천리는 밝아진다"[7]고 설명하였다.

이정은 人心·道心論을 통하여 마음[心]에 관한 형이상학적 연구를 진행하고, 그 결과 마음[心]을 인식과 실천의 주체로 인정하고 마음과 理 곧 天理의 관계를 설명하였다. 이를 바탕으로 마음을 도덕의식의 주체로 보고 도심과 인심의 문제를 제기함으로써 성리학의 인심·도심론의 기초적 이론형태가 갖추어졌다. 그러나 이것이 성리학의 중요 이론체계인 理氣論과 결부되어 형이상학적 체계로 발전하는 것은 주자(朱熹, 1130~1200, 호 晦庵)를 기다려야 했다.

주자는 '性卽理'를 바탕으로 인간의 도덕적 본성을 性이라고 하고, 그 性이 본체론에서 모든 존재와 가치의 근거인 理라고 하였다. 그리고 心을 性·情·意를 統攝하는 인간의 정신작용의 총본산이라고 생각하였

---

5) 徐遠和, 《洛學原流》(山東: 齊魯書社, 1987), 69~74쪽 참조.
6) 《二程集》〈遺書〉, 권15, 入關語錄.
　　不是天理, 便是私欲. …… 無人欲, 卽皆天理.
7) 《二程集》〈遺書〉, 권24, 伊川先生語十.
　　人心私欲故危殆, 道心天理故精微, 滅私欲則天理明矣.
　　이 밖에 관련 구절을 살펴보면 다음과 같다.
　　《二程集》〈粹言〉 권1; 昏于天理者, 嗜欲亂之耳.
　　《二程集》〈粹言〉 권2; 人欲肆而天理滅矣.
　　《二程集》〈遺書〉 권11; 人心莫不有知, 惟蔽于人欲, 則亡天德也.
　　일찍이 張載(1020~1077)도 "上達反天理, 下達徇人欲者與天理"(《正蒙》〈誠明〉)라고 하여 人欲을 성리학의 공부방법으로 이해하였다.

다. 이에 나아가 象山 陸九淵(1139~1192)[8]과 陽明 王守仁[9]은 '性卽理'를 반대하고 '心卽理'를 주장하였다. '心卽理'는 性을 인간의 도덕적 핵심으로 보는 것이 아니라, 心을 인식과 도덕가치나 도덕행위의 근원으로 본다는 말이다. 즉 양명학은 理보다도 마음에 중점을 두어 실천을 강조하였는데, 이것을 흔히 '心學'이라고 한다.

먼저 주자는 《맹자》〈盡心上〉의 "盡其心者 知其性也, 知其性則知天矣"에 대하여 다음과 같이 풀이하였다.

---

8) 주자와 陸九淵의 학문적 차이점을 간단히 정리하면 다음과 같다. 육구연은 '性卽理' 대신에 '心卽理'를 주장하였다. 그리고 주자가 정이천의 학통에 따른 道問學(問學第一)을 더 존중한 데 견주어, 상산은 정명도의 尊德性(德性第一)을 존중하였다. 주자는 格物致知의 性卽理說을 제창하였고, 상산은 致知를 주로 한 心卽理說을 제창하였다. 1175년 呂祖謙(1137~1181)의 권고로 鵝湖寺(江西省 鉛山縣)에서 평소의 講學 요점에 대한 論辨을 벌였다.

9) 王守仁(1472~1528): 호 陽明. 자 伯安. 시호 文成. 浙江省 餘姚 출생. 朱子學을 배웠으나 만족하지 않았고, 禪이나 老·莊의 설에 심취한 때도 있었으나 道友인 湛甘泉을 만나 聖賢의 學을 지향. 35세에 兵部主事로 있을 때 환관 劉瑾의 노여움을 사 貴州의 龍場의 驛丞으로 좌천된 것이 학문적 전기가 되었다. 원래 병약한 몸으로 기후가 좋지 않은 蠻地에서 고통스러운 생활을 보내던 어느 날 밤 石棺 속에서 깨친 것이 心卽理, 知行合一, 萬物一體였다. 49세에 처음으로 致良知(인간의 마음속에 있는 선천적인 판단력이나 논리적인 감수성 등을 실현하는 일)의 설을 제창하였다. 그의 학문적 요점은 四句訣에 나타나 있는데 "無善無惡是心之體, 有善有惡是意之動, 知善知惡是良知, 爲善去惡是格物"이 그것이다. 그리고 양명학파에 대하여 간단히 소개하면 다음과 같다.

① 王門右派 錢緒山의 四有說: 意에 선악이 있기 때문에 선을 행하고 악을 제거하는 실천 수행이 필요. 스승의 說을 繼承·祖述하는 데 역점을 두었다.

② 王門左派 王龍溪의 四無說: 마음의 본체가 무선무악이면 意도 무선무악이며, 의에 선악이 있으면 마음의 본체에도 선악이 있어야 한다. 양명의 설을 발전시키는 데 노력하였다.

양명은 이 둘이 상호보완해야 하는 兩可相資로 대답하였다. 제자들과의 토론을 모은 《傳習錄》 3권, 詩文·奏疏·上奏文·年譜 등을 더한 《王文成公全書》 38권을 전서산이 편집하였다.

心은 인간의 밝은 神明이며, 모든 理를 갖추고 있으면서 萬事에 응하는 것이다. 性은 心이 갖추고 있는 바의 理〔理致〕이며, 天은 理가 따라서 나오는 곳이다. 사람이 가지고 있는 이 마음은 그 전체가 아님이 없으나, 理를 궁구하지 않으면 막힘이 생기게 되어 이 心의 헤아림을 다할 수 없게 된다. 그러므로 이 心의 전체를 끝까지 다하여 미진함이 없는 것은 반드시 저 理를 끝까지 궁리하여 모르는 것이 없는 사람이다. 이미 그 理를 알면 그것이 따라서 나오는 곳은 또한 이것 밖에 있는 것이 아니다. 그러므로 《대학》의 序에서 '性을 안다'는 것은 '格物'을 말하며, '心을 다한다'는 것은 '끝까지 안다'는 것을 의미한다고 하였다.[10)]

性은 '마음이 갖춘 바의 理'이므로 '性을 안다'는 것은 곧 '마음에 갖추어진 理'를 아는 것이며, 《대학》序에서 말하는 '格物' 곧 인식대상인 '사물의 理致를 아는 것'을 의미한다. 天은 이 '이치가 따라서 나오는 곳' 즉 理의 근원이다. 그런데 '天을 안다〔知天〕'는 말은 '리가 따라서 나오는 곳' 즉 '리의 근원'을 아는 것이다. 그리고 '사물의 이치를 아는 것'과 '이치의 근원을 아는 것'은 곧 '마음을 다하는 것'으로써 가능한 것이다. 왜냐하면 '盡心'은 '인간의 마음에 내재되어 있는 모든 理(心具衆理)를 아는 것'을 뜻하기 때문이다.

따라서 주자는 마음〔心〕을 인식과 도덕의식의 주체로 여겼다. 그는 "마음은 사람의 지각이며 몸의 주인으로서 사물에 응한다"[11)]고 하였다.

---

10) 《孟子》〈盡心上〉; 盡其心者 知其性也, 知其性則知天矣.
　　　朱子注; 心者人之神明, 所以具衆理而應萬事者也. 性則心之所具之理, 而天又理之所從以出者也. 人有是心莫非全體, 然不窮理, 則有所蔽而無以盡乎此心之量. 故能極其心之全體 而無不盡者, 必其能窮夫理, 而無不知者也. 旣知其理, 則其所從出, 亦不外是矣. 以大學之序言之, '知性'則'物格'之謂, '盡心'則'知至'之謂也.
11) 《朱文公文集》 권65.
　　　心者, 人之知覺, 主于身而應事物者也.

왜냐하면 "마음이란 저 虛靈한 知覺의 性이며, 귀와 눈으로 봄과 들음
이 있는 것과 같은 것"[12]이기 때문이다. 따라서 주자는 二程의 人心·
道心에 대하여 도심이 곧 天理라는 점을 인정하였다. 그러므로 이 마음
[心]이 인간의 도덕적 본성인 性과 性이 드러나는 情을 통솔한다(心統
性情)는 張橫渠의 말을 적극 긍정[13]하면서 그 의미를 다음과 같이 설명
한다.

> '心統性情의 統은 무슨 뜻입니까?'라고 하니, 대답하기를 '統은 主宰
> 의 뜻이며, 백만의 군대를 통솔한다는 뜻과 같다. 心은 순수하고 온전
> 하며 완전한[渾然] 것이며, 性은 이 理를 갖추고 있으며 情은 움직임
> 이 있다'고 하였다.[14]

心統性情에서 '統'의 의미는 統率의 의미이며, 통솔은 또 主宰의 의미
와 같다. 그러므로 性이 비록 인간의 도덕적 본성이기는 하지만, 이 도
덕적 본성이 제대로 구현되기 위해서라도 마음[心]의 구실이 가장 중요
하다는 뜻이다. 그러므로 성리학의 수양론은 '修性'이 아니라 '養心'이
그 목표가 된다. 그리고 心은 구별이나 잡스러운 것이 전혀 없이 온전
하고 완전하며 순수함[渾然] 그 자체로서 性은 心에 포함된 理이며 情
은 性이 發動하여 드러난 것이다. 따라서 주자는 인간의 도덕적 행위의
중심을 心으로 보고 있다.

---

12) 《朱文公文集》 권73, 知言疑義.
   所謂心者, 乃夫虛靈知覺之性, 猶耳目之有見聞耳.
13) 《朱子語類》 5:70.
   伊川'性卽理也', 橫渠'心統性情'二句, 顚撲不破! 砥.
14) 《朱子語類》 98:42.
   問, '心統性情, 統如何?' 曰, '統是主宰, 如統百萬軍. 心是渾然底物, 性是有此
   理, 情是動處.' 賀孫.

그런데 물론 이 心은 당연히 하나지만, 왜 人心과 道心의 구별이 있는가?

> 묻기를 '또 왜 人心이 있고 道心이 있다고 말하는가?'라고 하니, 대답하기를 '心은 하나다. 한 치 사방의 넓이[方寸=마음]에 人欲이 서로 뒤섞여[交雜] 있으면 그것을 일러 인심이라고 하고, 순수하게 天理로 차 있으면 도심이다'고 한다.[15]

본래 사람의 마음은 하나이기 때문에 선천적으로 人心과 道心의 구별이 있는 것은 아니다. 그러나 그 마음에 담겨 있는 것이 人欲과 뒤섞여 있다면 그것을 인심이라고 하고, 순수한 天理이면 그 마음을 도심이라고 부른다. 즉 인심과 도심은 인간의 마음이 선천적으로 두 갈래로 나누어져 있는 것을 지적하여 말하는 것이 아니라, 순수한 천리의 보존 여부를 기준으로 구분하는 뜻이다.

그런데 伊川(程頤)은 인성론의 관점에서 道心과 人心을 각각 천리와 人欲으로 구별하였다. 그러나 주자는 이천과는 달리 인심이 인욕이라고 볼 수 없다고 보았다. 주자는 인심을 도심과 대비되는 개념이기는 하지만 '인욕'을 뜻하는 것이 아니라고 하였다. 그는 인심에 대하여 "무릇 마음이란 인간의 몸의 주인이 되며, 하나이지 둘은 아니며, 주인이 되지 손님이 되지 않으며, 사물에게 명령하는 것이지 사물의 명령을 받는 것이 아니"[16]며, "인심은 지극히 영명하며 萬變을 主宰하고, 사물의 주재

---

15)《朱子語類》118：90.
　　曰, '且道如何是人心？ 如何是道心？' 曰, '心一也. 方寸之間, 人欲交雜, 則謂之人心, 純然天理, 則謂之道心'.
16)《朱文公文集》권67, 觀心說.
　　夫心者, 人之所以主乎身者也, 一而不二者也, 爲主而不爲客者也, 命物而不命于物者也.

를 받지 않는다"[17]고 설명하였다. 즉 인심은 '인간의 마음'이라는 보통 명사를 뜻한다. 그리고 그 마음은 하나이고 둘이 아니며, 인간의 주체적 지각과 행위를 보장하는 근원이 된다. 그러므로 주자는 "인심이 인욕이다고 한 말은 병통이 있다"[18]고 하여, 인심이 곧 인욕이라고 할 수 없다고 보았다. 그는 "'마시고 먹는 것 가운데 어떤 것이 天理이며 어떤 것이 인욕인가요?'라고 물으니, 대답하기를 '마시고 먹는 것은 천리다. 그러나 좋은 맛을 요구하는 것은 인욕이다'고 하였다."[19] 인욕이란 누구나 갖는 보편적 인심을 만족하는 데서 그 본래적인 목적을 넘어 '사사로운 욕심을 만족시키는 것'을 뜻한다고 할 수 있다.

人心을 人欲으로 규정하게 되면 인심은 '純粹한 善'을 유지할 수 없기 때문이다. 그리고 주자는 "사람은 오로지 이 一心일 뿐이다"[20]고 하였다. 이 말은 道心과 人心은 인간의 보편적 실천주체인 心에 대한 두 가지 서로 다른 측면을 말한 것일 뿐, 한 사람의 마음에 두 가지 마음이 병렬적으로 실존함을 뜻하는 것은 아니다.

그러나 주자는 千理와 人欲의 관계에 대해서는 二程과 같이 천리와 인욕은 근본적으로 대립한다고 생각하였다. 그는 "천리와 인욕은 병립할 수 없다"[21](《孟子集注》 권5, 〈四書章句集注〉 254쪽), "인간의 마음[一

---

17) 《朱文公文集》 권46, 答潘淑度(三).
　　人心至靈, 主宰萬變, 而非物所能宰.
18) 《朱子語類》 78：193.
　　人心, 人欲也. 此語有病(蕭佐錄).
19) 《朱子語類》 13：22.
　　問, '飮食之間, 孰爲天理, 孰爲人欲?' 曰, '飮食者, 天理也, 要求美味, 人欲也'. 節(주자의 나이 64세 이후).
20) 《朱子語類》 13：27.
　　人只是此一心 …… 大雅(주자 49세 이후).
21) 《孟子集注》 〈滕文公章句上〉.
　　陽虎曰, 爲富不仁也, 爲仁不富矣.
　　朱子註; 陽虎陽貨, 魯季氏家臣也. 天理人欲, 不容竝立. 虎之言此, 恐爲仁之

心]은 천리가 존재하면 인욕이 없어지며, 인욕이 이기면 천리가 사라지게 된다.”[22] 즉 둘 사이에는 存亡과 消長의 관계가 존재한다. 다만 ‘인욕을 남김없이 변혁해야’ 비로소 ‘천리를 모두 회복’할 수 있다. 그러나 그는 또 둘의 대립 가운데서 동일성을 보았다. “천리와 인욕의 分數(역자 주: 백분율에서 배합 비율)가 많음과 적음이 있다. 천리가 본래 많이 있다면, 인욕도 천리의 뒷면에서 드러나니, 비록 인욕이더라도 그 인욕 가운데 스스로 천리가 있다.”[23] 이미 인욕은 “천리의 뒷면에서 드러나는 것”이므로 인욕 가운데는 천리가 포함되어 있다. 그렇다면 천리와 인욕은 자연히 서로 떨어지지 않고 마음 가운데 함께 있게 된다. 따라서 단지 ‘인심’만 말하더라도 여전히 천리를 포함하여 말하는 것이다.

주자는 道心과 人心을 도덕성을 기준으로 구분하여, 도심을 純善인 天理와 연결하여 설명하고 인심은 感性的 慾望과 연결하였다. 이 감성적 욕망은 私欲과 함께하므로, 반드시 도심으로써 사욕을 억제하고 도덕성을 유지하도록 해야 한다는 것이 주자의 주장이다.

여기서 중요한 것은 人心 그 자체를 선악의 구별이 없는, 인간이 외부의 환경을 받아들이는 창이나 거울과 같은 존재로 파악한다는 점이다. 그리고 이 인심은 어떤 선입관이나 편견을 가진 것이 아니며, 사물을 있는 그대로 비추어 주는 마치 고성능 사진기와 같은 구실을 한다. 이러한 인심의 기능을 결코 악이라고 할 수 없다는 의미다.

주자는 평생 학문에 정진하여 주자학이라는 방대한 체계를 완성했다. 그런데 중요한 철학적 개념이나 이론을 정립하면서 앞뒤가 다른 점

害於富也. 孟子引之, 恐爲富之害於仁也. 君子小人, 每相反而已矣.
22) 《朱子語類》 13:17.
　　人之一心, 天理存, 則人欲亡, 人欲勝, 則天理滅.
23) 《朱子語類》 13:16.
　　天理人欲分數有多少. 天理本多, 人欲便也是天理裏面做出來. 雖是人欲, 人欲中自有天理.

이 있었는데, 주자는 이것을 명확하게 해명을 하지 못하고 세상을 떠났다. 이로 말미암아 많은 논쟁이 일어나게 되었는데, 여기서는 두 가지만 정리하기로 한다.

첫째, 人心·道心과 天理·人欲의 관계에 관한 것이다. 주자는 초기에는 伊川과 같이 인심과 도심을 각각 인욕과 천리로 이해하였는데, 후기에는 이를 수정하여 인심을 꼭 인욕으로 볼 수 없다고 하여 발생의 근원에 따라 다르게 설명하였다.

> 일찍이 그것을 논한 적이 있는데, 心의 虛靈한 지각은 하나일 뿐이다. 그러나 人心과 道心의 다름이 있는 것은 그것이 혹 形氣의 사사로움에서 생기고, 또는 性命의 바름에 근원하기 때문에 知覺하는 것도 다르다. 이런 까닭에 위태하여 불안하며, 또는 미묘하여 드러나기 어렵다.[24]

사람의 '맑고 고요한 마음의 본체[虛靈]'는 단지 하나일 뿐이지만, 그것에 인심과 도심의 구분이 있는 것은 그것이 일어나는 근원이 '몸의 사사로운 욕구(形氣之私)'에서 생기는 것과 '순수하고 올바른 도덕적 본성(性命之正)'에 근원하는 것이 다르기 때문이다. 그런데 '形氣之私'는 그것이 개인의 사사로운 욕구이기 때문에 위태하고 불안하여 不善으로 흐르기 쉽다. 그러므로 '性命之正'을 따르도록 하여 惡을 버리고 善을 행하도록 해야 한다. 그것을 주자는 "반드시 도심이 항상 한 몸의 주인이 되도록 하여 인심이 언제나 (도심의) 命을 듣도록 하면, 위태한 것은 안전하게 되고, 미묘한 것은 분명하게 드러나, 움직이고 머무르고 말하

---

24) 《中庸章句》序.
　　蓋嘗論之, 心之虛靈知覺, 一而已矣. 而以爲有人心, 道心之異者, 則以其或生於形氣之私, 或原於性命之正, 而所以爲知覺者不同, 是以或危殆而不安, 或微妙而難見耳.

고 행동하는 일체의 행위가 스스로 지나침과 모자람, 어긋남이 없어진
다."25) 그리고 주자는 후기에 와서 人心·道心을 모두 已發로 보고, 이
발의 도심이 인심의 활동을 인도하는 原理이자 그 활동을 主宰하여야
한다고 보았다. 이것을 일반적으로 人心·道心待對說이라고 한다. 이
러한 주자의 인심·도심론은 조선성리학에서 수많은 논쟁의 실마리를
제공하였으며, 四端七情論과 더불어 새로운 형태의 문제로 발전하였다.

둘째, 理의 활동성 여부에 관한 것이다. 그것은 理와 氣의 개념에 관
한 문제이기도 하다. 주자는 理와 氣의 개념을 다음과 같이 설명하였다.

> 대개 氣는 凝結하고 조작할 수 있지만, 理는 도리어 情意와 헤아림
> 〔計度〕 그리고 造作이 없다. 다만 이 氣가 응결하여 모이는 곳, 거기
> 에 理가 존재한다.26)

주자가 여기서는 분명히 理는 스스로 활동할 수 없는 것이라고 설명하
였다. 그런데 주자는 또 "四端은 理가 發한 것이며, 七情은 氣가 발한 것이
다"27)고 하여 理가 스스로 활동하는 의미로 설명한다. 따라서 理의 개념에
관해서는 분명히 앞뒤의 내용이 서로 상반된다. 그리고 또 조선성리학계에
서 논쟁이 일어날 수밖에 없는 빌미를 제공한 구절이 있는데, 사단과 칠정
이 아니라 인심과 도심을 각각 기와 리에서 발한다고 한 것이 그것이다.

---

25)《中庸章句》序.
　　必使道心常爲一身之主, 而人心每聽命焉, 則危者安, 微者著, 而動靜云爲自無
　　過不及之差矣.
26)《朱子語類》1:13.
　　蓋氣則能凝結造作, 理卻無情意, 無計度, 無造作. 只此氣凝聚處, 理便在其中.
　　佃(주자 69세 이후).
27)《朱子語類》53:83.
　　四端是理之發, 七情是氣之發. 廣(주자 65세 이후).

人心은 氣에서 발하는데, 예를 들면, 귀〔耳〕·눈〔目〕·입〔口〕·코〔鼻〕·팔다리〔四肢〕의 欲求와 같은 것이다. 그러나 이것 역시 사람의 몸에 반드시 있어야 하는 것이다. 다만 발함의 正과 不正이 있을 뿐이요, 결코 모두 不善은 아니다. 그러므로 다만 위태하다고 한 것은 不善으로 흘러들어가 그 善이 없어지기 쉽다는 것을 말한 것이다. 道心은 理에서 발하는데, 예를 들면, 惻隱·羞惡·辭讓·是非의 실마리〔端緒〕와 같은 것이다. 역시 氣 가운데 보존된 것으로서 인심의 위태함 때문에 隱微하여 드러나기 어렵다. 마음〔心〕은 다만 하나일 뿐이나, 心에 人字와 道字를 첨가하여 보면 곧 그 같지 않음을 알 것이다.[28]

이 구절은 朱子가 직접 말한 것이 아니라 주자의 제자인 許東陽이 주자의 말을 빌려 한 말이다. 그런데 인심·도심에 관하여 退溪와 논변을 진행하였던 栗谷은 '發於理, 發於氣'가 주자의 견해로 여겼다.

그렇다면 퇴계는 왜 理發을 지지하고 율곡은 왜 氣發一途를 주장하였는가?

필자의 생각에 퇴계의 경우는, 어떻든 도덕적 선의 실현이 시급한 당시의 사회에서 볼 때, 純善인 理의 적극적 활동성을 중시하지 않을 수 없었을 것이다. 그런데 문제는 인심과 도심의 근원을 기와 리로 나누어 보는 관점은, 理氣論을 중심으로 펼쳐지는 성리학의 체계에서, 善惡의 근원을 해명하는 데는 아주 편리한 논리이기는 하다. 그러나 문제는 氣를 악의 근원으로 생각할 수밖에 없는 상황에서, 인간의 모든 활동이 기의 활동인 이상 인간은 영원히 완전한 선을 회복하거나 행할 수 없다는 것이다. 이것은 인간은 누구나 노력하면 聖人이 될 수 있다는 성리

---

28) 《中庸章句》序, 細註.
　　人心發於氣, 如耳目口鼻四肢之欲是也. 然此亦是人身之所必有. 但有發之正不正爾, 非全不善. 故但云危, 謂易流入於不善, 而沒其善也. 道心發於理, 如惻隱羞惡辭遜是非之端是也. 亦存乎氣之中, 爲人心之危者晦之, 故微而難見. 心只是一箇, 心上加人字道字看, 便見不同.

학 본래의 대명제와는 모순이다. 이것이 아마도 율곡의 고민이었으리라 생각된다. 따라서 율곡은 당장의 도덕적 선의 회복보다는 논리적 정합성이 더 중요하였으리라 생각된다. 이러한 理의 활동성을 강조하는 퇴계에 대하여 율곡보다 먼저 의문을 제기한 사람이 高峯 奇大升이었으며, 이로부터 조선의 성리학은 새로운 방향으로 발전이 진행되었다고 할 수 있다. 그 특징이 四端과 七情에 대한 理氣論의 해명이 그 본격적인 시작이라고 할 수 있다.

四端은 맹자가 처음으로 제시한 개념[29]으로 유학 또는 성리학의 인성론에서 性善說을 확립하는 대전제가 되었다. 七情은 《禮記》〈禮運〉편에서 "무엇을 人情이라 하는가? 기쁨·노여움·슬픔·두려움·사랑·미움·욕망이다. 이 일곱 가지는 배우지 않아도 능히 할 수 있다(何謂人情. 喜怒哀懼愛惡欲, 七者弗學而能)"는 말에서 비롯되었으며, 이것은 인간의 감정을 총체적으로 설명하는 개념으로 자리 잡았다.

性理學史에서 사단과 칠정의 문제를 理氣論과 연결하여 해명하려는 새로운 시도는 조선시대에 시작되었고, 사단칠정에 대한 논쟁은 1553년(명종 8년, 퇴계 53세)에 秋巒 鄭之雲(1509~1561)이 《天命圖說》을 만들어 퇴계에게 교정을 부탁하면서 시작되었다고 할 수 있다. 즉 퇴계는 《圖說》 가운데의 '사단은 리에서 발하고, 칠정은 기에서 발한다(四端發於理, 七情發於氣)'는 구절을 '사단은 리의 발이며, 칠정은 기의 발이다(四端理之發, 七情氣之發)'고 고쳤다. 그런데 기대승이 퇴계의 견해에 대하여 반론을 제기하면서 논쟁이 시작되었으며, 이 논쟁은 1559년

---

29) 《孟子》〈公孫丑上〉.
　　孟子曰 人皆有不忍人之心 …… 惻隱之心 仁之端也, 羞惡之心 義之端也, 辭讓之心 禮之端也, 是非之心 智之端也.
　　朱子註: 惻隱羞惡辭讓是非情也 仁義禮知性也 心統性情者也 端緒也 因其情之發 而性之本然 可得而見 猶有物在中而緒見於外也.

부터 1566년까지 약 8년 동안 계속되었다.[30]

---

30) 陳榮捷은 《朱子新探索》294~295쪽에서 한국의 退高論辨과 退栗論辨 등을 한국성리학의 가장 치열한 논변이라고 보고, 중국의 주자와 象山 陸九淵(1139~1192)의 太極之辯과 陳亮(同甫, 1143~1194)의 王覇之辯을 능가하며, 긴 시간이었다고 평가하고, 길게 보면 왕수인과 주자 만년의 정론과의 변론에 견줄 수 있다고 하였다. 진영첩은 四端七情論爭이 한국성리학의 중심이었고, 중국은 인심·도심이 그 중심이었다고 보고, 그 원인을 두 가지로 설명하는데, 그 구체적 내용을 살펴보면 다음과 같다.

첫째, 性情의 문제로 已發과 未發, 중용과 中和 등의 개념이 모두 《중용》의 〈首章〉에 근거하고 《禮記》를 바탕으로 삼지 않았다. 《예기》는 六經의 하나이며, 《중용》은 《예기》의 한 篇이다. 이 한 篇은 宋·梁시대에 특별한 주목을 받았다. 宋戴顒(378~441)은 《예기》와 《中庸傳》 두 권을 썼다. 梁 武帝(재위 502~549)는 《中庸講疏》 한 권을 저술하였다. 唐의 李翶는 798년에 《中庸說》 한 권을 저술하였다. 그리고 그는 復性을 논하였는데, 《중용》의 영향을 크게 받았다. 張載(1020~1077)는 18세 때 范仲淹(989~1052)을 만났다. 범중엄은 그에게 《중용》을 읽기 권하였다. 주자는 《대학》, 《논어》, 《맹자》, 《중용》의 四書를 집대성하였으며, 또 《中庸章句》, 《中庸或問》 그리고 《中庸輯略》을 저술하였다. 《중용》의 전통은 드디어 理學의 중심〔中堅〕 가운데 하나가 되었다. 한국에서는 이러한 전통이 없었기 때문에 《중용》의 喜·怒·哀·樂이 드러나지 않았고, 도리어 《예기》의 七情이 그 맨 앞에 서게 되었다.

둘째, 중국에는 다른 하나의 전통이 함께 수반되었다. 漢代 이래 八卦와 五行은 함께 짝지어졌다. 그러므로 理學家들은 元·亨·利·貞(《易經》〈乾卦之四德〉)을 仁·義·禮·智, 春夏秋冬 등에 배분하였다. 칠정은 분배하기가 어렵다. 門人 劉圻父〔劉子寰, 嘉定 10년 丁丑(1217) 進士〕가 "七情을 四端에 配分할 수 있는지"를 물었다. 주자는 "喜怒哀惡는 仁義다. 哀懼는 禮를 위주로 한다. 欲은 水에 속하며 則은 智다. 또 대충 말하였을 뿐 또한 배분하기 어렵다(원문은 역자 보충: 《朱子語類》 87:87 劉圻父問七情分配四端. 曰, 喜怒愛惡是仁義, 哀懼主禮, 欲屬水, 則是智. 且粗恁地說, 但也難分)"고 하였다. 이와 같이 분배하면 勻等하지도 않을 뿐만 아니라 억지로 맞춘 것이다. 또 어떤 문인이 "喜怒哀懼愛惡欲은 七情이며, 所從來를 논하면 역시 性發로부터다. 다만 怒는 羞惡로부터 발출한다. 喜怒哀欲과 같은 것은 대개 惻隱에서 발출하는가?"라고 물었다. 주자는 대답하기를, "哀懼는 어디서 발출하는가? 살펴보면 또한 단지 측은을 따라서 발출하고, 대개 懼는 역시 怵惕이 심한 것이다. 단지 칠정은 사단에 분배할 수 없다. 칠정은 사단에서 옆으로 비켜〔橫貫〕 나오는 것이다(원문은 역자 보충: 《朱子語類》 87:85 問, 喜怒哀懼愛惡欲是七情, 論來亦自性發. 只是惡自羞惡發出, 如喜怒愛欲, 恰都自惻隱上發. 曰, 哀懼是那箇發? 看來也只是從惻隱發, 蓋懼亦是怵惕之甚者.

그 동안에 퇴계는 2차의 수정을 거쳐 '사단은 리가 발하고 기가 이를 따르며, 칠정은 기가 발하고 리가 그것을 탄다(四端 理發而氣隨之, 七情 氣發而理乘之)'는 말로 최종 관점을 정리하였다. 퇴계와 고봉의 쟁점문제와 이견차이를 정리하면 아래와 같다.31)

첫째, 사단과 칠정의 개념과 관계에 관한 것이다. 퇴계는 인심은 칠정, 도심은 사단이라고 규정하고 인심은 도심과 상대하여 정해진 개념이라고 보았다. 그리고 퇴계는 사람의 본성은 本然之性과 氣質之性으로 나뉘어져 마음속에 따로 존재하고, 사단은 본연지성에서 곧게 발출[直出]한 것으로 純善이며, 칠정은 기질지성이 움직여서 나온 것으로 有善惡이라는 것이다. 퇴계는 맹자가 말한 사단을, "이 이치는 源頭의 본연의 곳을 가리켜 말한 것이다(指此理源頭本然處言之乎)"32)고 하여 본체론적 근원으로 파악하는 데 견주어, 고봉은 사단을 理와 氣의 두 갈래 발동[兩發] 가운데 다만 "오직 리만 가리킨 것[專指理]" 또는 "리만을 뽑아낸 것[剔撥]", 또는 "기가 自然으로 발현한 것(氣之自然發見)" 또는

但七情不可分配四端, 七情自於四端橫貫過了)"고 하였다. 《語類》에서 사단과 칠정에 관한 대화는 단지 이 두 군데뿐이다. 한국에서 수백 년 동안 駁論한 것과는 많은 차이가 난다.

31) 여기서는 논지의 전개를 따라 퇴계와 고봉의 견해를 하나하나 그 논거를 들어 모두 자세하게 열거하여 비교할 수는 없다. 주로 退溪書를 중심으로 그 핵심 쟁점만을 비교·검토할 것이다.

그리고 사단·칠정, 인심·도심에 대하여 조선성리학사에서 여러 논쟁이 있었는데, 그 가운데 牛溪 成渾(1535~1598)과 율곡 사이에서 종합적 논쟁이 있었다. 그러나 이 논쟁의 내용은 대부분 사단·칠정, 인심·도심에 대한 기존의 철학적 문제들을 재확인하면서 서로의 관점을 확립하는 과정이었다. 그러므로 이 글에서는 논지의 전개나 글의 형식을 따라 이들의 논쟁의 핵심적 내용만 정리할 것이다.

32) 《退溪集》, 권6, 答奇明彦, 四端·七情第一書.
且以性之一字言之, 子思所謂天命之性, 孟子所謂性善之性, 此二性字 指而言者何在乎. 將非就理氣賦與之中, 而指此理源頭本然處言之乎. 由其所指者在理不在氣. 故可謂之純善無惡耳.

"발하여 節度에 的中한 것〔發而中節者〕" 등으로 설명하였다.[33]

둘째, 理氣의 개념에 대한 해석의 차이에서 비롯된 것으로, 사단과 칠정을 理와 氣로 나누어 소속시킬〔分屬〕 수 있는가의 문제다. 즉 사단과 칠정의 근원이 다를 수 있는가에 관한 것이다. 퇴계는 처음으로 사단과 칠정을 성리학의 가장 중요한 개념인 이기론으로 설명하려고 하였으며, 이것은 性理學史에서 중요한 의미를 가진다고 할 수 있다.

일반적으로 성리학자들의 이기론은 주자의 "이른바 리와 기는 '결단코 두 가지 것이다(決是二物).' 그러나 사물을 따라 보면 두 가지가 '하나로 합해져 구별이 없다〔渾淪〕. 그러므로 나누어서〔分開〕 각각 한 곳을 차지할 수 없다. 그러나 두 가지가 각각 하나가 됨을 방해하지 않는다"[34]는 말을 근거로 달라진다. 즉 이 인용문에서 '결단코 두 가지 것이다(決是二物)'는 명제와 '분개할 수 없다(不可分開)'는 명제 가운데 어느 쪽을 더 중시하는가에 따라 관점이 달라졌다고 할 수 있다.

퇴계와 고봉의 경우도 예외는 아니었다. 즉 퇴계는 '決是二物' 쪽에, 고봉은 '不可分開' 쪽에 가까웠다고 할 수 있다. 먼저 고봉은 사단과 칠정을 모두 兼理氣라고 전제하고, 따라서 사단을 리로, 칠정은 기로 각각 나누어 구분할 수 없다고 보고 아래와 같이 설명한다.

> 대개 사람의 情은 하나이며, 情이라고 말하는 것은 진실로 理와 氣를 겸하며 善과 惡이 있다. 다만 맹자는 理氣妙合하는 가운데서 오로

---

33) 《高峯集》, 理氣往復書, 16쪽, "未發則專是理 旣發則便乘氣以行"; 17쪽, "專指理", "剔撥出來", "但其氣順發出來", "所以能是惻隱者理"; 20쪽, "理無朕而氣有跡 則理本體漠然無形象之可見"; 24쪽, "氣之自然發見乃理之本體", "所以者理"

34) 《朱子大全》 中 권46, 答劉叔文(서울: 保景文化社, 1984).
所謂理與氣, 此決是二物. 但在物上看, 則二物渾淪, 不可分開, 各在一處, 然不害二物之各爲一物也.

지 그 理에서 발한 것만을 가리켜 선하지 않음이 없다고 말한 것이니 四端이 이것이요, 子思는 理氣가 妙合하는 가운데서 渾淪하여 말한 것으로서 情은 본래 理氣를 겸하여서 善惡이 있는 것이니 七情이 이것이다. 이것이 이른바 나아가서 말한 것〔관점〕이 다른 것이다.35)

고봉은 四端과 七情을 모두 理氣의 妙合이라는 兼理氣를 전제로 하여 그 가운데 사단은 理의 純善에서 발한 것으로 보고, 칠정은 理氣를 겸한 것으로 이해하였다.

그러나 퇴계는 사단과 칠정을 理와 氣로 나누어 다음과 같이 설명하였다.

그대(역자 주: 고봉)가 한 말의 뜻은 사단과 칠정이 모두 理氣를 겸하고 있어서 그 實은 같은데 이름이 다를 뿐 (사단과 칠정을 각각) 리와 기에 나누어 배속시킬〔分屬〕 수 없다는 뜻이다. 내가 말한 뜻은 다름 가운데 나아가 그 같음을 보았다. 그러므로 두 가지는 진실로 渾淪하여 말한 것이 많지만, 같음(역자 주: 혼륜한 것) 가운데서도 그 다름을 안다면 두 가지를 좇아서 말한 바에 따라 본래 스스로 主理나 主氣와 같은 다름이 있으니, 각각 나누어 속하게 하여도 어찌 안 될 이치가 있겠는가?36)

---

35) 《高峯集》, 高峯答退溪, 論四端七情書.
　　盖人之情　一也. 而其所謂爲情者, 固兼理氣有善惡也. 但孟子就理氣妙合之中, 專指其發於理而無不善者言之, 四端是也. 子思就理氣妙合之中而渾淪言之, 則情固兼理氣有善惡矣, 七情是也. 此正所就以言之不同者也. 然而所謂七情者, 雖若涉乎氣者, 而理亦自在其中, 其發而中節者, 乃天命之性本然之體, 而與孟子所謂四端者, 同實而異名者也.
36) 《退溪全書》 권1, 416쪽.
　　公意以謂四端·七情　皆兼理氣, 同實異名, 不可以分屬理氣. 滉意以謂就異中而見其有同, 故二者　固多有渾淪言之, 就同中而知其異, 則二者所就而言, 本自有主理主氣之不同, 分屬何不可之有斯理也?

퇴계는 비록 사단과 칠정이 理氣의 혼륜이라 하더라도 이미 사단과 칠정이라는 이름으로 서로 다르기 때문에 이 둘을 구분해서 보지 않을 수 없으며, 그것을 구분할 수 있는 가장 분명한 기준이 '리 위주〔主理〕'와 '기 위주〔主氣〕'의 관점에 따라 다르다고 보았다. 따라서 퇴계는 主理로써 사단을 이해하고, 主氣로써 칠정을 이해하는 것은 전혀 무리가 아니라는 말이다.

셋째, 퇴계는 '칠정이 사단을 포함한다〔七包四〕'는 고봉의 견해에 대하여, 이미 사단과 칠정이라는 이름이 서로 다르기 때문에 이것을 굳이 포함관계로 보지 않고, '칠정과 사단은 서로 待對한다〔七對四〕'고 보고 다음과 같이 설명하였다.

> 무릇 四端은 情이고, 七情 또한 情이다. 다 같이 정인데 왜 사단과 칠정의 다른 이름이 있게 되는가? 그대의 편지에서 말한바 (자사와 맹자가 각각) 좇아서 말한 것이 다르다는 것이 바로 이것이다. 대개 理는 氣와 더불어 본래 서로 갖추는 것〔須〕으로써 體로 삼고, 서로 기다리는 것〔待〕으로써 用으로 삼는다. 그러므로 리가 없는 기는 없으며, 기 없는 리 또한 없다. 그러나 좇아서 말하는 바가 다르므로 구별이 없을 수 없다.[37]

위에서 '좇아서 말하는 바가 다르므로 구별이 없을 수 없다'는 말은 '관점에 따라 다르기 때문에 구별이 없을 수 없다'는 뜻이다. 따라서 퇴계는 '칠정과 사단은 對待한다〔七對四〕'고 주장하고, 고봉은 '칠정이 사단을 포함한다〔七包四〕'고 주장하였다.

---

37)《退溪全書》권1, 405~406쪽. 答奇明彦.
　　夫四端情也, 七情亦情也. 均是情也, 何以有四七之異名耶? 來喻所謂所就以言之者不同, 是也. 蓋理之與氣, 本相須以爲體, 相待以爲用. 故未有無理之氣, 亦未有無氣之理. 然而所就以言之不同, 則亦不容無別.

넷째, 이와 아울러 현상의 선악에 대한 설명으로 사단의 中節과 不中節 또는 純善과 有善惡의 문제가 일어났다. 사단은 오로지 순선하며, 악의 책임을 칠정으로 돌릴 수 있는가의 문제다. 퇴계는 사단을 순선, 칠정을 有善惡으로 나누었다. 이에 대하여 기고봉은 사단과 칠정은 근본적으로 질적인 차이가 없다고 보았다. 다만 칠정이라는 감정이 지나침이나 모자람이 없이 中庸으로 드러나는 것을 사단이라고 보았다. 고봉의 이러한 주장은 주자의 "惻隱과 羞惡도 또한 中節하지 않음이 있다"38)는 말에 바탕하여, "사단의 發도 또한 不中節이 있으므로 진실로 모두 善이라고 할 수 없다"39)고 하였다.

퇴계의 이러한 견해는 그의 理貴氣賤의 사상에 근원한 것이며, 사단도 미발상태에서 有善惡이 있다는 고봉의 견해는 본원에서도 理氣의 渾淪을 전제한 것이다.

다섯째, 理發과 氣發의 문제로, 이것은 퇴계와 율곡의 쟁점문제이기도 하다. 고봉도 퇴계와 마찬가지로 理發과 氣發을 동시에 인정하였다. 그러나 퇴계의 理氣兩發은 互發을 뜻하며, 高峯의 兩發은 共發을 뜻한다.

> '사단은 理가 발함에 氣가 그것을 따르며, 칠정은 기가 발함에 리가 그것을 타고 있다'는 두 구절은 역시 매우 정밀합니다. 그러나 저(역자 주: 고봉)는 여기에 대하여 두 가지 생각이 있습니다. (하나는) 칠정은 (理發과 氣發을) 겸하고 있으나, 사단은 다만 理發의 一邊일 뿐입니다. 아니면 저는 두 구절을 '情이 발함에 혹 리가 움직이고 기는

---

38) 《朱子語類》, 53:36.
　　惻隱羞惡, 也有中節 · 不中節. 若不當惻隱而惻隱, 不當羞惡而羞惡, 便是不中節. 淳(주자 61 · 70세).
39) 《高峯集》, 高峯答退溪, 論四端 · 七情書.
　　夫以四端之情爲發於理而無不善者, 本因孟子所指而言之也. 泛就情上細論之則四端之發 亦有不中節者 固不可皆謂之善也.

갖추어지며, 혹 기가 느낌에 리가 탄다'고 고치고 싶은데 선생님의 생각은 어떠하신지요?[40]

여기서 고봉의 견해는 '理發而氣隨之, 七則氣發而理乘之'라는 퇴계의 견해에 대하여 理氣兼發을 전제하여 '兼發 가운데 理發을 사단에, 겸발 가운데 氣發을 칠정이다'고 하든지, 아니면 '情이 발함에 (四端은) 氣를 갖추고 있지만 理가 주동하고, (七情은) 氣가 느끼고 理가 그것을 탄다'고 고치자는 것이다.

퇴계는 사단과 칠정이 서로 待對하는 독립적인 별개의 것으로 보았고, 또한 理와 氣도 각각 발동할 수 있는 것으로 생각하여, 사단을 순선인 리에 배당하여 '四端理之發'이라 하고, 칠정은 有善惡인 氣에 배당하여 '七情氣之發'이라고 하였다.

만약 칠정을 사단과 待對하여 각각 나누어서 말하면, 칠정은 氣에, 사단은 理에 속한다. 그것이 발할 때 각각 혈맥이 있으며, 그 이름도 모두 가리키는 바가 있다. 그러므로 그것이 주로 하는 바에 따라 分屬할 수 있다. 비록 나도 칠정은 리에 간섭되지 않는다고 하지 않았지만, 외물이 우연히 모이면 감동하게 되며, 또한 사단도 사물에 감촉되면 움직이는 것은 진실로 칠정과 다름이 없다. 다만 사단은 리가 발하면서 기가 그것을 따르고, 칠정은 기가 발하면서 리가 그것을 탈 뿐이다.[41]

---

40) 《高峯集》, 高峯答退溪再論四端七情書, 第一書改本.
且'四則理發而氣隨之, 七則氣發而理乘之', 此兩句亦甚精密. 然鄙意以爲此二箇意思. 七情則兼有 而四端則只有理發一邊爾. 抑兩句大升欲改之 曰'情之發也 或理動而氣俱, 或氣感而理乘', 如此下語, 又未知於先生意如何?

41) 《退溪集》 권6, 退溪答高峯 非四端七情分理氣辯, 第二書.
若以七情對四端, 而各以其分言之, 七情之於氣, 猶四端之於理也. 其發各有血脈, 其名皆有所指, 故可隨其所主而分屬之耳. 雖滉亦非謂七情不干於理, 外物偶相湊着而感動也. 且四端感物而動, 固不異於七情. 但四則理發而氣隨之, 七則氣發而理乘之耳.

여기서 퇴계의 互發二岐는 理氣가 서로 떨어질 수 있다는 것을 뜻한다. 퇴계의 互發論은 리와 기가 시간과 공간적으로 서로 분리될 수 있는 가능성을 뜻한다고 오해할 요소가 있다. 왜냐하면 퇴계가 사단과 칠정을 그 所從來[42]에 따라 분석하였기 때문이다. 이 소종래는 근원이나 갈래가 다르다는 것을 의미하기 때문이다.

그런데 '理와 氣는 서로 수반된다[理氣相須]'는 말은 이와는 다른 뜻이다. 즉 리와 기는 언제나 서로 떨어지지 않고 함께 존재하지만 단지 主動하는 것이 다르다는 것을 뜻한다. 즉 理氣의 不可分開를 수용한 것이다. 이에 따라 퇴계는 그것을 아래와 같이 설명하면서 四端七情論에 관한 자신의 관점을 정리한다.

> 대개 사람의 一身은 理와 氣가 합해서 생겨난 까닭에 理와 氣 두 가지가 서로 發用[互發]하되 그 發함에는 또 서로 수반한다[相須]. 호발하기 때문에 각각 主되는 바를 알 수 있고, 相須한 즉 서로 그 안에 있음을 알 수 있다. 서로 그 안에 있으므로 渾淪하여 말하는 것도 진실로 있고, 각각 主되는 바가 있으므로 分別하여 말함도 있을 수 있는 것이다. 性을 論하면 理가 氣 안에 있는데, 子思와 孟子는 오히려 本然之性[理]만 가리켜 말하였고, 二程과 張載는 오히려 氣質之性[氣]만 가리켜 논한 것이다. 情을 논하면 性이 氣質 안에 있으니, 다만 각각 發하는 바에 나아가서 四端과 七情의 所從來[苗脈]를 나누는 것이 어찌 불가하리오?[43]

---

42) 《退溪集》 권6, 退溪答高峯, 四端七情分理氣辨.
　　二者雖曰皆不外乎理氣, 而固其所從來, 各指其所主與所重而言之, 則謂之某爲理某爲氣, 何不可之有乎?

43) 《退溪集》 권6, 退溪答高峯 非四端七情分理氣辯, 第二書.
　　盖人之一身, 理與氣合而生. 故二者互有發用, 而其發又相須也. 互發則各有所主可知, 相須則互在其中可知. 互在其中, 故渾淪言之者固有之, 各有所主, 故分別說之而無不可. 論性而理在氣中. 思孟猶指出本然之性. 程張猶指論氣質之性, 論情而性在氣質, 獨不可各就所發, 而分四端七情之所從來乎?

결론적으로 고봉은 理氣의 兩發과 共發一途說로써 퇴계의 理氣兩發과 互發二岐說을 비판하였는데, 그 중심은 '칠정이 四端을 포함하고 있다'는 것이며, 퇴계는 '사단과 칠정을 지나치게 둘로 구분하였다'는 것이 고봉의 요지였다. 고봉은 퇴계의 互發說을 '對說'이라고 하고 자기의 共發說은 '因說'이라고 설명하였다.[44]

사단칠정논쟁은 퇴계가 사단과 칠정을 理와 氣로 설명하고, 아울러 子思가《中庸》에서 말한 未發과 已發로써 인간의 도덕적 선악을 설명하려는 데서 비롯하였다고 할 수 있다. 퇴계의 초기 관점을 한마디로 정리하면 '四端·七情理氣分對互發說'이라고 할 수 있고, 후기에는 고봉과 논쟁을 거치면서 '理氣相須互發二岐說'로 바뀌게 된다. 그리고 고봉의 관점은 '七情包四端理氣共發說'이다.

조선성리학에서 펼쳐진 사단칠정논쟁은 이미 앞에서 살펴본 정주성리학의 인심·도심론에서 비롯되었다고 할 수 있다. 그것은 退·高의 논변을 이어 퇴계와 율곡 사이에 벌어진 논변이 곧 인심·도심을 중심으로 펼쳐진 데서 잘 알 수 있다.

율곡의 관점은 理發은 인정하지 않고 오직 氣發만을 인정하는 氣發理乘一途說을 주장하였다. 그리고 理氣의 관계도 '氣包理'로 인정하고, 性도 '氣質之性包本然之性'으로 보았으며, 心性情意一路로서 각각의 경계가 다르다고 보았다.

결국 조선성리학은 사단과 칠정의 문제를 해결하면서 그 형이상학적 根源을 밝혀 퇴계의 理氣相須互發二岐의 사상과 율곡의 氣發理乘一途

---

44)《高峯全集》권2, 高峯答退溪再論四端七情書, 首條第二條.
　　蓋對說者, 如說左右, 便是對待底, 因說者, 如說上下, 便是因仍底. ……大升以爲四端七情, 同發於性, 則恐不可各就所發, 而分之也.
　　참고: 이상은,〈四七論辯과 對說·因說의 意義〉,《아세아연구》49집, 1973.

의 사상으로 대립하였던 것이다.

조선성리학에서 이러한 논쟁은 정주성리학의 마음[心]에 관한 논의를 철학적으로 심화 발전시켰으며, 性善의 적극적 실천으로 마음[心]의 수양을 강조함으로써 그 현실적 가능성이 이론적으로 체계화될 수 있었다고 할 수 있다. 그것은 처음 퇴계와 고봉이 사단과 칠정의 문제를 중심으로 선악의 근원과 발현에 대한 해명을 중시하였지만, 율곡에 이르면 사단과 칠정 이외에 人心·道心論을 추가하고 인간의 도덕적 본성과 그 발현 그리고 개인의 수양에 대한 종합적 설명을 시도하게 된다.

이 글에서는 이미 정주성리학과 退·高의 논변에서 그 중심문제를 요약정리를 하였기 때문에, 논지의 전개에 따라 퇴계와 율곡 사이의 논쟁에 대한 자세한 설명과 언급은 피하기로 한다.

고봉과 퇴계 그리고 율곡의 철학적 차이점은 다음의 〔표 9〕와 같다.

다만 중요한 것은 퇴계와 율곡의 이해는 人心이 무엇인가의 문제, 즉 인심이 人欲 또는 私欲인가를 해명하는 데 주력하였다. 그러나 그 개념과 수양의 방법에서는 관점이 다르다. 퇴계는 '遏人欲存天理'를 중시하여 인욕의 제거를 수양의 요점으로 삼았다. 이에 견주어 율곡의 인심은 자연발로의 것으로 聖人도 없을 수 없는 것이므로 인심 그 자체를 선악으로 구분할 수는 없다고 보고, 다만 인심이 도심의 명령을 받아 제대로 善으로 드러나는가에 수양의 요점을 두었다.

〔표 9〕 高峯과 退溪, 栗谷의 人心·道心論 비교[45]

	高峯 七情包四端·理氣共發說	退溪 四端七情對說(七對四)	栗谷 七包四·氣發理乘一途說
心性情		心性二岐	心性情意一路
理　氣	理氣不可分開를 강조	理氣決是二物	氣發理乘一途(不可分開)
四端七情	七情 包 四端(因說) 理氣兼發 四端:　理氣兼發 가운데 　　　理一邊(理動而氣 　　　俱) 純善 　　　中節·不中節 七情:　理氣兼發 가운데 　　　氣一邊(氣感而理 　　　乘) 有善惡 　　　中節·不中節	四端 對 七情 互發: 理發氣發 純善　善惡未定(易流 　　　於惡) 초기:　四端七情理氣分 　　　對互發 후기:　理氣相須互發二 　　　岐	七情 包 四端 氣發理乘一途 兼理氣　純理 善惡 – 中節與否
人心道心		道心　對　人心 存天理　　遏人欲 理發　　　氣發 性發爲情　心發爲意 純善　　　善惡未定 　　　　　(易流於惡)	초기:　人心道心相對終始 　　　說 최종:　人心聽命於道心 窮天理　寡欲 氣發理乘一途 兼情意 善惡 – 意(精察)의　中節 　　　　　與否(人欲與否)

---

45) 李基鏞, 〈栗谷 李珥의 人心·道心論 硏究〉(1994, 연세대학교 박사논문), 152쪽
  을 참고하여 보충하였다.

2. 任鹿門의 四端·七情論과 人心·道心論

朱子 이후 성리학의 理氣論은 理氣不相離(不可分開)와 理氣不相雜 (決是二物)에 대한 관점의 차이에 따라 많은 논쟁이 벌어졌으며, 이에 따라 이기론을 중심으로 설명하는 心性論도 다양한 견해의 차이가 드러나게 되었다.

앞에서 필자는 녹문의 四端·七情論과 人心·道心論을 이해하고자 그 이전에 펼쳐진 조선성리학의 특징을 대표하는 사단·칠정논쟁과 인심·도심논쟁의 쟁점문제와 중요 내용을 退溪·高峯·栗谷을 중심으로 간추려 보았다.

녹문은 理氣不相離와 不相雜의 관계를 종합하여 '理와 氣는 동등한 實[本質]이다(理氣同實)'는 명제를 중심으로 자신의 理氣論을 정립하였다. 이 책에서는 이미 녹문이 '理氣同實'의 명제를 중심으로 성리학의 중요문제들을 재정립한 뒤, 당시 호락논쟁을 종합·정리하고 있음을 살펴보았다. 그것이 현상과 본체를 정합적으로 설명하는 체계로 정리한 '理一分殊論'이었다. 동시에 녹문은 사단·칠정과 인심·도심에 대한 문제도 그의 '理氣同實'의 이기론을 중심으로 재정립하였다. 이 또한 그의 '이일분수론'과도 일맥상통한다.

녹문은 사단과 칠정, 인심과 도심, 천리와 인욕 등에 대한 기존의 설명방법을 비판하는데, 그 요점을 정리하면 서로 범주가 다른 것을 억지로 끌어다 맞추려는 데서 생긴 병이라는 것이다. 이 절에서는 녹문의 비판적 요점을 정리하고 나아가 인심·도심과 사단·칠정에 대한 녹문의 형이상학적 논리와 그 학문적 목적의 정합성을 중심으로 펼치고자한다. 그리고 이 연구를 통하여 인심과 도심이 현재 우리 사회에서 정치·경제·사회·시민윤리 등 각 방면에서 도덕적 정체성의 不在를 채워 줄 하나의 대안으로 삼을 수 있는 가능성을 검토할 것이다.

1) 人心·道心의 構圖와 특징: 人心卽道心

녹문의 人心·道心論은 《尙書》〈大禹謨〉와 《心經》[46]에 대한 이해를 중심으로 펼쳐진다. 특히 녹문은 《심경》의 贊[47]에 대하여 "앞 네 구절

---

46) 《心經》은 퇴계 이후 조선성리학자들에게는 필독서였다. 이 책은 宋의 眞德秀(1178~1235)가 성현들의 마음공부를 설명한 요점을 모아 놓은 책이다. 明의 程敏政(篁墩)이 註를 붙인 것이 《心經附註》다. 특히 퇴계는 《심경부주》를 비판하는 사람들에 대하여 〈心經後論〉을 써서 해명하는 등 《심경》을 매우 중시하였다.

47) 〈贊條〉는 《심경》의 내용을 종합적으로 요약한 글이다. 그 내용은 아래와 같다.
   舜임금과 禹임금이 주고받은바 열여섯 글자는 만세토록 心學의 연원이 되었다. 인심이란 무엇인가? 形氣에서 생긴 것이니 좋아하고 즐거워하고 분해하고 성냄이 있는지라 오직 욕심에 흐르기 쉬운 것이니 이를 위태롭다고

은 한 편의 綱領이며, 다음 여덟 구절은 人心을 말하였으며, 그 다음 여덟 구절은 道心을 말하였고, 그 다음 여덟 구절은 精一執中(惟精惟一, 允執厥中)을 말하였다. 이상은 오로지 危微精一(人心惟危, 道心惟微, 惟精惟一, 允執厥中) 열여섯 글자를 해석하여 그것이 만세 心學의 연원임을 밝힌 것이다"[48]고 하였다. 그리고 녹문은 《상서》와 《심경》에 대하여 경학적인 연구를 통하여 자세히 분석하고 그 의미를 설명하였다. 그러므로 녹문의 인심·도심론은 이 두 책에 대한 주석을 중심으로 펼치고자 한다. 먼저 녹문은 인심과 도심의 성리학적 의의를 다음과 같이 설명한다.

사람이 사람이 되는 까닭은 性과 형체가 있기 때문이다. 心은 이 性을 갖추고 형체를 주재한다. 그러므로 이른바 성과 형체라고 하는 것은 모두 心으로 말미암아 작용할 뿐이니, 이른바 人心과 道心이라는 것이 이것이다. 이런 까닭에 사람이 학문을 하는 이유는 다른 것이 아니다. 단지 두 가지 사이를 정밀하게 관찰하여 그것이 도심이 되는 것을 알아 그것을 밝히고 확충하여, 오로지 한 올의 털끝만큼의 미진함

한다. 잠시 동안이라도 혹 마음을 놓으면 여러 가지 私慝함이 이를 따른다. 道心이란 무엇인가? 性命에 근원한 것이니 仁·義·中·正이라 하고 오직 理일 뿐 형체가 없으니 이를 微妙하다고 한다. 터럭 끝만치라도 어긋나면 그 존재가 거의 있는 듯 없는 듯하게 된다. 인심과 도심 사이에 일찍이 조그마한 틈도 용납하지 않았으니 반드시 정밀하게 살펴서 흑백을 가리듯이 하라. 지혜가 어진 마음을 지키는 데 미쳐서는(지혜는 미치고, 어짐은 지켜) 서로 처음과 끝을 이룬다. 오직 정밀함으로써 專一하고, 전일함으로써 的中한다(舜禹傳受十有六言 萬世心學 此其淵源. 人心伊何? 生於形氣 有好·有樂·有忿·有懥. 惟欲易流 是之謂危. 須臾或放 衆慝從之. 道心伊何? 根於性命 曰義·曰仁·曰中·曰正 惟理無形 是之謂微. 毫芒或失其存幾希. 二者之間 曾弗容隙 察之必精 如辨白黑. 知及仁守 相爲始終. 惟精故一 惟一故中).
48) 《鹿門集》12:3a~4b, 心經.
首四句是一篇綱領. 次八句說人心, 次八句說道心. 次八句說精一執中. 以上專釋危微精一十六字. 以明其爲萬世心學之淵源.

이라도 드러날까 두려워하며, 그것이 인심이 됨을 알면 방비하고 극복하며, 오직 한 올의 털끝만큼이라도 채우지 못할까를 두려워하는 것이 이와 같을 뿐이다. 이것이 곧 이른바 오로지 정밀하고 한결같다는 말이니, 공자가 말한 克己復禮이며, 맹자가 말한 大體와 小體이며, 董仲舒가 말한 道義와 公利이며, 程子가 말한 '인욕을 막고 천리를 보존한다'는 것이며, 주자의 '건드리자마자 곧 두 갈래가 된다'는 말은 모두 이것을 가리켜 한 말일 뿐이다. 위로부터 聖賢이 서로 전수한 비결은 단적으로 여기에 있으며 다른 방법이 없다.[49]

위의 내용을 정리하면, 心이 性을 갖추고 형체를 주제한다는 말은 '마음이 性情을 통섭한다(心統性情)'는 張橫渠 이후의 성리학의 중심명제와 일치한다. 녹문은 인간으로서 갖추어야 할 중심내용인 性과 形體가 心에 의지해서 작용한다고 한 것이다. 그리고 녹문은 인심과 도심이 바로 心의 구체적인 두 가지 존재형태라고 보고, 인심과 도심을 중심으로 학문의 목적을 설정한다. 녹문은 인심과 도심 가운데 도심이 마음의 주체가 되도록 정진하여 그것을 적극적으로 擴充하는 것이 수양의 요체로 보았다. 그리고 공자의 克己復禮, 맹자의 大體, 동중서의 道義와 公利, 정자의 存天理 遏人欲, 주자의 '마음이 사물과 접촉하자마자 인심과 도심의 갈래에 서게 된다'는 말이 모두 인심을 극복하고 도심을 회복하는 것을 수양의 요체로 삼았다는 것을 뜻한다고 하였다.

그렇다면 이제 본론으로 녹문은 인심과 도심의 개념을 어떻게 설명

---

49) 《鹿門集》 15:9a 尙書註 乙酉·丙戌(1765~1766. 녹문 55~56세).
　　人之所以爲人, 性與形而已. 而心則具是性而主於形, 故所謂性與形者, 皆由心而作用焉, 所謂人心·道心者此也. 是故人之所以爲學者, 無他焉. 只精察乎二者之間, 知其爲道心 則明之擴之, 唯恐一毫之未盡著, 知其爲人心則防之克之, 唯恐一毫之未盡淨, 如斯而已. 是則所謂惟精惟一者, 而孔子所謂克己復禮, 孟子所謂大體小體, 董子所謂道義功利, 程子所謂遏人欲存天理, 朱子所謂'觸手便成兩片'者, 皆指此而言耳. 從上聖賢相傳旨訣, 端的在此, 更無餘法.

하는지를 살펴보자. 조선성리학에서 인심·도심에 관한 논쟁은 근원적
으로 인심과 도심의 개념에 대한 이해의 차이에서 비롯된 것이 많다.
먼저 녹문은 인간이 기본적으로 가진 육체적 욕구를 인심이라고 할 수
없다고 하여 다음과 같이 말하였다.

> 이제 만약 人心을 오로지 배고프면 먹고 목마르면 마시는 것처럼
> 사람이면 누구나 없을 수 없는 것으로 보고서, 욕망으로 흘러간 뒤는
> 더 이상 인심이라 부를 수 없다고 한다면, 정밀함과 한결같음(惟精惟
> 一)의 공부는 대단히 단출하고 無力한 것이 될 뿐이다. 아마도 위대한
> 舜임금의 본의가 아닐 것이다.50)

만약 인간이 목마르면 마시고자 하고, 배고프면 먹고자 하는 기본적
인 육체적 욕구를 人心이라 부르고자 한다면, 위태하고 불안한 인심과
미묘하고 드러나기 어려운 道心을 단속하여 언제나 도심으로 유지되도
록 하는 수양의 공부는 무의미하다는 것이 녹문의 관점이다. 뒤에서 다
시 설명하겠지만 惟精惟一의 공부는 인심이 惡으로 흐르지 않도록 정밀
하게 살피는 공부이며, 惟一의 공부는 도심이 흐트러지지 않도록 초지
일관하는 공부를 뜻한다. 녹문은, 인간은 누구나 기본적인 욕구가 없을
수 없는 것이므로 그것을 不善하다고 할 수 없다는 것이다.

녹문의 이러한 견해는 인간이 필요한 욕구를 제대로 느끼는 것은 오
히려 건강한 것이며, 기능적으로 볼 때 그것이 善이라는 현대 의학적
관점과도 일치한다고 할 수 있다.

"주리면 먹고 싶고, 추우면 입고 싶은 것은 人心이다. 이 먹고 싶고,

---

50) 《鹿門集》 15:9a 尚書註 乙酉 丙戌(1765~1766. 녹문 55~56세).
  今若以人心 專作飢食渴飮人所不能無者, 而流於欲以後不可復謂之人心云爾,
  則精一工夫, 覺大段孤單大段無力, 恐非大舜本意.

입고 싶은 마음으로 미루어 다른 사람이 주림이 없고 추워함이 없기를
바라는 것도 역시 인심이라고 할 수 있는가?"51)라는 李奎恒의 질문에
대하여, 녹문은 公과 私의 구분으로 다음과 같이 설명한다.

> 주리면 먹고 싶고, 추우면 입고 싶은 것은 진실로 人心이다. 다른
> 사람[他人]이 주리고 추운 것을 근심하여 그를 입히고 먹이고자 하는
> 것은 곧 道心인데 어찌 인심이라 하는가? 마치 어린아이가 우물에 빠
> 지려는 것을 보고 홀연히 惻隱함이 일어 그를 구하고자 하는 것은 역
> 시 그가 장차 죽게 되는 것을 불쌍히 여겨 그 아이의 생명을 구하고자
> 하는 것에 지나지 않는다. 그러나 이것은 곧 天地가 만물을 蘇生시키
> 는 마음이 근원에서 곧게 바로 내려온 것이니 어찌 그것이 形氣에 간
> 섭되며, 또 인심에 속하는 것이겠는가? 대개 비록 같이 형기에 간섭되
> 더라도 자신을 위하느냐 다른 사람을 위하느냐 하는 公과 私는 判異하
> 니 혼동해서는 안 되는데 어떠한가?52)

녹문은 자신이 옷을 입어 추위를 막고 음식을 먹어 배고픔을 면하는
것은 人心이며, 자신의 감정을 돌아보아 다른 사람의 춥고 배고픔을 면
하게 하는 것은 인심이 아니라 道心이라고 단정하였다. 다른 사람의 고
통을 근심하는 것은 곧 惻隱之心으로 물에 빠지려는 어린이의 생명을
구하는 것과 天地生生之理(生物之心)와 같은 것이며, 그것은 형기에 간
섭되는 것이 아니라는 말이다.

---

51) 《鹿門集》 4:15b~16a, 答李壽而(名; 奎恒), 壬午(1762, 녹문 51세).
　　飢欲食 寒欲衣 此人心也. 推是欲食欲衣之心 欲人之無飢無寒 此亦謂之人心乎?
52) 《鹿門集》 4:15a, 答李壽而(名; 奎恒), 壬午(1762, 녹문 51세).
　　飢欲食寒欲衣 固人心也. 憂人之飢寒 而欲其衣食者 則直是道心, 何可謂人心
　　乎? 如見赤子入井 怵惕惻隱 而欲救之者 亦不過憫其將死 而欲活其軀命耳. 然
　　此卽天地生物之心從原頭直下來者 何可以其涉於形氣 而屬人心乎? 盖雖同涉形
　　氣 而爲已爲人公私便判異不可混同看 未知如何?

그렇다면 인간에게 하나인 마음이 어떻게 인심과 도심으로 나누어지는가를 살펴보자. 녹문은 다음 몇 가지 유형으로 구별하여 설명한다.

첫째, 발생근원에 따른 구별이다. 녹문은 확고하게 인심과 도심은 그 발하는 곳을 중심으로 분별해야 하며, 결코 인심은 氣發, 도심은 理發로 구별되는 것이 아니라고 주장한다.

> 인심과 도심은 모름지기 그 발하는 곳에서 분별하여 보아야 한다. 形氣를 따라 발하는 것은 인심이며, 義理를 따라 발하는 것은 도심이다. 或生·或原이라는 것은 그 발하는 곳으로부터 말하는 것이다. 雲峯이 말하기를 '生은 氣가 이미 用事할 때가 바야흐로 生이며, 原은 大本에 따라 말한 것이다'고 하였다. 이 말은 매우 정밀하다. 대개 이 두 가지는 理에 근원하고 氣에서 발하지 않는 것은 아니다. 그러나 인심은 끝내 형기 이후의 사물이니 이것이 아래의 生字와 私字가 되는 까닭이며, 도심은 源頭를 따라 곧바로 수직으로 내려온 것이며, 이것이 原字와 正字가 되는 까닭이니, 인심은 氣의 홀로 발동함〔獨發〕이고 도심은 理의 獨發을 말하는 것은 아니다.53)

인심은 形氣를 따라 나오는 것이며, 도심은 의리를 따라 발한다. 그런데 이 인심과 도심의 發은 모두 '理에 근원하고 氣에서 발한다(原於理而發於氣)'. 녹문의 이 내용은 매우 중요하다. 일찍이 퇴계는 '理氣互發'을, 고봉은 '理氣兼發'을, 율곡은 '氣發理乘一途'를 주장하였다. 이렇게 보면 녹문은 율곡의 관점에 가깝다고 할 수 있다. 그리고 녹문은 理

---

53) 《鹿門集》12:8b~9a, 危微精一章, 心經, 戊申(1788, 녹문 77세).
  人心·道心, 須看發處分別. 從形氣邊發者 人心也, 從義理邊發者 道心也. 或生或原者. 亦自發處而言. 雲峯云 '生是氣已用事時方生, 原是從大本上說'(本註). 此說極精. 盖此二者 雖莫非原於理而發於氣. 然人心終是形氣以後物事, 此所以下生字·私字, 心則是從源頭上直下來者 此所以原字·正字, 非謂人心氣獨發 而道理獨發也.

에 근원한다는 것은 大本에 근원한 것이라고 하였다. 녹문의 이 선언은 매우 중요하다. 널리 알려졌듯이 일반적으로 녹문을 氣論, 氣學, 唯氣論 등으로 평가하는데, 필자는 녹문의 이기론을 그렇게 볼 수 없다는 뜻에서 '理氣同實論'이라고 규정하였다. 위 녹문의 주장도 필자의 이러한 전제와 일치하는 것이다. 즉 인심과 도심이 모두 본원에서는 理에 근원하고 실제로는 氣에서 발한다는 것은 氣論보다는 오히려 主理에 가깝다고 할 수 있다.

그리고 인심은 발생론적으로 形氣 이후의 마음이므로 或生 또는 形氣之私라고 하며, 도심은 근원적으로 대본에 근원하므로 或原 또는 性命之正이라고 하였다.[54]

둘째, 인심·도심과 善惡의 문제다. 녹문은 朴胤源(1734~1799, 字 永叔)이 道心은 '진실로 그 中을 굳게 잡아라(允執厥中)'는 것과는 상관이 없지 않은가라고 질문한 데 대하여 다음과 같이 설명하였다.

> 그대는 말하기를 '만약 道心은 지나침과 모자람이 없는 것이라면 도심은 이미 中이다. 그 아래 中을 잡는다는 것은 아마도 부연설명에 가깝다'고 하였다. 이것은 아마도 그렇지 않다. 인심과 도심은 心에서 발하는 것으로써 말하는 것이며, '그 中을 잡는다'는 것은 움직임·고요함·말함·행위함(動靜云爲)으로써 말하는 것이다. 心에서 발한다는 것은 비록 善하다지만 진실로 行事에서 드러나지 않는다면 어떻게 그 中과 不中을 보겠는가? 그리고 善端은 처음에 발동할 때 미묘하여 드러나지 않는다. 반드시 그것을 정밀하게 하고 한결같이 한 뒤에 비로소 여러 사물과 사건을 措置할 수 있고 立言의 순서에 착오가 없으며, 이와 같지 않으면 어찌 겹친다고 할 수 있겠는가?[55]

---

54) 《中庸集注》序.
　　心之虛靈知覺, 一而已矣, 而以爲有人心. 道心之異者, 則以其或生於形氣之私, 或原於性命之正, 而所以爲知覺者不同, 是以或危殆而不安, 或微妙而難見耳.

《尙書》〈大禹謨〉의 '人心惟危, 道心惟微, 惟精惟一, 允執厥中'[56]은 인심·도심의 本領이다. 박윤원의 견해는 도심이면 이미 그 자체가 발하여 中節한 것이므로 '中을 굳게 잡는(允執厥中)' 노력이 필요하지 않다는 뜻이다. 그러나 녹문은 이것을 부인한다. 인심과 도심은 모두 心에서 발하는 것이며, 善惡의 문제와 '允執厥中'은 動·靜·云·爲 등 일체의 활동을 포함하여 말하는 것이다. 그리고 心에서 발하는 인심과 도심은 처음은 善이지만 '절도에 맞음〔中節〕'과 '절도에 맞지 않음〔不中節〕'은 動·靜·云·爲 등 구체적인 활동에서 판단해야 한다. 따라서 비록 도심이 처음은 선이지만 일체의 구체적인 활동에서 계속 善이 되기 위해서는, '中節'을 유지하기 위한 끊임없이 꾸준한 노력이 필요하다는 것이다.

셋째, 도심과 過不及의 문제다. 녹문은 도심의 發은 오로지 하나일 뿐, 形氣에서 발하기도 하고, 義理(性命之正)에서 발하기도 하는 양면적인 것이 아니라고 보았다.

혹 말하기를 道心도 역시 마땅히 發하지 않아야 할 곳에서 잘못 발하는 것이 있고 역시 過·不及이 있다고 하는데 이것은 그렇지 않다.

---

55)《鹿門集》6:47b, 答朴永叔. 己巳(1779, 녹문 68세).
　　來諭謂'若以道心爲無過不及 則道心已是中, 其下執中恐近複說'. 此恐未然. 人心·道心以發於心者言, '執中'以動靜云爲而言. 發於心者雖善, 苟非見於行事則何以見其中不中乎? 且善端初發, 微而不著, 必須精之一之, 然後方可以措諸物事而無差, 立言之序, 不得不如此, 何可謂之複乎?
56)《心經附註》卷一의 人心道心圖.

<pre>
     私 危 ──┐
              ├── 微
 正 ── 形 氣 性 命 ┘
</pre>

經에 이미 (도심은) 惟微하다고 하였으니 이것은 그 뜻이 단지 드러나지 못함을 염려하여 擴充에 힘쓸 따름이다. 만약 무릇 잘못 발한 것과 過不及이라는 것은 그 根源이 비록 性命에서 나오지만 끝내는 形氣가 用事하여 그러할 뿐이다. 마땅히 人心 쪽에 속하게 해야 하고 도심 쪽에 속하게 하는 것은 부당하며, 마땅히 惟危라 불러야 하고 惟微라 부르는 것은 부당하다. 대개 이미 도심이라고 하였으니 순수하게 天理이며, 不善에 물들자마자 곧 도심이 아니다.[57]

녹문은 《中庸》 서문에서 道心을 '微妙而難見'이라고 한 것은, 단지 그것이 현실에서 구체적으로 드러나기가 쉽지 않기 때문에 그렇게 말한 것이지, 그 자체가 過·不及이 있는 것이 아니라고 보았다. 그리고 윗글에서 '발하지 않아야 할 곳에서 잘못 발하는 것'이란 '形氣之私'에서 발하는 것을 뜻한다. 녹문은 이러한 관점을 부정한다. 녹문이 '잘못 발한다'고 한 뜻은 '잘못된 근원에서 발한다'가 아니라 '발한 결과가 잘못된 것'을 뜻한다. 즉 도심은 '性命之正'이라는 순수한 善에 근원하지만, 그것이 '발한 결과가 잘못된 것'이거나 '過·不及'이 있게 되는 것은 形氣가 간섭하기 때문이라는 말이다. 도심은 언제나 도심이며, 형기에 간섭된 것은 인심이다.

넷째, 人心·道心이 어떻게 善으로 드러날 수 있게 하는가의 문제다. 녹문은 도심이 인욕으로 흐르지 않도록 보존하고, 인심은 도심으로 귀결되도록 노력하는 것이 그 요지라고 보았다.

---

57) 《鹿門集》 15:10a, 尙書註, 乙酉·丙戌(1765~1766, 녹문 55~56세).
或謂道心亦有錯發於不當發處, 亦有過不及者, 是未然. 經旣曰惟微則是其意只患未著, 務在充廣耳. 若夫錯發與過不及者, 其源雖出於性命, 終是形氣用事而然爾. 當屬之人心邊, 不當屬之道心邊, 當謂之惟危, 不當謂之惟微. 盖旣云道心 則純是天理, 纔涉不善 則便非道心.

'오직 정밀하고 오직 한결같다(惟精惟一)'의 精字는 마땅히 끝까지 알고 省察한다는 두 가지 의미의 사이를 겸하여야 한다. 窮格하여 毫釐의 차이를 끝까지 辨別하고 성찰하여 幾微의 때를 가르고 판단하면, 이 마음으로 하여금 精粹와 神明의 本體가 燦然히 빛나며 미혹되고 어둡고 混雜한 病幣가 없도록 하는 것이니, 곧 이른바 오직 精密하다는 것이다. (惟一의) 一이라는 글자는 공부[用工]가 오직 居敬과 克己의 두 가지 일을 (한결같이) 하여야 한다. 거경하여 天理가 항상 보존되고, 극기하여 인욕이 모두 물러나 이 마음으로 하여금 純一하고 正直한 本體가 卓然하고 견고하게 안정되어 순식간에 단절되는 근심이 없게 하니, 곧 이른바 惟一이다. 그러나 이른바 精과 一이라는 것은 처음부터 두 가지 體가 있는 것은 아니다. 精이 곧 一이며, 一이 곧 精이니 다만 좇아[就] 말한 바가 서로 다를 뿐이다. 執中이라는 말은 또 精一의 標準이니 단지 정일만 말하고 집중을 말하지 않으면, 정일은 역시 공허하여 實이 없게 된다. 이와 같이 나날이 새롭게 함이 쌓이고 쌓임으로써 精하여 入神에까지 이르며, 순수함이 끊이지 않으면 이른바 힘쓰지 않아도 적중하게 된다.[58]

'惟精惟一'에서 精이 끝까지 아는 것과 省察의 두 가지 의미를 포함해야 한다는 말은 '格物窮理'와 '存養省察'을 뜻한다. 이 격물궁리의 대상은 人事의 是非와 사물의 실상이며, 성찰의 대상은 인심과 도심이 발하여 善惡으로 갈라지는 핵심을 헤아리는 것이다. 즉 惟精의 精은 인심이든 도심이든 마음의 신명하고 허령한 본체가 조금도 미혹되거나 혼잡해지

---

58) 《鹿門集》 15:11a, 尙書註. 乙酉·丙戌(1765~1766, 녹문 55~56세).
　　'惟精惟一' 精字當兼 窮格省察二義間, 窮格而究極於毫釐之辨 省察而剖判於幾微之際, 使此心精粹 神明之本體 燦然昭晰 無迷昧混雜之蔽 卽所謂惟精也. 一字用工唯居敬克己二事. 居敬而天理常存, 克己而人欲屛退 使此心純一正直之本體 卓然堅定無二三間斷之患 卽所謂惟一也. 然所謂精與一者 初非有二體也. 精者 卽是一, 一者 卽是精 特所就而言之者 有不同耳. 執中一句 又是精一之準的 只言精一 而不言執中 則所謂精一 亦空虛 而無實矣. 如是積累日新又新, 以至於精而入神, 純而不已 則所謂不勉而中也.

지 않고 밝게 유지되고 현실로 드러나도록 하는 공부를 뜻한다. 그리고 惟一의 一은 居敬과 克己 두 가지를 한결같이 공부하는 것을 뜻한다. 거경은 天理를 보존함을 뜻하며, 극기는 인욕이 마음의 본체를 간섭하지 못하도록 경계하여 마음의 본체가 순일하고 正直하도록 유지하는 것을 말한다. 그러나 精과 一이 두 가지 다른 범주의 공부가 아니다. 녹문철학에서 일관된 구도는 대립적 개념의 一致化에 있다. 그러므로 惟精과 惟一의 공부도 결국은 서로 다른 범주가 아니라, 관점에 따라 다른 것이지 精의 공부에도 一의 공부가 포함되어 있고, 또 一의 공부에도 精의 공부가 포함되어 있다는 말이다. 그리고 '允執厥中'은 '惟精惟一'의 공부에 표준이 되는 것으로, 두 공부는 곧 相補的 관계로 '윤집궐중'의 공부가 없으면 '유정유일'의 공부는 공허하게 되어 實이 없어지게 된다.

다섯째, 人心·道心과 人欲·天理의 관계에 관한 문제다. 이 문제는 伊川과 朱子, 퇴계와 율곡 사이에 異見이 생겼던 문제다. 녹문은 이천과 주자, 그리고 율곡이 말한 인심·도심과 천리·인욕의 관계를 그대로 인정하고 그 의미를 다음과 같이 설명한다.

> 程子가 천리와 인욕을 인심과 도심으로 해석한 것은 본래 간결하고 명백하여 의심할 것이 없다. 그러나 주자는 반드시 배고프면 먹고 목마르면 마시는 것은 上智(聖人)라도 없을 수 없는 것을 인심으로 생각하고 정자의 말은 未盡하다고 보았다. 이것은 아마도 그 근원을 연구하여 말한 것으로, 사람이 스스로 그것이 아직 그렇게 되기 전에 단속하고 방비하고자 하였을 뿐이다. 만약 (도심이나 인심이) 人慾으로 흘러간 이후가 아니라면, 다시 그것을 인심이라고 부를 수 없다. 율곡이 '도심은 純善이며 惡이 없으며, 인심은 善도 있고 惡도 있다'고 한 이 말이 가장 정밀하고 마땅하다.59)

---

59)《鹿門集》15:9a, 尙書註, 乙酉·丙戌(1765~1766. 녹문 55~56세).

위 인용문에 따르면 녹문은 기본적으로 천리와 인욕을 각각 도심과 인심으로 分屬하는 것에 대하여 찬성한다. 그런데 앞에서 보았듯이 주자는 인심이 곧 인욕이라고 할 수 없다고 하였다. 왜냐하면 완전하게 수양이 이루어진 聖人도 이 인심이 없을 수 없기 때문이었다. 이렇게 보면 녹문의 견해에는 모순이 생긴다. 이 모순을 해결하기 위하여 녹문은 주자의 말을 재해석하여 '주자가 程子(伊川)의 말을 미진하다'고 한 것은 인심과 도심의 근원을 구별하여 말한 것으로 인심이나 도심이 인욕으로 흘러가지 않도록 하는 것이고, 인심이나 도심이 인욕으로 흘러가지 않는다면 굳이 인심을 有善惡의 인심이라 부를 이유가 없다는 것이다. 이에 녹문은 율곡이 '도심은 純善無惡이며, 인심은 有善惡이다'고 한 말을 가장 정확하다고 평가한다.

여섯째, 도심과 인심의 관계에 관한 문제다. 일찍이 보았듯이 녹문철학의 특징은 '理氣同實', '心性一致', '聖凡一致', '理一分殊卽氣一分殊' 등으로 나타난다. 녹문은 이러한 논리를 중심으로 인심과 도심의 관계를 설명한다. 앞에서 녹문은 인심과 도심이 생기는 근원에 따라 인심과 도심을 구별하여 설명하였다. 이것은 인심과 도심이 서로 다른 것을 전제하여 설명한 것이다. 그러나 녹문의 관심은 어떻게 性善이나 도심의 善함을 구체적 현실에서 실현할 것인가에 있었다. 이에 녹문은 《尙書》〈大禹謨〉에서 수양의 과정과 결과를 말하는 "오직 정밀하고 오직 한결같이 하여, 진실로 그 中을 잡아라(惟精惟一, 允執厥中)"를 중심으로 인심과 도심을 설명하였다. 녹문은 "精一·執中하면 人心 역시 道心이다. 단지 天命과 率性을 말하면 인심과 도심은 모두 그 가운데 있다"[60]

程子之以天理人欲釋人心·道心者, 本直截明白無可疑. 而朱子必以飢食渴飲上智所不能無者, 爲人心, 而以程子說爲未盡者. 盖究其根而言之, 欲人自其未然之前而檢防之耳. 非謂流於慾以後, 則不可復謂之人心也. 栗谷云'道心純善無惡, 人心有善有惡' 此言最精當.

고 하였다. 이 말의 자세한 뜻은, '惟精惟一, 允執厥中'의 공부를 마친 결과로서 인심이 곧 도심이고 도심이 곧 인심이라는 것이다. 그리고 '天命之謂性'의 天命과 '率性之謂道'의 率性에는 인심과 도심이 모두 포함되어 있다. 이렇게 보면 인심과 도심은 본질적으로 사람이 생겨날 때 보편적으로 함께 부여받은 것이 된다. 즉 도심이라는 도덕적 선이 인심과 분리되어 따로 존재하는 것이 아니라는 말이다.

한편 인심·도심에 관한 녹문의 관점은 그의 修學 과정에서도 초기에 성립된 것으로 보인다. 아래의 인용문이 그것을 잘 설명해 준다.

人心이 역시 道心이라는 것은 율곡의 뜻이다. 대개 말하기를, '도심이 주인이 되어 인심이 명령을 듣는데, 이른바 인심은 그 경계를 논하면 비록 인심에 속하나 실제로는 도심이 하는 바이다. 마치 입고 먹는 것은 인심이나, 한결같이 義理로 다스려 조금도 망령되거나 잡박함이 없으면 실제로는 도심이 되는 것을 방해하지 않는다'고 하였다. 이것은 저 인심과 도심의 구별을 전혀 고찰하지 않은 것이 아닌데도, 그대는 '단지 인심을 도심으로 본 것이다'고 의심하였다. 그리고 주자는 '배고프면 먹고 목마르면 마시는 것은 인심이며, 마시고 먹는 것을 올바르게 얻는 것은 도심이다'고 하였고, 또 '인심과 도심이 하나가 되면, 아마도 저 인심이 없어진 것과 흡사하다'고 하였다. 이것은 인심이 도심에 합한 것을 잘 논한 것이며 인심이 역시 도심이라는 말과 문장은 다르나 뜻은 같은 것이다.[61]

---

60) 《鹿門集》 11:42a, 答從孫持常, 丁未 六月.
　　精一執中 則人心亦道心, 只言天命率性 而人心·道心 皆在其中.
61) 《鹿門集》 4:11a, 答宋時偕(盒欽. 己酉·庚戌間(1729～1730, 녹문 18～19세).
　　人心亦道心栗谷之意. 盖曰'道心爲主而人心聽命 則所謂人心, 論其界 則雖屬人心, 而實亦道心之所爲也. 如衣食之者 人心也. 然一皆宰之以義理, 無少妄雜, 則實不害爲道心云爾'. 非全硏不察夫人道心之分, 而直認人爲道如來'疑也. 且朱子曰'飢食渴欲者 人心也, 得飮食之正者 道心也'. 又曰'人心與道心爲一, 恰似無了那人心'. 此則極論人心之合於道心, 而與人心亦道心之說, 文異而意同者也.

녹문은 人心이 곧 道心이라는 말의 뜻을 '人心聽命於道心'이라는 율곡의 최종 관점을 빌려 설명한다. 정리하면 인심은 인간인 이상 없을 수 없으므로 만약 인심을 인욕이라고 보아 有善惡이라고 인정한다면, 모든 인간은 결코 도심의 純善을 실현하거나 회복할 수 없을 것이다. 녹문이 보기에 인심이 그 욕구하는 대상을 어떻게 정의롭게 충족하느냐, 또 어느 정도까지 합리적으로 만족하느냐에 따라 인심이 곧 도심일 수 있다는 것이다. 그러나 이것은 성실한 수양을 통하여 이루어지는 것이며, 인심이 곧 도심이 되는 경지는 인심의 사욕이 없어져 마치 인심이 없어진 것처럼 보이는 것이다.

녹문의 이러한 견해는 다시 한 번 그의 철학적 전제들과 정합적 관계에 있음을 알 수 있다. 왜냐하면 만약 인심이 도심과 별개로 따로 존재하거나 근원이 다르다면 인심이 도심이 될 수 있는 실천적 가능성이 확보될 수 없게 되기 때문이다.

2) 개인적 수양과 사회적 실천의 내용으로서 人心·道心, 四端·七情

그렇다면 인심·도심과 사단·칠정은 어떤 관계에 있는가? 앞 절에서 녹문 이전의 사단·칠정에 관한 문제의 쟁점을 살펴보았다. 그 내용을 정리하면 사단과 칠정의 개념과 상호관계, 선악의 판단문제, 사단·칠정과 리와 기의 관계, 사단과 칠정이 발현할 때 현실에서 中節과 不中節의 문제 등이다.

녹문은 이러한 문제들에 대하여 종합적으로 다음과 같이 설명한다.

　　五性은 心의 全體이며 七情은 心의 大用이다. 칠정이 形氣에서 發하는 것은 人心이며, 칠정이 義理에서 發하는 것은 道心이다. 인심과 도심이 節度에 맞는 것은 天理이며, 인심이 慾으로 흐르고 도심이 過·不及한 것은 人欲이다. 그러나 이것은 오히려 억지로 맞춘 논의이다. 옛사람은 四端·七情處를 논한 것이 있고, 人心·道心處를 논한 것이 있고, 天理·人欲處를 논한 것이 있는데, 말이 다를 뿐만 아니라 의미도 각각 다르다. 이제 사단과 칠정을 논한 것은 단지 純理(純善)와 兼氣(有善惡)의 설에 따라서 말했을 뿐이다. 인심과 도심을 논한 것은 단지 形氣와 性命의 뜻을 좇아서 그것을 나누었을 뿐이다. 천리와 인욕을 논한 것은 단지 公과 私, 善과 惡의 實例를 따라서 그것을 해석하였을 뿐이다. 따라서 이것을 저것에 합할 수 없으며, 동쪽을 서쪽으로 끌어 댈 수 없는 것이며, 理致에도 무익할 뿐만 아니라 도리어 本旨를 어지럽히는 것이다.[62]

　먼저 녹문은 五性 곧 四端이 心의 體며 七情은 心의 用이라는 관점, 칠정이 형기에서 발하는 것은 인심이며 칠정이 의리에서 발하는 것은 도심이라는 관점, 그리고 인심과 도심이 절도에 맞는 것〔中節〕은 天理라는 관점과 인심이 인욕으로 흐르고 도심이 過·不及한 것이 인욕이라는 관점은 모두 억지로 꿰맞춘 논의라고 보았다. 왜냐하면 옛사람들(주로 주자를 비롯한 성리학자)이 논한 사단·칠정, 인심·도심, 천리·인욕은 그 말의 내용이 다를 뿐만 아니라 관점도 다르므로, 임의대로 서

---

62) 《鹿門集》 권12, 雜著, 經義.
　　五性, 心之全體也. 七情, 心之大用也. 七情之發於形氣者 人心也. 七情之發於義理者 道心也. 人心·道心之中節者 天理也. 人心而流於慾, 道心而過不及者 人欲也. 然此猶牽合之論. 古人有論四端·七情處, 有論人心·道心處, 有論天理人欲處, 語異而意各不同. 今若論四端·七情 則只可依純理兼氣之說言之而已, 論人心·道心 則只可遵形氣性命之訓而分之而已. 論天理·人欲 則只可循公私·善惡之例而釋之而已. 不可以此而合乎彼, 以東而牽乎西, 無益於理而徒亂本旨也.

로 짝을 맞출 필요가 없기 때문이다. 녹문에 따르면 이전의 성리학자들이 사단과 칠정, 도심과 인심, 천리와 인욕은 각각 그것을 논의한 중심 논리가 다르다는 것이다. 구체적으로 말하면 사단·칠정은 純理(純善)와 兼理氣(有善惡)를 중심으로 나누었다는 것이다. 즉 사단칠정론의 중심은 이기론이 된다는 말이다. 또 인심·도심은 形氣(之私)와 性命(之正)을 중심으로 나누었으므로, 이것은 발생론적 근원이 문제가 된다는 말이다. 그리고 천리와 인욕은 그것이 公과 私의 여부가 관건이므로 그에 따라 선악을 판단하였다는 것이다.

녹문은 각기 다른 관점으로 설명한 세 가지 범주의 항목을 서로 짝지어 보려는 것은 논리적으로 무리라고 본 것이다.

이 글에서는 위 녹문의 논지에 맞추어 순서대로 사단·칠정과 인심·도심의 내용 및 관계를 살펴보고자 한다.

먼저 사단과 칠정의 개념에 대한 녹문의 견해를 정리하면, 녹문은 사단에 대하여 뚜렷하게 정의하지는 않았지만 '性의 본질' '純善' 등으로 이해한다. 그리고 칠정에 대해서도 마찬가지지만, "칠정은 인심과 도심 그리고 善惡의 총명이다"[63]고 하였다. 인심·도심과 사단·칠정의 관계는 이러한 개념을 전제로 설명된다.

첫째, 사단과 中節·不中節의 문제다. 녹문이 사단에는 중절과 부중절이 없으며, 있다면 그것은 사단의 실마리인 惻隱과 羞惡 등의 情이라고 보았다.

주자는 惻隱·羞惡에 中節·不中節이 있다고 하였으나 일찍이 四端에 중절·부중절이 있다고 말하지는 않았다. 부중절하면 곧 사단이라

---

63) 《鹿門集》 12：1b, 心經.
　　盖七情是人心·道心善惡之總名也.

고 할 수 없고 역시 道心이라고 말할 수도 없다.[64]

녹문이 말한 뜻은 다음과 같다. 사단이 不中節하면 純善이 아니므로 더 이상 사단이라고 할 수 없으며, 또한 도심이라고도 할 수 없다는 것이다. 이 문제는 인심과 도심을 칠정과 사단에 각각 분속하려고 할 때 참고해야 할 사항이다. 녹문은 사단 그 자체가 순선이기 때문에 中節·不中節을 논할 수 없으며, 도심은 발하여 중절과 부중절이 있다고 보았다.[65] 사단의 부중절을 다음과 같이 설명한다.

사람이 四端은 있되 擴充할 수 없는 자는 오히려 상반된 것이 끼어들어 그것(사단)을 해친다. 眞西山은 말하기를, '惻隱之心의 發은 잔인함이 그것을 해치고, 辭讓之心의 발은 貪冒함이 그것을 어지럽히고, 羞惡之心의 발은 구차함이 그것을 이간질하고, 是非之心의 발은 아둔함과 망령됨이 그것을 해친다'고 하였는데 이 말은 매우 의미가 있다. 그러므로 잘 확충하는 사람은 반드시 먼저 해치는 것을 버린다. 그렇지 않으면 善은 끝내 惡을 이길 수 없고, 인욕의 사사로움은 끝내 天理의 公平함을 없애 버린다. 또 사단과 비슷하지만 실제로는 사단이 아닌 것이 있는데 겉으로 보기에만 仁한 것, 조급한(도량이 좁은) 義, 굽은 禮, 집착하는 智가 그것이다. 이것은 주자가 이른바 '부당하게 측은하고, 부당하게 수오하는 것'이 모두 이것이다. 반드시 긴밀히 살피고 정밀하게 생각한 亂臣賊子로 인식되는 근심이 없을 것이다.[66]

---

64) 《鹿門集》 15:10b, 尙書.
朱子言惻隱·羞惡, 有中節·不中節, 未嘗言四端有中節·不中節. 不中節 則不可謂四端, 亦不可謂道心.
65) 앞 절의 인심·도심의 특징 두 번째 내용 참고.
66) 《鹿門集》 12:18b~19a, 心經.
人有四端而不能擴充者, 相反者間以賊之也. 西山云'惻隱之發, 殘忍害之. 辭讓之發, 貪冒雜之. 羞惡之發, 苟且間之. 是非之發, 昏妄賊之'. 斯言極有味. 是故善於擴充者, 必先去其爲賊者, 否則善終不能勝惡, 而人欲之私, 終有以滅天

녹문은 사단이 마치 不中節한 것처럼 보이는 것은 제대로 사단을 擴充하지 않았기 때문이라고 보았다. 즉 사람이 스스로 사단을 확충하는 수양이 없으면, 사단과는 상반되는 것들이 사단의 순수함을 해친다는 말이다. 녹문은 眞德秀(1178~1235, 號 西山)가 '惻隱之心을 해치는 것은 잔인함이며, 辭讓之心을 어지럽히는 것은 貪冒함이며, 羞惡之心을 이간질하는 것은 구차함이며, 是非之心을 해치는 것은 아둔함과 망령됨이다'고 한 말에 적극 찬성하면서, 사단을 잘 확충하는 사람은 이 사단을 해치는 내용을 먼저 제거한다고 하였다. 이 말은 사단이 발동하여 중절하지 못함[不中節]이 있는 것이 아니라 마음의 수양이 되지 않았기 때문에, 人欲이나 私欲으로 말미암아 그 사단이 제대로 드러나지 못하도록 하였을 뿐이라는 말이다. 그리고 사단이 내용은 맞되 적절하지 못하게 드러나는 것도 사단이 아니라는 것이다. 녹문은 주자의 말을 빌려 부당하게 仁·義·禮·智하는 것이 모두 사단이 아니라고 하였다.

둘째, 理發·氣發의 문제다. 《鹿門集》에는 이발과 기발에 대한 구체적이고 뚜렷한 녹문의 관점이 잘 나타나 있지 않다. 그러나 이 책의 Ⅲ장 2절의 2)항 '自然과 理'에서 살펴본 것처럼, 理는 純善, 所以然, 主宰性을 지니고 있으나 언제나 '氣之自然處'에 존재한다. 이렇게 보면 '理發'이나 '理動'의 의미는 없다고 할 수 있다. 이러한 의미는 아래 질문과 대답에 잘 나타난다.

> 問; 분함·욕망·탐욕·포악함 등 일체는 좋지 않은 일인데 모두 기질의 濁駁에서 나온다고 하고, 반드시 善一邊의 일을 생각하면 心에서 나온다고 한다. 이와 같다면 理發·氣發의 설과 다른 것

理之公也. 又有似四端而實非四端者, 如姑息之仁, 悻悻之義, 禮之曲 智之鑿, 與夫朱子所謂'不當惻隱而惻隱, 不當羞惡而羞惡者' 皆是也. 須密察精思, 然後可無認賊爲子之患矣.

이 무엇인가?

答: 성냄〔忿〕, 욕심 부림〔慾〕, 탐욕〔貪〕, 난폭함〔暴〕은 기질의 濁駁함에서 나와 心을 가리며, 四端과 수많은 善은 氣質의 淸粹함에서 나와 心의 명령을 듣는다. 善惡을 막론하고 發用하는 것은 기질이며 발용할 수 있게 하는 것은 心이며, 발용할 수 있게 하는 원인〔所以〕은 性이다. 나의 설은 잘 살펴보면 모두가 이와 같으니 互發이라는 나무람은 아마도 문제의 밖에 있으니 청컨대 다시 자세히 살펴보십시오.[67]

이 질문의 요지는 (녹문이) '忿·慾·貪·暴은 濁駁에서 나오고, 善一邊은 心에서 나온다'고 말한 것은 理氣互發을 뜻한다는 것이다. 이에 대하여 녹문은 분·욕·탐·폭은 기질의 탁박함에서 나오고, 四端과 같은 善은 기질의 淸粹함에서 나온다고 보았다. 다만 기질의 탁박함에서 나온 것은 心(의 허령함)을 가리고, 기질의 청수함에서 나온 것은 心의 명령을 잘 듣는 차이가 있을 뿐이다. 그리고 녹문은 善惡을 막론하고 發用하는 것은 기질이라고 하였다. 즉 '善은 發於理, 惡은 發於氣'가 아니고 '善惡皆發於氣'라는 것이다. 그러므로 녹문은 자신이 理氣互發을 주장한 것이 결코 아니라고 하였다.

이제 인심·도심과 사단·칠정의 관계에 대한 녹문의 관점을 살펴보자. 이 문제에 대하여 녹문은 《鹿門集》 권20에서 《心經》에 대한 주석을 통하여 잘 설명하고 있다.

---

67) 《鹿門集》 9:27b~28a, 答鄭伯游, 丁巳(1737, 녹문 26세).
　　問; 以忿慾貪暴一切 不好底事, 謂之都出於氣質之濁駁, 則想必以善一邊事, 謂出於心. 如此則其與理發氣發之說, 不同者幾何?
　　答; 忿慾貪暴, 出於氣質之濁駁, 而心爲所揜, 四端萬善, 出於氣質之淸粹, 而聽命於心, 無論善惡, 發用者氣質也, 能發用者心也, 所以能發用者 性也. 鄙說劈下來箇箇如此, 互發之譏, 恐是題外, 請更細觀.

〈贊條〉: 좋아하고 즐기고 성내고 화내는 것(好樂忿懥)을 人心에 속하게 하는 것은 끝내 온당하지 못하다. 내 생각에 西山은 四端·七情과 理發·氣發의 설에 얽매여 무릇 人心·道心, 形氣·性命之論과 더불어 반드시 칠정을 인심에 속하게 하고 사단을 도심에 속하게 하려고 한 까닭에 이와 같이 말한 것 같다. 과연 그런가? 子思는 喜怒哀樂이 中節하는 것을 達道로 삼고, 程子는 칠정을 性의 動으로 삼았다. 칠정이 만약 이와 같이 인심이라면, 이것은 자사와 정자가 한편으로 치우친 논의이다.[68]

먼저 녹문은 好·樂·忿·懥와 같은 기호나 감정을 인심에 속하는 것이 아니라고 보았다. 그 이유는 《심경》을 쓴 진서산은 理發·氣發의 관점에서 七情을 인심에, 四端을 도심에 속하도록 하려고 하였기 때문에 잘못이라는 것이다. 녹문은 好·樂·忿·懥와 같은 감정은 전체적으로 칠정의 범주에 속하는 것으로 이것을 오직 有善惡의 인심이라고 고정시켜 말할 수 없다는 것이다. 왜냐하면 子思가 《중용》 1:4에서 "희·노·애·락이 아직 발하지 않은 것을 中이라고 하고, 발하여 모두 中節하는 것을 和라고 한다. 中이란 천하의 大本이며 和라는 것은 천하의 達道이다(喜怒哀樂之未發 謂之中, 發而皆中節謂之和. 中也者 天下之大本也, 和也者 天下之達道也)"고 한 데서 희·노·애·락이 未發일 때를 中이라 하고 中을 達道라 한 것은 희로애락으로 대표되는 칠정이 미발일 때는 달도로서 善이기 때문이다. 그런데 만약 칠정을 인심에 속하게 하면 性善이 아니라 性有善惡이 된다. 따라서 만약 칠정이 인심에 속한

---

68) 《鹿門集》 12:1a~b, 心經注.
　　贊○ 以好樂忿懥, 屬之人心, 終未穩當. 意者西山拘於四端七情·理發氣發之說, 與夫人心道心形氣性命之論, 必欲以七情屬之人心, 四端屬之道心. 故有此云然耶? 子思以喜怒哀樂之中節爲達道, 程子以七情爲性之動. 七情若只是人心, 是子思·程子作一偏之論也.
　　《心經》의 〈贊條〉에 대한 자세한 내용은 이 장, 앞 절의 〈찬조〉의 주 참고.

다고 하면 자사나 정자의 논의가 틀렸다는 말이 된다. 녹문은 나아가
칠정을 인심일변도로 말할 수 없는 이유를 다시 아래와 같이 자세히 설
명한다.

　　또 만약 好色이 진실로 人心이라면 好善도 역시 인심이다. 《大學章
句》는 '忿懥'를 해석하여 단지 '怒함'이라고 했다. 또 말하기를, '네 가
지는 心의 用이다'고 했는데, 그 뜻은 아마도 사람들이 '분노와 노여움
〔忿懥〕'을 不正한 것으로 오인한 것 같다. 雙峯의 말에 이르면 곧 '忿
이라는 것은 怒가 甚한 것이며, 懥는 노여움이 오래 된 것〔留〕이다'고
하니 이미 朱子의 本旨를 잃은 것이다. 이제 또 오로지 인심에만 속하
게 하면 잘못됨이 더욱 멀어진다(쌍봉의 본 것이 깊으며, 서산이 본
것은 편벽되니, 서산의 병은 더욱 깊다). 대개 칠정은 인심과 도심 그
리고 善惡의 총명이다. 喜는 인심에도 있으며, 도심에도 있다. 선도
있고 악도 있다. 怒·哀·樂도 또한 그렇지 않음이 없다. 마치 사냥을
좋아하고 음주를 좋아하는 것은 인심이다. 독서를 좋아하고 검속함을
좋아하는 것은 도심이다. 인심과 도심이 그 中을 얻는 것이 善이다.
사냥을 좋아함에 그 정도를 지나치고 음주를 좋아함에 그 절도를 넘으
며, 독서를 좋아하고 검속을 좋아하면서도 오히려 뜻을 잃어버리고 얽
매이는 병이 있게 되는 것(이것은 곧 율곡의 이른바 시작은 도심이며
끝은 인심이라는 것이다)은 악이다. 이것을 미루어 보면 나머지도 알
수 있다.[69]

---

69) 《鹿門集》 12：1b～2a, 心經注.
　　　且如好色固是人心, 好善亦是人心耶. 大學章句釋'忿懥', 只曰'怒'也. 又曰'四者
　　　心之用也'. 其意正恐人誤以'忿懥'看作不正也. 至雙峯乃曰'忿者怒之甚, 懥者怒
　　　之留', 已失朱子本旨. 今又專屬之人心其失尤遠矣(雙峯見得深, 西山見得偏,
　　　西山之病又甚). 盖七情是人心·道心善惡之總名也. 喜也有人心, 亦有道心, 有
　　　善亦有惡. 怒也·哀也·樂也, 莫不皆然. 如喜獵喜酒 人心也. 喜讀書喜檢束
　　　道心也. 人道心之得其中 善也. 喜獵而過其度, 喜酒而踰其節. 喜讀書喜檢束而
　　　反入於喪志拘迫之病者(此卽栗谷所謂始道心終人心者也) 惡也. 從此推之餘者
　　　可知.

好色도 인심이고 好善도 인심이다. 분노하고 성내는 것도 인심인데 이것을 옳지 못한 것이라고 여기거나 또 단지 인심으로만 생각해도 더욱 잘못된 것이며, 또한 주자의 본질과도 어긋난다. 왜냐하면 녹문은 지나치게 깊은 것이 편벽된 것보다는 낫다고 보고, 이에 따라 好色이나 忿懥를 옳지 않은 것〔不正〕으로 생각하는 쌍봉이 인심과 도심을 각각 칠정과 사단으로 분속하는 진서산보다 오히려 낫다고 본다.

또 여기서 녹문은 칠정을 인심과 도심, 선악의 총괄한 이름이라고 보았다. 따라서 희·노·애·낙에는 각각 도심도 있고 인심도 있으며, 동시에 선과 악도 있다. 녹문은 이것을 좀더 자세히 설명한다. 즉 개개인은 음주나 사냥 등 자신의 嗜好를 가질 수 있으며, 이 기호는 곧 인심이라 할 수 있다. 한편 讀書와 檢束 등은 그 자체가 좋은 덕목도 있다. 그렇다고 음주와 사냥은 악이며, 독서와 검속은 선이라는 구도는 옳지 않다는 것이 녹문의 견해다. 왜냐하면 음주와 사냥도 절도를 지키면 善이 되며, 독서와 검속도 지나쳐 건강을 해치거나 검속으로 말미암아 자신의 心志를 잃게 되면 그것은 선이 아니라 악이 되기 때문이다.

그리고 녹문은 율곡이 말한 人心道心相對終始說이 옳다고 보고,70) 한편 "退溪는 역시 西山의 病을 면할 수 없는 까닭에 이와 같은 곳에서 밝게 說破할 수 없었다"71)고 하였다. 이 말은 퇴계가 인심과 도심을 각각 칠정과 사단에 分配한 것을 비판한 것이다.

한편 녹문은 퇴계나 진서산처럼 인심과 도심을 칠정과 사단으로 분배하는 것은 도심과 인심을 體와 用으로 나누어 보는 것과 같다고 보고

---

70) 그러나 이것은 율곡의 초기 논의이며, 최종적으로 人心聽命於道心說을 주장하였다. 두 논의의 차이는 人心道心相對終始說이 결과에 이르는 과정에 대한 해명이 중심이라면, 후자의 경우는 수양의 방법과 도덕적 당위를 중시하는 것이라고 할 수 있다.

71)《鹿門集》12:1b~2a, 心經注.
　　退翁亦不免西山之病, 故此等處不能明破歟.

다음과 같이 비판하였다.

　　七情을 人心에 속하게 하고 道心을 논하면서 또 따로 仁義中正을
　　열거하는 것은 모르긴 하여도 칠정밖에 따로 인의중정의 發함이 있는
　　것 같다. 도심에 관한 일단의 말은 본래 病이 없으나, 上段이 이와 같
　　은 까닭에 下段도 역시 밝지 못한 것이 있게 되어, 드디어 羅整庵같이
　　도심은 體, 인심은 用이라는 논의에 가까워졌다(西山의 본래 病은 나
　　정암과는 다르나 語勢가 근접한다. 그러나 서산의 병은 정암보다 심하
　　다). 이제 上段一句를 헤아려 고쳐 말하기를 '人心은 어디에서 비롯되
　　는가? 形氣에서 생긴 것이니 그것을 일러 耳·目·口·鼻(혹 聲·
　　色·臭·味)다'고 하면 양단은 다같이 병폐가 없어서 朱子의 뜻과 합
　　하는 것 같은데 어떠한지?[72]

　人心과 道心을 七情과 四端에 分配하고 도심을 仁義中正으로 세분하
여 설명하는 것은, 인심과 도심 그리고 선악의 總名인 칠정 이외에 따
로 인의중정의 가치가 발한다고 하는 것과 같다는 것이다. 녹문이 보기
에 인심·도심, 사단·칠정을 분배하는 것은 羅整庵이 도심은 體, 인심
은 用이라고 구분한 것[73]과 비슷하다는 것이다. 그리고 진서산의 잘못

---

72)《鹿門集》12:2a~b, 心經注.
　　以七情屬之人心, 而論道心則又別擧仁義中正. 未知七情之外, 抑別有仁義中正
　　之發耶. 道心邊一段語本無病, 而緣上段如此, 故下段亦未瑩. 遂近於羅整庵道
　　心體人心用之論.(西山本病　則與整庵不同, 而語勢近之. 但西山之病, 甚於整
　　庵) 今擬改上段一句云 '人心伊何, 生於形氣, 曰耳曰目曰口曰鼻(或曰聲色臭
　　味)云' 則兩段俱無病, 似合乎朱子之意, 未知如何?
73)《困知記》2면 上, 4장.
　　道心은 性이요, 人心은 情이다. 마음은 하나이나 양변으로 나누어 말하는
　　것은 動과 靜의 구분이며 體와 用의 구별이다(무릇 靜으로써 動을 제압하면
　　吉하고 動하나 헤매면 凶하다). 惟精은 그 기미를 살피는 까닭이요, 惟一은
　　그 性을 보존하는 까닭이다. 允執厥中은 마음이 하고자 하는 바를 좇아도
　　법도를 넘지 않는 것을 말하는 것이니 聖神이라야 능한 것이다〔道心性也,
　　人心情也. 心一也, 而兩言之者, 動靜之分, 體用之別也(凡靜以制動則吉, 動而

이 나정암보다 더 크다는 것이다. 이에 녹문은 《中庸章句》序에서 주자
가 "인심과 도심의 다름이 있게 되는 것은 그것이 혹 形氣의 사사로움
에서 생기기도 하고, 혹 性命의 바름에 근원하기 때문이다(而以爲有人
心. 道心之異者, 則以其或生於形氣之私, 或原於性命之正)"고 말한 것에
동의하면서 '인심은 형기에서 생긴 耳·目·口·鼻 즉 聲·色·臭·味
다'고 하면 인심을 있는 그대로 이해하는 것이라고 본다.

> 情은 하나지만 用은 둘인 것은 好色·好善과 같이 좋아함의 情은
> 같으나 느끼는 바가 다르므로 혹 人心이 되고 혹 道心이 되니 이것은
> 곧 어긋날 틈이 없는 것이다. 여기에서 그것을 살핌에 반드시 정밀한
> 뒤에야 어그러짐이 없을 수 있다. 西山의 이 구절은 말이 정밀하지 못
> 한 것은 아니나, 다만 서산은 이미 七情을 오로지 인심으로 돌리고 따
> 로 仁義中正을 거론함으로써 도심을 해석한 것은 理氣를 둘로 한 病을
> 면할 수 없다. 나는 이른바 어긋날 틈이 없다는 것이 어디를 지적하는
> 것인지를 모른다.74)

즉 어떤 대상을 좋아하거나 싫어하는 情은 하나이지만, 그것이 어떻
게 어떤 장소에서 사리합당하게 드러나게 되는가에 따라, 人心이 되기
도 하고 道心이 되기도 한다는 것이다. 녹문이 보기에 진서산이 위에서
'七情을 인심에 속하게 하고 도심을 논하면서 또 따로 仁義中正을 열거
하는 것'은 말이 비록 정밀하지 못한 것은 아니지만 칠정을 오로지 인심

迷復則凶). 惟精, 所以審其幾也, 惟一, 所以存其性也, 允執厥中, 從心所欲不
踰矩也, 聖神之能事也〕.
74)《鹿門集》12:2b~3a, 心經注.
情一而用二, 如好色好善, 好之情一也. 而所感不同, 故或爲人心或爲道心. 此
正不容隙處. 於此察之必精, 然後可無差失. 西山此句, 語非不精, 第西山旣以
七情專歸之人心, 而別擧仁義中正以釋道心, 則正不免二理氣之病. 吾未知所謂
間不容隙者, 的指何處耶.

에만 속하게 하고, 따로 인의중정을 거론한 것은 사리에 맞지 않는다는 것이다. 왜냐하면 그렇게 되면 리와 기를 둘로 나누어 본 것이기 때문이다.

녹문은 진서산이 이렇게 주장하게 된 근본적 원인을 다음과 같이 설명한다.

> 이 노인(眞西山)이 人心·道心의 본래의 의미를 곰곰이 살펴본다면, 모른다고 할 수는 없다. 다만 무릇 好·樂·忿·懥가 形氣에만 치우쳐 속할 수 없다는 것을 살피지 못하여 드디어 이와 같은 病敗가 있다는 것을 깨닫지 못하였다. 만약 그 病의 근원을 연구하면 七情은 氣의 '發'이라는 한마디에 있는 것 같다.[75]

즉 진서산의 이러한 오류는 모두 칠정이 '성이 발하여 정이 된다(性發爲情)'는 것을 모르고 '七情은 氣가 발한 것이다(七情是氣之發)'로 이해한 데 근원한다는 것이다.

녹문의 四端·七情論과 人心·道心論을 정리하면, 첫째, 이전의 논쟁에서 인심·도심과 사단·칠정, 善惡, 理氣 등은 각각 그 설명의 관점이나 목적이 다르기 때문에 그 의미의 범주도 다르다. 그런데 이러한 특성을 무시하고 지나치게 억지로 이들을 서로 짝을 지우려는 데서 많은 문제가 일어났다고 보았다. 사실 녹문의 이러한 지적은 매우 참신한 것으로서, 마음을 설명하는 각각의 유형이 다른데 그 다른 유형을 하나의 범주로 묶어 보려는 것은 논리적 모순이라는 것이다. 둘째, 녹문의 사단·칠정론과 인심·도심론은 마음에 대한 형이상학적인 이해를 추구하는

---

75) 《鹿門集》 12:5a, 心經注.
　　竊想此翁於人道心之本旨　則不爲不知. 特因不察　夫好樂忿懥不可偏屬乎形氣, 遂不覺有此等病敗. 若究其病源　則似亦坐乎 七情氣之'發'之一句耳.

동시에 그것은 성리학의 대전제인 性善의 실현을 위한 실천적 사유를 중시하는 것이다. 녹문철학의 특징은 '理氣同實', '心性一致', '聖凡一致', '理一分殊卽氣一分殊' 등의 명제로 대표된다. 녹문은 이러한 논리는 인심과 도심의 관계에 대한 설명에서도 잘 드러난다. 앞에서 녹문은 발생하는 근원에 따라 인심과 도심을 구별하여 설명하였다. 이것은 인심과 도심이 서로 다름을 전제로 설명한 것이다. 그러나 녹문의 관심은 어떻게 性善이나 道心의 善함을 구체적 현실에서 실현할 것인가에 있었다. 그래서 수양의 결과로 드러나는 인심과 도심의 관계는 '人心卽道心'이라는 것이다. 셋째, 녹문의 학문적 계보는 율곡계열에 속하지만, 이미 살펴본 대로 理氣論과 理一分殊論 등에서는 율곡의 견해를 비판하기도 하였으며, 인심·도심에 관해서는 한편으로는 비판하기도 하고, 다른 한편으로는 위의 예처럼 好評하기도 하였다. 이러한 사실은, 녹문이 어떤 학파적 관점에 머물며 무비판적으로 자기 계열의 학자들의 견해나 주장을 답습하거나, 권위에 순종하는 학문태도를 과감히 버리고 오직 진실과 철학적 원리에 충실하였음을 반영한다. 그럼에도 녹문 당시나 현재를 포함한 녹문 이후의 학자들이 녹문의 철학을 특정 계열이나 특정 이론에 한정하여 비판하거나 이해하는 현상이 계속되고 있다.

3. 마음의 구조와 공부방법론

1) 마음의 구조분석

마음의 수양을 중시한 조선성리학자들은 마음의 구조와 공부방법에 대하여 특별한 관심을 가졌다. 그리고 퇴계는 마음의 구조분석과 수양의 방법에 대한 설명에서 진서산이 쓴 《心經》에 있는 〈心學圖〉[76]를 중심이론으로 삼았다. 그런데 율곡은 이 〈심학도〉에 대하여 항목의 배치

---

76) 〈心學圖〉는 《心經》의 앞부분에 있는데, 程復心(字는 子見. 號 林隱)이 그렸다. 이 그림은 朱子의 《四書集註》를 바탕으로 하였으며, 《四書章圖》中卷에 있다.

　　그리고 程敏政(?～1499, 號 篁墩)은 이 〈심학도〉에 해제를 붙이면서 부연설명을 하게 되는데, 이 정민정의 해제가 조선성리학에 많은 논란을 일으키게 한 원인을 제공하였다. 즉 성리학에서 二程이 주장한 수양공부인 '存天理·遏人欲'을 도심과 인심의 두 갈래로 나누어 분속하게 한 원인이 여기서 비롯되었다는 것이다.

문제나 공부방법의 순서 등에 대하여 비판하였다. 퇴계는 이러한 비판
을 변론하여 〈心經後論〉을 지었다.

한편 학맥으로 보아 율곡학파에 속하는 녹문 임성주는 퇴계의 관점
을 지지하면서 자세하고 치밀하게 이 〈심학도〉를 분석하였다. 이 글에
서는 《녹문집》 12권의 心經註 〈심학도〉 부분에 관한 내용을 중심으로
마음[心]의 구조에 관한 분석과 공부방법에 관한 녹문의 철학을 정리하
고 그 의미를 검토하고자 한다.

心學圖

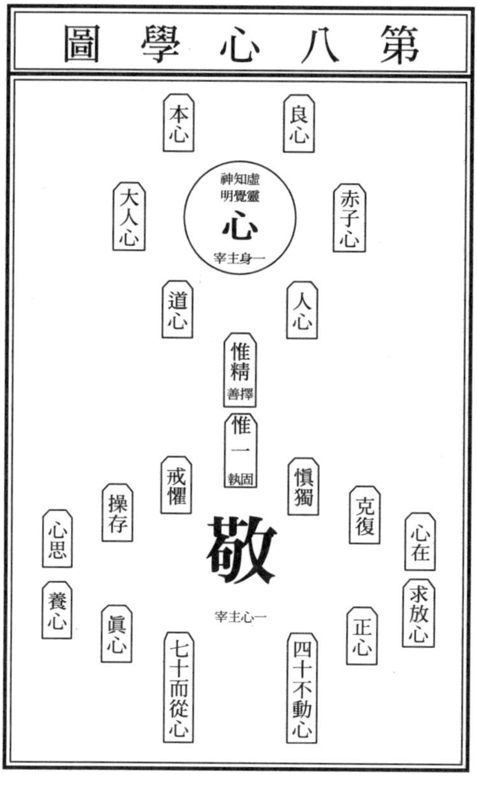

第 八 心 學 圖

本心　　良心

神知虛
明覺靈
心
宰主身一

大人心　　　赤子心

道心　　　人心

惟精
善擇

惟一
執固

戒懼　　慎獨

操存　　　克復

心思　　　心在

敬
宰主心一

養心　　　求放心

眞心　　正心

七十而從心　　四十不動心

〈심학도〉는 程復心이 그린 것으로서 퇴계의 《聖學十圖》에 실린 그림이다. 먼저 〈심학도〉를 살펴보면 크게 세 부분으로 나누어져 있다. 전반부는 마음의 구조에 관한 것으로 마음의 본체를 설명하는 여러 개념들을 배열한 것이다. 그런데 〈심학도〉의 이러한 배열에 대하여 율곡은 별로 의미가 없다고 비판하였다.

녹문은 〈심학도〉에서 각각의 항목을 배열한 순서나 위치에 대하여 다음과 같이 설명하면서 율곡의 비판을 반박한다.

> 赤子·大人·良心·本心을 배열한 것은 깊은 뜻이 있는 것은 아니다. 단지 옛사람들이 마음[心]을 말한 것을 모아 그 말들이 각각 주장하는 바가 있음을 드러내고자 하였을 뿐이다. 대개 옛사람들이 마음을 말한 것은 한결같지 않으며, 赤子의 마음을 말한 곳도 있고, 大人의 마음을 말한 곳도 있으며, 良心을 말한 곳도 있고, 本心을 말한 곳도 있어, 그 말이 같지 않으며 뜻에 따라 다르기도 하다. 그러므로 그것을 한 폭에 모아서 그 歸趣를 보려고 하면, 여러 말의 모음에 종류에 따라 對擧함이 없을 수 없기 때문에 좌우로 그것을 배열하였다. 이것이 어찌 깊은 뜻이 있겠는가? 혹자는 말하기를, '이 그림의 모음은 단지 종류별로 모은 것으로 원래 무의미하므로 없어도 좋은 것인데 무엇을 귀하게 여겨 모은 것인가?'라고 하였다. 대답하면 人心·道心·精一·擇執 이하부터 마음의 공부가 완비되니, 종심토록 해도 궁구하지 못하는 묘미가 있는데 그 의미를 어찌 다 헤아릴 수 있겠는가?[77]

---

77) 《鹿門集》 12:5a~b, 心經.
　　排赤子大人良心本心者, 非有深義也. 只是聚得古人說心處, 以見其言各有主. 蓋古人說心不一, 有言赤子心處, 有言大人心處, 有言良心心處, 有言本心處, 其言不同. 意隨而異. 故聚之一幅, 要觀其歸趣, 而衆言之集, 不能無類從而對擧處, 故分左右排列之. 是豈有深義哉? 或者云 '此圖之集, 只是類聚而元無意味, 則無之亦可, 何貴而取也?' 曰自人心道心精一擇執以下, 心之工夫備矣. 有終身不窮之妙, 其味豈可量哉?

위에서 赤子心·大人心·良心·本心은 주로 《孟子》에 나오는 개념으로 인간 본연의 순수한 마음을 설명하는 개념이다. 그 개념을 살펴보면, 적자심과 대인심은 《맹자》〈離婁章句下〉에 "맹자는 말하기를 대인이란 갓난아이의 마음을 잃지 않은 사람이다"라는 말에 근원한다. 주자는 이에 대해 "대인의 마음은 만 가지 변화에 통달하는데, 갓난아이의 마음은 純一(완전하게 순수함)하여 허위가 없다. 그러나 대인이 대인이 되는 까닭은 바로 그가 사물에 유혹되지 않아 순일하여 허위가 없는 本然을 간직하고 있기 때문이다. 그러므로 그것을 확충하면 알지 못하는 것이 없으며, 할 수 없는 일이 없으므로 지극히 크다"78)고 하였다. 여기서 보면 적자심은 갓난아기와 같은 '티 없이 맑고 순수한' 마음을 뜻하며, 대인심은 '세상의 모든 일에 통달하되 갓난아기와 같은 순수한 마음을 보존한' 마음을 뜻한다. 그리고 良心에 대하여 살펴보면, 《맹자》〈告子章句上〉에서 "사람에게 보존되어 있는 것에 어찌 仁義의 마음이 없겠는가? 그 양심을 놓아버리는 것은 또한 도끼와 낫으로 나무를 아침마다 베어 가는 것과 같으니, 어찌 아름다울 수 있겠는가?"라고 하였다. 이 구절의 양심에 대하여 주자는 "양심은 본연의 선한 마음으로 곧 仁義의 마음이다"79)고 주석하였다. 이렇게 보면 양심은 '본연의 선한 마음'이라고 할 수 있다. 그리고 本心의 의미를 살펴보면, 《맹자》〈告子章句上〉에서 "전에는 자신을 위해서는 죽어도 받지 않다가, 이제 궁실의 아름다움을 위해서 그것을 하며, 전에는 자신을 위해서는 죽어도 받

---

78) 孟子曰 大人者, 不失其赤子之心者也.
　　朱子註; 大人之心, 通達萬變, 赤子之心, 則純一無僞而已. 然大人之所以爲大人, 正以其不爲物誘, 而有以全其純一無僞之本然. 是以擴而充之, 則無所不知, 無所不能, 而極其大也.
79) 雖存乎人者, 豈無仁義之心哉? 其所以放其良心者, 亦猶斧斤之於木也, 旦旦而伐之, 可以爲美乎?
　　朱子註; 良心者, 本然之善心, 卽所謂仁義之心也.

지 않다가, 이제 妻妾의 받듦을 위해서 그것을 하며, 전에는 자신을 위해서는 죽어도 받지 않다가, 이제 궁핍한 자가 나를 알아주도록 하기 위하여 그것을 하니 이 역시 그만둘 수 없겠는가? 이것을 일러 '그 본심을 잃었다'고 하는 것이다"고 하였다. 여기서 주자는 "본심은 羞惡之心을 말한다"[80]고 주석하였다. 즉 수오지심의 義之端으로 正義를 의미한다. 한편 주자는 "仁이란 본심의 全德이다"[81]고 하였다. 즉 본심의 온전한 德이 仁이라고 하는 말은 仁·義·禮·智 四德을 대표하는 개념으로서 仁이 본심의 핵심이라는 말이다. 이 두 말은 의미가 조금 다른데, 필자의 생각으로는 《朱子語類》의 설명이 더 본심의 의미에 가깝다고 생각된다. 왜냐하면 본심은 위 대인심·적자심·양심과 동등한 차원의 개념이기 때문이다.

그런데 앞에서 혹자는 마음〔心〕의 항목들을 '종류별로 취한 것으로 본래 무의미하다'고 비판하였다고 하였는데, 여기서 말하는 혹자는 율곡이다. 율곡의 뜻은 같은 종류만을 모아 놓은 것일 뿐 마음의 구조를 설명하는 데는 별로 의미가 없다는 것이다. 이에 녹문은 마음〔心〕의 항목들이 수양공부를 할 때의 요체로서 〈심학도〉에서 말하는 일체의 구체적이고 세부적인 항목들의 源頭가 된다고 보았다. 그것을 녹문은 다음과 같이 설명한다.

大人·赤子·良心·本心은 공부가 아니며 또한 순서도 없으며 긴밀한 관계가 있는 것도 아니다. 그러나 赤子心은 人欲에 뒤섞이지 않은 양심이며, 사람이 처음 태어날 때는 본래 不善이 없다는 것을 알 수

---

80) 鄕爲身死而不受, 今爲宮室之美爲之, 鄕爲身死而不受, 今爲妻妾之奉爲之, 鄕爲身死而不受, 今爲所識窮乏者得我而爲之, 是亦不可以已乎? 此之謂失其本心.
　　朱子註; 本心, 謂羞惡之心.
81)《朱子語類》25:22.
　　仁者, 本心之全德.

있다. 大人心은 의리가 모두 갖추어진 本心이다. 공부가 지극하면 大
人이 될 수 있다는 것을 알 수 있다. 학자는 여기에서 적자심을 아는
것을 내 마음의 眞面目으로 삼아야 한다. 대인심은 자신이 공부하는
標的이며, 진실로 精一·存遏의 일에 힘을 쓰면 聖人의 문과 길을 걷
는 것이 다른 것이 아니다. 이 네 가지 덕목이 어찌 무의미하겠는가?
내가 이른바 깊은 뜻이 없다고 한 것은 편집하고 배열한 것을 지적한
의미이지 이 덕목 자체를 말한 것은 아니다.[82]

大人·赤子·良心·本心에 대한 녹문의 설명은 주자의 설명과 대동소
이하다. 그러나 이 네 가지 항목을 서로 연관시켜 학문의 목적으로 설명
하였다. 赤子心은 人欲에 섞이지 않은 양심으로 不善이 없는 것이며, 大
人心은 義理가 모두 갖추어진 본심으로 공부가 지극한 대인의 마음이다.
이에 녹문은 적자심을 마음의 진면목으로 삼고, 대인심을 공부의 목적이
라고 주장한다. 따라서 녹문은 자신이 이 네 가지 항목을 모아 놓은 것
이 깊은 의미가 없다고 한 것은 분배한 위치가 별로 깊은 뜻이 없다는
말이지, 이 네 가지 마음 자체가 무의미하다는 뜻이 결코 아니라고 말한
다. 그리고 율곡이 이 네 가지는 종류별로 모아 놓은 것에 지나지 않을
뿐 별로 귀하게 여길 것이 없다고 한 것은 잘못된 관점이라는 말이다.

그런데 이 〈심학도〉의 여러 항목 가운데 퇴계와 율곡 사이에 가장
큰 異見을 보인 것은 '存天理·遏人欲'에 관한 것이다. 율곡은 〈심학
도〉에서 이것을 두 가지의 공부로 나누어 본 것이 잘못이라고 보았다.

---

82) 《鹿門集》 12:5b, 心經.
　　大人·赤子·良心·本心, 非工夫也, 亦無次序也. 似無打緊, 而然赤子心. 是
　　人欲未汩之良心, 可見人生之初, 本無不善. 大人心, 是義理具足之本心, 可見
　　工夫之至, 可至大人. 學者於此, 有以知赤子心爲吾心之眞面. 大人心爲吾功之
　　標的, 而眞實用力於精一·存遏之事, 則作聖門路端不外矣. 四者之目, 亦豈無
　　意味哉? 吾所謂無深義者, 指編排之意也, 非謂此也.

율곡이 이렇게 보는 원인을 알아보고자 먼저 위의 〈심학도〉를 설명한
程敏政의 설명을 살펴보자.

> 赤子의 마음은 아직 人欲에 빠지지 않은 良心이며, 人心은 곧 인욕에
> 서 知覺된 것이며, 大人의 心은 義理를 완전히 갖춘 本心이며, 道心은
> 곧 의리에서 지각된 것이다. 이것은 두 가지 양태의 마음이 있는 것은
> 아니다. 실제로 形氣에서 생겨나면 인심이 없을 수 없으며, 性命에 근
> 원하므로 도심이 된다. 精一(惟精惟一)과 擇執(擇善固執)으로부터 그
> 이하는 인욕을 막고 天理를 보존하는 공부가 아닌 것이 없다.83)

〈심학도〉에는 인심과 도심이 각각 오른쪽과 왼쪽으로 나누어져 있
다. 그리고 虛靈·知覺·神明하고 一身의 주재인 마음[心]의 왼쪽에 本
心·大人心·道心이, 오른쪽에 良心·赤子心·人心이 배열되어 있다.
그런데 여기까지는 그렇게 문제가 되지 않는다. 문제는 程敏政이 程復
心의 본래의 〈심학도〉에서 왼쪽의 대인심의 옆에 '義理具足之本心'이라
고 주석을 달고, 오른쪽 적자심의 옆에는 '인욕이 아직 섞이지 않은 양
심(人欲未汨之良心)'이라고 주석을 달았다. 여기서 '義理'와 '人欲'을 좌
우로 나눈 것과 같다. 또 중앙의 惟精·擇善의 좌우로 '遏人欲而存天理'
와 '理之工夫'84)라고 주석을 달았다. 이에 대한 퇴계와 율곡 사이에 異
見이 생겼다. 그 내용을 율곡의 정리를 통하여 살펴보면, 퇴계는 다음
과 같이 말했다.

---

83) 《心經附註》 5a, 〈心學圖〉.
  (程氏復心曰) 赤子心是人欲未汨之良心, 人心卽覺於欲者, 大人心是義理具足
  之本心, 道心卽覺於義理者, 此非有兩樣心. 實以生於形氣 則不能無人心, 原於
  性命 則所以爲道心. 自精一擇執以下, 無非所以遏人欲而存天理之工夫也.
84) 程復心의 〈심학도〉.

程敏政의 心學圖

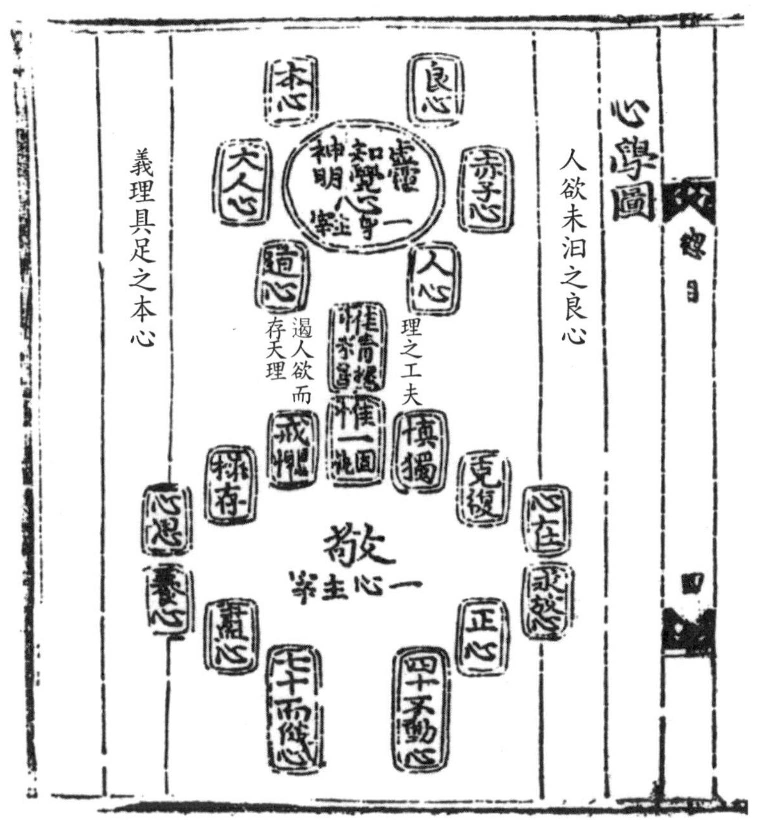

遏人欲과 存天理를 상대적인 공부로 삼은 것은 그 유래가 오래되었다.
眞西山도 역시 '克治(사사로운 욕심이나 그릇된 생각을 물리침)와 存養
(본마음을 잃지 않도록 착한 성품을 기름)은 서로 그 功을 이룬다'고 하
였으니, 여기에서 相對해서 말하는 것이 어찌하여 不可한가?[85]

---

85) 《栗谷全書》1, 181쪽, 9:13b, 上退溪先生問目.
　　以遏人欲存天理爲相對功夫, 其來尙矣. 眞西山亦云, '克治存養　交致其功, 於

퇴계의 이 말은 '遏人欲'과 '存天理'를 상대적으로 설명한 것은 자신이 처음 말한 것이 아니라 이미 그 典據가 많다는 뜻이다. 이에 대하여 율곡이 이의를 제기하여 말하기를, "알인욕과 존천리를 두 갈래의 공부로 나누었으니 이미 타당치 않다"[86]고 하였다. 즉 율곡의 뜻은 인욕을 막고 천리를 보존하는 공부는 두 갈래의 공부가 아니라 하나로 일관되어 있다는 말이다. 여기서 퇴계와 논쟁이 생겼던 것이다.

그런데 위에서 程敏政도 분명히 인심과 도심이 두 가지 양태의 마음이 있는 것은 아니라고 하였으며, 단지 그 근원에 따라 인심이 없을 수 없으며, 도심이 갖추고 있는 것이라고 하였다. 이에 녹문은 정민정과 퇴계의 관점을 옹호하면서 먼저 存天理와 遏人欲의 관계를 다음과 같이 설명한다.

'天理를 보존함'과 '인욕을 막음' 이 두 가지는 본래 두 면의 공부이다. 만약 오로지 인욕을 막는 공부에만 집착하고, 천리를 보존하는 것은 단지 효과를 거두는 정도로 치부한다면 아마도 이른바 막는다는 것은 무엇으로 功을 이루며 공부 또한 어찌 이룰 수 있겠는가? 그러므로 나는 이 두 가지를 수레의 두 바퀴와 같이 하나도 소홀히 할 수 없다고 생각한다.[87]

程林隱(程復心)이 그린 이 그림을 살펴보면 충분히 의미가 있다. 그리고 程篁墩[88]이 《心經》의 앞머리에 실었다. 퇴계는 또한 그것이 깊이

此對說, 何爲而不可乎?

86) 《栗谷全書》 1, 181쪽, 9:12a, 上退溪先生問目.
　　以遏人欲存天理, 分兩邊功夫, 已爲未安.
87) 《鹿門集》 12:6a, 心經.
　　'存天理遏人欲'此二者, 本是兩邊工夫. 若欲專著意於遏人欲工夫, 而以存天理只付之於收效之地, 則未知其所謂遏者, 果何以下功? 而工夫亦安能做得成乎? 故愚則以爲此二者, 如車兩輪, 不可廢一也.

있고 정밀하다고 매우 칭찬하였다. 두 賢者가 또한 아무 所見이 없어서 그런 것이겠는가? 율곡에 이르러 비로소 만족하지 않다는 논의가 있었는데, 퇴계와 더불어 주고받은 편지에 많게는 수백 마디가 있다. 그 뒤 학자들은 서로 비방하고 상처를 입히기만 하고, 그림의 본래 의미는 연구하지 않고, 다만 이미 율곡이 한 말에 바탕해서 다투기를 꺼려하지 않았으며, 혹 율곡이 다다르지 못한 논의를 드러내기는 하였지만, 끝내는 속되게 새로운 것만 좋아하는 폐단은 여전하였다.[89]

즉 '存天理'와 '遏人欲'의 공부는 분명히 범주가 다른 두 가지 공부라는 것이다. 그러나 두 가지 공부는 서로 연관이 없이 각각 별개의 독립적 영역의 공부는 아니며, 정민정의 관점과 마찬가지로 서로 相補的 관계의 공부라고 보았다. 따라서 어느 하나를 중시하거나 소홀히 할 수 없는 마차의 두 바퀴와 같이 서로 불가분의 공부라는 말이다. 녹문은 이러한 비판이 아무런 근거가 없이 단지 새로운 것만 추구하다가 생긴 추세라고 설명한다.

이에 녹문은 퇴계와 율곡의 견해 차이를 종합적으로 다음과 같이 정리한다.

이제 퇴계와 율곡 두 선생의 말을 참고하여 생각하면, 퇴계의 말은

---

88) 程篁墩〔?~1499(弘治 12)〕: 名 敏政, 明代人. 字 克勤. 당시 翰林院에서는 程敏政이 학문적으로 뛰어난 학자로 평이 났으나, 그의 학문경향에 대해서는 많은 논란이 있었다. 특히 그는 《道一編》을 지어 朱陸의 早異晚同을 주장하였는데, 陳建(1497~1567)이 쓴 《學蔀通辨》은 이에 반박하기 위한 것이었다.

89) 《鹿門集》 12:6a, 心經.
按林隱作此圖, 意必有在, 而篁墩揭之於心經篇首. 退溪又盛稱其深密. 兩賢者亦豈無所見而然裁? 至栗谷 始有不滿之論, 與退溪往復, 多至累百言. 厥後學者遂爭相打毀, 不究圖之本意, 只依栗谷已成之說, 紛紜無所忌, 或發栗谷意未到底議論, 末俗好新之弊固然也.

끝내 원만하고 정확하며, 정밀하고 상세하여 아무리 뒤집어도 깨뜨릴
수 없으며, 율곡의 논의는 언뜻 보면 明快하고 뚫려서 아무런 막힘이
없는 것 같으나 잘못된 곳을 먼저 찾으려는 병을 면할 수 없다. 율곡
이 힘써 공격한 것은 求放心을 克復의 아래에 잘못 두었다는 것이다.
그는 말하기를, "구방심은 초학자가 입문하는 곳인데 어찌 극복의 아
래에 둘 수 있겠는가"라고 하였다. 퇴계는 답서에서 말하기를, "그대는
구방심을 종신사업으로 여기는가? 아니면 하룻밤만 지나면 버릴 화로
의 불로 여기는가?"라고 하였으며, 또 말하기를 "구방심이 만약 단지
초학자가 입문하는 곳이라면 맹자는 왜 '初學의 道는 放心을 구하는
것'이라고 하지 않고, '학문의 방법은 다른 것이 아니라 방심을 구하는
것이다'고 하였는가? 程子는 왜 또 '聖人의 千言萬語를 통틀어서 말하
면 단지 이것이다'고 하였는가?"라고 하였다. 또 말하기를 "구방심은
정밀하게 말할 수도 있고, 조잡하게 말할 수도 있다. 조잡하게 말하면
초학자가 입문하는 곳이고, 정밀하게 말하면 顔子의 不遠復[90]이니 또
한 구방심의 공부가 아니겠는가(문집에서 인용한 이 여러 단락은 그
전문을 수록할 수는 없지만 대의는 이러하다)?"라고 하였다.

　이 몇 마디 말은 진실로 이른바 물샐틈없는 것이다. 퇴계는 또 말
하기를, "이 그림은 비록 대체적으로 生硬[生熟: 날 것과 익은 것. 未
熟과 成熟]하지만, 대략 앞뒤를 나눈 것일 뿐, 正心・修身・致知・誠
意가 진정으로 等級이 있다는 뜻은 아니다. 그 뜻은 단지 聖人의 心法
은 또한 하나의 실마리만 아니고 모두 힘써 공들이지 않으면 안 된다
는 것을 말한 것일 뿐이다. 이것은 곧 또한 정임은의 본지가 더 이상
말할 거리가 없다는 것을 발명한 것이다"고 하였다. 이제 비방하는 사
람은 '퇴계가 모방[依倣]하기만 힘쓰고 선현과 다른 논의를 확립하지

---

90) 《周易》 復卦의 初九.
　'멀지 않아서 돌아온다. 후회함이 없으니 크게 길하다' 하였으니, 공자가 말
하기를 '顔子는 거의 여기에 다다랐도다! 착하지 못함이 있으면 일찍이 깨
닫지 않음이 없었으며, 또 이를 알면 두 번 다시 행하지 않았다(不遠復, 無
祗悔元吉. 子曰顔氏之子 其胎庶幾乎 有不善 未嘗不知 知之未嘗復行也)'고
하였다.

않았다고 여겼다. 그러므로 그 말이 이처럼 끝내 율곡처럼 명백하고 灑落하지 못하다'고 한다. 무릇 퇴계는 일생 동안 沈潛하여 문제를 연구하였으며〔設難: 문제를 마련하여 물음〕, 또한 분별없이 남의 말에 찬동하지〔苟同＝苟合〕 않았다. 이 그림은《聖學十圖》에 실었고, 거듭 평일의 언론을 그 아래 실었다. 만약 진실로 진정하게 스스로 얻은 곳이 없고, 그가 논한 바는 다만 모방일 뿐이라면, 하필이면 그것을 드러내어 太極圖・西銘圖・小學圖・大學圖・心性情圖 사이에 竝列하였겠는가? 이제 그 본지를 연구하지 않고 입만 믿고 방자하게 공격하는 것이 이와 같으니 한탄스러운 일이다. 나의 생각으로는 퇴계의 설이 定論인 것 같은데 어떠한가?91)

율곡의 비판은 '求放心'은 초학자가 입문하는 항목인데 이것을 克復의 아래에 둠으로써 초학자가 시작할 곳이 없게 되었다는 것이다. 이에 퇴계는 '구방심'이 초학자의 덕목일 뿐만 아니라, 학자라면 종심토록 일삼아야 할 덕목이라는 점에서 율곡의 비판이 타당하지 않다고 보고 그

---

91)《鹿門集》12:6b～7a, 心經.
　今以退栗兩先生說參考而思之, 退溪之說, 終是圓確精詳, 顚撲不破, 栗谷之論, 乍看快豁, 似無碍滯, 而終不免先尋非處之病也. 栗谷之所大攻者, 求放心之不當在克復之下也. 其說曰 '求放心是初學入頭處, 豈可列於克復之下乎云云'. 退溪答書曰 '君以求放心爲終身事業乎, 抑以爲一宿過去之逆廬乎?' 又曰 '求放心若只是初學入頭處, 則孟子何不曰初學之道求其放心云, 而乃曰學問之道無他云云也. 程子又何以泛言聖人千言萬語, 只是云云也'. 又曰求放心 精說可・粗說可. 粗說則初學入頭處也. 精說則顔子之不遠復, 亦豈非求放心工夫乎(此數段出文集, 不能記其全文, 大意如此)? 觀此數語, 眞所謂置水不漏者也. 退溪又曰 '此圖雖以大槪生熟, 略分先後, 而非如正心・修身・致知・誠意之眞有等級也. 其意只以爲聖人心法, 亦非一端, 皆不可不用功力云爾. 此則又發明林隱本旨無復餘蘊也'. 今之毀者, 以爲退溪務爲依倣, 不欲立異於先賢. 故其說如此, 終不如栗說之明白灑落也. 夫退溪一生沈潛設難, 不爲苟同. 且此圖 則揭之於聖學十圖, 仍載平日言論於其下, 苟使無眞的自得處, 而其所論只出於依倣而已. 則何必表而出之, 幷列於太極・西銘・小・大學・心性情圖之間哉? 今乃不究其本旨, 信口恣攻如是, 可勝歎哉. 愚意則以爲退說終是定論, 未知如何?

것을 맹자와 정자의 말을 바탕으로 하여 반박하였다.

이에 녹문은 퇴계의 관점을 찬성하면서 두 가지 면을 들고 있다. 하나는 앞뒤를 나눈 것은 대략적이고 종합적인 면에서 그런 것이지, 《대학》의 〈팔조목〉 같은 것이 등급이 있다는 의미로 앞뒤가 있다는 것이 아니라는 것이다. 다른 하나는 퇴계의 말은 단지 옛사람들의 견해를 모방한 것에 지나지 않는다는 비판은 어불성설이며, 퇴계는 〈心學圖〉에 관한 연구를 자신의 평생연구의 결과로 《聖學十圖》에 실은 것이라는 말이다.

그렇다고 녹문이 정민정과 퇴계의 견해에 전적으로 동의하는 것만은 아니다. 여기서는 두 가지 면에서 그 내용을 살펴보자

> 存天理의 옆에 세로로 문자를 擴充한 것은 무슨 까닭인지 모르겠다. 不動心과 從心(七十從心)을 좌우로 나눈 것은 잘못인 것 같다. 대개 효과를 收斂하는 곳과 공부를 드러내는 곳은 다르다. 惟精·惟一의 예와 같이 서로 포개어 수직으로 연결하면 무방할 것 같다.[92]

앞의 〈심학도〉에서 보면, 정민정이 道心의 항목 옆에 세로로 存天理라고 부연 설명한 것은 이유가 불분명하다는 것이다. 그리고 가장 아래의 왼쪽 '七十而從心(從心所慾不踰矩)'과 오른쪽의 '四十而不動(四十而不惑)'을 좌우로 나누어 놓은 것은 좋지 않으므로, 이 둘을 아래위로 포개어 연결하여 설명하는 것이 무난하다는 것이 녹문의 관점이다. 왜냐하면 '四十而不動'은 점진적 발전과정을 의미하며, '七十而從心'은 수양의 완성을 뜻한다고 보기 때문이다.

그리고 녹문은 퇴계의 견해에 대해서도 일부 미비한 점이 있다고 지

---

92) 《鹿門集》 12:7b, 心經.
　　存天理邊落擴充文字, 未知如何故也. 不動心·從心 分屬左右, 恐未安. 盖收效處 與著工處有異, 依惟精惟一例, 兩疊而直繫之 則似無病.

적한다.

　　存天理・遏人欲의 공부는 진실로 두 방향으로 나누어 말할 수 있으나 그 가운데 각각을 관통하여 하나가 되는 묘미가 있으니, 또한 너무 지나치게 分開해서는 안 된다. 효과를 수렴하는 곳에서까지 또한 어찌 두 가지 양태의 다른 것이 있겠는가? 圖說의 語脈(말의 맥락)을 자세히 보면, 분명히 각각 칸막이가 있고, 각각의 행로가 있는 것 같다. 만약 완전하게 단절되어 서로를 받아들이지 않는다면 잘못이 적지 않다. 퇴계는 여기에 대하여 아무런 말이 없으니 상세한 데는 이르지 못한 것은 아닌지〔細註: 이미 인욕을 막아야 할 곳의 공부를 말하고서 또 반드시 不動心에 이르러야 한다고 하면 제대로 알지 못하는 사람은 어찌 부동심을 단지 遏人欲의 효험으로 여기지 않겠는가? 이미 천리를 보존해야 할 곳의 공부를 말하고서 또 반드시 從心(從心所慾不踰矩)에 이르러야 한다고 하면, 제대로 알지 못하는 사람은 어찌 종심이 단지 存天理의 효험일 뿐이라고 여기지 않겠는가〕!93)

　　녹문의 견해를 정리하면, 비록 存天理・遏人欲의 공부가 두 가지 방면의 공부이기는 하지만, 이 두 가지 공부가 하나로 관통되는 묘미가 분명히 있으므로, 끝까지 두 가지 별개의 공부로 여겨서는 안 된다는 것이다. 그런데 〈심학도〉를 자세히 보면, 마음의 구조와 공부방법을 설명하는 각각의 항목들이 칸으로 독립되어 있고, 그것이 마치 각각 독립된 맥락을 가진 것처럼 보인다. 만약 이처럼 각각의 항목이 서로 연관

---

93) 《鹿門集》12:7b, 心經.
　　存遏工夫, 固可以兩邊分說也. 而其中各有貫通爲一之妙, 則亦不可分開太甚也. 至於收效處 則尤安有兩樣別事? 而竊詳圖說語脈, 分明似有各各間架 各各路子. 若截然不相入者, 非少欠. 退溪於此無說, 未及詳之歟(旣言遏人欲處工夫, 而曰必至於不動心云云, 則不知者 豈不以爲不動心, 只是遏人欲之效驗云也. 旣言存天理處工夫, 而曰必至於從心云云, 則不知者 豈不以爲從心. 只是存天理之效驗云也)!

성이 없는 별개의 항목이라면, 그것은 앞에서 말한 모든 공부가 종합되어 하나로 드러나는 묘미를 얻을 수 없게 된다.

무슨 말인가 하면 程復心의 〈心學圖說〉[94]에서는 '遏人欲의 공부는 반드시 不動心에 이르러야 한다(아래 주 469에서 ①번 참고)'고 하고, 또 '存天理의 공부는 반드시 從心에 이르러야 한다(아래 주 469에서 ②번 참고)'고 말하면, 알인욕과 존천리는 서로 전혀 별개의 공부가 되고, 따라서 각각 알인욕 공부의 효과는 부동심으로 나타나고, 존천리 공부의 효과는 종심(從心所慾不踰矩)으로 나타나게 된다고 오해할 수 있다는 것이다. 그런데도 퇴계는 이러한 단점들에 대한 지적이나 해명이 전혀 없으므로 녹문이 보기에 그의 연구가 좀 미흡하다는 것이다.

그러나 녹문은 비록 그림이 약간의 오해의 소지는 있지만, 자세히 보면 그림보다는 정민정의 설명에 문제가 있다고 보았다.

赤子에게도 人心과 道心이 있다. 大人에게도 인심과 도심이 있다. 그러나 적자의 인심·도심은 단지 지각이 아직 분명하지 않은 가운데 대략 그 실마리를 가진 것일 뿐이니 이것이 이른바 이미 발하였어도 도를 버린 것이 아직 멀지 않았다는 것이다. 大人은 도심을 爲主로 하여 인심이 命을 들은즉 이른바 인심도 역시 도심이다. 이제 그림의 설명[95]은 곧 인심을 赤子心의 아래에 잇고, 도심은 大人心의 아래에 이

---

94) 《心經附註》 心經總目 5a.
　　林隱程氏復心曰, 赤子心是人欲未汨之良心, 人心卽覺於欲者, 大人心是義理具足之本心, 道心卽覺於義理者, 此非有兩樣心, 實以生於形氣則皆不能無人心, 原於性命則所以爲道心, 自精一擇執以下, 無非所以遏人欲而存天理之工夫也, 愼獨以下是**遏人欲處工夫, 必至於不動心**①, 則富貴不能淫, 貧賤不能移, 威武不能屈, 可以見其道明德立矣, 戒懼以下是**存天理處工夫, 必至於從心**②則心卽體, 欲卽用, 體卽道, 用卽義, 聲爲律而身爲度, 可以見不思而得, 不勉而中矣. 要之用工之要, 俱不離乎敬. 蓋心者一身之主宰. 而敬又一心之主宰也. 學者熟究於主一無適之說, 整齊嚴肅之說, 與夫其心收斂常惺惺之說, 則其爲工夫也盡, 而優入於聖域, 亦不難矣 〈按〉

으니 마치 종류별로 속하게 한 것 같아, 보기에 온당하지 못한 것 같다. 그러나 본문을 깊이 체득하면 견해의 잘못이 아니라 어구의 잘못임을 알 수 있다. 대개 인심은 欲에서 지각한 것이므로, 赤子의 心 아래에 '人欲이 아직 뒤섞이지 않았다'는 구절을 두었다. 도심은 의리에서 지각된 것이므로, 大人의 마음 아래에 '義理가 모두 갖추어졌다'는 구절을 두었다. 말이 서로 합당하므로 드디어 이와 같이 나누어 속하게 하였다. 그 아래에 곧 이어서 말하기를, '이것은 두 갈래의 마음 양태가 있는 것이 아니라 실제로 形氣에서 생겼다'고 하고, 그 아래로 赤子·大人의 구절을 이었다. 여기서 그 本義가 그릇되지 않았음을 알 수 있다〔정황돈의 실마리를 구하고 노력공부(用功)한다는 설명은 정임은의 本旨를 얻었을 뿐만 아니라 퇴계와도 합치한다〕.96)

　　그림에서는 赤子心 아래에 人心을 잇고, 大人心 아래에 道心을 이어 마치 적자심과 인심, 대인심과 도심이 각각 짝이 되는 것처럼 보이지만, 적자심의 아래에 '人欲未汨之良心'이라는 구절을 두었고, 대인심의 아래에는 '義理具足之本心'이라는 구절을 두었다. 따라서 녹문이 보기에 말의 의미가 서로 비슷하므로 그렇게 짝을 지었을 뿐이라는 말이다. 그리고 또 "두 갈래 마음의 양태가 아니다"고 하였으므로, 결국 인심과 도심을 두 갈래로 나누거나 또는 赤子와 大人을 전혀 범주가 다른 것을 뜻하는 것은 아니라는 것이다.

---

95) 이 그림은 정민정의 〈심학도〉를 말한다.
96)《鹿門集》권12:8a~b, 心經.
　　赤子也有人心也有道心. 大人也有人心也有道心. 然赤子之人心·道心, 只是知覺未分明之中, 略有其端而已. 此所謂已發而去道未遠也. 大人則道心爲主而人心聽命, 卽所謂人心亦道心者也. 今圖說乃以人心承之於赤子心之下, 道心承之於大人心之下, 有若類屬者然, 看來似未穩. 然將本文深體之, 盖非見之誤也. 乃語句有病也. 盖人心是覺於欲者, 而赤子心下有'人欲未汨'之句, 道心是覺於義理者, 而大人心下有'義理具足'之句. 言會相當. 故遂如是分屬焉. 其下仍卽繼之曰'此非有兩樣心, 實以生於形氣'云云. 而下赤子·大人之句, 於此可見其本義之無誤也(篁墩求端用功之說, 得林隱本旨, 與退溪合).

이상으로 《心經》의 〈心學圖〉에 대한 그 유래와 퇴계와 율곡 사이의 쟁점 문제 등을 녹문의 이해를 통하여 살펴보았다.

녹문이 율곡의 견해를 비판하고 퇴계의 견해를 옹호한 논리를 눈여겨보아야 한다고 생각된다. 왜냐하면 일반적으로 퇴계의 이론을 비판하는 율곡의 논점이 리와 기를 지나치게 분리해서 決是二物의 관점으로 보았다는 것이다. 이 〈심학도〉에 대해서도 율곡은 程復心이나 程敏政 그리고 퇴계가 인심과 도심을 두 갈래로 나누어 마치 인심과 도심으로 각각 分屬되는 것처럼 보이는 오해의 소지가 다분하다고 보았다. 그런데 녹문도 이기론에서 보면 '理氣同實'로서 이기의 결시이물의 관점보다는 不可分開를 중시한다. 이러한 면에서 보면 녹문은 율곡의 관점과 같은 선 위에 있다고 할 수 있다.

그러나 이 〈심학도〉에 관해서 녹문은 율곡의 관점보다는 퇴계의 관점을 옹호한다. 왜냐하면 녹문이 보기에 율곡의 논리에 문제가 있기 때문인데, 녹문은 不可分開의 관점에서 율곡의 논리를 비판하고 있다. 율곡에 대한 녹문의 비판을 요약하면 〈심학도〉의 그림은 좌우대칭으로 되어 있지만, 그것이 완전하게 좌우로 나누어 구별해서 대칭적으로 설명한 것이 아니라는 말이다. 녹문이 보기에 마음의 구조와 수양공부의 방법은, 사실 그림에서는 나누어져 있지만 그것을 통합해 주는 개념이 포함되어 있고, 또 그것을 각각 분리하여 독립된 범주로 보는 것은 억지해석이라는 논리다. 그러나 녹문도 이 그림에 오해의 소지가 전혀 없는 것은 아니라고 보았다.

이제 이 마음의 분석을 바탕으로 하여 녹문의 수양공부 방법을 정리한다. 그 중심요체가 擴充과 二程이 말한 居敬의 敬, 主一無適의 主一(마음을 하나로 집중됨)이다.

2) 공부방법론: 擴充 · 敬 · 主一

녹문은 人心 · 道心論을 통하여 마음의 구조를 해명하고 나아가 공부의 주체와 대상이 마음[心]임을 밝혔다. 이제 여기서는 마음의 공부방법에 대한 녹문의 견해를 살펴보고자 한다.

먼저 녹문은 存天理 · 遏人欲을 공부의 목표로 삼아 이 두 공부의 내용과 상호관계를 다음과 같이 설명한다.

> (天理를) 보존하고 (人欲을) 막는다는 것은 진실로 하나의 일이지만, 또한 두 가지 일이라고 하지 않을 수 없다. 대개 욕망을 막는 것에서 보면 인욕을 막으면 천리는 스스로 보존되니 그것이 하나의 일임은 의심이 없다. 마치 邪慝함을 막으면 誠이 스스로 보존되며 자신을 이기면 禮는 스스로 회복되는 것과 같은 것이다. 보존함과 막음을 나누어 보면, 천리를 보존하고 인욕을 막는 것은 둘이 아닐 수 없다. 마치 靜하여 涵養하고 動하여 省察하는 것과 같으니, 함양한다는 것은 천리를 보존하는 것이며, 성찰한다는 것은 인욕을 막는다는 것이다. 善端은 擴充하고 나쁜 생각은 극복하여 다스린다. 확충한다는 것은 천리를 보존하는 것이며 극복하여 다스리니, 인욕을 막는 것이다.[97]

녹문의 설명에 따르면 存天理와 遏人欲의 공부를 관점에 따라 하나의 공부 또는 두 방면의 공부로 볼 수 있다는 것이다. 알인욕의 관점에

---

97) 《鹿門集》4:10a, 答宋時偕.
　　存遏固可謂一事, 亦不可不謂之二事. 盖自遏欲而觀之, 則欲遏而理自存, 無疑其爲一事. 如閑邪則誠自存, 克己則禮自復之類是也. 分存遏而兩觀之, 則存理遏欲, 不容不二. 如靜而涵養, 動而省察, 涵養者存理也, 省察者遏欲也. 善端則擴充, 惡念則克治, 擴充者存理也, 克治者遏欲也.
　　여기서 欲과 理는 存天理와 遏人欲에서의 人欲과 天理를 각각 뜻한다고 보아야 한다.

서 보면 인욕을 막게 되면 자연히 天理가 보존되므로 자연히 알인욕과
존천리는 하나의 공부가 되는데, 예를 들면, 邪慝함을 막으면 誠이 자
연히 보존되며, 克己하면 자연히 禮를 회복하는 것과 같다는 것이다.
그런데 알인욕과 존천리를 나누어 보면 두 가지 공부가 될 수밖에 없다
는 것이다. 즉 靜할 때는 함양하여 천리를 보존하고, 動할 때는 성찰하
여 인욕을 막는다는 것은, 존천리와 알인욕을 動·靜으로 나누어 두 가
지 방법의 공부로 본 것이다. 그리고 善端을 擴充하는 것은 천리를 보
존하는 것이며, 惡念은 '克治(사사로운 욕심이나 그릇된 생각을 물리
침)'하는 것은 알인욕의 공부다.

　여기서 녹문은 克治의 공부도 좋지만 擴充의 공부가 더 중요하다고
보고, 확충의 공부방법을 주장한 맹자를 적극 찬양한다.

　맹자는 擴充이라는 두 글자를 발명하여 사람들에게 긴밀하고 간절하게
공부해야 할 곳[用功處]을 제시하였다. 대개 四端은 모든 사람이 공유하
고 있는 것이다. 오직 확충할 바를 모르기 때문에 발하는 데 따라서 뒤섞
여 그 본연을 회복할 수 없다. 만약 君子라면 그러한 것을 알아서 미루어
넓히는 공부를 더하면 그 부여받은 器量을 채울 수 있다. 자신을 다스리
는 것으로써 말하면 그 몸이 탐닉하는 것을 생각하여 근심하고 스스로
불쌍히 여기는 것은 惻隱之心이 발하는 것이다. 미루어 넓혀서 克己하고
헤아려, 그 마음의 덕을 온전하게 하면 仁의 기량이 채워진다. 다른 사람
과 같이 못함을 부끄럽게 여겨 奮然히 스스로 노력하는 것은 羞惡之心이
발하는 것이다. 또 미루어 넓혀서 일을 처리하는 것이 합당하여 스스로
누추해지지 않도록 구원하면 義의 기량이 채워진다. 사람들이 자기를 칭
찬하는 것을 들으면 退然히 물러나 겸손하게 피하는 것은 辭讓之心이 발
하는 것이다. 미루어 넓혀 안을 다스리고 밖을 수양하여 행동이 합당하고
文章이 節度 있으면 禮의 기량이 채워진다. 일의 是非를 보고 반드시 옳
고 그름을 따지고자 하는 것은 是非之心이 발하는 것이다. 미루어 넓혀

가면 至善에 머무를 바를 알고, 安定됨이 있어 萬理가 환해지니 智의 기량이 채워진다. 미루어 넓혀 가면 어리석은 사람〔癡人〕도 알 수 있다. 이 측은지심을 미루어 가면 백성을 사랑하고 사물을 귀하게 여겨, 각각 그 실정을 다하게 되니 한 포기의 풀이나 한 그루의 나무조차도 알지 못하는 것이 없다. 이 수오지심을 미루어 넓히면, 上下와 貴賤이 각각 그 분수를 다하여 信號를 보내고 命令을 시행하는 데 이치에 합당하지 않는 것이 없다. 또 사양지심을 미루어 나가면 制度와 文章이 燦然히 밝게 갖추어져 밝은 윤리가 유유히 펼쳐지고 모든 백성이 변화한다. 또 시비지심을 미루어 넓히면 權度(법도, 규칙)에 일정함이 있고 행동에 마땅한 紀綱을 얻고 안목을 넓히는 데 의문과 두려움이 없다. 擴充이라는 두 글자는 그 의미가 무궁하니 맹자의 공이 어떠한가?[98]

본래 '擴充'은 《맹자》〈公孫丑章句上〉에서 "무릇 사단이 나에게 있는 것을 다 넓히고 채울 줄 안다면, 마치 불이 처음 타오르며 샘물이 처음 솟아나는 것과 같다. 진실로 그것을 채울 수 있다면, 족히 四海를 보존할 수 있으며, 만약 그것을 채울 수 없다면 부모조차도 섬길 수 없다"[99]

---

98) 《鹿門集》 12:18a~b, 心經.
　　人皆有不忍人之心章○　孟子發擴充二字, 示人緊切用功處. 盖四端人人之所共有也. 惟不知所以擴充, 故隨發隨泯, 不能復其本然. 若君子知其然而加推廣之功, 則可以充其所賦之量矣. 以治己言之, 思其身之陷溺, 憫然自憐者, 惻隱之發也. 有以推廣之 則克己行恕, 全其心德, 而仁之量充矣. 恥不如人, 奮然自作者, 羞惡之發也. 有以推廣之, 則制事停當, 援身凡陋, 而義之量充矣. 聞人譽己, 退然遜避者, 辭讓之發也. 有以推廣之 則治內修外, 動合節文, 而禮之量充矣. 見事是非, 必欲可否者, 是非之發也. 有以推廣之, 則知止有定, 萬理洞然, 而智之量充矣. 自此推之, 癡人可知, 推此惻隱之心, 則仁民愛物, 各盡其情, 一草一木, 無不得所矣. 推此羞惡之心, 則上下貴賤, 各盡其分, 發號施令, 無不合理矣. 推此辭讓之心, 則制度文爲, 燦然明備, 彝倫攸叙, 黎民於變矣. 推此是非之心, 則權度有定, 舉措得宜, 綱舉目張, 無所疑懼矣. 擴充二字, 其味無窮, 孟氏之功, 爲如何哉?

99) 《孟子》 公孫丑章句上.
　　凡有四端於我者 知皆擴而充之矣 若火之始然 泉之始達 苟能充之 足以保四海 苟不充之 不足以事父母.

는 말에서 유래한다.

녹문은 擴充의 공부는 사단을 실현하는 데 반드시 필요한 것이라고 보고 그것을 구체적으로 설명하고 있다. 녹문은 사단을 확충하는 방법을 두 가지 방법으로 설명하는데, 하나는 자신의 수양공부를 진행할 때 필요한 것이며, 다른 하나는 외부적 사회적 관점에서 확충된 사단의 효과를 설명한다.

惻隱之心에 대해서는 克己하여 마음에 갖추어진 덕을 온전하게 하면 개인적으로는 仁의 器量이 확충되고, 이로써 사회적으로 仁民愛物에 이를 수 있다. 羞惡之心은 (좋은 일에) 다른 사람과 같이 못함을 부끄럽게 여겨서 분발하여, 스스로가 누추해지지 않도록 하면 개인적으로는 義의 기량이 확충되고, 사회적으로는 上下·貴賤이 모두 각각 分殊를 알아서 명령과 시행이 빈틈이 없게 된다. 辭讓之心에 대해서는 안을 다스리고 외양을 단정하게 하여 행동이 사리에 합당하고 문장이 節度가 있으면 개인적으로는 禮의 기량이 확충되고, 사회적으로는 제도가 온전하게 갖추어지고 백성들의 도덕성이 되살아난다. 是非之心에 대해서는 일의 是非를 헤아려 至善에 이르러 萬理를 환하게 이해하면, 개인적으로는 智의 기량이 확충되고, 사회적으로는 權度가 일정하고 행동에 紀綱이 있으며, 의문과 두려움이 없이 안목이 밝아진다.

녹문의 이러한 해석은 매우 조리 있는 해석으로서 기존의 해석들과는 달리, 구체적이고 사실적 관점에서 사단의 덕목을 이해하고 그 확충방법을 설명한 것이다.

이에 녹문은 한 걸음 더 나아가 사단을 확충하기 위한 공부방법으로 '敬'을 중시한다.

마음이 항상 敬(虔)하면 중심〔主〕이 있다. 중심〔主〕이 있으면 곧 내면(마음)이 바르다. 대개 내면을 바르게 하는 공부〔直內〕를 행동하지 않을 때〔靜時〕의 공부로 치우쳐 생각해서는 안 된다. 敬이라는 것은 動·靜을 관통하는 도리이다. 靜함에는 그로써 함양하고, 動함에는 그로써 성찰하는 것은 敬이 아님이 없다. 그러므로 단지 마음을 보존하고 주재하는 곳으로써만 말하였다(葉씨가 말하기를, '動하거나 靜하거나 이 마음이 항상 보존된다'고 하였다). 만약 오로지 마음을 바르게 하는 것만을 함양공부로 삼으면 도리어 완전하지 못하다. 혹 이렇게 말하면 송시열이 말한바 '謹獨'은 義에 속하는 것이 아닐까(송시열은 "주자가 '義는 마음 쪽에서 일을 斷案하는 마음이다. 마음이 내면으로 단안하면 외면은 곧 方正해진다'고 하였으니, 이로써 보면 근독은 곧 義에 속한다"고 하였다)? 근독을 義라고 하면 능히 그것을 삼가는 것은 敬이다. 송시열의 뜻도 역시 그렇다. 이미 敬이 動·靜을 겸한다고 하였으니 그 뜻을 알 수 있다. 근독은 하나라고 하고서도, 혹 敬에 혹 義에 속한다고 하면 아마도 매우 합당한 것〔端的〕은 아닌 것 같다. 義는 是非를 가리고 幾微를 살피는 데를 취하여 말한 것이라고 하면 이것은 근독의 일이다. 敬은 마음을 보존하고 주재하는 데서 나아가 하나로 지켜 남김이 없는 곳에서 말한 것이니 이것은 그로써 능히 그것을 삼가는 방법이다. 깊이 연구하면 알 수 있다(마음 쪽에서 시비를 분별하고 幾微를 살피면 곧 겉으로 드러나고 겉은 곧 方正하니 敬은 곧 마음을 곧게 하는 것이다). 대강으로 말하면 直內는 靜일 때의 공부이며, 근독 이하는 모두 義에 속한다. 세분하여 보면 모름지기 지금 이 말과 같다면 빈틈이 없으며, 義理가 분명한 것 같다〔程子가 말한 바 直內는 곧 主一(마음을 하나로 집중됨)의 뜻이라고 말한 뜻이 또한 이와 같다〕.[100]

---

[100] 《鹿門集》 12:10a, 心經.
坤六二章○ 心常敬則有主. 有主便是內直. 盖直內不可偏以靜時工夫當之. 敬者貫動靜之道也. 靜之所以涵養, 動之所以省察, 無非敬也. 故只可以心存主宰處言之(葉氏云 若動若靜 此心常存) 若專以直內爲涵養工夫 則却未完備. 或云如此言 則尤翁所謂謹獨, 是屬義者非耶(尤翁云 朱子曰 義是心頭斷事底. 心 斷於內而外便方正. 以此觀之, 謹獨乃屬於義也云云)? 曰謹獨是義, 而所

녹문은 敬을 四端을 擴充하는 중심방법으로 삼고 있다. 마음은 살아 있는 동안은 언제나 깨어 있어야 하며, 그것이 다른 행동의 준비를 위한 판단단계나 준비단계에 있는 것이 행동하지 않을 때〔靜時〕다. 그리고 마음이 움직여 적극적으로 행동하고 실천하고 있을 때가 행동할 때〔動時〕다. 그러므로 마음의 수양 즉 사단의 확충은 이 행동하지 않을 때나 행동할 때나, 언제나 끊임없이 진행되어야 한다. 이때 사단의 확충을 위한 공부가 動·靜 어느 한쪽에 치우치면 안 된다는 것은 당연한 일이다. 그리고 행동하지 않을 때와 행동할 때의 공부방법이 서로 달라서도 안 된다. 왜냐하면 행동하지 않을 때나 행동할 때나, 그 마음은 두 가지의 마음이 아니라 하나의 마음이기 때문에, 이 하나의 마음을 수양하는 공부방법도 하나여야 하기 때문이다. 이제 이 마음의 動·靜을 하나로 관통하여 공부하는 중심논리가 敬이라는 것이다.

그런데 녹문은 행동하지 않을 때의 공부는 直內이며, 즉 敬으로써 직내한다면, '方外'하는 것은 義다(義以方外). 이때 의로써 방외하는 것은 謹獨이다. 이때 근독으로써 방외하는 것의 바탕은 직내에 있는 것이며, 이 직내의 중심이 敬이므로 敬은 動·靜을 관통하는 마음공부의 중심논리가 된다는 말이다.

그렇다면 이제 敬의 의미는 무엇인지 살펴보자. 본래 敬은 程子와 朱子가 매우 중시한 수양방법론이다. 먼저 敬과 主一無適에 대한 정자의 설명을 살펴보면 다음과 같다.

以能謹之者 則敬也. 尤翁之意亦然. 旣云敬兼動靜 則其意可見. 曰謹獨一也, 或屬敬或屬義, 恐未甚端的. 曰義是就別是非審幾微處言之, 是謹獨之事也. 敬是就心存主宰守一無之處言之, 是所以能謹之之方也. 深究可見(心頭別是非深幾微, 便形於外, 而外便方正 敬只是直內) 大綱說 則直內是靜時工夫, 而謹獨以下皆屬義. 細分之 則須如今說, 乃無滲漏, 義理似分明(程子所謂直內乃主一之義云者, 意亦如此).

이른바 敬이라는 것은 主一(敬으로써 마음을 하나로 집중함)을 말하며, 이른바 한결같다(一)는 것은 無適(마음을 외물에 뺏기지 않고 일관됨)을 뜻한다. 또 涵泳(학문연구에 정진)하고자 하는 것에 주일한다는 뜻이니, 한결같으면 다른 제3의 것이 없다.[101]

主一無適(마음에 敬을 간직하고 정신을 집중하여 외물에 마음을 두지 않음)하여 敬으로써 내면을 바르게 하면 곧 浩然之氣가 있게 된다. 浩然은 모름지기 실제로 그것(마음)이 크게 剛直함을 인식할 수 있다면 익히지 않아도 不利함이 없다.[102]

위 인용문의 내용을 정리하면 '敬'은 '主一無適'의 뜻이며, 주일무적은 '마음을 오로지 하나로 하여 이리저리 치닫지 않는다'는 뜻이다. 그리고 '주일무적하여 敬으로써 내면을 바르게 하면 곧 浩然之氣가 있게 된다'고 하는 말은 善의 실천에서 가장 중요한 수양의 요건이 된다. 왜냐하면 맹자가 말한 性善의 실현은 호연지기를 확립함으로써 가능하다. 그런데 이 호연지기는 바로 '도덕적 선을 실천하겠다는 강력한 내면의 의지'를 뜻한다. 따라서 이 호연지기가 확립되도록 하는 더 구체적인 방법이 주일무적이라는 말이다. 그리고 이 주일무적을 유지하는 가장 근본적 마음가짐이 敬이라는 말이다.

주자도 敬을 主一無適으로 설명하고 그것을 다음과 같이 설명한다.

敬이란 主一無適을 말한다. 敬으로 일하고 믿음이 있게 한다는 것을 그 일을 공경하고 백성으로 하여금 믿음이 있게 하는 것이다.[103]

---

101) 《河南程氏遺書》 卷14, 入關語錄.
　　所謂敬者, 主一之謂敬. 所謂一者, 無適之謂一. 且欲涵泳主一之義, 一則無三矣.
102) 《河南程氏遺書》 卷14, 入關語錄, 明道先生語四.
　　主一無適, 敬以直內, 便有浩然之氣. 浩然須要實識得他剛大直, 不習無不利.
103) 《論語集注》, 〈學而〉.

즉 마음을 한데로 모아 흐트러지지 않는 것이 敬이며 주일무적의 뜻인데, 敬으로써 일을 하면 믿음이 생기고 백성들도 그것을 믿는다는 것이다. 한편 주자는 이 주일무적의 뜻을 《朱子語類》에서는 좀더 자세히 설명한다.

> 말하기를 '主一無適'은 또 整齊(정돈되고 가지런함)되고 嚴肅함이라고 할 수 있다. '整齊嚴肅'은 또 단지 '주일무적'의 뜻이다. 그리고 정제되고 엄숙함으로 볼 때 어떻게 이처럼 敬할 수 있겠는가? '항상 깨어 있음'이 곧 敬이다. 이 마음을 收斂하여 어떤 외물의 침입도 허용하지 않는 것이 또한 敬이다.104)

'整齊嚴肅', '항상 깨어 있음〔常惺惺〕'도 또한 敬의 의미다. 여기서 敬의 의미 가운데 '항상 깨어 있음'의 의미를 눈여겨볼 필요가 있다. 이 '常惺惺'은 지각적으로 '깨어 있음'이면서 도덕적도 '깨어 있다'는 뜻이다.

그런데 敬의 공부방법에 대한 녹문의 이해는 정자와 주자의 견해를 중심으로 하였지만 종합적이고 논리적으로 펼쳐진다.

먼저 녹문은 敬의 공부를 動·靜을 관통하는 논리로 설명한다.

> 敬은 動·靜을 관통하나 靜이 本이 되므로 戒愼·恐懼를 敬을 지키는 근본으로 삼는다. 義는 知와 行을 겸하나 知가 실마리〔端緒〕가 되므로 格物致知를 義를 밝히는 실마리로 삼는다. 本字와 端字를 마땅히 자세히 보아야 한다.105)

子曰, 道千乘之國: 敬事而信, 節用而愛人, 使民以時.
朱子註; 敬者, 主一無適之謂. 敬事而信者, 敬其事而信於民也.

104) 《朱子語類》 17:10.
曰, '主一無適', 又說箇'整齊嚴肅', '整齊嚴肅', 亦只是'主一無適'意. 且自看整齊嚴肅時如何這裏便敬? '常惺惺'也便是敬. 收斂此心, 不容一物, 也便是敬.

105) 《鹿門集》 12:10a, 心經.

먼저 敬은 마음 작용의 動·靜을 일관하지만, 動보다는 靜이 근본이 되므로 靜時의 공부인 戒愼·恐懼가 경을 지키는 근본이 된다. 그리고 義는 知行을 겸하지만 知가 실마리가 되기 때문에, 知를 함양하는 격물치지가 義를 밝히는 실마리가 된다. 따라서 녹문은 먼저 힘써 공부해야 할 요점을 찾아 공부해야 한다고 보았다.

누군가 주자에게 묻기를, '하루에 만 가지 契機가 있는데 마땅히 함께 應答해야 합니까?' 하니, '또한 함께 응답해야 할 도리가 없지만, 반드시 하나하나씩 헤아려 깨달아야〔理會〕 하니, 主一(마음을 하나로 집중함)은 動·靜이 없다'고 대답하였다. 또 말하기를, '주일이라는 것은 어찌 일찍이 한 가지 일에만 매여 있겠는가? 주일하지 않으면 바야흐로 이 일을 이해하는 데 마음은 저기에 머물러 있으며, 이것은 오히려 한 부분에 매여 있는 것이다'고 하였다. 또 묻기를, '바야흐로 이 일을 응함에 아직 마치지 못하였는데 다시 하나의 일이 닥치면 마땅히 어떻게 해야 합니까?' 하니, 대답하기를, '모름지기 하나의 일을 마친 뒤에 또 하나의 일을 理會해야 하나 역시 뒤섞어서 응하는 이치는 없다. 그러나 매우 부득이하면 그 輕重을 가려서 할 수도 있다'고 하였다. 퇴계가 율곡에게 묻기를, '敬이라는 것은 주일하여 하나도 잡념이 없어야 하는데 혹시 여러 사물이 일시에 닥치면 어떻게 應接할까?' 하니, (율곡이) 대답하기를, '주일하여 하나도 잡념이 없는 것은 敬의 要法(구하는 방법)이며, 酬酢萬變은 敬을 活用하는 법〔活法〕이다. 만약 사물에 따라 하나하나 궁리하여 각각 그 당연한 법칙을 알면 임시로 응접하는 것이 마치 거울이 사물을 비추는데, 동쪽 사물을 응하여 서쪽에서 대답하는 것과 같다. 心體는 스스로 이와 같이 예전부터 자로 잰 듯 분명한 까닭이다. 먼저 궁리하지 않고 매사를 임시로 헤아리면, 하나의 사물을 헤아리고 나면, 다른 사물은 이

敬通動靜而靜爲本 故以戒愼恐懼爲持敬之本義. 兼知行而知爲端, 故以格物致知, 爲明義之端. 本字端字宜仔細看.

미 지나가 버리니 어찌 나란히 함께 응접하겠는가? 대개 靜한 가운데 주일하여 잡념이 없는 것은 敬의 體요, 動하는 가운데 수작만변하여도 그 主宰者를 잃지 않는 것은 敬의 用이다'고 하였다. 살피건대 율곡의 말은 뜻을 정성되게 하고 마음을 바르게 한 뒤에 사물에 따라 응하면 적중하지 않는 일이 없다는 것이니, 初學者가 감히 바랄 수 있는 것이 아니다. 모름지기 주자와 같아야 비로소 절실하고 平順하여 공부에 근거가 있다. 또한 주일하여 하나도 잡념이 없다는 것은 動靜을 上下로 관통한 것이니 비록 수작만변할 때 역시 어찌 이것을 버리고 할 수 있겠는가? 이제 곧 主一無之를 敬의 體로 삼고, 수작만변을 敬의 用으로 삼음에 마치 주일무지밖에 다시 수작만변의 공부가 있다고 하면 아마도 잘못된 것이다.[106]

여기서 문제는 主一의 뜻에 관한 것이다. 즉 마음을 '오로지 하나로 집중한다'는 것이 무엇을 뜻하는가? 사람은 일상 속에서 수많은 일들을 연속적으로 또는 복잡한 상황에서 맞이하게 된다. 이때 主一이란 어떤 뜻인가? 하나의 일을 처리하면서 그 하나의 일에만 전념하고 다른 일은 거들떠보지 않는다는 것을 뜻하는가, 아니면 하나 또는 둘 이상을 일을 한꺼번에 처리하면서도 마음이 흐트러지지 않고 조리 있게 집중하는 것

---

106) 《鹿門集》 12：10b∼11b, 心經.
　　或問於朱子曰 '一日萬機須要竝應?' 答曰也'無竝應底道理, 須要逐一件理會, 主一無動靜'云云. 又曰'主一者 何嘗滯於一事? 不主一 則方理會此事而心留於彼. 這却是滯於一隅'. 又問'方應此事未畢, 復有一事至則當如何?' 曰'須是做一件了, 又理會一件, 亦無雜然而應之理. 但甚不得已 則權其輕重可也'. 退溪問栗谷'敬者 主一無之, 如或事物齊頭來 則如何應接?' 答曰 '主一無之, 敬之要法, 酬酢萬變 敬之活法. 若於事物上 一一窮理, 各知其當然之則, 臨時應接, 如鏡照物, 東應西答, 心體自如, 因其平昔斷置分明故也. 不先窮理, 而每事臨時商量 則商量一事, 他事已蹉過, 安得齊頭應接? 盖靜中主一無之敬之體, 動中酬酢萬變而不失其主宰者 敬之用'云云. 按栗說是意誠心正後隨物隨應, 無往非中之事, 非初學遽可望者. 須如朱子說, 始切實平順, 工夫有據. 且主一無之. 是通動靜上下, 雖酬酢萬變之時, 亦豈能舍此而爲之哉? 今乃以主一無之爲敬之體, 酬酢萬變爲敬之用. 有若於主一無之之外, 更有酬酢萬變工夫, 恐失之.

을 뜻하는가의 문제다.

녹문은 이러한 문제 상황에 대하여 먼저 주자의 말을 빌려 설명한다. 주자의 뜻은 다음과 같다. 먼저 여러 가지 일이 한꺼번에 닥치면 하나하나씩 처리해야 하며, 하나의 일이 아직 끝나지 않았는데도 다른 일이 닥치면 기본적으로는 하던 일을 마치고 다음 일을 처리해야 하지만, 부득이한 경우는 일의 輕·重을 따져서 처리해야 한다.

그런데 이 主一에 대하여 일찍이 퇴계와 율곡이 견해를 주고받은 바 있는데, 퇴계가 율곡에게 '여러 일이 한꺼번에 닥칠 때 어떻게 처리해야 하는가'를 물었다. 율곡은 '酬酌이 萬變하는 현실에서 그것을 하나하나 빈틈없고 빠짐없이 처리하기 위해서는 매사를 임시방편으로 생각하지 않고, 敬의 體를 靜時 공부로써 확립하여 動時 공부에 응해야 한다'고 대답하였다. 그러나 녹문은 율곡의 견해는 수양을 완성한 군자 또는 선천적으로 최상의 정신력과 체력을 갖춘 사람〔上根機〕만 가능하지, 평범한 사람이 처음 학문에 입문하면서 실질적으로 행할 수 있는 공부가 아니라고 보았다. 즉 녹문이 보기에 율곡의 말은 '수양이 완성되면 저절로 이 문제는 해결된다'는 뜻이니, 초학자들이 참고할 만한 설명이 되지 못한다는 것이다.

　　'主一(마음을 하나로 집중함)'은 '마음이 지키는 것〔主〕이 오로지 한결같다'는 말이며, 하나도 잡념이 없는 것〔無之〕도 마음이 밖으로 달아남〔走作〕이 없는 것이니, 모두 마음을 따라 나아가 말한 것이다. 이미 主一이라고 하여 文字의 의미가 분명한데 반드시 無之라는 말로 一이라는 글자를 해석한 것은 아마도 사람들이 주일을 오로지 하나의 일에만 집착하는 것으로 잘못 볼 수 있고 구애됨이 있어서 통하지 않는 병이 있다. 그러므로 다시 '無之(無適)'라는 두 글자를 거론한 것이다. 이른바 주일을 밝히는 것은 단지 마음이 主宰力을 보존하여, 움직이고

고요함에 따르고 만나고 응기고 정함〔隨遇凝定〕이 혼란되어 달아나는
잘못이 없도록 하는 것이다. 대개 一이라는 글자는 뒷면의 마음이 專
一하는 곳에서 말한 것이지 외면의 사물을 따라 말한 것이 아니다. 그
러므로 주자는 합하여 말하기를, '主一無之는 敬을 일컫는 것이다'고
하였으니 더욱 밝고 간절하다.[107]

　녹문은 主一無適을 主一無之라고 하는데 두 말의 의미는 같다.[108]
'無之' 또는 '無適'이라고 하면 마음이 집중되어 다른 잡념에 빠지지 않
는 것을 뜻한다. 主一(마음을 하나로 집중함)과 無之(마음을 외물에 뺏
기지 않고 일관됨)는 모두 마음을 중심으로 말한 것이다. 그 마음의 상
태가 집중되어 있는 상태를 말하면, 주일만 말해도 의미는 분명한데 다
시 無適이라고 한 것은, 주일만을 말하게 되면 마음이 내면적으로 專一
(오로지 한결같음)함을 말한 것이지 마음이 외면의 사물을 상대하여 처
리하는 의미를 간과하기 쉽다. 즉 주일하면 자연히 무적하게 되는 것은
아니라는 말이다. 자칫 주일만 말하게 되면 靜時의 공부인 내면에만 집
착하여 動時의 공부인 외면에는 소홀하기 쉽다는 말이다. 그러므로 주
자는 無之(無適)라는 말을 덧붙여 主一無適이라고 하였다는 것이다.
　녹문의 이 말은 主一의 의미도 중요하지만, 無之(無適)의 의미를 간
과하지 말아야 함을 강조한 것이다. 여기서 다시 녹문철학의 실천적 성

---

107)《鹿門集》12:11b～12a, 心經.
　　'主一'者, '心主專一', 無之者, 心無走作, 皆就心上言之. 旣曰主一則文字之義
　　已明, 而必更以無之, 釋一字者, 恐人錯看以主一爲專靠一事 而有滯泥不通之
　　病. 故更擧'無之'二字. 以明所謂主一者, 只是心存主宰. 若動若靜, 隨遇凝定,
　　使無昏亂走作之失矣. 盖一字是就裏面心之專一處言之, 非涉外面事物上也. 故
　　朱子合而言之曰'主一無之之謂敬', 更明切.
108) 본래 정자와 주자는 '無之'가 아니라 '無適'이라고 하였다. 그런데 의미로 보
　　면 '之'나 '適'은 둘 다 훈이 '가다'이다. 이것은 마음이 하나로 집중되어 있
　　지 못하고 다른 것에 쏠리는 것을 뜻한다.

격을 확인할 수 있다. 녹문은 이론적으로 본체에 열중하고, 내면을 수양하고, 靜時의 공부를 완전하게 하면 자연히 구체적인 일 즉 動時의 공부는 원만하게 처리할 수 있다는 원론적 논의를 거부한 것이다. 내면을 수양하되 그것이 외부로 열려 있지 않으면 공허한 이론이 되기 쉽다는 것이다. 그렇다고 녹문이 당시 일부 실학자들처럼 기초이론이 없는 실천만을 무조건적으로 강조한 것은 아니다. 그것은 아래의 논의에서도 충분히 짐작할 수 있을 것이다.

> 主一無之라는 네 글자로 敬字의 의미를 發明한 것은 친절하고 원만하여 더 이상 모자람이 없다. 그러나 반드시 세 가지 설명으로 다시 보충한 뒤에야 비로소 절대적으로 완전하다. 整齊하고 嚴肅하다는 설명이 없으면 밖으로 수렴하지 못하여 마음에 불만스러운 말이 들어오게 된다. 항상 깨어 있어야 한다는 설명이 없으면 억지로 잡으려 하여 마음이 昏昧해지는 근심이 실리게 된다. 그 마음이 收斂한다는 설명이 없으면 또한 主一의 방법을 발명할 어떤 방법이 없다. 하나의 방법에 따라 들어오면 세 가지 방법은 진실로 그 가운데 있어서 다시 반드시 件數에 따라 理會한 뒤에 곧 완비되어 病幣가 없게 된다.[109]

녹문은 이로써 敬의 공부를 종합적으로 정리한다. 비록 主一無之(主一無適)이라는 말이 敬의 의미를 잘 설명해 주지만, 이것은 하나의 총론이며 각론이 갖추어지지 않으면 경의 공부에 대한 이론이 종합적으로 완성될 수 없다고 보았다. 주일무지의 각론이 整齊嚴肅, 常惺惺, 收斂이다. 이 말들은 이미 앞에서 《朱子語類》에서 살펴본 말이다. 녹문은

---

109) 《鹿門集》 12:12a, 心經.
　　　主一無之四字, 發明敬字之意, 親切圓足, 固無餘蘊. 而更須補以三說然後, 始絶滲漏. 整齊嚴肅之說無 則外不收斂 而心不慢之說入矣. 常惺惺之說無 則强欲把捉 而心昏昧之患乘之. 其心收斂之說無 則又無以發明主一之方矣. 從一方入 則三方 固在其中, 而更須逐件理會然後, 乃爲完備 而無幣矣.

이 말을 하나의 논리로 연결하여 그 본말을 이은 것이다.

이상으로 녹문의 人心·道心論과 공부방법을 살펴보았다.

여기서 필자가 확인할 수 있는 것은 첫째, 녹문의 철학은 '理氣同實', '心性一致', '聖凡一致' 등의 논리적 대전제를 중심으로 펼쳐지며 이것은 인심·도심론과 공부방법론에서도 그대로 유지된다는 것이다. 이러한 녹문의 철학은 크게, 관점에 따라 대립적 관계는 인정하되, 둘을 融會貫通하는 논리나 연결고리가 반드시 있다는 것이다. 둘째, 인심·도심론에 나타난 녹문의 主理的 경향이다. 녹문은 도심과 천리의 개념은 純善으로, 근원적으로 보면 理에 분명히 그 근원이 있다고 하였다. 물론 이것을 현실적으로 실현하는 純善의 氣가 없으면 무의미한 것이기는 해도, 도심과 천리의 근원을 理에 둔 것은 종래 녹문의 철학을 主氣에 묶어 두려는 관점을 반성하게 해주는 대목이다. 셋째, 녹문이 펼치는 이론적 구체성이다. 녹문은 언제나 실천가능성을 중시하였다. 녹문은 이론적 정합성도 중요하지만 동시에 현실적 실현가능성도 그만큼 중요하다는 것을 늘 강조하였다. 그것은 敬의 의미를 설명하는 데서도 잘 나타난다. 일반적으로 수양공부에서 퇴계는 誠을, 율곡은 敬을 강조하였다. 넷째, 녹문은 그 학맥으로 보면 율곡학파에 속하지만 그는 결코 학파적 관점에 매달리지 않는다. 녹문은 율곡의 敬에 대한 해석이 지나치게 원론적인 것으로 실천적 의미와는 거리가 멀다고 비판하기도 하였다. 그것은 이미 살펴본 대로 理氣論과 理一分殊論 등에서는 퇴계를 비판하고 동시에 율곡을 긍정하면서도 비판한다. 인심·도심에 관해서는 한편으로는 비판하기도 하고 다른 한편으로는 위의 예처럼 好評하기도 한다. 녹문은 어떤 학파적 관점에 머물며 무비판적으로 자기 계열의 학자들의 견해나 주장을 답습하거나 권위에 순종하는 학문 태도를 과감히 버리고 오직 진실과 철학적 원리에 충실하였다. 그럼에도 녹문 당시나 현재를 포함한 녹문 이후의 학자들이 녹문의 철학을 특정 계열이나 특정 이론에 한정하여 비판하거나 이해하는 현상이 계속되고 있다. 다섯째, 敬의 해석에 대한 녹문의 견해가 갖는 참신성이다. 敬의 의미는 主一無之(主一無適)로 설명되지만, 主一과 동시에 無之(無適)가 필요한 이유에 대한 설명은 녹문의 知行에 대한 관점을 잘 드러낸 것이다. 즉 知는 行의 선결문제이지만, 知의 목적은 앎 그 자체에 있는 것이 아니라 실천에 있는 것이다. 그것은 仁·義·禮·智 四端의 각 항목도 모두 개인적인 면과 사회적인 면이 있는데, 개인적 수양은 사회적 擴充을 염두에 둔 것이어야 한다는 것이다.

Ⅶ 氣質渣滓와 變化氣質

녹문은 '理와 氣는 동등한 實[本質]이다(理氣同實)'를 전제로 하여 理一分殊뿐만 아니라 氣一分殊도 가능하며, 理通氣局만 가능한 것이 아니라 理局氣通, 理通氣通, 理局氣局도 가능하다고 주장하였다. 여기서 녹문의 수양론적 특성도 잘 드러난다. 녹문은 도덕적 원리와 실천가능성을 이기동실을 전제로 일치시킴으로써 氣質의 變化를 통한 善의 실현을 적극적으로 주장한다. 즉 녹문은 善의 실현주체를 氣에 둠으로써, 인간의 기질에 있는 惡의 원인인 渣滓를, 本然의 湛一氣로 변화시키는 變化氣質의 내재적 가능성을 이론적이고 실천적으로 확보하려고 하였다. 그것을 녹문은 '復其初', '復其氣之本體'라고 하였다.

이 장에서는 먼저 性善의 내재적 근거와 惡의 원인을 해명하는 녹문의 氣質渣滓를 살펴보고, 變化氣質을 통하여 궁극적으로 지향하고자 하는 것은 곧 氣의 湛一本體의 회복임을 밝히고자 한다.

1. 湛一과 氣質渣滓: 一本과 氣稟萬殊

녹문은 常窩 李敏輔(1720~1799)에게 보낸 편지에서, 인간의 도덕적 품성에 대하여 氣質의 渣滓와 湛一로써 다음과 같이 설명한다.

하늘〔天〕이 사물을 産生할 때 그것은 하나〔一〕에 근본하게 한다. 하나에 근본한다는 것은 理의 一뿐만 아니라 氣도 역시 一이다. 이른바 湛一은 氣의 근본이다. 이미 一이라고 하였는데 어찌 二와 三이 있겠는가? 二와 三은 一이 아니다(細註: 이 한 구절을 자세히 보라). 사람은 음양과 오행의 빼어난 氣를 稟賦하여 생겨나므로 마음〔方寸〕이 막힘 없이 통〔空通〕하며 이 空通함을 바탕으로 하여 담일의 전체는 밝게 드러나 천지와 더불어 通한다. 그것이 강함〔强〕과 약함〔弱〕, 어둠〔昏〕과 밝음〔明〕, 많음〔多〕과 적음〔寡〕, 두터움〔厚〕과 엷음〔薄〕이 있는 것은 모두 기질의 찌꺼기〔渣滓〕가 하는 것일 따름이며, 담일의 本色이 아니다. 담일의 본색은 마땅히 未發일 때 인식하여야 한다.[1)

녹문은 이 편지에서 사물이 생겨날 때, 그 사물의 특성은 모두 一 곧 一原에 근본이 있다고 보았다. 이 일원은 理의 일원이며, 동시에 氣의 일원이다. 그리고 氣의 일원이 곧 湛一이다. 그리고 녹문은 사람이 陰陽과 五行의 빼어난 氣〔秀氣〕를 稟賦받음으로써 마음〔方寸〕이 막힘이 없이 통하며〔空通〕, 담일은 곧 이 마음의 空通함에 따라서 天地와 통할 수 있다고 생각하였다. 이것은 周惇頤(1017~1073, 字 茂叔, 號 濂溪)가 《太極圖說》에서 "오직 사람만이 그 빼어남을 얻어 가장 靈明하다(惟人也, 得其秀而最靈)"고 한 말과 일치한다. 곧 녹문은 인간의 본성은 담일이라는 氣에 따라서 善할 수 있다고 본 것이다. 그러나 현상적으로 존재하는 강함〔强〕과 약함〔弱〕, 어둠〔昏〕과 밝음〔明〕, 많음〔多〕과 적음〔寡〕, 두터움〔厚〕과 엷음〔薄〕의 차이는 담일의 本色이 아니라, 渣滓로 말미암아 생기는 것이다. 그러므로 담일은 사재가 작용하지 않는 未發일 때 인식하여야 한다.

　　人性의 善은 곧 그 氣質이 善한 따름이다. 기질 외에 따로 善한 性이 있는 것이 아니다. 그러므로 '사람은 善하지 않음이 없고, 물은 아래로 흘러가지 않음이 없다'고 하고, 또 '사람을 해쳐서(라도) 仁義를 한다'[2]고 할 때, 다만 人字와 水字만 말하고 다시 性字를 거론하지 않았으니 그 뜻을 알 수 있다. 그러므로 孟子가 性善을 말하고 浩然之氣를 말한

---

1) 《鹿門集》 5:4a~b, 答李伯訥, 乙巳(1785, 녹문 74세).
　　天之生物, 使之一本, 一本者, 不但理之一, 氣亦一也. 所謂湛一 氣之本是也. 旣曰一 則豈復有二三乎? 二三 則非一也(此一句當著眼). 人稟二五之秀氣以生, 故方寸空通. 卽此空通, 湛一全體呈露昭著, 與天地通. 其有强弱·昏明·多寡·厚薄者, 皆氣質渣滓之爲耳, 非湛一本色也. 湛一本色, 當於未發時認取.

2) 《孟子》〈告子上〉.
　　만일 장차 杞柳를 해쳐서 그릇〔栝楮〕을 만든다면, 또한 장차 사람을 해쳐서 仁義를 한다는 말인가(如將戕賊杞柳, 而以爲栝楮, 則亦將戕賊人, 以爲仁義與)?

데 이르러서야 그 뜻이 명백해졌으며, 程明道가 이른바 '맹자는 中으로 나아가 호연지기를 發揮한 것은 極盡하다고 할 수 있다'고 한 것은 바로 이를 두고 한 말이다. 이제 사람들은 흔히 사람과 性을 둘로 나누어, 氣質이 비록 惡하지만 性은 스스로 善하다고 여기니, 이는 理와 氣를 나누어 두 物件으로 만든 것이니, 오히려 性이 善함도 眞善이라 하기에는 부족하다.[3]

일반적으로 性善을 설명할 때 善의 근거를 理에 둔다. 그것은 주로 本然之性을 理로 설명하기 때문이다. 그러나 녹문의 관점은 다르다. 녹문은 성선을 氣善으로 설명한 데서 한 걸음 더 나아가 성선은 氣質善으로도 설명한다. 이것은 그가 氣質之性을 곧 본연지성으로 보기 때문이다. 녹문은 성선을 다음과 같이 설명한다. 즉 '사람이 善하다', '물은 아래로 흐른다'고 할 때 바로 사람과 물 그 자체를 가리키며 말한 것이다. 그러나 '사람을 해쳐서(라도) 仁義를 한다'고 할 때 사람을 해치는 행위는, 곧 性의 본질이 아니라 氣質의 渣滓를 가리킨다는 것이 녹문의 주장이다. 곧 녹문은 孟子의 浩然之氣는 곧 기질의 善을 말한 것이며, 程明道가 '맹자는 그 中에 나아가 호연지기를 발휘한 것이다'고 한 말도 곧 기질의 善을 말한 것이라고 이해한다. 이에 따라 녹문은 사람 곧 氣質과 性을 둘로 나누어, 기질은 惡하지만 性은 스스로 善하다고 하는 것은 理와 氣를 둘로 나눈 것이라고 비판한다. 왜냐하면 녹문은 氣質之性이란 氣가 갖추고 있는 理를 가리켜 말한 것이므로, 기질을 악하다고 하면

---

3) 《鹿門集》 19:5a, 鹿廬雜識.

人性之善, 乃其氣質善耳, 非氣質之外 別有善底性也. 故曰'人無有不善, 水無有不下', 又曰'戕賊人以爲仁義', 但說人字·水字, 更不擧性字, 其意可見. 故孟子說性善, 至說浩氣, 其意乃明. 明道所謂'孟子去其中, 發揮出浩然之氣, 可謂盡矣'者 正以此也. 今人多分人與性爲二, 以爲氣質雖惡, 性自善, 是理與氣, 判作兩物, 而性之善者, 未足爲眞善也.

곧 性이 악하다는 말이기 때문에 性善은 성립될 수 없기 때문이다.
녹문의 이러한 설명에 대하여 金伯高는 다음과 같이 질문한다.

> '氣質은 비록 惡하더라도 湛一한 본체는 일찍이 없은 적이 없다'고
> 하였는데 이로써 또한 기질은 비록 악하더라도 性은 스스로 善하다고
> 하는 것이 역시 어찌 불가함이 있겠는가?⁴⁾

이 말은 녹문이 性善을 氣質善으로 본 것에 대한 반론이라고 할 수
있다. 즉 湛一한 本體가 곧 性의 본질이고 기질은 性이 아니므로 기질
은 惡하더라도 性은 여전히 善하다고 할 수 있다는 것이 김백고의 견해
다. 다시 말하면 녹문이 이미 '기질이 비록 악하더라도 湛一本體는 그대
로 있다'고 하였으니, 이 문맥으로 보면 기질은 악하더라도 性은 스스로
선하다고 할 수 있다는 말이다. 이에 대하여 녹문은 다음과 같이 반론
한다.

> 湛一이 凝聚하여 正하고 通하게 되는데 正은 質에 속하고 通은 氣
> 에 속한다(細註: 이른바 오행의 빼어난 것 역시 기질을 아울러 가리킨
> 다). 正하고 通하므로 사람마다 不善함이 없으며 正함으로써 그 기질
> 의 正과 통한다. 무릇 악함은 단지 正通한 것 가운데의 渣滓일 뿐이
> 며, 정통은 곧 담일이 온전한 바이다. 담일하지만 정통하지 않으면 담
> 일이 존재하는 바는 물이 아래로 적셔 흐르며 불이 타오르는 것에 지
> 나지 않을 뿐이니 어찌 사람의 善이 될 수 있겠는가? 이 담일 역시
> 氣인데 이제 담일과 기질을 나누어 둘이라고 생각하면 아마도 전체를
> 아울렀다고 하지 못한 것이다.⁵⁾

---

4) 《鹿門集》 6:6b～7a, 答金伯高, 癸未(1763, 녹문 52세).
   '氣質雖惡, 而湛一本體未嘗亡矣'. 以是而謂氣質雖惡, 性自善, 亦何不可之有哉?
5) 《鹿門集》 6:7a, 答金伯高, 癸未(1763, 녹문 52세).
   湛一凝而爲正通, 正屬質, 通屬氣(所謂五行之秀 亦幷指氣質). 正通故爲人人無

위 인용문의 핵심은 惡은 氣質을 가리키는 것이 아니라 기질 가운데의 渣滓일 뿐이라는 말이다. 이것은 종래 악의 근원을 기질에 두는 것과는 큰 차이가 있다. 즉 氣의 根本이 湛一이라면 이 담일은 理通과 마찬가지로 氣通의 의미로 각각의 사물에 내재해 있다는 말이다. 이미 앞에서 理의 無形과 無先後, 無形迹의 超時空性으로 말미암아 理通이 가능하다는 것을 설명하였다. 동시에 녹문은 氣通은 氣의 근본인 湛一性으로써 가능하다는 것이다. 이에 따라 녹문은 담일은 正通한 氣로써 氣質의 근본이 되므로 담일과 기질을 분리할 수 없으며, 따라서 기질이 惡한데도 性은 善하다고 말할 수 없다고 반론하였다.

이에 따라 녹문은 湛一의 보편성과 함께 性善의 보편성을 주장한다.

무릇 氣의 根本은 湛一할 뿐이다. 그것이 유행하여 凝聚하면서 곧 바름[正]과 치우침[偏]과 통함[通]과 막힘[塞]의 分別이 있게 되니, 사람은 그 바르고 通한 것을 얻어서 태어나 마음[方寸]이 空通하니, 이 공통함에 의지하여 담일한 本體는 곧 이미 막힘 없이 꿰뚫려[洞然], 다시 堯와 桀의 구별이 없다. 이것이 곧 이른바 '浩然之氣'며 사람의 性이 善한 까닭은 바로 여기에 있는 것이다. 다만 그 正通한 가운데 혹 흐림[濁]과 어긋남[駁]의 섞임이 없을 수 없으나 이른바 濁駁에도 많고 작은 여러 가지 樣相이 있다는 것이다. (濁駁이) 지극히 많아 盜跖과 莊蹻에 이르면, 언뜻 보기에 전체가 모두 흐리고 어긋날[濁駁] 뿐이고 더 이상 氣의 본체인 담일함을 볼 수 없는 듯하다.[6]

有不善, 正以其氣質之正通也. 若夫惡 則只是正通中渣滓耳. 正通卽湛一之所全也. 湛一 而非正通, 則湛一之所存, 不過與水之潤下, 火之炎上而已, 烏得爲人之善乎? 此湛一亦氣. 今以湛一與氣質 析而二之思之, 恐未周匝.

6) 《鹿門集》19:29b, 鹿廬雜識.
盖氣之本湛一而已矣. 及其流行凝聚, 便有正偏通塞之分, 人得其正且通者以生, 而方寸空通. 卽此空通, 湛一本體便已洞然, 更無堯桀之別. 此卽所謂'浩然之氣', 而人性之所以善, 正在於此. 特其正通之中, 或不能無濁駁之雜, 而所謂濁駁 亦有多少般樣. 多之至而至於跖蹻, 則似乎全是濁駁, 不復可見氣本體之湛.

곧 녹문은 湛一之氣가 凝聚하여 현상의 사물이 될 때 바름과 치우침, 통함과 막힘 등의 구별이 있게 되지만, 사람은 그 바르고 通한 것을 얻기 때문에 사람의 마음만은 막힘이 없이 통한다〔正通〕고 보았다. 그리고 그는 湛一한 본체는 그 마음과 함께 막힘 없이 꿰뚫려 있으며〔洞然〕, 이러한 마음은 堯임금과 같은 성인이나 桀과 같은 폭군도 모두 갖추고 있고, 그것이 곧 浩然之氣며, 性이 善한 원인이라고 설명한다. 그러나 그 正通함 가운데 흐림과 어긋남〔濁駁〕이 없을 수 없고, 그 濁駁함에는 많고 적음의 다양한 형태가 있고, 그 가운데 가장 탁박한 것이 盜跖과 같은 도둑이나 莊蹻와 같은 흉악한 사람이 된다. 이 지극히 탁박한 것이 드러난 것에서 보면 氣의 본체인 湛一이 없는 것처럼 보인다.

그러면 湛一이 현상의 개개 사람에게서 어떻게 드러날 수 있는가? 녹문은 사재가 아무리 重해도 氣의 正通 즉 담일을 완전히 가로막지는 못한다고 보아 다음과 같이 설명한다.

> 그러나 그 실상을 탐구해 보면, 역시 단지 正通 가운데의 찌꺼기〔渣滓〕이며, 마치 맑은 물이 진흙과 모래에 혼탁해진 것과 같을 뿐이다. 이런 까닭에 한 번이라도 혹 어린아이가 우물에 빠지는 따위의 일을 별안간 感觸하게 되면 善端이 왕성하게 일어나 곧 순식간에 發露되는 것이니, 이때 氣가 發함은 濁氣를 탄 것이 아니며 또한 理가 造作함이 있는 것도 아니다. 여전히 이것은 仁義의 性이 스스로 本然의 湛然한 氣를 타고 찌꺼기를 헤치고 열며 나오는 것일 뿐이다. 이와 같은 뒤에야 비로소 性이 진짜로 至善한 것이며, 渣滓의 濁駁함은 本體의 湛一함에는 관여하지 못한다는 것을 보게 된다.[7]

---

7) 《鹿門集》 19：30b, 鹿廬雜識.
   然求其實, 則亦只是正通中渣滓, 如淸水之爲泥沙所混耳. 是故一或有孺子入井之
   類, 瞥來感觸, 則藹然善端, 便卽闖發, 而氣發也, 非乘濁氣也, 亦非理之有造作
   也. 依舊是仁義之性, 自乘了本然湛一之氣, 闖坼了渣滓而出來耳. 如此然後, 方

곧 形氣에 드러난 濁駁은 단지 正通한 氣에 있는 찌꺼기[渣滓]일 뿐
이다. 그러나 어린아이가 우물에 빠지려는 것을 볼 때와 같이 별안간
善端이 發露되는 것은, 氣發도 아니며 더구나 濁氣도 아니며 理의 造作
도 아니라, 至善의 性이 本然의 湛然한 氣 곧 '가장 맑고, 깨끗하고, 순
수한 氣의 本體(湛一淸虛之氣)'를 타고 드러나는 것이다. 그러므로 性
善이라고 할 수 있으며, 또한 사재의 탁박함이 본체의 湛一을 해치지
못하는 것이다.

그렇다면 '湛一'이란 무엇인가? 그것은 '一氣', '元氣'와 같은 뜻이지만,
녹문의 직접적인 표현은 바로 '湛一하고 淸虛한 氣는 곧 天[하늘]'8)이라
는 것이다. 그러나 여기서 '담일'이 하늘[天]이라는 말은 보기에 따라
모호하게 보일지 모른다. 일반적으로 하늘이라는 말은 物理的인 하늘을
뜻한다. 그러나 이 하늘[天]의 의미는 바로 《중용》 첫 장의 '天命之謂
性'의 天과 같은 뜻이며, '도덕가치의 최고 이념'을 뜻한다고 할 수 있
다. 이를 더 유추하여 보면 녹문이 말한 '湛一淸虛의 氣가 곧 天'이라는
말에서 '湛一'은 곧 '최고의 도덕적 善'을 뜻한다. 녹문은 다음과 같이 말
한다.

> 그 티 없이 맑고 순수함(淸虛純一)으로써 '湛一'이라고 하고, 굳고
> 강하고 성대함(剛直盛大)으로써 浩然이라고 하나 그 實은 하나다. 맹
> 자는 浩然之氣를 자신의 氣로 삼았으니 '담일'도 역시 나의 氣가 됨을
> 알 수 있다.9)

  見性之眞箇至善, 而渣滓之濁駁, 無與於本體之湛一也.
8) 《鹿門集》 19:5a, 鹿廬雜識.
  湛一淸虛之氣, 非他也, 乃天也.
9) 《鹿門集》 5:15b, 答李伯訥, 乙巳(1785, 녹문 74세).
  以其淸虛純一, 則謂之'湛一', 以其剛直盛大, 則謂之浩然, 其實一也. 孟子以浩
  氣爲吾氣, 則'湛一'之亦爲吾氣 可知也.

녹문은 '淸虛純一'이나 '剛直盛大'라는 말은 도덕적 가치를 의미하는 말이라고 보았다. 즉 녹문은 도덕적 주체를 理에서 찾지 않고 氣에서 찾을 뿐만 아니라 氣 자체를 도덕적 가치의 기준으로 보았다. 그리고 이러한 '湛一'과 '浩然'은 '聖人과 凡人이 모두 한결같이 갖추고 있다'고 보아 性善의 보편성을 확립한다. 그리고 "담일에 성인과 범인(의 구별)이 없는 것은 太虛의 本體이다. 心은 담일의 神明이며, 性은 그 德이다. 담일이나 心이나 性이나 하나다. 그 가운데 스스로 구별이 있다"[10]고 하여 현상의 차별을 설명한다. 곧 '담일'은 太虛의 본체이므로 성인과 범인은 類로써 보면 萬殊의 만수이므로 '人人物物皆不同'이라고 할 수 있다. 그러나 그의 理氣論에서 살펴본 바와 같이 '一而萬, 萬而一'이라는 말의 의미는 一은 萬이 아니면 실어 流行할 基低〔근거〕가 없고, 萬은 一이 아니면 근거할 곳이 없게 된다고 하였다. 그런데 여기서 一은 곧 '湛一'을 뜻하므로 萬 가운데의 하나인 성인과 범인의 性이 바탕하는 것은 다 같이 '담일'이라는 당연한 논리적 추론의 결과라고 할 수 있다. 이것은 녹문의 다음과 같은 대답을 보면 더욱 분명해진다.

> 湛一의 氣는 곧 浩然之氣며 곧 天이다. 이제 '天에 차별이 있다'고 하면 호연지기도 차별이 있으니 어찌 말이 되겠는가?[11]

곧 녹문은 湛一之氣를 맹자의 浩然之氣며 天이라고 보고, 天은 차별이 없으니 호연지기도 차별이 없다고 하였다. 이에 따라 녹문은 율곡의

---

10) 《鹿門集》 5:12b, 答李伯訥.
　　 湛一之無聖凡者, 太虛之本體也. 心則湛一之神明, 而性則其德也. 湛一也, 心也, 性也, 一也. 其中自有區別.
11) 《鹿門集》 5:4a～b, 答李伯訥, 乙巳(1785, 녹문 74세).
　　 細註: 湛一之氣, 卽浩然之氣也, 卽天也. 今曰'天有差別', 浩氣有差別, 豈成說話乎?

‘湛一淸虛之氣 多有不在’라는 견해에 대하여 반대하고 ‘湛一淸虛之氣 無所不在’를 주장한다.

　　율곡 선생이 일찍이 ‘湛一淸虛한 氣는 존재하지 아니하는 곳이 많다’12)고 하였는데 가만히 생각하면 아마도 그렇지 않다. 무릇 비록 편벽하고 막히고, 惡하고 濁한 곳이라도 이 (湛一淸虛한) 氣는 뚫고 들어가지 아니하는 곳이 없다. 다만 形氣에 局限되고 막혀 뚜렷이 드러나 行해지지 못할 뿐이다〔細註:《周易》에 이르기를 ‘乾道가 변화하여 각각 性과 命을 바로하고, 큰 조화〔大和〕를 합하고 보존하여, 이에 이롭고〔利〕 곧다〔貞〕’13)는 말에 대하여 朱熹는 〈本義〉에서 註하기를 ‘太和란 陰陽이 會合하여 (천지 사이에 조화된) 冲和한 氣다’고 하였다〕.14)

　　곧 녹문은 “‘가장 맑고, 깨끗하고, 순수한 氣의 本體(湛一淸虛之氣)’가 없는 곳이 많은(多有不在)” 것처럼 보이는 것은 湛一이 形氣에 국한되고 막혀 뚜렷이 드러나지 못할 뿐이지, 실제로는 ‘가장 맑고, 깨끗하고, 순수한 氣의 本體(湛一淸虛之氣)’는 없는 곳이 없다(無所不在)고 생각한다. 그 근거로 녹문은 《주역》〈象傳〉의 “乾道가 변화하여 각각 性과 命을 바로하고, 큰 조화〔大和〕를 합하고 보존하여, 이에 이롭고〔利〕 곧다〔貞〕(乾道變化, 各正性命, 保合大和, 乃利貞)”에서 큰 조화〔大和〕에 대한 주자의 註를 제시한다. 곧 ‘큰 조화’란 음양이 모여 ‘천지 사이에 조화된〔冲和〕 氣’이므로 湛一도 이와 마찬가지로 천지 사이에

---

12)《栗谷全書》권10, 答成浩原, 書2.

13)《周易》乾卦, 象傳.
　　乾道變化, 各正性命, 保合大和, 乃利貞.

14)《鹿門集》19：4a, 鹿廬雜識.
　　栗谷先生嘗云 ‘湛一淸虛之氣 多有不在’ 竊恐未然. 盖雖偏塞惡濁處, 此氣則無不透. 特被形氣所局塞, 不能呈露, 而顯行焉爾(易曰‘乾道變化, 各正性命, 保合大和, 乃利貞’. 本義云 ‘大和, 陰陽會合冲和之氣’).

없는 곳이 없다는 것이다. 이에 따라 녹문은 "'가장 맑고, 깨끗하고, 순수한 氣의 本體(湛一清虛之氣)'는 다른 것이 아니라 곧 天이다. 天이 어찌 不在함이 있겠는가? 율곡의 설은 끝내 의심스럽다"[15]고 말한다.

그렇다면 현상의 인간이 萬品으로 달라 보이는 원인이 어디에 있는가? 그것을 녹문은 '渣滓'의 작용 때문이라고 말한다. 먼저 사재란 무엇을 뜻하는가?

녹문은 다음과 같이 설명한다.

> 遊氣가 凝聚하면서 오행의 많고 적음과 清濁이 만 갈래가 된다. 그것이 偏重되어(細註: 木氣가 많거나 金氣가 많은 것과 같은 종류) 지나치게 맑은 것(細註: 道敎와 佛敎와 같은 종류)은 비록 善하기는 하지만 渣滓에 따라 막힘을 어찌할 수 없다. 대개 陰陽이 천지 사이에 조화[沖和]되고 五氣가 고르게 빼어난 것으로 온전히 하지 않으면 저 '湛一'本體(細註: 聖人의 氣質)라는 것도 사재라고 해도 가능하다. 窮究하여 말하면 顔淵의 소박한 삶이나 孟子의 발랄함도 역시 사재이다.[16]

녹문의 비유와 같이 渣滓란 곧 진흙과 같은 찌꺼기라는 것이다. 그것을 氣論的으로 말하면 遊氣 곧 五氣가 현상의 個物로 만들어질 때, 그 오기를 전반적으로 빼어난 것만 골고루 부여받지 못한 것이다. 즉 안회 (BC 521~490, 자 淵)와 같이 지나치게 소박하거나, 맹자처럼 지나치게

---

15) 《鹿門集》 19:5a, 鹿廬雜識.
   湛一清虛之氣 非他也, 乃天也. 天豈有不在者乎? 栗谷說終覺可疑.
16) 《鹿門集》 4:23a, 書 答李伯訥, 癸卯(1783, 녹문 72세).
   遊氣之凝聚也, 五行之多寡·清濁萬殊. 其偏重(如木氣多 金氣多之類) 而過清 (如老釋之類)者, 雖善亦不妨蔽之以渣滓, 盖非陰陽冲和 五氣均亭以全, 夫'湛 一'本體(聖人氣質), 則雖謂之渣滓可也. 究而言之顔子之朴, 孟子之英氣, 亦渣 滓也.

영기 발랄한 것도 일종의 사재라는 것이다. 이것을 녹문의 말로써 요약해 보면, 萬物이 현상화할 때 "陰陽이 '천지 사이에 조화〔沖和〕되고' 五氣가 고르게 빼어나 부여받지 못한 것"은 모두 사재〔찌꺼기〕라는 것이다.

그러나 녹문은 현상에서 사람이 萬品으로 달라 보이지만, '湛一'의 氣는 正通으로 보존된다고 하여 다음과 같이 설명한다.

> 湛一이 凝聚해서 바르고〔正〕 통하게〔通〕 된다. 正은 質에 屬하고, 通은 氣에 속한다(細註: 이른바 五行의 빼어난 것도 역시 아울러 氣質을 가리킨다). 正通인 까닭에 사람마다 善하지 않음이 없는 것은 바로 이 氣質의 正通 때문이다. 무릇 惡과 같은 것은 단지 정통 가운데의 찌꺼기〔渣滓〕일 따름이다. 정통은 곧 '湛一'의 전체다.[17]

곧 인간이 本性의 善함을 갖출 수 있는 것은 바로 正通한 '湛一'의 전체를 얻기 때문이다. 그런데 惡이라는 것은 단지 '담일'의 정통이 아닌 渣滓에 그 근원이 있다는 것이다. 그러므로 인간은 여전히 性善을 갖추게 되는 것이다. 녹문은 그것을 담일이 본바탕〔質幹〕이 되어 그 本性의 善함을 잃지 않기 때문이라고 설명한다.

> 湛一이 본바탕〔質幹〕이 되지 못하면 渣滓가 본바탕이 된다. 사재가 본바탕이 되면 虛靈은 優劣이 없을 수 없다. 허령이 우열이 있으면 明德은 分殊가 없을 수 없다. 그러나 사재가 70~80%에 이르도록 위중하여도 이미 正通하다고 하였으면 끝내 담일이 本領의 主宰가 된다. 그러므로 그 發함에 따라 그것을 밝히면 모두 그 처음을 회복하여 堯

---

17) 《鹿門集》 6:7a, 答金伯高, 癸未(1763, 녹문 52세).
   湛一凝而爲正通, 正屬質, 通屬氣(所謂五行之秀 亦幷指氣質). 正通故爲人人無有不善, 正以其氣質之正通也. 若夫惡, 則只是正通中渣滓耳. 正通 則湛一之所全也.

舜이 될 수 있다. …… 그러므로 앞에서 논한 바 人性이 가장 귀하다
는 것은 다른 것이 아니다. 稟賦받은 正通의 氣가 明德을 온전히 얻었
기에 그러한 것이지 또 무엇을 이르는가?[18]

이 말을 살펴보면, 먼저 인간이 가장 귀한 존재로서 다른 사물과 다
른 것은 稟賦받은 氣가 正하고 通하여 '湛一'을 본바탕〔質幹〕으로 삼고
있기 때문이다. 따라서 인간은 그 性善을 보장받고 능히 明德을 다 드
러낼 수 있다.

그렇다면 이제 남은 문제는 惡의 근거가 되는 渣滓는 어떻게 작용하
는가를 설명하는 것이다. 녹문은 사람이 湛一을 바탕으로 삼지만 사재
로 말미암아 惡이 생길 수밖에 없다고 설명한다.

湛一이 비록 본바탕〔質幹〕이 되나 뛰고 뒤집힘〔騰倒〕이 오래되면
渣滓〔찌꺼기〕가 무거워지고, 사재가 무거워지면 '담일'은 매양 이기는
바가 되는 것은 趨勢〔理勢〕가 그러할 뿐이다. 이것은 淸한 것이 항상
적고 濁한 것이 항상 많은 까닭인 것이다. …… 이에 나아가서 살펴보
면 역시 본바탕이 되는 것은 '담일'이지 사재가 아님을 알 수 있다. 正
通함 가운데 역시 막힘〔窒塞〕의 甚함이 있는 것은 주자가 '인간은 事
物의 性에 가까운 것이 있다'고 말한 바와 같으니 이것은 곧 理致의
變化로 마땅히 달리 논해야 한다.[19]

---

18)《鹿門集》5:14a～b, 書 答李伯訥, 乙巳(1785, 녹문 74세).
　　湛一不得爲質幹, 則渣滓爲質幹. 渣滓爲質幹, 則虛靈不得不有優劣. 虛靈有優
　　劣, 則明德不得不有分數 …… 然則前論所云 人性最貴者非他, 特以所稟正通
　　之氣, 得全明德者然也者又何謂也.
19)《鹿門集》5:15a, 答李伯訥, 乙巳(1785, 녹문 74세).
　　湛一雖爲質幹, 騰倒久 則渣滓重. 渣滓重 則'湛一'每爲其所勝者, 理勢然爾. 此
　　所以淸者常少, 而濁者常多者也. 然渣滓雖重至七八分, 旣曰正通 則終是湛一爲
　　本領主宰, 故因其發而遂明之, 則皆可以復其初 而爲堯舜矣. …… 卽此而見 亦
　　可知質幹之爲湛一, 而非渣滓也. 正通中 亦有窒塞之甚, 如朱子所謂'人有近物

즉 인간은 '湛一'을 본바탕[質幹]으로 삼아 善한 本性을 가지지만, 인간도 氣質을 가진 존재로서 현상의 다른 사물들과 접촉하지 않을 수 없기 때문에 차츰 渣滓에 그 本性을 制限당하게 된다. 그러나 비록 사재가 쌓이더라도 '담일'이 본바탕으로서의 구실을 계속할 때는 善한 本性을 유지할 수 있지만 사재가 '담일'보다 더 重하게 되면 더 이상 완벽하게 善한 본성을 유지할 수 없게 된다는 것이다. 다시 말하면 그의 理氣論의 전제인 '理氣同實'과 '五常과 一原은 같다'는 대전제로 볼 때 '담일'도 사재 속에 있다. 그리고 또한 '담일'이 본바탕으로서 主宰가 되는 것은 그것이 正通의 氣를 稟賦받았기 때문이다. 흔히 현상적으로 사재가 본바탕이 되는 것은, 사재가 重하여 '담일'이 드러나지 않을 뿐이므로 정통을 중심으로 살펴보아야 한다는 것이다.

이상의 논의로 확인할 수 있는 것은, 心性을 논할 때 대부분이 理로써 설명하는 경향과는 달리, 녹문은 氣로써 설명하지만, 그것은 또한 '理氣同實'에 바탕을 둔 理一分殊論에서 출발한다는 사실이다. 이것은 性理學에서 자연법칙을 설명하는 본체론의 理氣論에서 心性一致의 바탕을 마련하려고 할 때, 절대적 善을 理나 氣 어느 하나로 설명하는 데서 생기는 문제를 해결할 수 있는 가능성을 열어 준 것이라고 생각된다. 곧 人性의 善을 理氣 가운데 어느 하나로 보게 되면, 둘 사이에는 優劣이나 기능의 차이가 생기는 논리적인 결점을 보완할 수 있는 것이다. 그리고 인간의 心性을 설명할 때 어떻게 그 심성의 善을 능동적이고 자발적인 것으로 해명할 것인가에 대하여, 녹문의 氣論이 지니고 있는 특성을 간과해서는 안 된다고 생각된다. 즉 녹문은 인간의 心과 性을 理氣同實의 논리로 설명함으로써 善의 보편적 내재와 함께, 氣를 통

之性者'. 此則理之變 又當別論也.

한 능동성을 부여하여 善의 적극적 실현을 강조한 것이다. 셋째, 朝鮮
性理學史에서 볼 때 그 이론적 발전을 생각할 수 있다. 즉 조선성리학
사에서 수많은 논란을 불러일으켰던 문제들에 대하여 녹문은, 그 정당
성의 문제는 논외로 하더라도 나름대로의 일관된 논리체계로 설명하고
있다는 점이다. 이 점은 앞으로 조선성리학을 연구할 때 나아갈 하나의
방향을 제시하는 것이라고 생각된다.

2. 變化氣質: 復其初와 復其氣之本體

앞 절에서 살펴본 것처럼 녹문은 心의 본체는 湛一이며, 현상적으로 일어나는 惡은 氣質에 생기는 渣滓〔찌꺼기〕 때문에 비롯된다고 보았다. 따라서 인간 개개인이 性善을 실현하기 위해서는 먼저 사재를 제거해야 한다고 주장한다. 곧 變化氣質은 '養氣를 잘 하는 것'을 뜻하고, 善을 회복하거나 실천하기 위해서는 기질의 本然인 담일을 회복하는 것을 뜻하며, 녹문은 변화기질을 '그 처음을 회복하는 것(復其初)' 또는 '그 氣의 本體를 회복하는 것(復其氣之本體)'이라고 말한다.

여기서 '그 처음〔其初〕'과 '氣之本體'는 곧 湛一과 浩然을 뜻한다. 녹문은 담일과 호연을 다음과 같이 말한다.

浩然과 湛一은 생김새가 조금 구별되나 모두 氣여서 無間이라고 할 수 있다.[20]

곧 녹문은 湛一이나 浩然은 개념적으로는 구별되나 사실은 모두 氣이며, 마음의 본바탕[담일]이 되고 도덕적 품성의 바탕[호연]이 되므로 사이가 없다[無間]고 할 수 있다고 생각한다. 녹문은 이 담일이 心과 性의 바탕이 되며 善의 근거라고 설명한다.

> 《或疑》에서 이와 같다면 氣質의 흐리고 어긋남[濁駁]을 어떻게 처리할 것인가라고 하니, 비록 기질이 흐리고 어긋난 사람일지라도 그 本體의 湛一함은 모두가 같다고 하였다. 대개 사람은 天地의 正氣를 받아 태어나므로, 마음이 막힘이 없다[空通]. 이 空通의 가운데를 따라서[卽] 담일한 본체는 이미 훤하게 뚫려 천지와 貫通하여 막힘없이 드러나서 流行하니, 그 德을 性이라 하고, 그 神을 心이라 하며, 그 작용을 情이라 하니, 모두가 이 氣로 말미암아 세워진 이름이다. 이른 바 흐리고 어긋난다[濁駁]는 것은 곧 그 正氣 가운데의 찌꺼기일 따름이다. 찌꺼기가 무거우면 본체가 은폐되는 것은 추세[理勢]의 必然이다. 그러나 어찌 이것으로 본체의 善을 의심하겠는가?[21]

곧 氣質이 濁駁하고 그것이 사람마다 다르더라도 그 본바탕의 湛一함은 萬人이 모두 같다. 왜냐하면 사람은 天地의 正氣를 타고 태어나기 때문에 마음이 막힘이 없으며, 담일은 곧 이 마음의 空通함을 따라서 세상에 그대로 드러난다. 이에 녹문은 담일이 드러나는 德을 性이라고 하고, 神을 心이라고 하고, 그 작용을 情라고 하지만 사실은 모두 氣로 말미암

---

20) 《鹿門集》5:15a, 答李伯訥, 乙巳(1785, 녹문 74세).
   浩然與湛一, 體㨾稍別 而同是氣也. 謂之無間可也.
21) 《鹿門集》19:5b, 鹿廬雜識.
   或疑 如是則氣質濁駁者 當何區處? 曰雖氣質之濁駁者, 其本體之湛一, 則無不同. 盖人稟天地之正氣以生, 而方寸空通. 卽此空通之中, 湛一本體, 便已洞然, 與天地通貫無礙, 呈露流行, 其德 則曰性, 其神 則曰心, 其用則曰情, 皆由是氣而立名者也. 若其所謂濁駁者, 乃其正氣中渣滓耳. 渣滓重, 則本體隱焉者, 亦理勢之必然. 然豈可以是 而致疑於本體之善哉?

아 생긴 이름이라고 보았다. 또한 기질의 濁駁은 渣滓〔찌꺼기〕가 있으면 생길 수밖에 없지만 그것이 湛一本體의 善을 은폐시킬 수 없다고 보았다.

한편 녹문은 浩然之氣의 의미를 대하여 다음과 같이 말한다.

> 이 氣(필자 주: 맹자의 浩然之氣)는 본래 道義와 하나이지 '남의 말을 듣고 옳고 그름을 판단함〔知言〕'과 '마음속에 정의의 실천을 다짐함〔集義〕'으로써 그것을 기른 뒤에 비로소 도의와 하나가 되는 것이 아니다. 知言과 集義란 그것을 통한 復其初의 공부다.[22]

즉 녹문은 맹자의 호연지기를 마음의 본바탕이라고 생각하였다. 따라서 녹문은 맹자가 '이 氣는 義와 짝하고 道와 함께한다'[23]고 한 말을 '이 氣는 본래 道義와 하나다'고 말한다. 그리고 맹자가 말한 知言과 集義를 復其初의 공부로 생각하였다.

이어서 녹문은 맹자의 호연지기와, 호연지기를 기르는 방법으로서 知言과 集義에 대하여 다음과 같이 설명한다.

> 맹자가 '直으로써 기르고 또 害함이 없으면 곧 天地 사이에 가득 찬다'[24]고 한 말은 극히 좋다. 무릇 뱃속에 가득한 것이 모두 다 이 氣며, 천지의 氣와 더불어 관통하여 하나가 되니, 그 천지에 가득 찬 것 (浩然之氣)은 진실로 길러지기를 기다릴 필요가 없다. 그러나 한번 私

---

22) 《鹿門集》 5:15b, 答李伯訥, 乙巳(1785, 녹문 74세).
   此氣本與道義一, 非'知言''集義'以養之然後, 始與道義一也. 知言集義, 乃所以復其初之工夫也.
23) 《孟子》〈公孫丑上〉.
   其爲氣也, 配義與道, 無是 餒也.
24) 《孟子》〈公孫丑上〉.
   敢問夫子 惡乎長曰 我知言, 我善養吾浩然之氣. 敢問何爲浩然之氣, 曰難言也. 其爲氣也, 至大至剛, 以直養而無害, 則塞於天地之間. 其爲氣也, 配義與道, 無是 餒也.

意에 가려지면, 스스로 만족하지 못하고〔歉然〕 굶주리게 되니, 이른바 뱃속에 가득하던 것〔滿腔子〕이 가을바람에 나뭇잎 마르듯 이지러지고 결핍되어 그 所在를 모른다. 그러니 천지와 더불어 비록 一氣라 하더라도 역시 격리되고 절단되어 둘이 됨을 면하지 못한다. 학자가 진실로 능히 義를 모으고 호연지기를 길러 맹자의 말처럼 할 수 있다면, 이 뱃속에 가득한 本體가 곧 충만하고 모자람이 없어, 천지와 더불어 다시 간격이 없을 것이니, 무릇 '천지에 가득한 것'이란 다른 것이 아니라 뱃속을 가득 채운 것이며, 곧 천지를 가득 채운 것이다. 주자가 일찍이 어떤 학자에게, '뱃속에 가득한 것이 惻隱한 마음이라면 뱃속 밖은 무슨 마음인가?'라고 물었는데, 陶庵(李縡)이 이를 '뱃속의 안팎이 모두 측은이다'고 해석하였는데 뜻이 곧 이와 같다. 浩氣는 氣를 主로 하며, 측은은 理를 주로 하나, 그 實은 같은 것이다(細註: 측은은 곧 위에서 말한 生意다).25)

여기서 녹문은 호연지기가 마음에 갖추어져 있더라도 私意 곧 私慾에 물들게 되면 잘 드러나지 않는다고 보고, 호연지기를 회복하기 위해서는 언제나 義를 모으고〔集義〕 氣를 길러〔養氣〕 마음에 충만되어, 그것이 天地와 간격이 없게 해야 비로소 천지의 一氣와 하나가 될 수 있다고 생각하였다. 그런데 여기서 녹문은 '뱃속에 가득 찬 것〔滿腔子〕'을 惻隱이라고 본 주자의 설명과, 마음의 안팎이 모두 측은이라는 스승 陶庵 李縡의 설명에 찬성한다. 그리고 이에 더하여 녹문은 浩氣란 氣를

---

25)《鹿門集》19:4b~5a, 鹿廬雜識.

孟子曰'以直養而無害 則塞于天地之間'此語極好. 盖滿腔子 都是此氣, 而與天地之氣, 通貫爲一, 則其塞于天地, 固不待養也. 然一爲私意所蔽, 歉然而餒, 則所謂滿腔子者, 棄颯飀欠, 不知其所在矣夫. 然則與天地, 雖曰 一氣, 亦不免於隔截而爲二. 學者 苟能集義·養氣, 如孟子之言, 則此滿腔子之本體, 便當充拓無欠, 而與天地更無間隔. 盖所謂'塞天地'無他, 只塞了腔子, 便塞了天地矣. 朱子嘗問學者曰'滿腔子 是惻隱之心, 腔子外是甚底?'陶庵解之云'腔子內外 都是惻隱'意正如此. 浩氣 主氣, 惻隱 主理, 其實一也(惻隱 卽上所云生意).

주로 하여 말한 것이고, 측은은 理를 주로 하여 말한 것이지만 그 실체
는 같다고 한 뒤, 또한 細註에서 측은을 生意라고 한 것은 그의 '理와
氣는 동등한 實〔本質〕이다(理氣同實)'의 관점에서 볼 때 논리적 整合性
을 가진다고 할 수 있다.

　한편 浩然之氣와 마찬가지로 湛一도 현상의 形氣 속에서 뛰고 뒤집
힘〔騰倒〕이 없을 수 없지만 여전히 마음의 본바탕〔質幹〕이 되어, 養氣
에 따라 회복될 수 있다고 하여 다음과 같이 말한다.

　　　그러나 渣滓〔찌꺼기〕가 비록 위중하여 70~80%에 이르러도, 이미
　　正通이라 하였으니 끝내 湛一이 本領의 主宰가 된다. 그러므로 그
　　發하는 것에 따라 밝히면 모두 그 처음을 회복하여〔復其初〕 堯·舜
　　이 될 수 있다.26)

　곧 현상의 사물에서 일시적으로 찌꺼기〔渣滓〕의 작용이 심하여 마치
찌꺼기가 湛一을 이기는 것처럼 보이지만, 담일은 여전히 바르고 통함
〔正通〕을 유지하여 마음의 本領이 되어 主宰한다. 따라서 이 마음의 본
령 곧 담일이 드러나는 것에 따라 수양하면, 사재에 물들지 않는 담일
을 회복하여 堯舜과 같은 聖人이 될 수 있다는 것이 녹문의 주장이다.
그리고 녹문은 復其初를 다음과 같이 말한다.

　　　무릇 形體가 없으나 主宰하는 것은 理다. 그러므로 나는 '氣의 本
　　體에 진실로 가득 참과 모자람〔贏乏〕, 강함과 약함〔強弱〕이 있다면
　　이것은 理의 본체가 원래 純一하지 못하기 때문에 그렇다'고 할 뿐이
　　다. 반드시 性善이라는 두 글자와 더불어 그 명제를 되새긴 뒤에 가

____

26)《鹿門集》5:14b, 答李伯訥, 乙巳(1785, 녹문 74세).
　　然渣滓雖重至七八分, 旣曰正通, 則終是湛一爲本領主宰. 故因其發而遂明之,
　　則皆可以復其初, 而爲堯舜矣.

능할 뿐이다(細註: 浩然之氣라는 네 글자는 아마도 끝내 설자리가 없다). 또한 일설에 이른바 '氣를 잘 기른다'는 말과 이른바 '變化氣質'이라는 것은 역시 그 氣의 본체를 회복하는 것을 말할 뿐이다. 그러므로 주자는 養氣를 해석하면서 역시 '반드시 그 처음을 회복하는 것'을 말하였다. 만약 氣가 본래 차별이 있다고 하면 비록 세상에서 가장 잘 기르고 변화하는 사람이라도 어찌 본래 차별이 있는 氣를 변화시켜 聖人과 더불어 하나가 되도록 化하게 할 수 있겠는가? 그것은 반드시 그렇지 않다.27)

곧 녹문은 主宰하는 것이 理라고 하고, 氣의 본체는 가득 참과 모자람, 강함과 약함이 있다고 하면 그것은 理의 본체가 純一하지 못하다는 말이 된다고 보았다. 이 말의 뜻은 곧 氣의 본체도 마땅히 순일하다는 말이다. 녹문이 이미 性과 心을 合理氣로 설명하였다. 그러므로 性善은 단지 性卽理를 바탕으로 하는 것도 아니며, 또한 性卽氣를 바탕으로 하는 것이 아니라 理의 순일과 氣의 순일이 합해짐으로써 가능하다고 할 수 있다. 그러므로 '善養氣'라고 하면 氣의 순일 곧 湛一을 기른다는 의미다. 그런데 만약 氣의 근본에 차별이 있게 되면 復其初의 내용도 천차만별일 것이며, 성인과 범인이 하나가 될 수 있다는 것은 허구에 지나지 않을 뿐이라는 말이다.

이어서 녹문은 張橫渠의 말을 인용하여 氣를 기르는 것이 性의 善함을 회복하는 것이라고 설명한다.

---

27) 《鹿門集》5:8b～9a, 與李伯訥, 乙巳(1785, 녹문 74세).
　　夫無形體而有主宰者 理也. 故愚 則曰'氣之本體, 眞有贏乏强弱, 則是理之本體, 元不純一故然爾'. 必幷與性善二字, 而反其案然後可耳(浩然之氣四字 恐終區處不得). 且有一說所謂'善養氣', 所謂'變化氣質'者, 亦謂復其氣之本體耳. 故朱子釋養氣, 亦必以復其初'爲言. 使氣本有差別, 則雖天下善養善變之人, 安能使本有差別之氣, 化而與聖人一乎? 其必不然矣.

張橫渠 선생은 '사람의 강함과 부드러움〔剛柔〕, 느림과 급함〔緩急〕,
재능 있음과 없음〔才不才〕은 氣의 偏僻함이다. 天은 본래 天·地·人
의 三才가 완전하게 화합〔參和＝融和無欠〕[28]하여 편벽하지 않은 것이
다. 그 氣를 길러 근본(氣의 본체)으로 돌이켜 편벽되지 않으면, 곧 性
을 다함이며 天이다'[29]고 하였다. 氣의 편벽됨은 末流의 渣滓〔찌꺼기〕
를 가리켜 말한 것이며, 근본이라 한 것은 氣의 本體를 말한 것이다.
따라서 그 氣를 길러서 그 본체로 돌아가면 性은 그 가운데 있으므로
'性을 다한 天이다'고 한 것이다. 여기서 天이라 한 것은 위 글에서 이
른바 參和하여 편벽되지 않은 것이니, 氣도 天이요, 性도 天이다.[30]

곧 張橫渠는 사람의 강함과 부드러움 등은 氣의 偏僻함으로 말미암은
것이지만, 天은 본래 완전한 화합을 이룬 것이라고 말하였다. 따라서 養
氣하면서 天과 같이 완전한 화합을 이룬 것이면 性을 다한 것이라고 설
명하였다. 이에 녹문은 氣의 편벽은 末流의 사재를 말한 것이며, 근본으
로 돌아간다고 할 때의 근본은 곧 氣의 본체를 뜻한다고 보았다. 이에
녹문은 氣도 天이며, 온전한 본체를 간직한 性도 天이라고 하였다.
　그렇다면 心은 어떻게 養氣 또는 復其初의 主體가 되는가?

　　心은 비록 氣質 밖에 있지 않지만 이미 良能이라고 하였으니, 볼
수 있는 形이 없고, 들을 수 있는 소리가 없으며, 虛靈不昧하며, 神明

---

28) 《中庸》傳 22章.
　　惟天下至誠, 爲能盡其性, 能盡其性則能盡人之性, 能盡人之性, 則能盡物之性.
　　能盡物之性, 則可以贊天地之化育, 可以贊天地之化育, 則可以與天地參矣.
29) 張載, 《正蒙》誠明篇第六. 《張載集》(北京: 中華書局, 1978) 23쪽.
30) 《鹿門集》 19:5b～6a, 鹿廬雜識.
　　橫渠先生曰 '人之剛柔·緩急·才不才 氣之偏也. 天本參和不偏, 養其氣反之本
　　而不偏, 則盡性而天矣'. 氣之偏 指末流渣滓而言, 本謂氣之本體, 養其氣以反
　　其本體, 則性在其中. 故曰'盡性而天矣'. 天卽上文所謂參和不偏者, 氣亦天 性
　　亦天也.

하여 예측할 수 없으니, 또한 어찌 氣質이 얻은 것이 있겠는가? 이런
까닭에 비록 어둡고 막힘이 지극하더라도 한순간에 깨달음이 있으면
良能의 진정한 體는 卓然히 눈앞에 드러난다. 이에 바탕을 두어 밝힘
으로써 氣質을 변화할 수 있으며, 이것을 확대함으로써 化育에 참여할
수 있다.[31]

곧 心은 氣質 가운데 있지만 그 기능은 기질과 달리 虛靈하여 어둡지
않으며, 神明하여 예측할 수 없다. 이것은 기질의 기능이 아니다. 그러
므로 渣滓[찌꺼기]에 따라 心의 本體가 드러나지 않더라도 그것을 깨달
으면, 良能이 활발하게 활동하여 心의 본체가 분명하게 드러나 보인다.
바로 이 心의 양능에 따라서 氣質을 변화시켜 善端을 드러낼 수 있으
며, 그것을 확대하여 化育에 참여할 수 있다.

곧 마음[心]에 갖추어진 良能에 따라 心은 그 主宰의 기능을 발휘하여
기질을 변화시킬 수 있다. 녹문은 그것을 다음과 같이 자세히 설명한다.

心이 비록 氣에 가려져 그 主宰를 잃었다고 하지만 그 지극히 虛靈
하고 능히 知覺하는 本體는 혼매할 수 없다. 그러므로 비록 그것이 뒤
집혀져 極에 이르더라도 善端은 發見하지 않을 수 없으니, 이 선단의
발견에 따라서[卽] 그 본체는 이미 洞然하다. 그러므로 학자는 마땅히
이 순간을 놓치지 않고 힘써 收斂하여 스스로 그 主宰를 확립해야 하
며, 涵養·省察·明理·克己로 그 氣質을 변화하여 그 본체의 온전함
을 회복해야 한다. 만약 이 心이 善惡으로 나누어짐이 없이 단지 그
動靜의 機微에만 집착하면 그 본체는 이미 主宰라고 할 것이 없으니

---

31)《鹿門集》2:3b~4a, 答渼湖金公, 戊午(1738, 녹문 27세).
　　心雖不外乎氣質, 而旣曰良能, 則無形可見矣, 無聲可聞矣, 虛靈不昧矣, 神明
　　不測矣, 則亦豈氣質所得以有者哉?　是故雖其昏蔽之極,　介然之頃一有覺焉,
　　則良能眞體卓然現前, 據而明之, 則可以變化氣質矣. 據而大之,　則可以參贊
　　化育矣.

그것이 무엇에 의거하여 기질을 변화시킬 곳으로 삼을 것인가? 무릇 虛靈은 기질에 얽매이지 않지만, 허령과 기질은 단지 하나의 사물이다. 이에 이 두 句를 바르게 보면 거의 잘못이 없을 것이다. 靜하여 본체가 炯然한 것은 그것이 氣에 얽매이지 않음으로써 그러하며, 動하여 氣에 가려지는 것은 단지 一物이기 때문이다. 動하여 본체가 때로 發見되고 능히 그 발함을 따라 그것을 밝히는 까닭은 역시 여전히 氣에 얽매이지 않은 까닭이다.[32]

즉 心이 비록 氣 곧 渣滓[찌꺼기]에 가려져 그 主宰性을 잃은 것처럼 보이지만, 心에 갖추어진 虛靈함과 知覺하는 힘은 그대로 내재되어 있다. 이에 따라 사재가 아무리 지극하게 날뛰더라도 善端은 드러난다. 그러므로 修養의 요체는 이 선단이 발현하는 순간을 포착하는 데 있다. 그리고 그 순간을 포착하면 곧장 마음의 主宰性을 확립해야 한다. 그로부터 涵養·省察·明理·克己를 통하여 氣質을 변화시킬 수 있다. 그런데 만약 心이 善惡으로 나누어지는 것을 살피지 않고, 心이 動靜하는 지극히 작은 낌새[機微]에만 집착하면 心의 주재성은 발휘되지 못하여 기질을 변화시킬 수 없다. 왜냐하면, 心이 靜하여 본체가 막힘이 없는 것은 허령이 기질에 막히지 않기 때문이며, 心이 動하여 氣에 구애받지만 그 動을 따라 본체가 발현되고 그 본체를 밝히는 것은 허령과 기질이 하나의 사물이기 때문이다.

---

32) 《鹿門集》 17:17b~18a, 玉溜講錄, 丙辰(1736, 녹문 26세).
   又曰 心雖爲氣所揜, 而失其主宰, 然其至虛·至靈·能知·能覺之本體, 則有不可得以昧者. 故雖其放倒之極, 而善端未嘗不發見, 卽此善端之發見, 而其本體已洞然矣. 故學者 當乘此空隙, 而提掇收斂以自立其主宰, 而涵養·省察·明理·克己 以變化其氣質, 而復其本體之全矣. 若使此心無分於善惡, 而只管其動靜之機而已, 則是其本體, 已無所謂主宰者, 其何據以爲變化氣質之地乎? 大抵虛靈不囿乎氣質, 而虛靈·氣質 只是一物. 於此兩句看得定, 則庶幾不差. 靜而本體炯然者, 以其不囿於氣也, 動而爲氣所揜者, 以其只是一物故也. 動而本體有時而發見, 與所以能因其發而遂明之者, 亦依舊不囿於氣 故也.

이상의 내용들을 녹문은 〈題四戒圖〉[33]에서 다음과 같이 구체적으로
설명한다.

> 온몸에 갖추고 一心을 이루어 萬物과 접하는 것을 身이라 하며, 五
> 性을 포함하고 一身의 주인이 되어 萬事에 應하는 것을 心이라 한다.
> 몸이 접하는 바와 마음이 응하는 바가 소리로 발하는 것은 말〔言〕이
> 되고 일에 발하는 것은 행동〔行〕이 된다. 몸이라는 것은 氣가 모인 것
> 이며, 마음은 理가 머무는 곳이다. 言行은 氣에서 발하지만 理에 근본
> 하는 것이다. 理라는 것은 純善이며 惡이 없으며, 氣라는 것은 맑은 것
> 도 있고 탁한 것도 있다. 理는 이미 순선이며 氣 또한 극히 맑으면 그
> 순선한 體를 온전히 함이 있고, 마음은 조종하지 않아도 보존되며, 몸
> 은 檢束하기를 기다리지 않아도 닦여지며 말은 不正함이 없으며 행동
> 은 中節하지 않음이 없으니 진실로 허다한 공부를 일삼을 것이 없다.
> 오직 그 氣에 탁함이 있으므로 그 純善의 理를 엄폐하여 마음이 보존
> 되지 못하는 것이 있고 몸이 닦여지지 않음이 있으며, 언행도 또한 따
> 라서 中正을 얻지 못한다. 그러나 天理는 쉴 때가 없으며 濁氣는 맑아
> 지는 도리가 있으므로 그 발함을 따라 그것을 밝히고, 그 밝힘에 말미
> 암아 그것을 擴充하면 그 처음을 회복할 수 있으니 그 功은 같다.[34]

정리하면, 행위하는 것은 몸이지만 그 몸의 주인이 되어 萬事에 응

---

33) 四戒는 《禮記》 曲禮上의 '敖不可長', '欲不可從', '志不可漫', '樂不可極(〈注〉:
   四者慢遊之道 桀紂所以自禍)의 네 가지를 경계한다는 의미다.
34) 《鹿門集》 21:1a, 題四戒圖, 丙午(1786, 녹문 75세).
   具百體盛一心, 而接萬物者 謂之身, 包五性主一身, 而應萬事者 謂之心. 身之
   所接, 心之所應, 發於聲者爲言, 發於事者爲行. 身者 氣之所聚也, 心者 理之
   所寓也. 言行者 發於氣而本於理者也. 理者 純善而無惡, 氣者 有淸而有濁. 理
   旣純善, 而氣又極淸, 則有以全其純善之體, 而心不待操而存, 身不待檢而修,
   而言無不正, 行無不中, 固無所事於許多工夫也. 惟其氣有所濁, 故掩其純善之
   理, 而心有所不存, 身有所不修, 而言與行, 又隨而不得其中正焉. 然天理無可
   息之時, 而濁氣有可淸之道, 故因其發而明之, 因其明而充之, 則可以復其初,
   而同其功矣.

하는 것이 마음[心]이다. 이때 마음이 사물에 응하여 소리로 드러나는 것이 말[言]이며, 일[事]을 하는 것이 행동[行]이다. 그리고 몸은 氣로 이루어지며, 마음은 理가 머무는 곳이다. 그런데 理는 純善이며 惡이 없으나 氣는 맑은 것도 있고 탁한 것도 있다. 그러므로 이 순선한 理가 지극히 맑은 氣와 함께하면, 마음의 수양에 힘쓰지 않아도 마음의 본체는 온전히 보존되어 말[言]은 정확하며, 행동도 절도에 맞게 된다. 그러나 氣가 濁하면 理의 순선함이 마음에 보존되지 못하므로 언행이 中正하지 못한다. 그러나 天理는 生生不息하고, 濁氣도 맑아질 수 있으므로 천리가 드러나는 것을 따라 살피고, 그것을 擴充시켜 나가면 순선의 본체를 회복할 수 있다.

이상에서 살펴본 녹문의 變化氣質論을 정리하면 다음과 같다. 먼저 종래 理善氣惡의 구도와 달리 理와 아울러 氣도 純善이라는 것이다. 왜냐하면 理의 순선은 氣의 순선으로써만 드러날 수 있기 때문이다. 다음으로 변화기질의 주체는 마음[心]이다. 녹문은 이미 心性一致를 주장하였으므로 마음이 善하지 않으면 性도 善할 수 없다고 보았다. 그러므로 마음에 갖추어진 良能으로 渣滓[찌꺼기]를 제거하고 氣의 본체인 湛一을 회복할 수 있다고 보았다. 끝으로 人性이 聖凡一致이므로 마음도 성범일치다. 왜냐하면 사람의 마음에 갖추어진 氣의 담일은 누구나 보편적으로 같기 때문이다. 마지막으로 '가장 맑고, 깨끗하고, 순수한 氣의 本體(湛一淸虛之氣)'는 無所不在이므로 性善의 보편성과 함께 누구나 성인이 될 수 있는 근거를 마련하였다는 점이다.

녹문의 이러한 주장은 '理와 氣는 동등한 實[本質]이다(理氣同實)'와 '理氣元不相離'의 理氣論에서 비롯되는 것이며, 善의 보편적 실현에 대한 이론적 整合性을 확립한 것이라고 평가할 수 있다.

Ⅷ 結 論

　이상의 논의를 통하여 鹿門 철학의 문제가 인간의 性善에 대한 理氣論的 해명과 현실에서 구체적 실현이라는 성리학의 문제와 일치하며, 그 주요 내용들을 연구·검토한 결과, 녹문 任聖周의 철학이 조선성리학사에서 결코 이질적 특징을 지니는 것이 아니라, 성리학의 중심문제들을 성리학의 틀 안에서 새롭게 이해하고 설명하고 있음을 알게 되었다.

　한편으로 조선성리학을 主理·主氣, 唯理·唯氣로 구분하면서 다양하고 풍부하게 발전하였다는 주장도 있다. 그러나 필자는 다양성은 단지 처지나 관점이 다르다는 것만으로 그 정당성이 인정되지 않는다고 생각한다. 왜냐하면 거기에는 철학적 타당성과 보편성, 그리고 논리적 정합성이 있어야 하기 때문이다. 그리고 성리학의 理氣論이 매우 복잡하게 펼쳐지기는 하였지만, 거기에는 우주와 인간 세계, 그리고 인간의 도덕적 가치와 근거를 통합적이고 종합적인 일관된 논리로 설명하려는 목적이 전제되어 있다. 따라서 성리학은 이 목적을 위한 논리적이고 이론적 정합성이 무엇보다 중요하다. 녹문철학의 특징이 바로 여기에 있다. 녹문철학에 대한 연구에서 이 점을 간과하게 되면 자칫 논점 일탈과 유행을 좇아가는 연구경향의 오류에 빠질 수 있다.

　따라서 필자는 녹문철학의 연구를 진행하면서 기존 연구에 대한 이해를 바탕으로, 녹문의 철학을 主理·主氣의 이분법적 관점으로 이해하는 방법에서 벗어나, 조선성리학의 問題發展史의 관점에서 논의를 진행하였다. 이상에서 논의한 녹문철학에 대한 의미를 다음 두 가지 방면으로 정리하고자 한다.

1. 鹿門哲學의 새로운 이해

이미 알려진 대로 湖洛論爭은 율곡의 理通氣局을 理一分殊로 이해하는 과정에서 일어났으며, 녹문철학은 호락논쟁에서 출발하여 그것을 종합 정리하는 데 목적이 있었음을 확인하였다. 이러한 사실은 녹문의 철학이 호락논쟁의 주요 쟁점들을 중심으로 펼쳐졌음을 반증하는 것이기도 하다. 그리고 이들 문제들에 대한 녹문의 철학이 완성되어 가는 과정에서, 이들 문제들에 대한 관점의 차이를 전기와 후기로 나누어 살펴보았다. 즉 녹문의 동생인 雲湖 任靖周가 쓴 《鹿門集》의 〈行狀〉과 녹문 자신의 서술에 바탕을 두면, 36~37세를 앞뒤로 하여 洛論의 人物性俱同에서 人物性相異의 관점으로 전환하고, 이에 따라 理氣에 대한 이해를 새롭게 정립하였다. 그것은 녹문의 단순한 관점 변화가 아니라 성리학의 근본문제들에 대한 이해의 수준이 달라졌음을 뜻하는 것이다.

구체적으로 살펴보면, 녹문은 전기에 洛論의 人物性同論을 따를 때는 ‘理氣渾融無間之妙’를 중심으로 理氣論을 설명하였으나, 48~49세 때 쓴 〈鹿廬雜識〉에서 비로소 ‘理와 氣는 동등한 實〔本質〕이다(理氣同實)’와 ‘心과 性은 一致한다(心性一致)’는 두 명제를 전제로, 理一分殊를 새롭게 이해하고 이에 따라 ‘이일분수는 理를 중심으로 본 것이며, 氣를 중심으로 보면 氣一分殊도 불가할 것이 없다’고 주장하여 호락논쟁의 쟁점을 종합·정리하고자 하였음을 살펴보았다. 그러한 사실을 이 책에서는 녹문의 철학을 전·후기로 구분하여, 전기에는 湖洛論爭의 문제를 洛論의 관점에서 이해하다가, 후기에는 자신의 관점에 따라 새롭게 정립하는 과정에서 나타나는 내용과 관점 변화의 문제를 구체적이고 종합적으로 검토하였다.

그 결과 첫째, 程·朱로부터 정립된 理一分殊는 性理學의 중요 명제임과 동시에 一原과 分殊의 의미와 관계를 설명하는 중심논리였으며, 녹문도 이들 문제들에 대하여 ‘理와 氣는 다 함께 實〔本質〕이다(理氣同實)’와 ‘心과 性은 一致한다(心性一致)’는 두 명제를 전제로 정립된 理氣論으로 이해하며, 나아가 이일분수를 중심으로 펼치고 있음을 확인하였다. 그리고 녹문의 철학을 검토한 결과 비록 氣一分殊라는 용어가 녹문철학의 특징이기는 하지만, 필자가 《녹문집》에서 확인한 바로는 유일하게 ‘이일분수는 理를 중심으로 본 것이며, 氣를 중심으로 보면 기일분수도 무방하다’는 설명이 전부라고 할 수 있다. 그러나 이일분수를 중심으로 성리학의 주요문제를 해명하고 있다. 이러한 사실은 녹문이 이일분수를 기일분수로 대체하여 성리학의 문제를 이해한 것이 아니라는 것을 반증하는 것이다.

둘째, 기존의 연구들에 대한 분석에서 드러나듯이 녹문철학의 특징을 규정할 때 무엇을 중심으로 할 것인가에 대한 새로운 시각이 필요하다고 보았다. 왜냐하면 主理·主氣라는 이분법적 시각은 녹문철학에 대한 반쪽의 이해에 그칠 수 있으므로, 녹문철학에 대한 객관적이고 종합적인 연구를 통하여 녹문철학 또는 조선성리학에 대한 이해의 수준을 높여야 하기 때문이다. 곧 "녹문이 전기에 가졌던 문제가 무엇이며, 그것을 어떻게 설명하였으며, 나아가 왜 관점의 변화가 생겼는가? 그리고 변화된 관점에 따라 자신의 철학을 어떻게 펼치고 있는가"를 중심으로 고찰하였다.

따라서 위 두 가지 점을 고려할 때, 녹문의 관심문제도 理一分殊의 올바른 해명에 있었다는 것은 당연한 귀결이며, 그 이론적 근거로 理氣同實과 心性一致를 중심으로 펼치고 있음을 살펴보았다.

이에 따라 녹문철학에 대한 기존의 연구 성과들을 검토하고, 이를 통하여 녹문철학에 대한 새로운 이해의 시각을 모색하였다. 즉 녹문이 理氣論의 大前提로 제시한 '理와 氣는 동등한 實〔本質〕이다(理氣同實)'의 의미를 엄밀하게 고찰함으로써, 唯氣·主氣라는 이제까지의 오해를 불식시키고, 나아가 녹문철학의 가장 큰 특징으로 규정한 氣一分殊가 사실은 理一分殊에 대한 이해의 차원을 높여 준 새로운 시각임을 밝힘으로써 조선성리학사에서 녹문의 위치를 재확인할 수 있었다.

이상의 내용을 좀더 구체적으로 살펴보기 위하여, 먼저 Ⅱ장에서 녹문의 생애와 철학적 문제형성을 살펴봄으로써 녹문이 당시 性理學界의 중심에 있었음을 알 수 있다. 곧 녹문이 湖洛論爭이 한창이던 때 자신의 철학을 정립하였고, 특히 洛論의 권위자인 陶庵 李縡(1680~1746)의 문하에서 受學하며, 낙론의 관점에서 호락논쟁의 쟁점문제를 이해하였으나 호·락 양론에 대하여 의문을 제기하였다. 이에 녹문은 '爲己之學'이라는 성리학자로서의 본연적 자세를 확고히 다졌으며, 이를 바탕으로 四書三經에 대한 주석에 열중하면서 당시 첨예하게 대립한 호·락 양론에 대한 인식과 해결을 모색하면서 자신의 철학적 과제로 삼았음을 살펴보았다.

Ⅲ장에서는 녹문의 理氣論을 전기와 후기로 나누어 살펴보았다. 곧 녹문은 전기에는 理氣論을 뚜렷하게 정립하지 못하였지만, 能(良能)과 鬼神의 개념을 理氣混融無間之妙로 설명하였다. 이것은 곧 율곡의 '理氣之妙'와 일맥상통하는 것으로 후기의 '理氣同實', '理氣元不相離'의 이기관을 정립하는 실마리가 전제되었다는 것을 말해 주는 것이다. 그리고 녹문이 能과 鬼神을 理氣와 같은 차원의 또 다른 궁극적 실체로 규정하였다고 볼 수는 없다. 왜냐하면 이들 개념은 理氣가 現像化할 때의 작용과 그 법칙을 설명하기 위한 媒概念으로 설정한 것이므로, 사물과 그 운동변화를 설명하는 본체론에 따른 근원적 실체로 볼 수 없기 때문이다.

녹문은 이러한 배경 아래 다음 세 가지 문제를 제기한다. 하나는 호락논쟁의 쟁점을 해결하기 위해서 '理와 氣는 동등한 實〔本質〕이다(理氣同實)'의 理氣論을 새롭게 정립해야 하는 필요성을 인식하였다.

다른 하나는 性의 개념정립이다. 즉 理의 보편성만을 本性이라고 하고 현실의 구체적인 사물의 性을 氣質之性이라고 하면 本然之性과 기질지성은 서로 분리되며, 현실의 구체적인 사물과 분리된 본연지성은 공허한 虛像에 지나지 않는다고 보았다.

끝으로 어떻게 性善을 온전하게 실현할 수 있는가의 문제다. 녹문은 理의 純善은 氣가 아니면 드러날 수 없다고 보고 氣도 通性이 있음을 주장한다. 곧 聖人을 지향하는 성리학의 관점에서 볼 때, 理의 純善을 실현하는 실천자인 氣에 내재적 근거가 없다면 인간의 性善도 虛構라는 것이다.

녹문은 이 세 가지 문제를 해결하기 위하여 理氣論을 다시 정립하였으며, 그것이 후기철학의 출발점이 된다. 이 Ⅲ장에서는 理氣同實의 의미를 먼저 자세히 살펴보았다. 그 결과 녹문은 결코 理를 氣의 속성으로 이해하지 않았다는 사실을 밝히려고 하였다. 곧 녹문이 理의 主宰性

을 自然으로 설명하면서 자연을 氣의 자연으로 설명하지 않고 理의 所 以然과 當然으로 설명하는 데서 잘 나타난다. 여기서 필자는 녹문이 理 先氣後의 관계나 理가 氣를 초월하여 독립적으로 존재할 수 있다고 생 각하지 않고 理와 氣는 언제나 同時同所로 존재하며, 논리적으로는 同 延槪念의 관계로 이해하고 있음을 확인하였다. 즉 녹문의 경우 理의 純 善, 所以然, 主宰性은 그대로 인정하되, 그것은 어디까지나 '理와 氣는 동등한 實[本質]이다'는 전제 아래 氣에 대한 超越性은 배제한 것이다. 그것은 녹문이 '氣로부터 말하면 氣의 純이 곧 理의 純'이므로 氣의 純 을 전제하지 않는 理만의 純은 있을 수 없다고 설명하고, 만약 氣의 純 이 없이 理만 홀로 純하다면 그 理는 空虛한 것이라고 이해한 것에서도 잘 드러난다. 그러나 이 때문에 理를 氣의 속성으로 이해해서는 안 된 다. 그것이 곧 自然으로서의 理다.

이어 '理와 氣는 동등한 實[本質]이다'는 명제와 羅整庵의 理氣一物說 을 비교하여 살펴보았다. 왜냐하면 기존의 연구들은 일반적으로 나정암 의 이기일물설을 녹문의 氣論과 대비시켜 그 영향관계를 설명하기 때문 에, 그 사실의 확인을 위해서 녹문이 나정암의 理氣論을 언급하는 부분 을 중심으로 서로의 관점을 대비하여 펼쳐 나갔다. 그리고 녹문이 나정 암의 이기일물설을 비판하면서 二程과 朱子의 이기론을 '理氣元不相離' 를 중심으로 이해하고 있음을 살펴보았다. 이를 통하여 녹문은 理氣同實 을 理와 氣를 동등한 實[本質]이라는 개념으로 파악하고 논리적 同延槪 念으로 파악한 것에 견주어, 나정암은 理氣를 하나의 사물로 보고자 하 였으나, 녹문은 그것마저 제대로 이해하지 못하였다고 비판하였다.

이어서 生意로서의 氣 개념을 살펴보았다. 녹문은 氣를 理의 主宰 대 상도 아니며, 理와 氣를 二分化하는 방식에서 벗어나서 理를 形而上의 관념적 개념이 아니라 氣와 함께 實[本質]의 개념으로 이해하고, 아울러 새로이 氣 개념을 정립함으로써 구체적인 사실세계를 구성하는 氣에 그 능동성과 實現性을 부여하여 理氣同實의 명제를 이론적으로 완성하였다. 여기서 필자는 두 가지를 밝히려고 하였다. 하나는 理의 純善에 상대하는 氣의 개념으로 湛一을 제시함으로써, 理의 순선이 氣의 담일이 아니면 드러날 수 없다는 것이며, 다른 하나는 '가장 맑고, 깨끗하고, 순수한 氣의 本體(湛一淸虛之氣)'는 '없는 곳이 없다(無所不在)'는 것이다. 왜냐하면 만약 氣에 理의 순선을 완전하게 실현할 수 있는 보편적 근거가 없다면, 사람도 善한 본성을 실현할 수 없다는 말이 되기 때문이다. 이어서 녹문의 이러한 氣 개념을 生意로 설명하고 있음을 살펴보았다.

지금까지 녹문철학에 대하여 적지 않은 연구가 이루어졌지만, 일반적으로 녹문의 철학을 主氣의 계통으로 이해하는데, 이것은 다카하시 도루(高橋亨)의 〈李朝儒學史に於ける主理派主氣派の發展〉과 밀접한 관계가 있다.

그러나 녹문의 理氣論은 理氣同實을 바탕으로 이해해야 한다. 왜냐하면 첫째, 〈鹿廬雜識〉의 첫머리에 나오는 '虛圓盛大底物事'는 이기동실을 전제한 合理氣의 개념이지 氣라고 이해할 수 없기 때문이다. 그리고 《鹿門集》에는 우주의 유일한 근원적 실체가 오직 氣라는 녹문의 설명은 찾아볼 수 없었다. 둘째, 녹문 당시에 이미 많은 書簡을 통하여 토론했던 李伯訥이 녹문의 이기론을 主氣라고 비판하였는데, 이에 대하여 녹문은 결코 자신은 주기가 아니라고 반론한 내용 등을 간과해서는 안 되기 때문이다. 필자는 이러한 내용들을 통하여 녹문의 理氣論이 결코 主理·主氣의 姑息的 圖式에 따라서 主氣論으로 규정할 수 없음을 논증하였다.

Ⅳ장에서는 湖洛論爭의 발단이 된 栗谷의 理通氣局說의 성립 과정과 그에 대한 湖·洛 양론의 당사자인 巍巖 李柬과 南塘 韓元震의 이해를 살펴보고, 이에 대하여 '理와 氣는 동등한 實〔本質〕이다(理氣同實)'와

'心과 性은 一致한다(心性一致)'는 두 명제를 전제한 녹문의 비판과 氣一分殊를 제시하게 되는 과정을 검토하였다. 그 결과 程·朱의 理一分殊와 율곡의 理通氣局을 요약 정리하여, 이들 이론은 萬物의 統一性과 多樣性을 설명하는 논리이자 인간이 보편적으로 지향할 도덕적 가치를 설명하는 논리임을 살펴보았다.

그리고 남당과 외암이 율곡의 理通氣局에 대한 이해의 차이점을 검토하였다. 즉 性의 개념에 대하여 洛論은 性의 根源인 理一·理同·理通에서 규정해야 한다고 하여 人物性俱同을 주장하였고, 心의 본체는 心卽氣로서 氣는 有善惡이므로 未發心體도 有善惡이라고 주장하며, 그 이론적 근거로서 《中庸》의 〈天命之謂性章〉에 대한 朱子의 註를 제시하였다. 이에 견주어 湖論은 실제의 性이 드러나는 分殊·氣異·氣局에서 보아야 한다고 하여 人物性相異를 주장하고, 心은 氣의 精靈이므로 미발심체의 本善을 주장하며, 그 이론적 근거로서 《孟子》의 〈生之謂性章〉에 대한 주자의 註를 제시하였다. 그러나 녹문은 이들 근거들에 대해 '氣質이 가진 理'라는 性 개념의 정의를 중심으로 모두 人物性相異의 논거로 설명하고 있음을 살펴보았다.

그리고 먼저 人物性相異의 논거로서 녹문의 '理와 氣는 동등한 實〔本質〕이다'는 것을 전제한 理一分殊와 氣一分殊의 논리를 살펴보았다. 왜냐하면 녹문은 湖洛論爭의 문제를 해결하기 위하여 理氣論을 재정립하지 않을 수 없었으며, 그 결과 그는 호락논쟁은 이일분수와 理通氣局에 대한 이해가 부족한 데서 비롯되었다고 보았다. 여기서 그는 理氣同實의 논리에 바탕을 두고 기일분수와 氣通의 명제를 제시하였고, 또한 그는 율곡의 이통기국에 대해서도 같은 논리로 비판하면서 氣通理局도 가능하다고 보았다. 이 때문에도 그는 당시 학자들로부터 氣論者라는 지적을 받았다. 그러나 결코 녹문이 이일분수를 부정하고 기일분수만을 주장한 것이 아니다. 즉 녹문은 '理와 氣는 동등한 實[本質]이다'는 전제 아래 이일분수가 가능하다면 기일분수도 불가할 것이 없다고 보았다. 그러므로 녹문은 이일분수만 주장하거나 또한 理一은 理에, 分殊는 氣로 分屬시킴으로써 불필요한 논쟁을 불러일으켰다고 비판한다. 따라서 녹문이 '理와 氣는 동등한 實[本質]이다'는 전제 아래 제기한 기일분수는 이일분수로서 성리학의 문제를 해명할 때, 반드시 함께 고려해야 비로소 정확하고 현실적이라는 주장이 논리적으로 整合性을 가지고 있음을 밝히고자 하였다.

Ⅴ장에서는 녹문이 위의 理氣同實을 전제한 理一分殊와 氣一分殊로부터 어떻게 湖洛論爭의 쟁점을 설명하는가를 살펴보고자 하였다.

녹문은 36~37세 이전에는 性에 대한 理氣論的 이해는 性卽理의 관점을 가졌다. 그리고 理一分殊에 대해서도 理 중심으로 이해하면서 氣質之性과 本然之性을 구별한다. 그리고 본연지성을 중심으로 人物性同論과 未發心體本善을 주장하였다.

그러나 36~37세 무렵 《맹자》의 〈생지위성장〉에 대한 朱子註를 읽고 관점을 바꾼다. 여기서 녹문은 理氣同實과 心性一致의 전제 아래 理一分殊에 관한 새로운 이해를 바탕으로, 性은 구체적 사물이 현실적으로 갖추고 있는 氣質과 形氣를 중심으로 파악해야 하고, 모든 사람과 사물은 오직 하나의 性만 가질 뿐이지, 하나의 사물에 있는 性이 本然之性과 氣質之性의 두 層次가 있을 수 없다고 주장한다. 그에 따라 녹문은 기질지성이나 본연지성이라는 이름은 하나의 사물에 있는 性에 대한 관점의 차이일 뿐, 사실은 기질지성이 곧 본연지성이라고 주장한다. 그러므로 사람과 사물 사이의 性에 대한 同異를 논할 때는 마땅히 현상의 參差不齊한 사실도 인정해야 하고, 그 천차만별로 다른 기질지성으로 同異를 논해야 하므로, 녹문의 관점이 人物性相異論으로 바뀐 것은 당연한 것이었다. 그리고 氣의 一原은 湛一로 明德의 本體를 규정하고 전기와 마찬가지로 未發心體本善을 주장하고 있다는 것을 살펴보았으며, 또한 녹문은 心性一致의 전제에서 性善은 氣善(氣質善)으로 완성된다는 점을 강조한다. 녹문은 '理와 氣는 동등한 實〔本質〕이다'는 전제 아래 主理·主氣의 이분법적 도식에 따르지 않고, 性善을 실천하는 주체로서의 마음〔心〕의 문제로 해결하고자 하였음을 알아보았다.

Ⅵ장에서는 녹문의 人心·道心論을 살펴보았다. 첫째, 녹문의 철학은 '理氣同實', '心性一致', '聖凡一致' 등의 논리적 대전제를 중심으로 펼쳐지며, 이것은 인심·도심론과 공부방법론에서도 그대로 유지된다는 것이다. 둘째, 인심·도심론에 나타난 녹문의 主理的 경향이다. 녹문은 도심과 天理의 개념은 純善으로 분명히 理에 그 근원이 있다고 하였다. 물론 이것을 현실적으로 실현하는 순선의 氣가 없으면 무의미한 것이기는 해도, 도심과 천리의 근원을 理에 둔 것은 종래 녹문의 철학을 主氣에 묶어 두려는 관점을 반성하게 해주는 대목이다. 셋째, 녹문이 펼치는 이론적 구체성이다. 그는 언제나 실천가능성을 중시하였다. 그는 이론적 정합성도 중요하지만 동시에 현실적 실현가능성도 그만큼 중요하다는 것을 늘 강조하였다. 넷째, 녹문은 그 학맥으로 보면 율곡학파에 속하지만, 그는 결코 학파적 관점에 매달리지 않는다. 그는 어떤 학파적 관점에 머물며 무비판적으로 자신과 같은 계열의 학자들의 견해나 주장을 답습하거나, 권위에 순종하는 학문태도를 과감히 버리고 오직 진실과 철학적 원리에 충실하였다. 다섯째, 敬의 해석에 대한 녹문의 견해가 갖는 참신성이다. 敬의 의미는 主一無之(主一無適)로 설명되지만, 主一과 동시에 無之(無適)가 필요한 이유에 대한 설명은 그의 知行에 대한 관점을 잘 드러낸 것이다. 즉 仁·義·禮·智 四端의 각 항목도 모두 개인적인 면과 사회적인 면이 있는데, 개인적 수양은 사회적

擴充을 염두에 둔 것이어야 한다는 것이다.

Ⅶ장에서는 녹문이 理一分殊를 통하여 해명하려고 했던 문제가 氣를 통한 理의 실현임을 전제로, 그가 變化氣質을 통하여 밝히려고 하는 湛一의 회복은 이일분수의 수양론적 방법임을 밝히고자 하였다. 그 결과 녹문은 理氣同實과 心性一致를 전제로 한 이일분수로부터 현상의 惡이 생기는 원인을 설명하면서 理善과 氣有善惡의 도식을 부정하고, 惡의 원인을 氣가 아닌 氣質의 渣滓〔찌꺼기〕에 두고, 이 사재의 극복을 위한 수양의 문제를 검토하고자 하였다.

이를 통하여 녹문은 氣의 湛一과 渣滓로부터 구체적으로 드러나는 모든 현상을 설명할 뿐만 아니라, 어떻게 사재를 변화시켜 담일로 회복할 수 있는가(復其氣之本體)에 대한 구체적인 방법을 살펴보았다. 그리고 이러한 녹문의 주장은 原理로서의 理와 실현자로서의 氣를 분리하면, 실현되지 않는 원리〔理〕와 원리에 따르지 않는 실현자〔氣〕가 생기는 논리적 모순에서 벗어나고자 한 것임을 밝히고자 하였다.

곧 녹문의 變化氣質論은 종래 理善氣惡의 구도와 달리 理와 아울러 氣도 純善이라는 인식의 전환에서 출발한다. 왜냐하면 理의 순선은 氣의 순선으로서만 드러날 수 있기 때문이다. 그리고 變化氣質의 주체는 心이다. 녹문은 이미 心性一致를 주장하였으므로 心이 善하지 않으면 性도 善할 수 없다고 보았다. 그러므로 心에 갖추어진 良能으로 渣滓를 제거하고 氣의 본체인 湛一을 회복할 수 있다고 보았다. 이러한 담일의 회복은 모든 인간에게 보편적으로 가능하다는 것이 녹문의 주장이다. 즉 心性이 聖凡一致이며 사람의 心에 갖추어진 '가장 맑고, 깨끗하고, 순수한 氣의 本體(湛一淸虛之氣)'는 無所不在이므로 性善의 보편성과 함께 누구나 聖人이 될 수 있는 근거를 갖추고 있다는 점이다.

2. 철학사에서 본 鹿門哲學의 의의

　이상의 논의를 거쳐서 녹문철학의 철학사적 의의를 다음과 같이 정리할 수 있다.

　첫째, 녹문은 理氣同實과 心性一致를 제시함으로써 理氣論에 대한 새로운 지평을 열었다는 점이다. 녹문은 '理와 氣는 동등한 實[本質]이다'라는 전제에서, 理를 形而上의 관념적 실체로 이해하는 것에서 벗어나 虛가 아닌 實의 개념으로 이해함으로써, 氣와 함께 사물에서 구체적으로 실현될 수 있다는 논리적 정합성을 확립하였으며, 그것은 이기론에 대한 균형적 사고를 정립하였다는 것을 뜻한다. 그러므로 녹문의 철학을 主理派로도 규정할 수 없고, 또한 唯氣論이나 主氣派의 연장으로만 이해할 수 없는 이유이기도 하다. 이러한 녹문의 철학을 의식한다면 주리·주기의 姑息的 구분은 더 이상 의미를 가지지 못한다. 이것은 나아가 주리·주기라는 이분법적 구도가 사실은 하나의 가설일 뿐 실제로 존재하는 구도가 아님을 반증하는 것이다.

둘째, 조선성리학사에서 理一分殊에 대한 이기론에 따른 논쟁을 종합·정리하였다고 할 수 있다. 그것은 蘆沙 奇正鎭(1798~1876)의 녹문에 대한 평가에서도 잘 드러난다. 즉 '理와 氣는 동등한 實〔本質〕'이라는 명제를 전제로 이일분수와 함께 氣一分殊를 제시함으로써, 이일분수만으로 설명되던 理와 氣의 不一致에서 벗어나고 原理와 그 원리의 實現의 근거와 가능성을 확립하였다고 할 수 있다.

셋째, 조선성리학에서 보편과 특수의 문제 즉 구체적으로 湖洛論爭의 쟁점문제를 풀었다고 할 수 있다. 일반적으로 奇蘆沙의 唯理論과 짝하여 녹문의 이기론을 唯氣論이라고 하지만, 이미 살펴본 것에 따르면 녹문의 이기론을 유기론이라고 할 수 없다. 왜냐하면 녹문의 이기론은 '理氣同實'이기 때문이다.

넷째, '理와 氣는 동등한 實〔本質〕'이라는 명제를 전제로 理一分殊와 동시에 氣一分殊도 가능함을 제시함으로써, 종래 理 중심의 형이상학적 개념으로 이해되던 性의 개념을 구체적 實在概念으로 이해하게 되고, 이를 통하여 人性論에서 해결하고자 한 性善의 보편성과 그 온전한 실현가능성을 이론적으로 정립하였다.

이 책에서 연구 검토한 내용의 의미는 다음 세 가지로 정리할 수 있다. 하나는 녹문의 철학을 조선성리학의 문제발전사적 관점에서 정리하였다는 것이다. 다른 하나는 녹문의 철학을 전·후기로 구분함으로써 그의 철학적 문제 認識과 발전과정을 총체적으로 이해하려 하였다는 것이다. 끝으로 理一分殊論을 중심으로 녹문철학을 총체적으로 재구성하였다는 것이다.

한편 마음의 이해와 공부방법론은 인간이 지닌 정신작용의 총본산이자 행위의 주체인 마음〔心〕에 대한 구체적인 분석이 그 내용이다. 그리고 이 마음의 이해와 공부방법론의 중심이론이 人心·道心論이다. 녹문은 인심·도심론에 대해서도 여전히 '理氣同實', '心性一致', '聖凡一致' 등의 논리적 대전제를 중심으로 펼친다. 이에 따라 그는 범주가 서로 다른 人心·道心, 四端·七情, 理·氣, 善·惡 등의 개념을 서로 조합하여 짝을 지우려는 것은 논리적 모순이라고 주장한다. 이로써 그는 이전의 조선성리학의 논쟁의 원인을 파악함과 동시에 새로운 시각으로 마음의 이해와 수양공부를 설명할 수 있었다. 그리고 그는 마음을 이해하고 수양하는 공부방법으로 개인적 수양과 사회적 실천을 아우르는 종합적 체계를 완성하였다. 이러한 녹문의 철학은 당시 크게 대두된 實學이 지나치게 실천을 중시함으로써 실천의 이론적 근거가 미약하게 되는 논리적 한계를 극복할 수 있었다.

그러나 녹문의 철학은 이론적인 면에서 몇 가지 한계가 있다. 하나는 '理와 氣는 동등한 實[本質]임'을 주장함으로써, 일반적으로 하위개념으로 인식되던 氣를 理와 동등한 본질[實] 개념으로 인정하여 理一의 완전한 실현근거를 마련하려고 하였다. 이에 녹문은 '就氣上言之' 또는 '卽氣而言之'로 理를 이해해야 한다고 주장하였다. 그러나 녹문의 이러한 주장은 일부 개념적으로 氣와 별개로 理를 설명하기는 하지만, 原理와 가치의 근거개념으로서의 理에 대한 인식이 자칫 모자랄 수 있다. 왜냐하면 녹문도 理와 氣는 다르다고 주장하지만 개념적으로 理는 원리적 측면에서 이해해야 하는 것이며, 따라서 순수한 원리로서의 理에 대한 인식에 소홀할 수밖에 없기 때문이다.

다른 하나는 惡의 根源에 대하여 녹문은 종래 理善氣惡의 구도를 반대하고 氣質의 渣滓[찌꺼기]를 악의 근원으로 보았다. 그러나 기질도 결국 氣와 다르지 않다는 것을 감안하면 理善氣惡일 수밖에 없다. 이것 또한 '理와 氣는 동등한 實[本質]이다(理氣同實)'는 전제와는 일부 일치하지 않는다. 곧 善惡에서도 '理와 氣는 동등한 實〔本質〕(理氣同實)'이어야 선의 근거와 악의 기준에 대한 논리적 整合性이 유지된다고 할 수 있기 때문이다.

마지막으로 녹문의 矯氣質 復其初의 修養論은 결국 氣로써 氣를 교정하는 것이다. 이때 복기초는 氣의 本體인 湛一의 회복이다. 그러나 이 과정에서 인식 곧 窮理의 중요성을 분명하게 드러내지 못하였다.

그러나 이러한 논리적 한계에도 녹문의 철학적 목표는 理를 중심으로 한 원리의 규명도 물론 중시하였지만, 동시에 氣를 통한 원리의 實現에 대한 적극적인 근거와 가능성을 확립하는 데 있었다. 녹문의 이러한 철학적 태도는 관념적 이론의 추구보다는 현실적 실천을 더 큰 과제로 삼았다는 것을 뜻하기도 한다.

참 고 문 헌

1. 韓國文集

任聖周,《鹿門集》, 서울: 民族文化推進會, 影印標點本, 1999.

權尙夏,《寒水齋集》, 서울: 景仁文化社, 1990.

奇大升,《高峯全集》, 서울: 성균관대학교 대동문화연구원, 1979.

奇正鎭,《蘆沙先生文集》, 서울: 保景文化社, 1983.

金元行,《渼湖集》, 韓國歷代文集叢書 169~171, 서울: 景仁文化社, 1990.

金昌協,《農巖集》, 연세대학교 소장본.

金昌翕,《三淵集》, 韓國歷代文集叢書 253~257, 서울: 景仁文化社, 1990.

裵宗鎬 編,《韓國儒學資料集成》上·中·下, 연세대학교출판부, 1980.

徐敬德,《花潭集》, 서울: 세계사, 1992.

吳熙常,《老州集》, 韓國歷代文集叢書 190~193, 서울: 景仁文化社, 1990.

李 柬,《巍巖遺稿》, 서울: 曺龍承 발행, 1977.

李敏輔,《常窩集》, 서울: 경인문화사, 1990.

李彦迪,《晦齋全書》, 서울: 성균관대학교 대동문화연구원, 1981.

李 珥,《栗谷全書》, 서울: 성균관대학교 대동문화연구원, 1986.

李 縡,《陶庵集》, 韓國歷代文集叢書 260~266, 서울: 景仁文化社.

李 滉,《退溪全書》, 서울: 성균관대학교 대동문화연구원, 1958.

李玄逸,《葛菴全集》, 서울: 驪江出版社, 1986.

454

任靖周, 《雲湖集》, 서울: 서울대학교 奎章閣 소장본.
蔡之洪, 《性理管窺》, 서울: 동문사, 1974.
韓元震, 《南塘集》, 연세대학교 소장본.
洪直弼, 《梅山集》, 서울: 여강출판사, 1986.

2. 中國文集

高攀龍, 《高子遺書》, 文淵閣四庫全書, 第1292冊, 臺灣大學 소장본.
羅欽順, 《困知記》, 閻韜點校, 北京: 中華書局, 1990.
閔百火右 編, 《心經集解》〔眞德秀, 《心經》(程敏政, 《心經附註》)〕, 연세대학교 소장본.
徐世昌 撰, 《淸儒學案》, 海王邨古籍叢刊, 北京: 中國書店, 1990.
邵康節, 《皇極經世書》, 宋 邵雍 撰.
王守仁, 《王陽明全集》, 上海: 古籍出版社, 1992.
陸九淵, 《象山全集》, 北京: 中華書局, 1987.
張　載, 《張載集》, 北京: 中華書局, 1978.
程敏政, 《心經附註》(조대봉·김종성 공역), 대구: 이문출판사, 1991.
鄭　曄, 《近思錄釋義》(朱熹·呂祖謙, 《近思錄》), 연세대학교 소장본.
程顥·程頤, 《二程全書》, 九州大學中國哲學硏究所 編, 京都: 中文出版社, 1979.
──────, 《二程集》, 王進祥 編, 台北: 漢京文化事業有限公司, 1983.
周惇頤, 《周子全書》, 董榕輯, 臺北: 廣學社印書館, 1975.
───, 《通書》, 臺北: 中華書局, 1980.
朱　熹 著, 黎靖德 編, 《朱子語類》, 臺灣: 中華書局, 1983.
朱　熹, 《朱子大全》, 서울: 保景文化社, 1984.
───, 《近思錄》, 서울: 保景文化社, 1990.
眞德秀, 《大學衍義》, 연세대학교 소장본.
───, 《心經》, 四庫全書 소장본, 1566.
陳叔諒·李心莊, 《宋元學案》 전 4책. 臺灣: 正中書局印行, 1987.
胡　廣 編, 《性理大全》, 保景文化社, 1984.
黃宗義, 《明儒學案》, 《黃宗義 全集》第7~8冊, 臺灣: 里仁書局.

《論語集註》, 서울: 明文堂, 1987.

《大學集註》, 서울: 明文堂, 1987.

《孟子集註》, 서울: 明文堂, 1987.

《四書章句集註大全》:《論語》,《中庸》,《大學》,《孟子》, 서울: 대동문화연구원, 1965.

《四書或問》, 서울: 保景文化社, 1990.

《尙書註疏及補正》, 臺灣: 世界書局, 1973.

《宋書》(二十五史), 서울: 保景文化社 影印本.

《十三經註疏》, 淸 阮元 校刻, 臺灣: 藝文印書館, 1981.

《禮記註疏及補正》, 臺灣: 世界書局, 1973.

《原本備旨中庸集註》, 서울: 明文堂, 1987.

《朱文公先生感興詩》1卷, 宋 蔡模 編注.

《周易》, 서울: 保景文化社, 1990.

3. 中國哲學 관련 단행본

葛榮晉,《中國哲學範疇史》, 黑龍江: 人民出版社, 1987.

———,《王廷相》, 傅偉勳·韋政通 主編, 臺北: 東大圖書, 1992.

姜國柱,《張載的哲學思想》, 遼寧: 人民出版社, 1982.

羅 光,《中國哲學思想史(宋代篇)》, 臺灣: 學生書局, 1984.

勞思光,《中國哲學史》, 臺灣: 三民書局, 1981.

唐君毅,《中國哲學原論(原性篇)》, 臺灣: 學生書局, 1984.

———,《中國哲學原論(原導篇)》, 臺灣: 學生書局, 1986.

杜維明,《人性與自我修養》, 北京: 和平出版社, 1989.

车宗三,《心體與性體》, 臺灣: 正中書局, 1984.

———,《道德的理想主義》, 臺灣: 學生書局, 1985.

蒙培元,《理學的演變 -從朱熹到王夫之戴震-》福建: 人民出版社, 1984.

———,《理學範疇體系》, 北京: 人民出版社, 1989.

———,《中國心性論》(李尙鮮 譯), 서울: 法仁文化社, 1996.

潘富恩·徐余慶, 《程顥程頤理學思想研究》, 上海: 復旦大學出版社, 1988.

徐遠和, 《洛學原流》, 山東: 齊魯書社, 1987.

小野澤精一·福永光司·山井湧 編, 《氣の思想》(全敬進 譯, 《기의 사상》), 전
　　　북: 원광대학교출판국, 1987.

楊伯峻, 《孟子譯註》, 北京: 中華書局, 1990.

오하마 아키라, 《범주로 보는 주자학》(이형성 譯), 서울: 예문서원, 1997.

喩博文, 《正蒙注譯》, 蘭州: 蘭州大學出版社, 1990.

柳仁熙, 《朱子哲學과 中國哲學》, 서울: 汎學社, 1980.

李保林·楊翰卿·孫玉杰 主編, 《中國宋學與東方文明》, 河南: 河南大學出版社,
　　　1996.

李日章, 《程顥·程頤》, 傅偉勳·韋政通 主編. 臺北: 東大圖書, 1986.

李志林, 《氣論與傳統思維方式》, 上海: 海隅文庫, 1990.

임계유 편저, 《중국철학사》, 1973(전택원 역), 서울: 도서출판 까치, 1990.

임계유, 《중국철학사(Ⅰ)》, 1978(이문주 외 역), 서울: 청년사, 1989.

張立文, 《朱熹思想研究》上·下, 臺灣: 谷風出版社, 1986.

────, 《戴震》, 傅偉勳·韋政通 主編. 臺北: 東大圖書, 1991.

張立文 主編, 《道》, 北京: 人民大學出版社, 1989.

───────, 《氣》, 北京: 人民大學出版社 1990.

張永儁, 《二程學管窺》, 臺北: 東大圖書, 1988.

장윤수 편저, 《程朱哲學原論》, 서울: 이론과실천, 1994.

張　載, 《正蒙》, 丁海王 譯註, 서울: 明文堂, 1991.

朱紅星·李洪淳·朱七星, 《朝鮮哲學思想史》, 延邊: 人民出版社, 1989.

陳　來, 《朱熹哲學研究》, 北京: 中國社會科學出版社, 1988.

陳俊民, 《張載哲學與關學學派》, 臺灣: 學生書局, 1990.

蔡仁厚, 《新儒家的精神方向》, 臺灣: 商務印書館局, 1982.

馮耀明, 《中國哲學的方法論問題》, 臺北: 允晨文化實業, 1989.

馮友蘭, 《中國哲學史》, 香港: 商務印書館, 1935.

────, 《中國哲學史新編》, 北京: 人民出版社, 1989.

黃公偉, 《宋明清理學體系論史》, 臺灣: 輔仁大學, 1971.

黑田源次, 《氣の研究》(全敬進 譯), 전북: 원광대학교출판국, 1987.

《中國哲學史方法論討論集》, 中國社會科學院哲學研究所, 北京: 中國社會科學
    出版社, 1980.

4. 朝鮮性理學 참고 자료

금장태, 《동서교섭과 근대한국사상》, 서울: 성균관대학교출판사, 1984.
———, 《한국근대의 유교사상》, 서울: 서울대학교출판부, 1990.
——— · 柳東植, 《韓國宗敎思想史》, 서울: 延世大學校出版部, 1992.
金得榥, 《韓國思想史》, 서울: 남산당, 1958.
金永喆, 《道德哲學의 諸問題》, 서울: 고려대학교출판부, 1993.
金忠烈, 《高麗儒學史》, 서울: 고려대학교출판부, 1988.
東洋哲學研究會 編, 《韓國哲學思想論究》 1, 서울: 驪江出版社, 1986.
文喆永, 《朝鮮前期 儒學思想의 歷史的 特性》, 서울: 韓國精神文化研究院, 1991.
朴浣植 譯, 《性理學이란 무엇인가》 -北溪陳淳의 《性理字義》 完譯, 서울: 여강
    출판사, 1993.
裵宗鎬, 《韓國儒學史》, 서울: 연세대학교출판부, 1974.
———, 《韓國儒學의 哲學的 展開》 上, 中, 下, 서울: 연세대학교출판부,
    1985.
劉明種, 《韓國思想史》, 대구: 以文出版社, 1985.
유봉학, 《18~19세기 燕巖派 北學思想의 研究》, 서울: 일지사, 1995.
尹南漢, 《朝鮮時代의 陽明學 研究》, 서울: 集文堂, 1986.
尹絲淳, 《退溪哲學의 研究》, 고려대학교출판부, 1980.
———, 《韓國儒學論究》, 서울: 玄岩社, 1985.
李丙燾, 《資料韓國儒學史草稿》, 서울: 아세아문화사, 1937.
李銀順, 《朝鮮後期黨爭史研究》, 서울: 一潮閣, 1993.
張志淵, 《朝鮮儒教淵源》, 서울: 삼성문화문고, 1979.
鄭炳連, 《韓國哲學의 深層分析》 (Ⅱ), 광주: 전남대학교출판부, 1997.
鄭鍾復, 《儒教哲學思想概說》, 서울: 螢雪出版社, 1989.
池教憲 · 沈慶昊, 《北韓의 韓國學 研究成果 分析》, 서울: 精神文化研究院, 1991.

崔英成, 《韓國儒學思想史》 전 5권, 서울: 아세아문화사, 1995.
崔完基, 《韓國性理學의 脈》, 서울: 느티나무, 1989.
충남대학교유학연구소 편저, 《기호학파의 철학사상》, 서울: 예문서원, 1995.
韓國東洋哲學會 編, 《東洋哲學의 本體論과 人性論》, 서울: 연세대학교출판부, 1982.
한국사상연구회, 《韓國思想叢書》 Ⅰ, Ⅱ, Ⅲ, 1973.
한국철학사상연구회, 《논쟁으로 보는 한국철학》, 서울: 예문서원, 1995.
韓國哲學會 編, 《韓國哲學史》 上, 中, 下, 韓國哲學會, 서울: 東明社, 1987.
玄相允, 《朝鮮儒學史》, 서울: 玄音社, 1986년 판.
黃義東, 《栗谷哲學研究》, 서울: 經文社, 1987.

《두산세계대백과사전》
《朝鮮朝儒學思想의 探究》, 서울: 여강출판사, 1988.
《韓國文化史大系》(宗敎·哲學史) 서울: 고려대학교 민족문화연구소, 1970.
《韓國思想大系》, 서울: 대동문화연구소, 1984.

5. 관련 학위논문

金 炫, 〈鹿門 任聖周의 哲學思想〉, 고려대학교 박사논문, 1992.
金炯瓚, 〈理氣論의 一元論化 연구 - 鹿門 任聖周와 蘆沙 奇正鎭을 중심으로〉, 고려대학교 박사논문, 1996.
安秉杰, 〈17C 朝鮮朝 儒學의 經典解釋에 관한 研究 - "中庸"해석을 둘러싼 朱子學派와 反朱子的 解釋간의 葛藤을 중심으로〉, 성균관대학교 박사논문 1991.
李基鏞, 〈栗谷 李珥의 人心道心論 研究〉, 연세대학교 박사논문, 1995.
李相坤, 〈南塘 韓元震의 氣質性理學 研究〉, 원광대학교 박사논문, 1991.
李漳熙, 〈鹿門 任聖周의 性論 研究〉, 연세대학교 석사논문, 1990.
任元彬, 〈南塘 韓元震 哲學의 理에 관한 研究 - 理와 知識論을 중심으로〉, 연세대학교 박사논문, 1994.

趙南浩, 〈羅欽順의 철학과 조선학자들의 논변〉, 서울대학교 박사논문, 1999.

최진덕, 〈羅整庵의 理一分殊의 哲學〉, 서강대학교 박사논문, 1993.

許南進, 〈朝鮮後期 氣哲學 研究〉, 서울대학교 박사논문, 1994.

洪正根, 〈鹿門 任聖周의 理氣論 研究〉, 성균관대학교 석사논문, 1993.

6. 한국 참고 논문

高橋亨, 〈李朝儒學史に於ける主理派主氣派の發展〉, 《朝鮮支那文化の研究》, 京城帝國大學 法文學會 第二部 論撰 第一輯, 1919.

金敎斌, 〈徐花潭의 氣哲學에 對한 考察〉, 《東洋哲學研究》 5집, 1984.

金洛必, 〈鹿門 任聖周의 氣哲學〉, 《哲學論究》 9집, 1981.

金永達, 〈徐敬德의 氣一元論 思想 研究〉, 《哲學研究》 10집, 1970.

———, 〈徐敬德의 氣一元論과 李滉의 理一元論과의 比較 研究〉, 《哲學研究》 15집, 1972.

김준석, 〈韓元震의 朱子學認識과 湖洛論爭〉, 《李在龒博士還曆紀念韓國史學論叢》, 1990.

金炯孝, 〈花潭의 自然哲學에 對하여〉, 《韓國學報》 13집, 1978.

金鎬城, 〈朝鮮朝 士林 政治文化論考〉, 《國民倫理研究》 13집, 1982.

裴宗鎬, 〈奇蘆沙와 任鹿門의 哲學 비교〉, 《延世論叢》 7집, 1970.

———, 〈栗谷의 理氣之妙〉, 율곡강당 제3회 강좌, 栗谷思想研究院, 1978.

成泰鏞, 〈基本的 觀點의 제시를 통한 韓國儒學史 研究의 反省〉, 《철학과 현실》, 1987. 봄.

申東浩, 〈徐花潭의 氣一元論 檢討 - 그 唯物論的 解釋에 대한 批判을 겸하여〉, 忠南大人文科學研究論文集 9卷 2號, 1982.

吳鍾逸, 〈朝鮮朝 士林思想의 特質〉, 《哲學研究》 23집, 1976.

劉明鍾, 〈任鹿門의 唯氣說과 羅整庵의 氣哲學〉, 《철학연구》 17집, 1973.

———, 〈吳老州의 理氣說 - 羅整庵의 影響과 任鹿門에 대한 批判〉, 《哲學研究》 19집, 1974.

———, 〈羅整庵 氣哲學의 影響 - 16·7세기 朝鮮學界의 受容과 批判〉, 《哲學

硏究》20집, 1975.

柳仁熙, 〈東洋哲學에 있어서 存在와 當爲의 문제〉, 《哲學硏究》 16집, 1981.

──, 〈退栗 이전 朝鮮性理學의 問題發展〉, 《東方學志》 42집, 연세대학교 국학연구원, 1984.

──, 〈人間化의 實踐과 退溪哲學의 역할〉, 《退溪學報》 68집, 1990.

──, 〈한국철학의 형성과 지성사의 의미〉, 《철학과 현실》, 1991. 가을.

──, 〈南北韓 栗谷哲學의 認識과 反省〉, 《철학과 현실》, 1991. 겨울.

──, 〈한국철학사의 방법과 한민족의 성립〉, 《철학과 현실》, 1992. 봄.

──, 〈前望程朱理學與東亞細亞哲學的前景 - 理氣決是二物與理先氣後的現代 意義〉, 中韓程朱思想國際學術硏討會, 洛陽, 1998. 7.

柳正東, 〈鹿門 性理說에 관한 考察〉, 《閔泰植古稀紀念論文集》, 1973.

尹天根, 〈徐敬德의 氣哲學에 있어서의 世界의 問題〉, 《哲學硏究》 9집, 1984.

李東俊, 〈花潭과 栗谷 哲學의 異同에 關한 硏究 - 氣論을 中心으로〉, 《哲學硏 究》 5집, 1971.

이상은, 〈四七論辯과 對說·因說의 意義〉, 《아세아연구》 49집, 1973.

李雲九, 〈徐敬德을 中心한 氣一元論的 世界觀의 考察〉, 《儒學硏究》 5집, 1972.

李恒龍, 〈花潭의 氣哲學과 性理學〉, 《韓國思想大系》 III, 1984.

鄭仁在, 〈任鹿門의 氣學〉, 《한국사상》 17집, 1980.

趙南浩, 〈조선후기 주자학자의 理一分殊論 - 任聖周와 吳熙常을 中心으로〉, 《哲學硏究》 36집, 1995. 봄.

조성산, 〈18세기 후반 洛論系 經世思想의 心性論的 기반〉, 《한국시대사학보》 12집, 한국시대사학회, 2000.

崔東熙, 〈徐敬德의 氣一元論〉, 《韓國哲學硏究》 中, 1978.

崔政洪, 〈徐花潭의 氣의 思想〉, 《韓國哲學硏究》 4, 1974.

崔英辰, 〈朝鮮朝儒學史 서술에 있어서의 主理·主氣의 문제〉, 한국사상사학회 발표문, 1992.

韓相甲, 〈徐花潭之哲學〉, 《아세아연구》 18, 1962.

許南進, 〈朝鮮後期 氣哲學의 성격 - 鹿門 任聖周의 경우〉, 《한국문화》 11집, 1991.

洪正根, 〈鹿門과 蘆沙의 理一分殊說에 대한 이해〉, 《東洋哲學硏究》 第18輯.

황의동, 〈율곡 인성론의 理氣之妙的 구조〉, 《유교사상연구》 3, 1988.

──, 〈율곡의 격물치지론〉, 《정신문화연구》 제46호, 정신문화연구원, 1992.

──, 〈기호유학에 있어서 理氣論의 특성과 전개〉, 《국사관논총》 제65집, 1995.

황준연, 〈조선성리학의 인심·도심설에 대한 분석〉, 원광대학교 논문집 15, 1981.

──, 〈율곡철학에 있어서 太極의 문제와 四七論의 理氣論적 해석〉, 《율곡학》 1, 1988.

──, 〈한국성리학에 있어서 人心道心說에 대한 연구〉, 《철학》 38, 1992.

7. 중국 참고 논문

《中國哲學》(北京: 人民大學出版社).

方克立, 〈現代新儒學的發展歷程〉, 1991. 2.

常大郡, 〈'正蒙'和'元氣論' -試論北宋儒道兩家氣論的特點〉, 1997. 9.

徐儀明, 〈張載的天論與氣論〉, 1993. 11.

魏義霞, 〈孟子性善說新釋〉, 1997. 2.

李錦全, 〈現代新儒學思潮的歷史評價〉, 1991. 2.

李明友, 〈理學的主題與二程的經學〉, 廣東: 人民出版社, 1991. 12.

張家成·李　班, 〈論宋明理學的道德修養途徑與方法〉, 1998. 2.

張岱年, 〈張載哲學的理論貢獻〉, 1992. 2.

張立文, 〈戴震對朱熹形而上本體論的批判〉, 1991. 7.

丁冠之, 〈戴震, 丁茶山的實學思想〉, 1998. 2.

蔡方鹿, 〈氣與宋明理學〉(《管子學刊》編輯部), 1991. 4.

崔龍水, 〈朝鮮儒學的特點及其作用 - 中朝兩國儒學之比較〉, 1991. 3.

彭永捷, 〈"理一分殊"新釋 - 兼論朱子對"理"的本體地位的論證〉, 1998. 3.

韓　强, 〈從傳統儒學的心性論到現代新儒學的道德形上學〉, 1992. 12.

8. 북한 자료

최봉익, 《조선철학사개요》, 평양: 사회과학출판사, 1986.
최봉익, 《조선철학사》(3), 평양: 백과사전출판사, 1991.
《철학연구》(조선민주주의인민공화국 사회과학원 철학연구소 기관지)에 실린
　　논문들
　　량만석, 〈15~16세기 우리나라에서 유물론과 관념론의 투쟁〉(1989. 3호).
　　류정수, 〈조선 철학사에서의 리기 문제에 관하여〉(1965. 2호).
　　정성철, 〈임성주의 철학사상〉(1961. 4호).
　　―――, 〈본연지성과 기질지성〉(1965. 2호).
《력사과학》(평양 사회과학원 역사연구소)에 실린 논문들
　　리지호, 《《조선철학사》(상)에 대하여〉(서평)(1961. 5호).
　　정성철, 〈조선이 낳은 탁월한 유물론 철학가 - 서경덕〉(1961. 4호).
　　정진석, 〈서경덕(徐敬德)의 철학사상〉(1959. 2호).
사회과학원 력사연구소, 《조선통사》(상·하), 서울: 도서출판 오월, 1988.
―――――――――, 《조선전사》(전 4권), 서울: 푸른숲, 1989.
―――――――――, 《조선문화사》, 서울: 도서출판 오월, 1988.
―――――――――, 《조선근대사》, 서울: 논장, 1988.

[ABSTRACT]

A Study on Nokmun Im Seong-ju's Life and his Philosophy

Son Heung-chul[*]

The purpose of this study is to clarify the philosophy of Nokmun Im Seong-ju(鹿門 任聖周, 1711~1788) under one of the main Neo-Confucian philosophical views: "Principle is one but its manifestations are many(理一分殊, li-i-fen-shu)." In this study, it will be clarified that Nokmun's idea on 'li-i-fen-shu' was based on the assumptions of 'principle and vital force working equally in real(理氣同實)' and 'the coincidence of mind and nature(心性一致)', and that contributed to synthesize and settle the problems raised by Ho-Rak Controversy(湖洛論爭) and to establish the theory for the realization of Confucian moral-principle.

The philosophy of Nokmun has been understood in the context of the latter between the general categories of 'Li(principle)-centered theory(主理)' and 'Ch'i(vital force)-centered theory'. It is true that this way of study on the philosophy of Nokmun has contributed to disclose his philosophical characteristics as a Korean Neo-Confucianist. However, it cannot also denied

---

* Adjunct Professor, Major in Neo-Confucianism and Ethics, Department of Philosophy, Yonsei University at Wonju Campus, Kangwondo, Korea.

that it has worked as an obstacle to understand Nokmun's philosophy objectively and to interpret it in terms of the consecutive philosophical issues seen in the history of Korean Neo-Confucianism. This dissertation shows that Nokmun's philosophical thought should be understood in terms of 'li-i-fen-shu (理一分殊)' started from 'Cheng brothers and Zhū Xī(程朱)' and succeeded in Korean Neo-Confucianism.

When articulating his philosophical concerns, Nokmun considered first one of the major premisses of Neo-Confucianism — 'Li(理) and Ch'i(氣) are reciprocally related to other in non-segregated condition(理氣元不相離).' In other words, he did not agree to his contemporary's usual understanding on the relationship of Li and Ch'i — "Li as metaphysical and Ch'i as physical," and maintained his unique perspective on it under a mysteriously working Tao(道), that is, 'Li and Ch'i are reciprocally related to other in non-segregated condition.' Therefore, when explaining the relations of Li and Ch'i, he did not regard the concept — 'non-segregated condition(不相離)' — as diversity of its manifestations(分殊), and 'non-mixtures condition(不相雜)' as 'the one origin(一原)', but he tried to understand Li and Ch'i in the views of the two propositions derived from 'the one origin', or diversity of its manifestations(分殊), or both of them. Hence Nokmun's theory of Li and Ch'i should not be considered as 'Ch'i-moist(唯氣論: Neo-Confucian materialism)' or 'Ch'i vital force-centered theory(主氣論)'.

Nokmun argued that the characteristics of actual world as an unity came not only from the Unity(一) of Li but also from the Unity(一) of Ch'i. Therefore he insisted that we should assume the diversity of its manifestations(分殊) of Li as well as the diversity of its manifestations(分殊) of Ch'i.

As we saw, "Unity of Li and diversity of its manifestations" is the synthetic proposition to explain of the main theme of the theory of Li and Ch'i. It is the logic of the cosmology and the theory of the human nature in

Neo-Confucianism, and the logic of interpretation about the nature and co-relation of unity and particularity of the world, and the logic of the penetration to the theories of nature and value, moreover the way to realize benevolence(仁), the source of human ethic.

To understand "Unity of Li and diversity of its manifestations", Nokmun raised the question on Ho-Rak debater(湖洛論者)'s way of argument to put a sharp distinction between Li as one and diversity of its manifestations(分殊), and to regard the former as unity and the latter as particularity.

Nokmun's theory of mind and nature(心性論) is formulated by the idea — "Unity of Li and diversity of its manifestations", which is based on the idea — 'principle and vital force working equally in real(理氣同實)'. When we see Li as the good and Ch'i as the evil(理善氣惡), the human beings made by Ch'i can not be escaped from the possibility of falling into the evil and does not have the pure good nature(性善) in origin. Therefore, in order to make the theory of the pure good nature effective in this concrete world, we must accept the pure good nature of Ch'i as much the original goodness of Li. This idea appears clearly when Nokmun told that the human nature(性) is 'Li with 'the physical quality(氣質)' and that it is illogical to regard 'the human nature' as Li. Accordingly, Nokmun argued that the notions of 'the nature of physical quality(氣質之性)' and 'the nature of natural instincts(本然之性)' are merely arisen from the two different views regarding the human nature(性) of a thing. Hence he insists that 'the nature of physical quality' is just as 'the nature of natural instincts' in fact. In this context, he argued that there are differences between the human nature and Animal nature(人物性相異). He thought that the resemblances or the differences of the nature are caused by 'the nature of physical quality'.

Nokmun thought that, in realizing Sainthood, the ideal of Confucianism, it is essential to know how to actualize Li by Ch'i as much as to know Li as the resource of the good. Based on this idea, he insists the concurrence of the mind and the nature. He thought that the mind is the subject of the cognition as the act is same as the nature as moral. In this context, Nokmun found the possibility of the ordinary man to become a Saint and claimed 'the original sameness of the Sage and the ordinary(聖凡一致).' In short, he maintained that everyone can be a Sage with his own effort because he has 'vacuous spirituality and consciousness(虛靈知覺)' and 'brilliant virtue(明德)'. For Nokmun, the Ch'i, which has Li as the original goodness, is understood as the 'Ch'i possessing the purity and genuineness(湛一清虛之氣).' Therefore, there is no place that 'the purity and genuine of Ch'i is not non-exist(無所不在) and the good can be universally actualized. That is so called 'the unaroused state of the mind as pure goodness(未發心體本善)'.

The approaches to the understanding and study of mind deals with the concrete analysis of mind, the main body and subject of human mind activities. And the central concept of those approaches is 'the theory of the will of people and pure mind'. The theory is still analysed by Nokmun in terms of 'the principle and vital force working equally in real', 'the coincidence of mind and nature', 'the holiness the same as the ordinary' and so forth. Accordingly he argues that it is a logical inconsistency to integrate such contradicting concepts as the will of people and pure mind, the Four Origins and the Seven Emotions, principle and material force, good and evil, etc. In this regard, he could understand the causes of debate on human nature and natural laws occurred in Chosun Dynasty's latter term and it is from the new perspective that he could explain the understanding and study of human mind. And he completed the comprehensive system in which the understanding and study of human mind is put together with individual cultivation and social practices. Rather, the philosophy of Nokmun could overcome logical limitations of theoretical basis of Practical science which gathered strength at that time and placed too much emphasis on practice itself.

From "Principle is one but its manifestations are many(理一分殊)", based on 'the Marvelous way principle and material force work together(理氣同實)' and 'the theory of coincidence mind and nature(心性一致)', Nokmun explained the origin of the evil in the phenomenal world. He denied the theoretical form of Li as the good and Ch'i as the good and the evil, and he explained the evil is caused not by Ch'i but by the remnants of physical quality(氣質), and explained the issue of the mental training(修養) for overcoming the remnants. Through this theory of the mental training(修養論) he tried to solve the logical contradiction, that is, Li as the unrealized principle and Ch'i as the realization not to follow the principle come into being when Li as the principle and Ch'i as the realization are separated.

Now, the significance of Nokmun's philosophy in the history of Neo-Confucianism of Chosun follows. At first, it is a new horizon of the theory of Li-Ch'i by the suggestion of 'principle and vital force working equally in real(理氣同實)' and 'the theory of coincidence mind and nature(心性一致)'. By 'the Marvelous way principle and material force work together', it means to establish the balanced thought of the theory of Li-Ch'i, for adding the same valuation of Ch'i, actual thing and actual practice to the ideal thinking Li traditionally as the central.

Secondly, it is that the concept of the human nature(性), understood as ideal in the past, can be understood as the concept of the universal reality.

Thirdly, it is that settled the problem of the universal and particulars in Neo-Confucianism of Chosun, that is to say, actually problems of Ho-Rak Controversy(湖洛論爭).

At last, it is that completed the exposition of the theory of Li-Ch'i about "Principle is one but its manifestations are many(理一分殊)" in Neo-Confucianism of Chosun. To conclude, as Principle is one but its manifestations are many(理一分殊) and 'Unity of Ch'i and diversity of its manifestations(氣一分殊)', based on 'principle and vital force working equally in real(理氣同實)', are suggested together, he denied the discordance of Li and Ch'i explained only as Unity of Ch'i and diversity of its manifestations, and established the principle of it and the possibility and the basis of the realization of the principle.

※Key words:

Principle and vital force working equally in real(理氣同實), the coincidence of mind and nature(心性一致), principle is one but its manifestations are many(理一分殊), unity of Ch'i and diversity of its manifestations(氣一分殊), Li providing common ground whereas Ch'i differentiates(理同氣異), all penetrating Li and defining Ch'i(理通氣局), the one origin(一原), diversity of manifestations(分殊), brilliant virtue(明德), ability(能), spirits(鬼神), the theory of coincidence mind and nature(心性一致), the holiness the same as the ordinary(聖凡一致), the purity and genuine of Ch'i(湛一清虛之氣), the Four Origins(四端), the Seven Emotions(七情), theory of the Four Origins and the Seven Emotions(四端七情論), the will of people(人心), pure mind(道心), eliminating private desires, preserving heavenly principle(存天理遏人欲), focusing on mind, having no interest in other things(敬＝主一無適), changing in nature(變化氣質), the unaroused state of the mind as pure goodness(未發心體本善), the aroused state of the mind(已發心體), the issuance of principle(理發), the issuance of material force(氣發), the unaroused state of the mind (as pure goodness, 未發心體本善), the aroused state of the mind(已發心體).

찾아보기